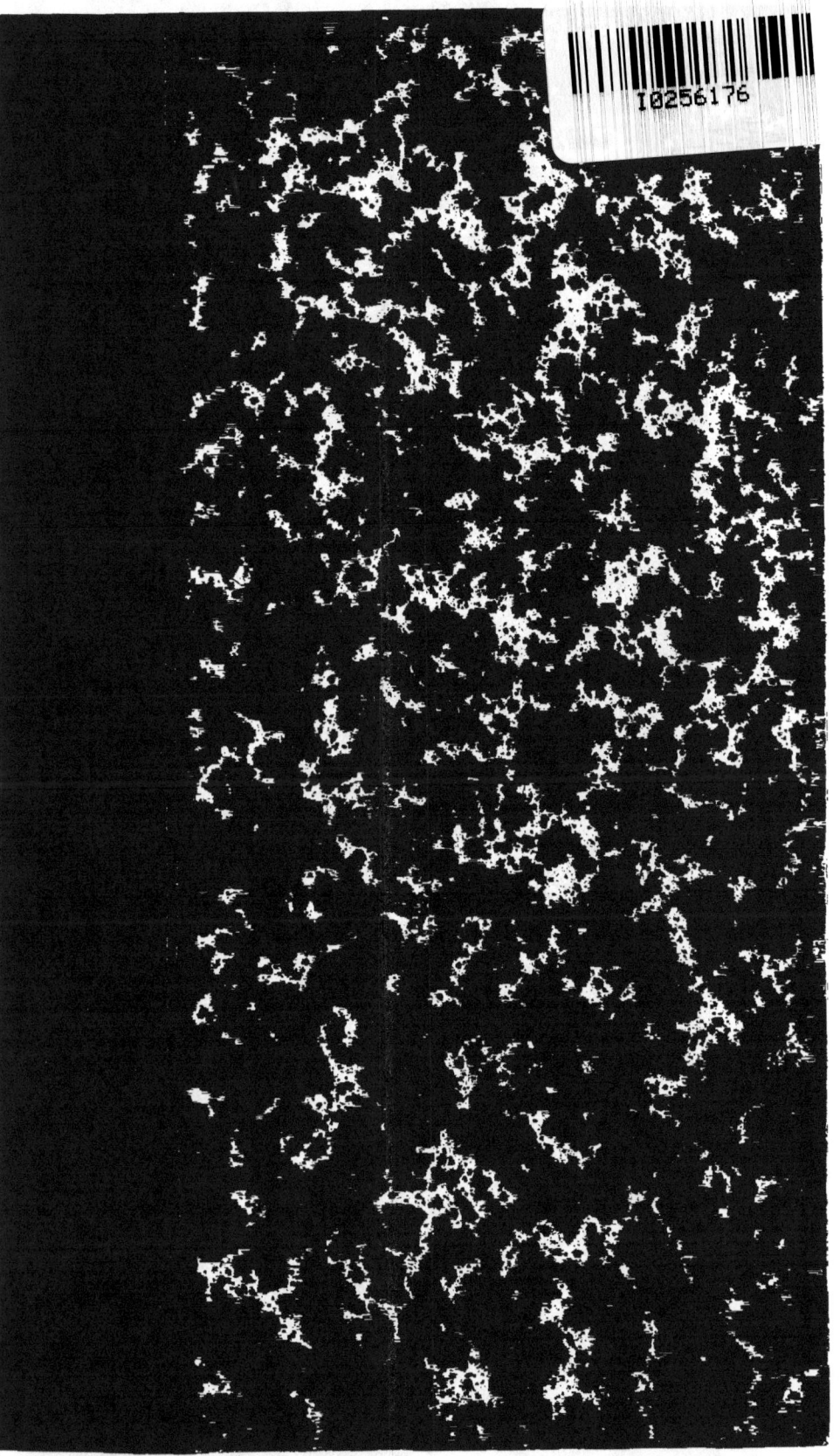

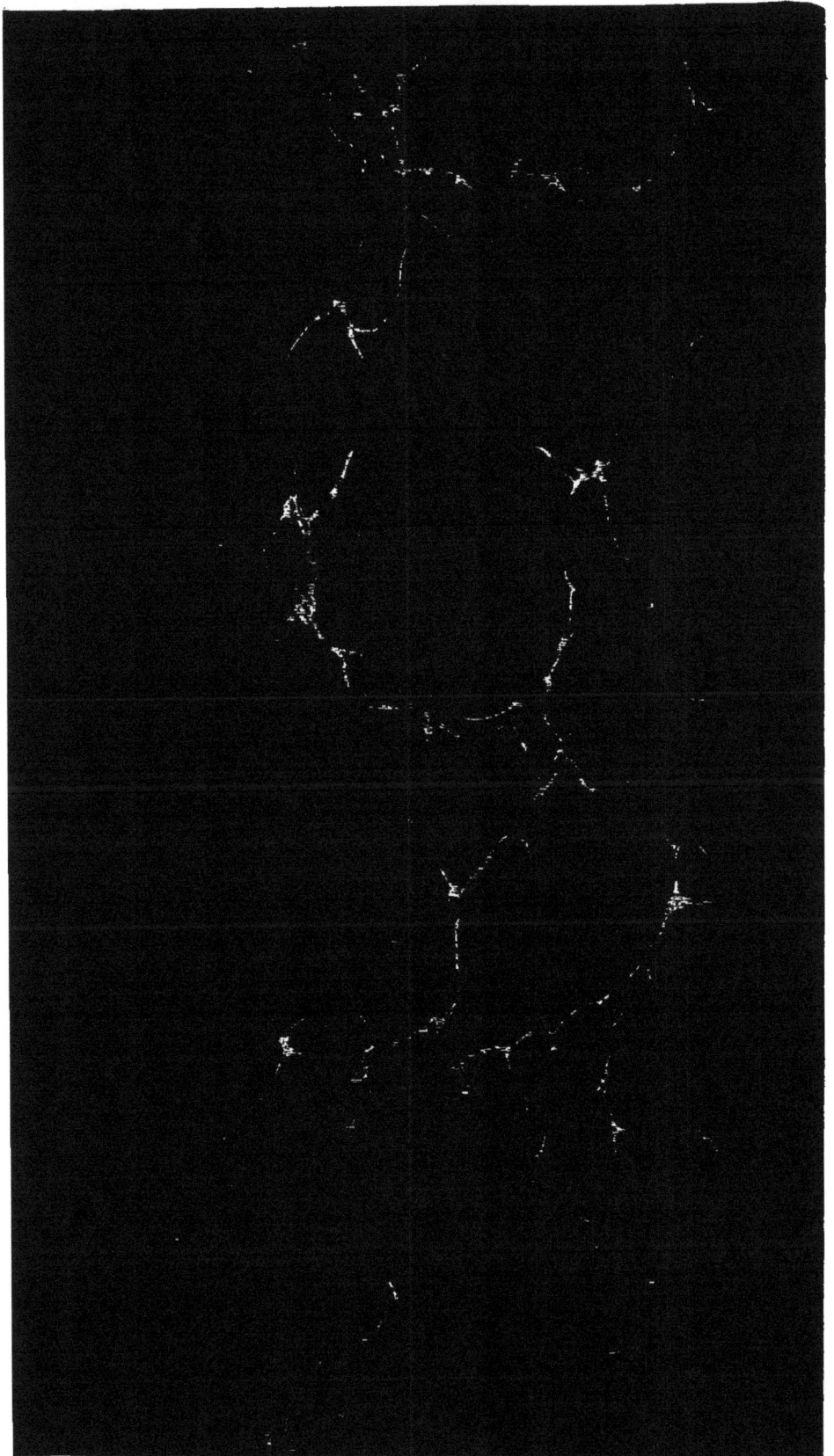

LA
Guerre

DE

1870-71

L'ARMÉE DE CHALONS

II

Nouart—Beaumont

(DOCUMENTS ANNEXES)

PARIS
LIBRAIRIE MILITAIRE R. CHAPELOT ET Cⁱᵉ
IMPRIMEURS-ÉDITEURS
30, Rue et Passage Dauphine, 30

1906
Tous droits réservés.

LA
GUERRE DE 1870-71

L'ARMÉE DE CHALONS

II
Nouart—Beaumont

(DOCUMENTS ANNEXES)

Publié par la **Revue** d'Histoire

rédigée à la **Section** historique de l'État-**M**ajor de l'**Armée**

LA Guerre

DE

1870-71

L'ARMÉE DE CHALONS

II

Nouart—Beaumont

(DOCUMENTS ANNEXES)

PARIS
LIBRAIRIE MILITAIRE R. CHAPELOT ET C°
IMPRIMEURS-ÉDITEURS
30, Rue et Passage Dauphine, 30

1906
Tous droits réservés.

SOMMAIRE

Journée du 29 août.

	Pages.
État-major général	1
1er corps	6
5e corps	11
7e corps	58
12e corps	66
Réserve de cavalerie	72
Renseignements	75

Journée du 30 août.

État-major général	81
1er corps	90
5e corps	100
7e corps	196
12e corps	224
Réserve de cavalerie	265
Renseignements	267

Journée du 31 août.

État-major général	273
1er corps	281
5e corps	296
7e corps	308
12e corps	320
Réserve de cavalerie	341
Renseignements	342

DOCUMENTS ANNEXES.

Journée du 29 août.

ÉTAT-MAJOR GÉNÉRAL.

a) **Journal de marche.**

D'après les renseignements parvenus au grand quartier général le 28, à Stonne, l'ennemi (prince royal de Saxe) occuperait la rive droite de la Meuse entre Dun et Stenay, et le pont de Stenay serait miné et prêt à être détruit, si cela n'était déjà fait. Le Maréchal se décide en conséquence à exécuter le passage plus en aval, à Mouzon et à Remilly, ces deux points de passage se trouvant en notre pouvoir par suite du mouvement exécuté le 28, par le général Margueritte.

En exécution de ces nouvelles dispositions, le 12ᵉ corps se porte le 29 à Mouzon où il franchit la Meuse, et prend position sur les hauteurs de la rive droite.

Le 1ᵉʳ corps qui est en arrière au Chesne, vient prendre position à Raucourt, laissant une brigade dans la forte position de Stonne.

Le 7ᵉ corps qui devait se diriger derrière le 5ᵉ sur Stenay, change de direction et vient coucher le 29, à Osches.

Le 5ᵉ corps doit se porter sur Beaumont. Dans son mouvement en avant, il est attaqué en queue et sur son flanc droit près de Belval—Bois des Dames, et ne peut continuer sa route qu'à la tombée de la nuit ; sa tête de colonne n'atteint Beaumont que le 30, à 3 heures du matin ; sa dernière brigade arrive au bivouac à 7 heures du matin.

La cavalerie du général Bonnemains couche le 29 à Raucourt ; celle du général Margueritte éclaire la rive droite de la Meuse dans les directions de Stenay et de Montmédy. Grand quartier général à Raucourt.

Souvenirs inédits du maréchal de Mac-Mahon.

Le 29, le 12ᵉ corps traversa la Meuse à Mouzon et prit position sur les hauteurs de la rive droite. Le génie commença un pont à Villers un peu au-dessous de Mouzon. Le 1ᵉʳ corps et la cavalerie de réserve se rendirent à Raucourt où était le quartier général.

Le 7ᵉ corps aurait dû se rendre à Stonne, mais par suite de l'état des chemins défoncés et des précautions que la proximité de l'ennemi le forçait à prendre, il s'arrêta à Osches. Le général de Failly, commandant le 5ᵉ corps, qui avait encore provisoirement à sa disposition le 7ᵉ corps, reçut ordre d'attaquer et de repousser vigoureusement les troupes ennemies qui se présenteraient.

Il devait s'assurer que le pont de Stenay n'avait point été coupé et dans le cas où il apprendrait sa destruction, il devait redescendre la Meuse pour venir la passer à Mouzon. L'officier porteur de cet ordre, le capitaine de Grouchy, fut pris par la cavalerie ennemie. Il avait reçu l'ordre de revenir le plus vite possible au quartier général me donner des renseignements. Vers 5 heures du soir, ne le voyant pas revenir, j'envoyai le colonel Broye porter au général de Failly le duplicata de l'ordre donné. Il ne put arriver, avec les plus grandes difficultés et en évitant les postes ennemis, qu'à 11 heures du soir à Bois des Dames où il rejoignit le général de Failly. Dans la nuit, ce dernier apprit que le pont de Stenay était coupé. Il donna alors à ses troupes des instructions pour se porter le lendemain 29 sur Beaumont. A cause de leur fatigue et de la pluie, il prescrivit de ne commencer le mouvement qu'à 11 heures du matin. Il se mit en marche sur deux colonnes : celle de droite, division de Lespart, suivit la route de Beauclair, précédée de la cavalerie; celle de gauche, division Goze, se porta sur Beaufort en contournant le plateau de Bois des Dames. La brigade de cavalerie d'avant-garde, après avoir traversé la vallée de la Wiseppe fut assaillie par le feu d'un bataillon établi dans le bois de Nouart. Elle appuya alors un peu à gauche, près du Champy, exposée au feu de plusieurs batteries établies sur les hauteurs en arrière de Nouart. C'étaient celles du XIIᵉ corps prussien.

Le général de Failly, qui s'était porté sur ce point, en entendant le canon, arrêta la tête de la division de Lespart et repoussa l'avant-garde de la division saxonne qui ne fut pas soutenue par le reste de la division qui avait reçu ordre de ne pas dépasser Nouart. Le général de Failly, craignant d'être attaqué pendant sa marche par des forces sérieuses, arrêta son mouvement pour concentrer tout son corps d'armée sur le plateau de Bois des Dames et ce ne fut qu'à la nuit tombante qu'il reprit sa marche sur Beaumont où il arriva de sa personne le 30, à 5 h. 30 du matin.

C'est dans cette journée du 29 que j'aurais dû recevoir une dépêche du maréchal Bazaine, datée de Metz le 27, ainsi conçue :

« Mes communications sont coupées, mais faiblement. Nous pourrons percer quand nous voudrons. Nous vous attendons. »

Ce n'est qu'après la guerre que j'ai eu connaissance de cette dépêche qui avait été remise le 29 au général de Beurmann, commandant la place de Sedan.

Il l'avait reçue de M. Lallement, procureur à Sarreguemines. Celui-ci la tenait du colonel Turnier qui la lui avait confiée à Thionville le 27. Le général de Beurmann avait donné cette dépêche à M. Hulme, maire de Mouzon, qui prétendit me l'avoir donnée lui-même à Raucourt. Confronté avec moi, lors du procès Bazaine, il soutint sa déclaration, mais ne parvint pas à me convaincre. Encore une dépêche dont je ne m'explique pas la disparition.

b) **Organisation et administration.**

Le maréchal de Mac-Mahon au général Forgeot. — Ordre.

Stonne, 29 août.

Toutes les voitures de réquisition portant des vivres, qui marchent à la suite des troupes, seront déchargées aujourd'hui aux points occupés par les corps d'armée et dirigées sur Mézières.

On profitera de ces voitures pour transporter à Mézières les hommes éclopés ou malades qui sont dans l'impossibilité de marcher. Ces hommes seront placés sous la direction des officiers, sous-officiers et caporaux qui seraient dans le cas d'être évacués.

Devront également être dirigés sur Mézières, tous les chevaux indisponibles et les chevaux de main qui ne sont pas absolument indispensables.

Enfin, les bagages des corps seront réduits au strict nécessaire.

Le Ministre de la guerre au maréchal de Mac-Mahon, à Stonne (D. T.). *(Faire suivre.)*

Paris, 29 août, 10 h. 30 matin. Transmise au quartier impérial à 10 h. 34 matin (n° 28059).

Le général de Wimpffen, parti ce matin, prendra le commandement du 5ᵉ corps.

Le maréchal de Mac-Mahon au Ministre de la guerre (D. T. Ch.).

Quartier général, 29 août, 2 h. 15 soir. Expédiée à 2 h. 50 soir (n° 28167).

Très important d'avoir à Montmédy approvisionnements, vivres, munitions aujourd'hui à Mézières. Ces convois ne peuvent rester en gare très loin de la place, sans la protection d'une force considérable, exposés à être attaqués par l'armée du Prince royal. Si vous pouvez encore disposer des 20,000 hommes offerts pour Mézières, il y aurait lieu de les diriger, dès que j'y serai, sur Montmédy ; ils feraient des fortifications passagères permettant de défendre la gare pendant quelques jours. Si vous ne pouvez disposer de ces forces, je serai obligé de laisser à Mézières les convois qui risqueraient d'être pris par le Prince royal lorsque je me porterai en avant.

L'Empereur au Ministre de la guerre, à Paris (D. T. Ch.).

Stonne, 29 août, 12 h. 30 soir. Expédiée à 1 h. soir (n° 38121).

A Sedan population, garnison énergiques, très bien disposées. Le commandant de place mauvais ; urgent de le remplacer immédiatement. On parle des généraux (*sic*) Noizet qui se trouvent dans les environs comme gouverneurs désirables. Avisez !

Le Ministre de la guerre à l'Empereur, au quartier impérial (D. T. Ch.).

Paris, 29 août, 3 h. 20 soir. Transmise à 3 h. 47 soir (n° 28180).

Le général de Beurmann, connu pour son énergie, a été désigné pour le commandement de Sedan. Ordre lui a été notifié hier matin de se rendre immédiatement à son poste.

Le colonel Chatillon au général Forgeot, à Sedan (D. T.).

Mézières, 29 août, 9 h. 16 soir (n° 22349).

Parc 6ᵉ corps, parti hier de Poix dans la nuit par suite de grande proximité des Prussiens, arrivé à Mézières aujourd'hui.

En raison de nouvelles dépêches graves, général commandant subdivision à Mézières arrête la marche sur Chémery.

J'attends nouvelles instructions.

Le général Mitrecé au général Forgeot, au quartier général (D. T.).

Mézières, 29 août, 11 h. soir (n° 22331).

Mézières est menacé par la ligne de Rethel qui est coupée.

Convient-il de faire filer des wagons de munitions sur Sedan ? Quelles espèces ? Quelles quantités ? Se trouvent ici les parcs des 6ᵉ et 7ᵉ corps et les 118 voitures du 1ᵉʳ corps faisant l'objet de ma dépêche d'hier.

Le général Mitrecé au général Forgeot, à Sedan.

Mézières, 29 août, 11 h. 30 soir.

Les informations qui se succèdent après le départ de la dépêche télégraphique que je vous ai adressée il y a une demi-heure, donnent à craindre pour la sûreté des munitions existant en gare de Mézières et aussi pour la sûreté de nos communications avec Sedan dans la journée de demain. Je me décide, en conséquence, à faire partir le plus tôt possible le capitaine Lefèvre avec mission de conduire à votre quartier général un convoi de 27 wagons contenant : 1,800,000 cartouches 1866 ; 5,000 coups de canon de 4 ; 1000 coups de canon de 12 ; 5,000 coups pour canon à balles.

Le capitaine Lefèvre restera à votre disposition pour la comptabilité et, s'il y a lieu, pour les distributions à faire de ces munitions. Je vous confirme ce que je vous ai écrit télégraphiquement au sujet des parcs des 6e et 7e corps, lesquels se trouvent en ce moment à Mézières, ainsi que 118 voitures appartenant au parc du 1er corps, desquelles je vous ai envoyé le détail dans une dépêche télégraphique d'hier 28. Il existe aussi à Mézières un équipage de corps d'armée comprenant 26 demi-bateaux.

Le maréchal de Mac-Mahon aux 1er, 5e, 7e et 12e corps.

29 août.

Le Ministre me fait connaître que, pour faire les régiments de marche, on emploie les 5e et 6e compagnies nouvellement formées dans la ligne. Faites donc partir sans retard et sans exception pour les dépôts, les officiers qui en font partie et qui sont aux bataillons de guerre, ainsi que ceux qui ont été nommés aux 5e et 6e compagnies. Ces officiers seront dirigés sur Mézières et de là, par voie ferrée, sur leurs dépôts.

c) Opérations et mouvements.

Le Ministre de la guerre au maréchal de Mac-Mahon, à Stonne (D. T.) (Faire suivre).

Paris, 29 août, 11 h. 55 matin. Transmise au quartier impérial
à 11 h. 56 matin (n° 28088).

La cavalerie du Prince royal cherche vos traces vers Rethel, Vouziers et Monthois. 25,000 hommes de son infanterie, arrivés à Châlons hier, en sont repartis à 3 heures dans la direction de Sainte-Menehould.

Le même au même (D. T. Ch.).

Paris, 29 août, 6 h. 5 soir. Transmise au quartier impérial à 6 h. 57 soir (n° 28246).

Le 13ᵉ corps, commandé par le général Vinoy, va se concentrer immédiatement à Mézières. Il a environ 30,000 hommes. Le premier train quittera Paris à 1 heure du matin ; les trains se suivront sans interruption. Le général vous préviendra de son arrivée. Il est impossible de faire refluer pour le moment les convois de Mézières sur Montmédy, la voie étant coupée en deux endroits. Le général Vinoy pourra parfaitement défendre Mézières et les convois. Son premier soin, en arrivant à Mézières, sera de rétablir le plus promptement possible la communication entre cette ville et Montmédy.

1ᵉʳ CORPS.

a) Journaux de marche.

Souvenirs personnels du capitaine Peloux.

29 août.

Les divisions commencent dès 6 heures du matin à défiler sur le pont du Chesne en commençant par la 1ʳᵉ.

Le général Ducrot, averti par un paysan des Alleux que les Prussiens occupent Voncq avec de la cavalerie et de l'artillerie, prescrit au général de Lartigue (4ᵉ division) de ne quitter Le Chesne que lorsque toutes les colonnes de bagages auront quitté ce village.

Il laisse en même temps un officier d'état-major sur un point culminant situé à gauche de la route de Stonne, en arrière du Chesne, avec ordre de le prévenir de tout ce qui se passerait.

La division de Lartigue fit occuper par des zouaves et des Tirailleurs les crêtes boisées qui se trouvent au débouché de la route de Vouziers et de la voie romaine.

Le 2ᵉ hussards est laissé au général de Lartigue.

Vers 10 heures, une colonne de fumée s'éleva dans la direction de

Voncq et persista toute la journée; les Prussiens venaient de mettre le feu à ce village, pour se venger de la résistance de la veille.

Une reconnaissance de cavalerie faite par les Prussiens vint se heurter contre nos avant-postes; il y eut quelques coups de fusil échangés jusque vers midi. A ce moment, les bagages du 1ᵉʳ corps avaient entièrement défilé, mais restaient tous ceux du 12ᵉ, une partie de ceux du 7ᵉ et aussi du 5ᵉ.

Le mouvement de retraite s'effectua, notamment dans le convoi du 12ᵉ corps, avec un désordre très grand. Vers 2 h. 30, il s'était produit une panique dans la partie de ce convoi qui était encore campée sur les deux côtés de la route du Chesne à Tourteron.

En entendant quelques détonations un peu plus rapprochées et au cri de « Sauve qui peut ! » poussé, dit-on, par un capitaine du train, les soldats du train coupèrent les traits et s'enfuirent dans la campagne.

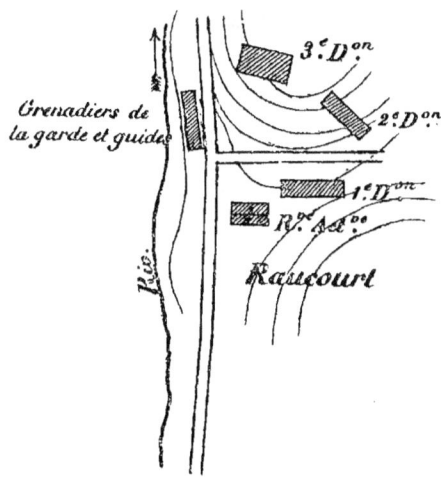

Les conducteurs des voitures de réquisition firent de même et un grand nombre de voitures furent ainsi laissées sur la route pendant que d'autres traversaient Le Chesne à fond de train et prenaient la route de Stonne. 12,000 rations de pain, sucre et café, eau-de-vie, etc., furent ainsi abandonnées.

Le général de Lartigue fit réunir tout ce qu'il put de chevaux pour atteler les voitures laissées sans attelage et distribua aux troupes pré-

---

Dans le croquis ci-dessus, lire : R^{ue} A rt^{ie}, au lieu de : R^{ue} A ct^{ve}.

sentes ce qui ne pouvait être ramené; mais il n'en resta pas moins une quantité très considérable au pouvoir des Prussiens.

Au moment d'abandonner Le Chesne, un entrepreneur vint s'adresser au général de Lartigue pour lui annoncer que 200,000 rations de biscuit arrivaient de Rethel par le canal des Ardennes.

Par suite des écluses, il ne pouvait faire que 8 kilomètres en quinze heures. Les bateaux se trouvaient alors sur la partie du canal comprise entre Semuy et Neuville-et-Day.

Il lui confirma en même temps la nouvelle que Voncq était en flammes. Les 200,000 rations furent prises par quelques troupes de cavalerie.

La 4ᵉ division quitta Le Chesne à 4 h. 30; elle détacha sur la route de Tannay à Chémery le 3ᵉ zouaves, qui devait servir d'arrière-garde aux troupes qui avaient suivi ce chemin pour se rendre à Raucourt.

2ᵉ DIVISION.

Du Chesne-Populeux à Raucourt, où est établi ce jour-là le quartier impérial. La marche est longue et pénible et coupée par de longs temps d'arrêt.

Trois bataillons des 1ᵉʳ, 6ᵉ et 7ᵉ de ligne, formant le 1ᵉʳ régiment de marche, sont versés dans la division, et répartis entre les deux brigades.

Les hommes qui le composent ne savent même pas charger leur fusil!

Le bataillon des francs-tireurs de Paris est versé à la 1ʳᵉ division.

L'encombrement et le désordre, qui règnent dans Raucourt, ne présagent rien de bon.

3ᵉ DIVISION.

Départ du Chesne-Populeux à 6 heures du matin, on fait le café à Grandes Armoises. On traverse Stonne, la Besace, et on va camper au delà de Raucourt où se trouve le quartier impérial.

4ᵉ DIVISION.

Journal privé du colonel d'Andigné, chef d'état-major.

Dans la matinée, des cavaliers ennemis sont arrivés à Voncq, et, sous un prétexte futile, ont incendié ce joli village, menacé de mort tous les habitants qui voulaient combattre les flammes, enlevé brutalement, volé, torturé pendant quinze jours des otages, inaugurant ainsi le système de violences qui devait donner plus tard à cette guerre un caractère de barbarie oublié depuis de longues années.

Les flammes que l'on aperçoit vers Voncq et les Alleux, la certitude que de nombreux cavaliers ennemis fouillent le pays, décident le général Ducrot à laisser la 4ᵉ division en arrière-garde au Chesne, en lui adjoignant le 3ᵉ de hussards.

Nous prenons position pour couvrir le village vers 10 heures du matin.

Les hussards, en reconnaissance dans les bois de Voncq et du Chesne, brûlent inutilement leurs cartouches sur quelques vedettes allemandes ; la grand'garde du 56ᵉ, placée près de la ferme de Girondelle, en fait autant.

Les tirailleurs font tant de bruit que l'on peut croire un moment à une attaque sérieuse.

La terreur s'empare des conducteurs des bagages du 12ᵉ corps et de la cavalerie Bonnemains, que l'on a massés, comme les nôtres, sous l'escorte de leur gendarmerie et qu'une consigne mal interprétée arrête devant Le Chesne. Cette crainte folle, d'autant plus inexcusable que l'immobilité de nos lignes est parfaitement visible et que le canal est encore entre nous et ces bagages, amène de graves désordres.

Je me rends au milieu des fuyards, qui courent déjà vers Rethel, et, à force de cris et de menaces, je parviens à faire réatteler et porter en avant la majeure partie des équipages.

Quand il est bien certain que nous n'avons pas de troupes devant nous, le général de Lartigue fait rentrer nos corps au Chesne et manger un repas.

La colonne de marche est formée aussitôt que l'immense colonne de bagages est écoulée. Les zouaves marchent en tête et se dirigent sur Raucourt, par Tannay et Maisoncelle.

L'encombrement de la voie les force à s'arrêter à Villers-devant-Raucourt. Nous ne les retrouverons plus que sur les hauteurs de Givonne.

J'apprends, vers 5 heures, que l'on a laissé sur le canal, à Semuy, des bateaux portant 200,000 rations de vivres. Les ordres du général ne nous permettent malheureusement pas de rester plus longtemps.

Nous quittons Le Chesne à 5 h. 30 du soir et nous marchons, par Grandes Armoises (où je prends à la mairie la carte routière du département des Ardennes), Stonne et la Besace (1).

---

(1) A défaut de cartes topographiques, qui nous manquaient absolument, cette carte me fut précieuse.

Elle était déposée dans toutes les communes du département.

c) Opérations et mouvements.

Ordre de mouvement.

Le Chesne, 29 août.

Demain le 1ᵉʳ corps commencera son mouvement à 6 heures. On marchera dans l'ordre suivant :

1ʳᵉ division d'infanterie formée de la manière suivante : un bataillon d'avant-garde, une section d'artillerie, le reste de la 1ʳᵉ brigade, les batteries de combat, la 2ᵉ brigade moins un bataillon, les mulets de cacolets et le caisson d'ambulance, le bataillon d'arrière-garde.

Les 2ᵉ et 3ᵉ divisions dans le même ordre et aussi serrées que possible, le bataillon de francs-tireurs en tête de la 2ᵉ division.

Derrière la 3ᵉ division, les batteries de combat de la réserve d'artillerie; l'ambulance du grand quartier général du corps.

La 4ᵉ division dans l'ordre suivant : la 1ʳᵉ brigade d'infanterie, les batteries de combat, le régiment de la 2ᵉ brigade. Après cette colonne composée uniquement de combattants, viendra une 2ᵉ colonne qui devra se maintenir au moins à 1 kilomètre si le combat s'engage et qui sera composée ainsi qu'il suit :

Réserves d'artillerie divisionnaire dans l'ordre de leur place de bataille; ambulance divisionnaire dans le même ordre, compagnies du génie et voitures de la réserve, parc d'artillerie, bagages de l'état-major général, bagages des divisions dans leur ordre de numéro, bagages de la division de cavalerie, services administratifs. Comme arrière-garde de tout ce convoi et chargé spécialement de sa garde, le 74ᵉ de ligne et les deux compagnies du 40ᵉ qui se trouvent actuellement au Chesne, le tout sous les ordres du colonel Theuvez. Enfin, en dernier lieu, formant l'extrême arrière-garde, la division de cavalerie qui détachera quelques pelotons pour éclairer le corps en arrière et sur les flancs à une distance de 2 kilomètres.

Les caissons d'infanterie seront répartis entre les brigades et marcheront derrière elles. Il y a chance demain de rencontrer l'ennemi dans des conditions sérieuses; par conséquent on devra marcher dans le plus grand ordre et aussi serré que possible; les généraux de division ne laisseront pas s'allonger leur colonne et feront de temps en temps masser leurs troupes à droite et à gauche de la route.

On ne devra se laisser couper par aucune colonne de bagages ou de cavalerie quelle qu'elle soit. Comme il est dit au commencement, la 1ʳᵉ division commencera le mouvement à 6 heures, et les autres prendront les armes de manière à suivre immédiatement.

Les voitures du trésor marcheront derrière l'ambulance de chaque division.

5ᵉ CORPS.

a) Journaux de marche.

Journal de marche rédigé par le colonel Clémeur.

Du petit village de Bois des Dames à Stenay, il n'y a que 15 kilomètres. En raison de la courte distance à parcourir, et pour laisser ses troupes se reposer des grandes fatigues qu'elles ont supportées la veille, le général ordonne que le mouvement sur Beaufort et Beauclair (7 kilomètres) ne commencera qu'à 11 heures du matin.

Dans la matinée on aperçoit des hauteurs de la ferme d'Harbeaumont, où se trouve le quartier général, des colonnes ennemies défilant vers l'Est, sur les hauteurs situées en face, entre Fossé et Nouart. La vallée qui s'étend au-dessous de Bois des Dames, et qui sépare ce village et le plateau d'Harbeaumont des hauteurs opposées, a une largeur de 2 kilomètres environ, et paraît complètement libre.

Les renseignements des habitants indiquent du reste que l'ennemi n'occupe ni Beauclair, ni Beaufort.

Vers 10 heures, avant de mettre ses colonnes en marche, le général de Failly envoie la cavalerie faire une reconnaissance sur Beauclair et Beaufort, sous la direction du général Besson, chef d'état-major général, qui s'avance jusqu'au plateau de Nouart dominant Beauclair.

Deux escadrons du 12ᵉ chasseurs, gravissent le coteau en éclaireurs avec le général Besson. Ils sont appuyés par deux escadrons du 5ᵉ lanciers.

Mais arrivés près du sommet, ces escadrons sont tout à coup accueillis par une violente fusillade et n'ont que le temps de se rejeter dans les bois de Belval, situés en face, et qu'ils traversent pour aller à Beaufort.

Le 5ᵉ hussards, avec le général de Bernis, qui appuie le mouvement, se retire également dans ces bois et reçoit dans la plaine qu'il traverse pour les rejoindre, quelques obus que lui envoie l'artillerie ennemie déployée sur les hauteurs de Nouart. Le capitaine d'état-major de Haux (?) a son cheval tué sous lui. Cette cavalerie reste à Beaufort jusqu'à 5 heures du soir sans être inquiétée.

Pendant ce temps, le général en chef a fait commencer son mouvement en deux colonnes pour se porter sur Beaufort et Beauclair. La première colonne formée des troupes qui ont campé sur le plateau de Bois des Dames (division de Lespart) doit se diriger sur Beauclair, en descendant le village de Bois des Dames et rejoignant par le Champy Haut, la grande route de Stenay sur laquelle se trouve Beauclair, à 7 kilomètres de là.

La deuxième colonne, comprenant la division Goze, la brigade de Maussion de la division de L'Abadie et l'artillerie de réserve, qui ont campé à Belval, doit se porter avec les bagages et les ambulances sur Beaufort, en contournant par le Nord, le plateau de Bois des Dames et descendre ensuite sur Beaufort, par les bois de Belval. La distance qui sépare Belval de Beaufort, par ce chemin, est de 9 kilomètres.

Mais à peine la tête de colonne de la division de Lespart a-t-elle débouché du village de Bois des Dames, dans la vallée, qu'elle est assaillie par une vive canonnade partant des hauteurs de Nouart, à plus de 3,000 mètres de là. C'est cette canonnade dirigée également sur l'avant-garde de cavalerie, qui la force à se replier.

Des colonnes d'infanterie ennemie sortent des bois situés sur les hauteurs, pour appuyer leur artillerie, et gagner en même temps la vallée.

Le général de Failly, qui marche à la tête de la division de Lespart, prend aussitôt ses dispositions pour répondre au feu de l'ennemi, et l'arrêter dans son attaque sur Bois des Dames.

Il fait rétrograder les troupes déjà avancées dans la vallée, et leur fait prendre position sur les hauteurs : la brigade Abbatucci à droite du village de Bois des Dames, la brigade de Fontanges à gauche en avant, de manière à avoir des vues dans la vallée. Le 17ᵉ de ligne de cette brigade, chargé d'appuyer la reconnaissance de cavalerie prend position en avant du Champy avec un bataillon. Les deux autres bataillons, avec une batterie, prennent position sur les hauteurs à droite et à gauche du Champy Haut. Le général de Fontanges se trouve avec le 17ᵉ. Son autre régiment, le 68ᵉ, est à la gauche de la brigade Abbatucci. C'est derrière le 17ᵉ, et sous sa protection, que le général Brahaut rallie les deux escadrons du 12ᵉ chasseurs et les deux du 5ᵉ lanciers qui lui restent.

L'artillerie divisionnaire du général de Lespart, moins la batterie envoyée au général de Fontanges, s'établit sur les hauteurs de droite, à droite et un peu en arrière de la brigade Abbatucci ; elle ouvre immédiatement son feu sur l'artillerie ennemie et les colonnes d'infanterie, qui cherchent à déboucher dans la vallée par les bois. Plusieurs coups de mitrailleuses à bonne portée semblent produire un effet très efficace, à en juger par la rapidité que mettent ces colonnes d'infanterie à rentrer dans la forêt. A la gauche, deux compagnies du 17ᵉ enlèvent à la baïonnette un petit bois situé en avant du Champy et qui servait d'abri à des tirailleurs ennemis embusqués.

Pendant ce temps, le général en chef prescrit à la deuxième colonne dirigée sur Beaufort, et déjà engagée dans les bois de Belval, qui s'étendent jusque près de ce village, de revenir rapidement sur ses pas pour venir prendre position à Bois des Dames.

L'artillerie de réserve, qui marchait à la queue de la colonne arrive en conséquence la première sur la position, et elle est placée immédiatement en batterie, en arrière et un peu à droite de la brigade de Fontanges, en avant de la ferme d'Harbeaumont. Elle ouvre aussitôt son feu d'écharpe contre les batteries ennemies des hauteurs de Nouart. Mais on remarque avec peine que la plupart de ses projectiles éclatent en l'air.

La brigade de Maussion de la division de L'Abadie, vient prendre position aux villages du Champy et relève la brigade de Fontanges, qui reçoit l'ordre de se rallier près de la ferme d'Harbeaumont. Un bataillon du 88e, sous le commandement du lieutenant-colonel Demange, occupe le Champy, dont la possession empêche l'ennemi de déboucher dans la plaine.

La division Goze s'établit à gauche et en arrière de la ferme pour former la réserve.

Une violente canonnade s'engage des deux côtés et dure plusieurs heures, chacun restant dans ses positions. L'infanterie ennemie a bien cherché à plusieurs reprises à déboucher, mais chaque fois, quelques coups de mitrailleuses l'ont fait rétrograder et disparaître dans les bois.

La position occupée par le général de Failly, dominant les positions ennemies, est très avantageuse. Ses ailes, des deux côtés, sont sur des hauteurs desquelles on peut apercevoir tout mouvement tournant; plusieurs bouquets de bois y offrent de bons points d'appui et des accidents de terrain en rendent les approches difficiles.

Sur le front, la ferme d'Harbeaumont, située sur un plateau qui domine tout le pays, présente un point d'appui des plus solides. C'est la clé de la position.

Dans ces conditions favorables, le général de Failly, après avoir disposé ses troupes de manière à profiter du terrain de la façon la plus efficace pour repousser toute attaque sérieuse, attend les événements.

Mais l'ennemi, voyant le 5e corps fortement établi, après quelques tentatives d'attaque infructueuses, reste immobile; il se contente de canonner notre position, après avoir essuyé des pertes assez sérieuses, surtout contre le village du Champy occupé par le 17e (division de Lespart). Dans cette attaque, ses colonnes avaient été prises d'écharpe par nos batteries de droite.

Cependant, le général de Failly, prévoyant qu'il lui est actuellement impossible de se rendre à Beauclair et à Beaufort, et que devant lui il doit nécessairement se trouver des forces ennemies considérables qui vont lui barrer le chemin de Stenay, est résolu à attendre, dans sa forte position de Bois des Dames, les éventualités ou de nouvelles instructions.

Dès le commencement du combat, vers 1 heure, il a envoyé un officier de son état-major au quartier général du Maréchal à Stonne (15 kilomètres), pour rendre compte de la présence de l'ennemi, qui paraît sérieuse, et demander de nouvelles instructions pour le cas où il ne serait pas possible de déboucher sur Stenay.

Mais le Maréchal, informé dès le matin des mouvements des Allemands et de la rupture par eux des ponts de Stenay, en avait donné avis au général de Failly, avec ordre de quitter de suite la route de Stenay, pour se rendre à Beaumont.

Malheureusement, cet ordre, porté par le capitaine d'état-major de Grouchy, n'était pas parvenu, cet officier ayant été fait prisonnier par l'ennemi.

Il était ainsi conçu, comme on l'a appris plus tard :

« Le pont de Stenay a été détruit. Le 5e corps ne devra pas se diriger sur ce point, mais sur Beaumont, de façon à passer la Meuse à Mouzon, sous la protection du 12e corps, qui l'occupe déjà. »

La perte de cet ordre fut des plus préjudiciables au 5e corps, qui, s'il l'avait reçu le matin comme cela devait être, n'aurait pas perdu toute une journée de combat et de marche inutile sur Stenay. Ce retard d'une journée fut, comme on le verra, des plus funestes au corps.

En attendant la réponse à sa demande d'instructions envoyée à Stonne, le général de Failly continue à occuper sa position de Bois des Dames et à contenir l'ennemi par le feu de son artillerie.

Vers 4 heures, il s'aperçoit que la cavalerie ennemie cherche à le tourner sur sa droite pour se diriger par Nouart et Fossé vers Sommauthe.

Ce point, situé à 6 kilomètres au Nord-Ouest de Bois des Dames, est le point culminant de toute la contrée ; il est de la plus grande nécessité de le conserver, pour rester en communication avec Stonne et l'armée.

Craignant donc d'en être coupé, le général de Failly fait prendre position, en arrière de sa droite et face à l'Ouest, à la brigade Nicolas de la division Goze, renforcée de trois compagnies du 4e bataillon de chasseurs, et ordonne des démonstrations de cavalerie en avant de cette position.

Ces mouvements produisent leur effet, et l'on voit bientôt la cavalerie ennemie se retirer.

Vers 5 heures, les instructions demandées au Maréchal arrivent ; l'officier qui en était porteur a dû faire plusieurs détours pour éviter des localités où les habitants lui ont signalé la présence d'éclaireurs ennemis. Il ne put donc être de retour qu'assez tard, avec son ordre de marche sur Beaumont.

Mais le général de Failly, sachant, d'après les renseignements recueillis depuis plusieurs jours sur la marche générale de l'ennemi, qu'il doit avoir actuellement en face de lui des forces considérables, ne veut pas quitter de suite une position très forte, pour battre en retraite et être poursuivi probablement dans des conditions désavantageuses.

Pour ne pas s'exposer à cette dernière éventualité, il va chercher à dérober son mouvement de retraite, en attendant la nuit, et en contenant l'ennemi jusque-là.

Lorsque la nuit commence à arriver, le général fait allumer de grands feux sur tout le front des troupes comme si elles devaient camper sur leurs positions, et recommande même d'allumer le plus de feux possible, de manière à faire croire à des forces plus considérables qu'elles ne le sont réellement.

La cavalerie est partie vers 5 h. 30 sous le commandement du général Brahaut pour se rendre par Sommauthe à Beaumont, où elle rejoignit vers 11 heures les escadrons, qui s'étaient repliés sur Beaufort et de là sur Beaumont également.

Vers 9 heures le mouvement de retraite commence pour tout le corps d'armée, la brigade Nicolas restant en position à la droite.

On doit suivre le chemin forestier qui, passant par Belval, traverse, entre deux étangs, les forêts de Belval et du Petit-Dieulet, et va rejoindre, au Nord la grande route de Stenay à Beaumont près de cette dernière ville ; la distance à parcourir est d'environ 12 kilomètres.

Le général de division de L'Abadie est chargé avec sa brigade unique et deux batteries de la réserve de former l'arrière-garde. Il doit rester en position et entretenir les feux jusqu'à ce que toutes les troupes et les bagages se soient écoulés par Belval. Il suivra ensuite la même voie qu'elles, pour se rendre à Beaumont.

Le général, chef d'état-major général du corps, accompagné d'un de ses officiers, précède la colonne pour aller déterminer l'emplacement des camps.

Les divisions s'engagent l'une après l'autre dans le chemin qui descend par une pente très raide sur Belval, pour prendre ensuite celui qui traverse les bois et va vers Beaumont.

La nuit est des plus obscures. Les troupes épuisées par les marches précédentes pendant des temps affreux, et le combat de la journée, n'ayant pu avoir de distributions régulières depuis plusieurs jours, tombent de fatigue et de sommeil. Les hommes, à la faveur des ténèbres, se couchent et s'endorment dans les fossés et les taillis. La colonne s'allonge indéfiniment, et n'avançant qu'avec une extrême lenteur, elle doit souvent s'arrêter, pour que les chefs de corps et leurs officiers puissent faire rejoindre autant que possible.

Cette marche est des plus pénibles, et dure de six à sept heures, pour parcourir une distance de 12 kilomètres à peine. A 3 heures du matin seulement, la tête de la colonne commence à arriver à Beaumont. La cavalerie arrivée à 11 heures, bivouaque à l'Ouest de Beaumont, le long de la route de Stonne, face au Nord.

Le chef d'état-major général arrivé vers 1 heure aux environs de Beaumont par une nuit des plus sombres, avait désigné les emplacements des camps dans la plaine, qui se trouve en avant de Beaumont, au Sud de la ville.

Mais les troupes harassées de fatigue, et difficilement dirigées par leurs officiers dans l'obscurité, s'entassent les unes sur les autres, la 3ᵉ division à droite et la 1ʳᵉ à gauche de la route avec l'artillerie de réserve, à l'entrée de la ville ; elles dressent leurs tentes, et se préoccupent beaucoup plus de prendre le repos qui leur est si nécessaire, que d'assurer d'une manière efficace le service de surveillance, qui doit les protéger.

La brigade de la division de L'Abadie formant l'arrière-garde n'arrive qu'à 5 heures du matin. Elle traverse Beaumont et va camper de là sur un petit plateau au Nord-Ouest à gauche de la route de Mouzon. Les ambulances restent dans Beaumont.

La plupart des officiers et des hommes étaient à jeun, et n'avaient pu se procurer de quoi manger ce jour-là. Les forces de tout le monde étaient à bout ; après avoir combattu la plus grande partie de la journée et marché toute la nuit, le soldat épuisé s'endormait là où il s'arrêtait, et l'officier dès lors parvenait à grand'peine à se faire obéir. Un état d'engourdissement général s'est emparé du corps d'armée. L'homme a donné tout ce qu'il avait de forces : inutile de lui en demander davantage.

Malgré toutes ces difficultés, les généraux et chefs de corps parviennent néanmoins à faire établir des grand'gardes. Mais l'obscurité ne permet pas de les placer convenablement, elles sont trop rapprochées des camps, et leur surveillance ne peut pas s'exercer sur les débouchés qu'il était important de garder.

Les chevaux de la cavalerie, qui ont combattu, en éclairant le corps pendant toute la journée du 29, et qui n'ont pas mangé non plus, ont perdu toute leur vigueur. Les reconnaissances du matin se ressentent de cet état de choses, et ne peuvent probablement pas se faire dans les conditions complètes qu'impose ce service si important, service qui comporte tant d'activité et de vigilance, même dans les circonstances ordinaires.

Après l'arrivée de l'arrière-garde, vers 5 heures, le silence le plus profond règne dans tous les camps. Hommes et chevaux épuisés de fatigue, se livrent au repos pendant quelques heures.

La journée du 29 a coûté au 5ᵉ corps près de 250 hommes tant tués que blessés. Ce fut la division de Lespart qui en fournit le plus grand nombre. Quant au chiffre des hommes restés en arrière par suite de la fatigue, le nombre dut en être assez considérable. La plupart d'entre eux tombèrent au pouvoir de l'ennemi, le lendemain.

En même temps que le 5ᵉ corps était dirigé sur Beaumont pour passer ensuite la Meuse à Mouzon (point de passage que le Maréchal avait choisi pour remplacer celui de Stenay), les autres corps d'armée avaient également fait un mouvement vers le Nord, dans le même but.

Le 7ᵉ fut dirigé de Boult-aux-Bois sur la Besace à 8 kilomètres à l'Ouest de Beaumont. Mais il ne put atteindre ce point et fut obligé de coucher à Osches par suite de plusieurs rencontres avec l'ennemi, débouchant de Bar et de Buzancy.

Le 1ᵉʳ corps alla camper à Raucourt, à 8 kilomètres à l'Ouest de Mouzon.

Le 12ᵉ à Mouzon, sur les hauteurs de la rive droite de la Meuse, ainsi que la cavalerie Margueritte.

Les 1ᵉʳ, 5ᵉ et 7ᵉ devaient employer la journée du 30 à franchir la Meuse, le 1ᵉʳ à Remilly, le 7ᵉ à Villers, le 5ᵉ à Mouzon, pour se diriger ensuite sur Carignan.

Ainsi, le 29 au soir l'armée doit être sur deux lignes, face au Sud : la première (7ᵉ et 5ᵉ corps) Osches-Beaumont ; la deuxième Raucourt-Mouzon, à 7 ou 8 kilomètres de la première.

Journal de marche rédigé par le capitaine de Piépape.

La marche décidée sur Beaufort et Beauclair fut maintenue. Ordre fut donné au général en chef d'y attendre de nouvelles instructions relatives à une attaque combinée sur Stenay.

La route de Bois des Dames à Stenay étant très courte et les troupes ayant besoin de repos, le général en chef ne commande le mouvement en avant vers la Meuse que pour 11 heures du matin. Le corps d'armée reçoit l'ordre de se porter à Beaufort (15 kilomètres de Belval), dans l'ordre de marche suivant : division de Lespart, division Goze, artillerie de réserve, division de L'Abadie (le quartier général sera à Beaufort) sur deux colonnes ; la 1ʳᵉ division de Lespart marchant sur Beauclair, la 2ᵉ division Goze et de L'Abadie marchant sur Beaufort en contournant le plateau de Bois des Dames.

Combat de Bois des Dames. — Vers 10 heures, on voit défiler, des hauteurs de Belval, une nombreuse artillerie ennemie, qui semble se porter de Beaufort sur Stenay.

Craignant que la route ne soit interceptée sur la rive gauche, le général en chef ordonne une reconnaissance de cavalerie, en suivant la route de Stenay.

Cette reconnaissance, formée de la division de cavalerie et dirigée par le général Besson, chef d'état-major général, s'avance jusqu'au plateau au-dessus de Beauclair. Là, deux escadrons du 12ᵉ chasseurs, commandés par le général de Bernis, gravissent un coteau en éclaireurs et sont accueillis au sommet, ainsi que le général Besson et quelques officiers, par une violente fusillade à bonne portée.

Des bataillons ennemis, déployés sur la hauteur, forcent par leur feu la cavalerie à tourner bride et à gagner les bois. La brigade de Bernis tout entière se replie au trot, poursuivie par l'artillerie ennemie qui lui lance des obus dans la plaine. Le capitaine d'état-major de Haux (?) a son cheval tué sous lui.

Cependant les têtes de colonne du corps d'armée, qui avaient commencé à descendre des hauteurs de Bois des Dames, sont obligées de s'arrêter devant un déploiement de forces considérables.

Des batteries placées sur les hauteurs de Nouart, à plus de 3,000 mètres, assaillent notre infanterie par une vive canonnade, tandis qu'une portion d'infanterie ennemie sortant des bois débouche dans la vallée. La cavalerie doit se replier, l'infanterie est rejetée sur ses lignes.

Le général en chef fait reprendre les positions dominantes autour de la ferme de Belval. L'artillerie ouvre un feu violent sur l'ennemi dont le mouvement agressif est ainsi contenu.

La division de Lespart, dont toute la colonne était déjà engagée sur la route de Beaufort, rétrograde et va prendre position en demi-cercle, à droite de la ferme, sur la crête d'un plateau très élevé.

La brigade de L'Abadie s'installe en avant de la ferme et l'occupe fortement.

La division Goze, tout entière allongée dans le défilé de la forêt de Dieulet, fait demi-tour à l'abri des bois et vient déboucher sur le plateau à gauche de la ferme, où elle prend position.

Enfin l'artillerie de réserve sort également des bois, où elle était déjà engagée, et se met en batterie de façon à prendre d'écharpe les forces ennemies, qui s'arrêtent sur la lisière des bois.

Le général Besson ramène la brigade de Bernis au débouché de la plaine, près d'Harraucourt (?).

L'ennemi occupe également de fortes positions, mais dominées par les positions françaises.

Un violent combat d'artillerie s'engage et se prolonge, mais sans grands résultats et sans que, d'un côté ni de l'autre, on débouche en avant des positions.

Cependant le général en chef prévoit l'impossibilité d'accomplir son plan de passage de la Meuse à Stenay. Dans l'absence de nouveaux ordres, il croit devoir continuer à occuper Bois des Dames, clef du pays, en faisant bonne contenance.

Dans l'intervalle, le maréchal de Mac-Mahon lui avait envoyé un ordre de rétrograder qui n'est point parvenu; le capitaine de Grouchy, qui en était porteur, ayant été fait prisonnier.

Cet ordre était ainsi conçu :

« Le pont de Stenay a été détruit : le 5º corps ne devra pas se diriger sur ce point, mais sur Beaumont, de façon à passer la Meuse à Mouzon, sous la protection du 12º corps qui l'occupe déjà. »

Ce sont à peu près les termes de cet ordre égaré tels qu'ils ont été rappelés depuis par les officiers de l'état-major du Maréchal.

Malheureusement, la perte de cet ordre fait perdre au corps d'armée un temps considérable. Tandis que le général de Failly cherche à amuser l'ennemi à Bois des Dames, il s'aperçoit que la cavalerie prussienne défile sur ses derrières par Sommauthe, et semble chercher à le couper de Stonne et de Beaumont. Sommauthe est le point culminant de toute la contrée. Craignant donc un mouvement tournant, il fait faire un crochet à son aile droite, pour s'opposer par une démonstration à cette tentative qui paraît en effet suspendue.

Quelques colonnes ennemies ayant cherché, vers la fin de la journée, à déboucher dans la plaine entre les deux lignes aux prises, sont vigoureusement canonnées et se replient en laissant de nombreux morts sur le carreau. La division de Lespart s'est trouvée particulièrement engagée au début de l'affaire sur la route de Beaufort.

Vers 5 heures du soir, un second ordre du Maréchal, parvenu cette fois à destination, prescrit de nouveau au général en chef de se porter sur Beaumont. Mais le général de Failly, craignant d'être poursuivi et se défiant qu'il pouvait avoir devant lui l'armée entière du Prince royal, dont on avait signalé le mouvement de flanc après son passage à Bar-le-Duc, préfère attendre la tombée de la nuit pour opérer la retraite.

Il continue à canonner la position ennemie jusque vers 8 heures du soir, fait allumer de grands feux de bivouac et feint de camper, mais sans dresser de tentes. Vers 9 heures, il commence à faire filer sa cavalerie puis tout le corps d'armée par la forêt de Dieulet.

Le général Besson, accompagné du capitaine de Lanouvelle (de l'état-major général), se porte d'avance à Beaumont pour y installer le campement.

Les divisions s'engagent sur la route par une nuit très obscure et à travers un chemin étroit et difficile, seule communication reconnue possible pour une marche de nuit.

Les troupes, épuisées par les marches précédentes et le combat du 28, n'ayant eu d'ailleurs pas plus que les autres jours, le 28, de distributions régulières, tombent de fatigue et de sommeil. Les hommes, profitant de l'épaisseur des ténèbres, s'affaissent, en marchant, sur eux-mêmes et se couchent en travers du chemin sans souci d'arrêter la colonne, qui s'allonge indéfiniment, n'avance qu'avec une extrême lenteur et doit souvent stationner des demi-heures entières.

C'est ainsi que se fit, à travers mille difficultés, cette marche de nuit qui dura six à sept heures, pour parcourir à peine 10 à 12 kilomètres.

A 3 heures du matin seulement, le corps d'armée arriva à Beaumont; l'arrière-garde, commandée par le général de L'Abadie, ne prit son campement que vers 5 heures.

La division de cavalerie, qui devait protéger la retraite, fit fausse route et resta dans l'impuissance et l'inaction à Sommauthe.

Le camp de Beaumont, tracé dans l'obscurité, au lieu d'être sur le plateau qui domine le village, fut désigné dans le bas, entre Beaumont et la forêt.

Les troupes, entassées les unes sur les autres, péniblement installées, campèrent comme elles purent à droite et à gauche de la route, et attendirent le jour avec la préoccupation de leur repos nécessaire plus que de leur sécurité compromise.

Les grand'gardes, placées trop près des camps, ne furent pas engagées dans les défilés débouchant de la forêt. Les escadrons divisionnaires, au lieu de fouiller ces passages et d'éclairer leurs divisions, campèrent avec elles et ne furent pas mis en action.

Le soldat s'endormit là où il put s'arrêter, et l'engourdissement général envahit ce corps d'armée découragé et surmené. La plupart des officiers et des hommes restèrent à jeun ce jour-là. Le fourrage ayant manqué, les chevaux de la cavalerie avaient perdu beaucoup de leur vigueur, le service des reconnaissances en souffrait.

Extraits du journal du capitaine de Lanouvelle, de l'état-major du 5ᵉ corps.

Les ordres nouveaux pour la journée du 29, expédiés par le général en chef, arrivèrent à Boult-aux-Bois au général Douay vers 6 heures du matin ; mais le même officier (capitaine de Grouchy) qui devait porter ces ordres au général de Failly fut pris en route et le 5ᵉ corps dut, en conséquence des ordres de la veille, partir à midi par Stenay, qu'il devait gagner en deux colonnes, l'une par le bois de Belval, l'autre par les Champy.

Les colonnes se mirent en marche à l'heure prescrite. Vers 9 heures du matin, le général de Failly, pour s'assurer le concours du général Douay, lui envoya un officier (capitaine de Lanouvelle) qui, forcé de se rejeter à droite par l'apparition des éclaireurs ennemis, passa par Saint-Pierremont et rencontra la tête du 7e corps à la ferme du Fond Barré vers 11 heures du matin.

D'après les nouveaux ordres reçus dans la matinée, le 7e corps se dirigeait sur Stonne et la Besace par Saint-Pierremont et Osches, le 5e corps devait marcher sur Beaumont par Sommauthe. Mais ces ordres ne lui étant pas parvenus, il allait se trouver isolé dans le vallon de Bois des Dames, et au milieu d'un terrain difficile.

L'officier revint en toute hâte avec une copie de l'ordre du Maréchal, passa près de Sommauthe à 150 mètres des éclaireurs ennemis et ne peut arriver qu'à 1 heure du soir au général de Failly, au milieu de l'engagement.

Le 5e corps s'était mis en marche à midi : la colonne de droite précédée par la cavalerie à la tête de laquelle marche le chef d'état-major général pour reconnaître la force de l'ennemi, fut vivement attaquée à 1500 mètres du village de Bois des Dames par un régiment d'infanterie et une batterie prussienne en position près de Nouart. Cette attaque fut si vive et si imprévue que la cavalerie fut coupée en deux parties, l'une avec le général Besson et le général de Bernis gagna Beauclair, l'autre se rallia avec le général Brahaut à la division de Lespart.

Cette dernière division, à peine en marche, prit position sur les hauteurs entre Bois des Dames et Nouart et engagea avec l'ennemi un combat de mousqueterie et d'artillerie qui dura environ une heure et demie. Le 68e de ligne (lieutenant-colonel Paillier) y prit une grande part.

La brigade de la division de L'Abadie, appelée de Belval, prit position à la gauche de la ferme d'Harbeaumont ; son artillerie et une partie de l'artillerie de réserve établirent une canonnade assez lente à laquelle l'ennemi répondit faiblement, se contentant de montrer ses troupes.

Le combat dura jusqu'à 4 heures sans aucun résultat, puisqu'il s'agissait maintenant, non plus d'aller à Stenay, mais de se rabattre sur Beaumont.

Le général de Failly paraissait très inquiet d'un mouvement que l'ennemi exécuta vers 3 heures du côté du signal de Fossé en portant une forte colonne d'infanterie sur notre droite ; néanmoins il ne fit pas occuper Sommauthe, qui assurait nos communications avec le 7e corps.

A 6 h. 30 du soir, le mouvement commença par l'artillerie de réserve ; puis la division Goze, la division de Lespart et la division de L'Abadie qui resta la dernière sur la position. Il s'exécuta par une nuit noire sur un seul chemin traversant la forêt de Belval.

La division de Lespart avait eu, dans cette journée, environ 100 hommes hors de combat. Le château de Belval fut transformé en ambulance.

1ʳᵉ DIVISION.

Départ à 11 heures; la division suit une route à travers bois et se dirige, dit-on, dans la direction de Stenay. Elle est déjà assez loin dans les bois quand on entend le canon et les feux de mousqueterie sur la droite. Un officier de l'état-major général arrive donner l'ordre de faire demi-tour et de se porter sur les hauteurs de Bois des Dames où la 3ᵉ division est engagée. Cet ordre est exécuté et on prend position sur les hauteurs.

Canonnade inutile pendant que la 1ʳᵉ division revient occuper les hauteurs qui dominent Belval. Par ordre du général en chef, la 1ʳᵉ division vient occuper ces mêmes hauteurs. Puis l'ordre est donné au corps d'armée de traverser le fond de Belval et de se porter sur Beaumont pendant que la 2ᵉ brigade de la 1ʳᵉ division qui doit former l'arrière-garde reste en position; des éclaireurs ennemis sont signalés dans la direction de Vaux-en-Dieulet, Sommauthe.....

Marche de nuit dans le bois. Le corps d'armée arrive à Beaumont entre 2 et 4 heures du matin et s'installe tant bien que mal en avant du village.

Historique du 4ᵉ chasseurs à pied.

Par suite d'ordres mal interprétés, le 5ᵉ corps marche sur Beaufort au lieu de se rendre à Beaumont et tombe, en nombre inférieur, sur les flancs de l'armée prussienne. Le bataillon prend position sur le plateau qui domine Bois des Dames et assiste, sans y prendre part, au combat que livre la 3ᵉ division; le soir du même jour, il se dirige enfin sur Beaumont en formant l'arrière-garde, et arrive sur les collines en avant du village le 30, vers 5 heures du matin.

Journal du 11ᵉ de ligne.

Le campement de Belval fut abandonné le lendemain à 10 heures seulement, la direction indiquée était celle de Beaufort à 10 kilomètres à peine de la Meuse. La division se mit en marche par la forêt de Belval, éclairée par le bataillon de chasseurs dont une compagnie déployée en tirailleurs marchait sous bois; le 11ᵉ marchait ensuite en tête de la colonne.

La 2ᵉ division marchait dans les traces de la 1ʳᵉ, tandis que la 3ᵉ, partie de Bois des Dames, se dirigeait par un autre chemin sur Beauclair.

La colonne formée par la 1re division était engagée dans les bois depuis plus d'une heure, quand une vive canonnade retentit tout à coup sur sa droite ; c'était le feu des batteries prussiennes établies sur les hauteurs du Champy et couvrant d'obus la tête de colonne de la 3e division qui débouchait de Bois des Dames. Une volée de mitraille surprenait en même temps la division de cavalerie partie en avant de la 3e division et accompagnée par le chef d'état-major général.

La 1re division avait continué à marcher parce qu'elle espérait, en arrivant le plus vite possible à l'extrémité des bois, prendre à revers l'ennemi qui avait déjà devant lui la 3e division. Mais un officier de l'état-major général apporta de la part du général de Failly, l'ordre de retourner en arrière pour secourir directement la 3e division.

La colonne fit demi-tour et le 11e se trouva ainsi placé à la queue ; elle dût gravir un chemin dont la pente, extrêmement raide, était rendue plus difficile encore par le mauvais état de son entretien. La division vint se placer par une marche de flanc sur la crête de ce plateau étroit mais très élevé qui sépare le fond de Belval de celui de Bois des Dames.

Pendant qu'elle prenait cette position, la 3e division avait elle-même regagné les hauteurs et se trouvait formée sur notre droite à l'abri du feu de l'ennemi ; notre position ôta sans doute aux Prussiens l'idée de nous attaquer ; on resta en observation des deux côtés jusqu'au déclin du jour.

A 6 heures, la 1re brigade de la 1re division redescendit dans le fond de Belval. Elle y fut arrêtée au moment où elle allait prendre, à travers les bois, la direction de Beaumont.

Il lui était prescrit de faire partir un bataillon du 11e à l'avant-garde et de le munir d'un guide, puis de se laisser précéder par le parc de réserve d'artillerie derrière lequel marcheraient en tête les deux autres bataillons du régiment.

Le défilé de l'artillerie de réserve dura plus d'une heure et la colonne ne se mit en marche qu'à 7 h. 30 du soir.

On marcha jusqu'à 1 heure du matin par une nuit très obscure. A cette heure, la tête de colonne arriva en vue de Beaumont et au point où le terrain s'incline pour former le fond dans lequel est situé le village, les troupes furent répandues à droite et à gauche de la route pour établir leur camp.

L'obscurité avait nécessairement contribué à la confusion dans la répartition du campement.

Historique du 46e de ligne.

Le matin, le départ est retardé. On comprend que les troupes sont fatiguées et on leur laisse un peu de repos.

Vers 6 heures, on annonce des distributions; mais quand les hommes de corvée et l'officier qui doit les conduire sont prêts à partir, personne ne peut leur indiquer le lieu où elles doivent se faire.

Le moment est venu peut-être de signaler la négligence qui préside à ces distributions. Après l'arrivée au camp des troupes, on leur promet la plupart du temps des distributions de pain, de viande, de sucre et de café. Quand on a découvert l'endroit, qui n'est presque jamais indiqué, où l'on doit trouver la nourriture promise, on est sinon étonné, en tout cas fort chagriné de n'y rien trouver. Exemple la Petite-Pierre, où l'on avait donné l'ordre d'aller toucher du pain et du vin. Quand les fourriers arrivèrent à la mairie, on fut surpris que l'on vint demander quelque chose.

On pourrait citer d'autres exemples de ce genre et ajouter que le lieu des distributions était généralement fort éloigné de l'emplacement des troupes.

Le 29 août, en particulier, après avoir bien cherché pendant deux heures au moins, on finit par découvrir qu'il y avait dans un village situé à 2 ou 3 kilomètres (Vaux-en-Dieulet, sans doute), quelques bestiaux.

Les uhlans en étaient sortis depuis peu de temps quand les corvées y arrivèrent sans armes. Au lieu d'y trouver de la viande préparée depuis la veille, on distribua une vache ou deux et quelques moutons par régiment, et rien pour les tuer ou les dépecer.

Du reste, le départ venait d'être fixé pour 11 heures et il fallut faire suivre la colonne à ces animaux; de sorte que les pommes de terre composèrent seules, comme la veille, le déjeuner des soldats.

A 11 heures donc, le mouvement commence pour la 1re division. Le 11e de ligne marche en tête, le 46e vient après. On s'engage ainsi dans un chemin assez étroit qui prend bientôt la direction du Nord. C'est le chemin qui va à Beaumont.

Bientôt on en prend un à droite qui semble conduire sur Beaufort. On entre ainsi dans la forêt de Belval, qui se continue à gauche par celle de Vaux-en-Dieulet. A droite, on n'est pas loin de la lisière du bois, car on aperçoit de temps en temps des éclaircies qui permettent de voir à quelques centaines de mètres seulement le sommet d'un talus à pente raide où passent des cavaliers en tirailleurs.

La colonne, à la tête de laquelle se trouve le général de division, marche ainsi à l'allure ordinaire au milieu des forêts. Tout à coup, la canonnade et la fusillade se font entendre à sa droite. Ce sont, paraît-il, les éclaireurs de la division de Lespart qui viennent d'être surpris dans leur marche, ainsi qu'un bataillon du 17e de ligne. L'action s'engage alors et les troupes prennent position sur les flancs et sur le sommet des hauteurs où la Wiseppe prend sa source et qui forment comme les gradins d'un cirque au-dessus des villages de Bois des Dames, du Champy Haut et du Champy Bas.

Pendant ce temps, la 1re division continue sa marche sur le chemin où elle est engagée. Elle accélère l'allure pour prendre plus tôt part au combat. Puis la colonne s'arrête, laisse passer de l'artillerie qui va essayer de gravir à droite l'espèce de talus qui limite le bois. Mais elle a compté sans la raideur de la pente et la pluie qui, les jours précédents, a détrempé le sol et l'a rendu glissant. Bientôt toute la division fait demi-tour et nous revenons sur nos pas. Le 86e cette fois est en avant; nous suivons en sens inverse la route prise au départ; nous montons, par un chemin étroit et rapide, sur les hauteurs en arrière et à l'Est du château de Belval, qu'occupe déjà en partie la division engagée. Au sommet du plateau, nous passons près d'une batterie d'artillerie qui a ouvert le feu et nous allons nous ranger en bataille à sa droite dans l'ordre des régiments. Nous occupons presque ainsi la moitié du cercle formé par cette espèce d'entonnoir dont les Allemands tiennent l'autre partie et au fond duquel a eu lieu le commencement de l'action.

L'ennemi a déjà évacué le bas des pentes pour se porter plus en arrière à l'abri de ses batteries. Le feu diminue d'intensité et ne continuera pas bien longtemps, à notre grand désappointement. Nous nous étonnons que l'arrivée de la 1re division ne détermine pas le général en chef à tenter quelque chose de plus décisif. Il a, paraît-il, reçu une dépêche qui lui prescrit d'attaquer mollement et de battre en retraite sur Beaumont.

Toujours est-il que c'est ce qui a lieu. Vers 5 h. 30 du soir, nous quittons nos positions, nous redescendons près du château de Belval, qui s'est déjà transformé en ambulance pour recueillir les blessés. Le 46e reste pendant plus de deux heures dans le chemin qui de ce château conduit à Beaumont, au pied de la hauteur qu'il a occupée un instant auparavant. La queue du régiment (IIIe bataillon) est appuyée au mur d'enceinte du parc. Il fait nuit quand nous nous éloignons du château. Beaucoup de soldats fatigués se sont endormis sur le bord du chemin, sans avoir à peu près mangé de la journée. Nous sommes chargés, nous dit-on, d'accompagner un convoi jusqu'à Beaumont. On marche lentement derrière ce convoi ou à ses côtés. Un conducteur endormi se trompe de route et fait partager son erreur à la queue du convoi et à son escorte. La fausse direction reconnue au bout de un ou deux kilomètres, on retourne sur ses pas pour reprendre la bonne route.

Ce lent défilé, pendant lequel chacun suit machinalement et à moitié endormi l'homme qui marche devant lui, nous fait arriver sur les collines qui dominent Beaumont au Sud vers 1 h. 30 du matin. Les derniers régiments n'arrivent pas avant 3 heures.

L'obscurité la plus profonde règne partout. On a peut-être désigné aux colonels l'emplacement de leurs régiments ; seulement, la difficulté ou même l'impossibilité de reconnaître au milieu des ténèbres les régiments, les bataillons et les compagnies, et aussi de se faire obéir des soldats tombant de fatigue et de faim, est cause du plus grand désordre. On campe donc où l'on peut en intervertissant quelquefois l'ordre des bataillons et des compagnies, de sorte que l'emplacement de chacun est difficile à indiquer.

La pointe du jour approchant, les soldats n'ont pas la force ou la volonté de dresser leurs tentes et ils préfèrent coucher dans la rosée et la boue. Le 46° s'établit un peu à droite du chemin par lequel on est arrivé, c'est-à-dire entre ce chemin et la route qui va de Stenay à Beaumont et fait face à ce chemin, ou bien à son flanc droit du côté de Beaumont. Le 11° est en avant de lui sur le même alignement et en est séparé par ce chemin.

Quelques soldats moins harassés de fatigue que leurs camarades descendent jusqu'à Beaumont, qui est à environ 1 kilomètre de là, pour y chercher de la nourriture que, malgré la bonne volonté des habitants, il leur est de toute impossibilité de leur procurer. Depuis deux jours, des troupes ont campé dans ce village et en ont à peu près épuisé les ressources.

Toute la nuit est employée à préparer du pain pour le lendemain. La nuit est froide ; néanmoins, le sommeil s'empare de tout le monde et personne ne se préoccupe de la manière dont le camp est gardé contre une surprise de nos ennemis, que nous croyons bien loin encore.

1re DIVISION (2e brigade).

Dans la matinée, des renseignements recueillis près de paysans sûrs, témoignent que le 28 au matin, la forêt de Dieulet, les ponts de la chaussée de Laneuville, ainsi que la ville de Stenay, étaient encore libres ; que l'ennemi, dont le quartier général (Alvensleben du IVe corps) est établi dans la maison même du général Nicolas, à Rémonville, s'est montré dans la journée du 28 à Villers, aux Tuileries, et dans les bois de Rémonville et de Barricourt, au Sud de la position de Bois des Dames.

En conséquence, des ordres sont donnés pour continuer la marche sur Stenay et le départ fut fixé pour 11 heures. La 3e division devait, de Bois des Dames, se porter, par les Champy et la route impériale, à Beauclair.

Les 1re et 2e divisions, avec l'artillerie de réserve, devaient déboucher de la forêt de Belval à Beaufort.

En quittant sa position, la 3e division est accueillie par une vive canonnade partant des hauteurs au Sud de Nouart, et par les feux de nombreux tirailleurs embusqués dans des taillis au Nord-Est de ce village, où sont signalées des colonnes d'infanterie.

La 3ᵉ division, arrêtée dans son mouvement, tint ferme en attendant les 1ʳᵉ et 2ᵉ divisions et l'artillerie de réserve qui rebroussent chemin, gravissent les pentes escarpées et boisées au Nord-Est de la position remarquable de Bois des Dames. Vers midi et demi, ces divisions se déploient sous la protection des batteries divisionnaires et de réserve qui, jusqu'à 3 heures, répondent aux batteries ennemies les moins éloignées et jettent le désordre dans des colonnes d'infanterie vers les bois de Rémonville et de Barricourt.

A 4 heures, la brigade, avec trois compagnies du 4ᵉ bataillon de chasseurs et la 5ᵉ batterie, se porte à l'extrême droite de la position, et y occupe un mamelon, point culminant de toute la contrée, et dont l'occupation négligée jusqu'alors est enfin reconnue urgente en prévision d'un mouvement tournant de l'ennemi par Nouart et Fossé.

C'est alors que le 5ᵉ corps, placé en ce moment fort en avant à l'extrême droite de l'armée, dut, sur l'ordre du Maréchal, abandonner la direction de Stenay, pour prendre en arrière celle de Beaumont, puis de Mouzon où il devait, le 30, passer la Meuse.

En conséquence, vers 5 heures, la cavalerie passe par Sommauthe ; la 1ʳᵉ division, l'artillerie de réserve, soutenue par un bataillon du 86ᵉ, et la 3ᵉ division, descendent à Belval et s'engagent sur le chemin forestier conduisant à Beaumont. La brigade et celle de la 2ᵉ division restent, jusqu'à 9 heures, en position pour couvrir ce mouvement dans lequel la 2ᵉ division forme l'arrière-garde.

Historique du 61ᵉ de ligne.

Le 5ᵉ corps se dirige sur Mouzon. La 3ᵉ division, formant tête de colonne, est attaquée par le XIIᵉ corps (saxon) dès le départ. Les 2ᵉ et 1ʳᵉ divisions se portent sur les hauteurs pour soutenir l'attaque. L'engagement ne prend pas de proportions sérieuses, et l'on se borne de part et d'autre à garder ses positions, le général de Failly ayant reçu l'ordre de ne pas s'engager sérieusement et de diriger son corps d'armée dans la soirée sur Beaumont.

Historique du 86ᵉ de ligne.

Le 86ᵉ garde ses positions de combat jusqu'à 9 heures du soir et se met en marche vers Beaumont. Marche de nuit très pénible, fatigue excessive du soldat, privé de distributions depuis deux jours et n'ayant pu reposer la nuit précédente.

2ᵉ DIVISION.

On avait été prévenu que l'ordre de marche ne serait communiqué qu'à 8 heures du matin et que le départ, s'il avait lieu, ne serait pas avant 10 heures. On s'occupe des distributions; une perception de viande à raison de 500 grammes avait été prescrite, ainsi que la distribution d'une ration de vin ou d'eau-de-vie. La présence des coureurs ennemis sur les derrières du corps d'armée empêche le troupeau de l'administration de rejoindre; on peut trouver quelques moutons à Belval. Ordre avait été donné de se garder militairement, et de ne laisser personne s'éloigner des camps.

Le mouvement du 5ᵉ corps fut fixé à 11 heures du matin ; la colonne campée à Bois des Dames devait aller à Beauclair par les Champy, la cavalerie formant l'avant-garde, la division Guyot de Lespart la suivant.

Les troupes arrêtées à Belval, la veille au soir, avaient ordre de se porter à Beaufort par une route forestière passant par la ferme de Maucourt; la division Goze en tête, après elle la réserve d'artillerie et le parc du génie suivis d'un bataillon pris dans cette division. La division de L'Abadie devait marcher ensuite, ayant derrière elle les ambulances et les bagages, et fournissant un bataillon d'arrière-garde pour encadrer ces voitures.

Il était prescrit à ces colonnes de s'entourer de toutes les précautions militaires, de faire fouiller les bois avant de s'engager et de se faire éclairer sur leur front et sur leur flanc : la division Guyot de Lespart sur son flanc droit, les divisions Goze et de L'Abadie sur leur flanc gauche.

Les escadrons détachés dans les divisions Goze et Guyot de Lespart, ainsi que celui qui était chargé de fournir les escortes au grand quartier général avaient ordre de se réunir sous les ordres de leur colonel, et de se joindre à la division de cavalerie, avec laquelle une demi-batterie de la réserve devait marcher.

La division Goze et l'artillerie de réserve, ainsi que le parc du génie, étaient déjà en route, la division de L'Abadie se formait en colonne pour les suivre sans retard, lorsque le canon retentit dans la direction de Bois des Dames. Il était midi. Presque immédiatement après, un aide de camp du général en chef arriva; il annonça que la division Guyot de Lespart et la cavalerie se trouvaient aux prises avec les Allemands et qu'elles avaient besoin d'être soutenues. Le général de L'Abadie, qui s'apprêtait à marcher au canon, laissa les ambulances et les bagages à Belval et se porta vers le lieu de l'action. Il ne tarda pas à atteindre la ferme d'Harbeaumont, malgré la raideur du chemin, qui en certains points exigea quelques travaux du génie pour que les voitures d'artillerie pussent suivre. Il avait avec lui : l'escadron divisionnaire, la compagnie du génie, cinq compagnies du 14ᵉ bataillon de chasseurs à pied, deux bataillons du 49ᵉ, trois bataillons du 88ᵉ, une batterie de canons et une batterie à balles. Lorsqu'il déboucha sur la crête, le combat tendait à se transformer en une canonnade à distance assez grande.

Voici ce qui avait eu lieu : conformément aux ordres reçus, la colonne campée à Bois des Dames avait commencé son mouvement sur Beauclair à 11 heures du matin, la cavalerie était partie la première : deux escadrons du 12ᵉ chasseurs formaient l'avant-garde ; le 5ᵉ lanciers marchait ensuite avec le général Brahaut, commandant la division de cavalerie, et le général Besson ; les deux autres escadrons du 12ᵉ chasseurs venaient après.

Les habitants du Grand-Champy (1) parlaient de la présence de l'ennemi du côté de Tailly ; ce renseignement, d'accord avec les recherches faites la veille et dans la matinée, obtint encore plus de créance, après qu'un officier qui avait poussé avec son peloton jusqu'au bout de Nouart, eût rapporté qu'on avait aperçu des vedettes et mêmes quelques troupes en position sur les collines à l'Est de la vallée. Le gros de la cavalerie traversait alors le Petit-Champy. Des dispositions furent prises pour reconnaître les forces qu'on avait devant soi. Les escadrons de chasseurs de l'avant-garde se déployèrent en fourrageurs pour aborder de front les hauteurs de Tailly. Le général Brahaut les fit soutenir par deux escadrons du 5ᵉ lanciers ; le mouvement commença résolument, le général Besson, chef d'état-major général, marchant avec les éclaireurs. Une reconnaissance de lanciers avait été aussi dirigée sur Nouart. Le général de division débouchait sur la route de Stenay avec le gros de la colonne, quand l'officier commandant cette reconnaissance lui rendit compte que l'ennemi venait d'arriver dans le village ; deux escadrons de lanciers furent envoyés de ce côté. Au même instant le feu fut ouvert par une batterie allemande, amenée au-dessus de Nouart. Deux compagnies d'infanterie prussienne, de leur côté, recevaient à coups de fusil et forçaient à se replier, les escadrons parvenus déjà près de la crête. Toutefois on avait pu voir un bataillon couché par terre auprès de la batterie et plus au loin, sur la droite, des troupes beaucoup plus nombreuses.

Au premier bruit du canon, la division Guyot de Lespart s'était rangée

---

(1) Les villages du Champy Haut et du Champy Bas sont désignés dans quelques *Journaux* de marche, *Historiques* ou *Rapports* sous les noms du Grand-Champy et du Petit-Champy.

en bataille : à droite la brigade Abbatucci, ayant le 27ᵉ et un bataillon du 30ᵉ en première ligne et un bataillon du 30ᵉ en deuxième ligne, un bataillon du même régiment en réserve derrière le 68ᵉ. Ce dernier corps appartenait à la brigade de Fontanges et marchait à la queue de la brigade ; il fut placé, par ordre du général commandant la division, à gauche du chemin de Bois des Dames au Grand-Champy. Le général de Fontanges qui avait été chargé de soutenir la cavalerie dans sa reconnaissance, était en tête avec le 17ᵉ de ligne. Voyant les escadrons ramenés et suivis par les Allemands, il plaça le 1ᵉʳ bataillon du 17ᵉ le long du chemin creux qui mène du Grand-Champy au Petit-Champy, et dans une prairie à la sortie de ces deux villages pour parer au premier danger et arrêter la poursuite. Les deux autres bataillons se portèrent sur des points plus avantageux des deux côtés du vallon du Petit-Champy. Une batterie d'artillerie fut envoyée pour appuyer le 17ᵉ de ligne ; les deux autres s'établirent sur la crête d'une hauteur au centre de l'ordre de bataille, qui s'étendait sur les groupes partant des sommets bordés par les bois de Belval, depuis le Petit-Champy jusqu'aux collines qui dominent Bois des Dames à l'Ouest. Cet ordre de bataille était protégé par le ruisseau du Grand-Champy. Les tentatives de l'ennemi pour déboucher sur ce terrain échouèrent aussi bien à la droite, où le 27ᵉ de ligne et le IIIᵉ bataillon du 68ᵉ firent avorter trois attaques, que vers la gauche où le 17ᵉ avait eu à supporter le feu dangereux d'un parti d'infanterie posté dans un petit bois situé au fond de la vallée et à 400 mètres environ de la prairie occupée par son premier bataillon ; deux compagnies furent chargées de le déloger, elles y réussirent d'une manière brillante à la baïonnette, mais bientôt elles durent revenir, le 17ᵉ se retirant après l'arrivée de la division de L'Abadie, qui eut l'ordre d'occuper le Petit-Champy. L'ennemi plus nombreux reprit alors possession du petit bois et fit éprouver quelques pertes au 17ᵉ. Pendant ce temps l'artillerie de la division Guyot de Lespart soutenait la lutte avec les batteries allemandes amenées en face d'elle.

Cependant la cavalerie avait quitté le théâtre du combat, les deux escadrons de chasseurs de l'avant-garde et les deux escadrons de lanciers qui les soutenaient, se dérobant à la faveur d'un bois, avaient pu atteindre Beaufort ; là, ils avaient fait jonction avec quatre escadrons du 5ᵉ hussards amenés par le colonel Flogny et la demi-batterie de la réserve envoyée au général Brahaut. Cette cavalerie resta à Beaufort jusqu'à 5 heures du soir ; elle échangea avec l'ennemi quelques coups de fusil et de canon, elle partit ensuite pour Beaumont où elle arriva à 11 heures du soir. Elle y trouva le reste du 12ᵉ chasseurs et du 5ᵉ lanciers campés à l'Ouest du bourg, face au Nord en deçà et le long de la route de Beaumont à Stonne. Le général Brahaut, sous la protection du 17e de ligne, était parvenu à rallier ces derniers escadrons derrière un pli de terrain, et après les avoir reformés il s'était porté en arrière de la division Guyot de Lespart. A 5 heures du soir il partit pour Beaumont par Sommauthe.

Ce dernier village ayant été visité par les coureurs allemands, il crut devoir l'occuper provisoirement et n'en partit qu'à la nuit tombante, après s'être mis en communication avec le 7e corps campé à Osches. Il atteignit sa destination à 10 heures du soir. Au moment où le général de L'Abadie débouchait à Harbeaumont, le général en chef faisait replier en arrière l'aile droite de la division Guyot de Lespart, trop faible pour prendre l'offensive contre l'ennemi qui tenait le sommet dominant Nouart. Il la rapprochait des hauteurs de Belval. La division de L'Abadie dut relever la brigade de Fontanges, qui reçut l'ordre de se rallier près de la ferme d'Harbeaumont. Il était environ 1 heure après-midi. Quatre compagnies du 49e allèrent occuper la crête qui borde, à l'Est, le vallon du Petit-Champy, le reste de ce régiment (un bataillon et demi) se tint déployé sur la hauteur le long du bois de Belval.

Un bataillon du 88e (le IIe) se porta au Petit-Champy, le lieutenant-colonel Demange, chef de corps, y alla de sa personne, les deux autres bataillons de ce régiment restèrent sur la croupe entre le ruisseau de Bois des Dames et le vallon du Petit-Champy, en bataille sur deux lignes et s'abritant dans des plis de terrain formés par les ressauts de cette croupe. Ils étaient à portée du village, prêts à donner leur appui au bataillon qui y était posté.

Les 5e et 8e batteries (capitaines Arnould et Kramer) du 2e régiment d'artillerie se mirent en position sur le sommet de la même croupe à gauche de la division Guyot de Lespart. L'escadron divisionnaire et les chasseurs à pied furent tenus en réserve, un peu en arrière de la ferme, ainsi que la compagnie du génie. L'artillerie de la division n'engagea pas le combat avec les batteries allemandes qui étaient trop éloignées, elle se borna à envoyer quelques volées de canon à des masses de troupes qui étaient en mouvement dans le fond de la vallée et que le bataillon du 88e au Petit-Champy contenait. De ce côté il y eut des coups de fusil échangés, mais en présence des dispositions prises, l'ennemi ne tarda pas à renoncer à toute offensive par cette direction.

La réserve d'artillerie arriva à son tour. Le général de L'Abadie fit placer les batteries de 12 en arrière de la crête pour contre-battre deux batteries que l'ennemi avait placées l'une près du chemin de Tailly au Petit-Champy, l'autre auprès de celui de Tailly à Nouart sur la colline qui borde la vallée à l'Est. Cette canonnade cessa bientôt, les portées étant trop longues, toutefois la batterie Deshautchamps s'étant avancée sous la protection du 88e de ligne eut l'occasion de semer le désordre dans des colonnes d'infanterie qui montait de Nouart vers Tailly.

La division Goze avait été rappelée comme la réserve d'artillerie. Elle était près d'arriver à Beaufort, lorsqu'elle reçut l'ordre de revenir. Elle trouva en chemin un officier de l'état-major général de l'armée, qui apportait une modification introduite dans les mouvements, modification nécessitée par la capture d'un officier du Maréchal, qui était porteur de l'ordre de marche, ce qui avait mis l'ennemi au courant des projets français.

Lorsque cette division atteignit les hauteurs de Belval, le général de Failly ne visait donc plus à prendre pied sur la route de Stenay, mais il avait à évacuer ses positions en face des Allemands dont le nombre grossissait. L'artillerie avait eu à tirer sur des colonnes longeant le bois de Rémonville et de Barricourt. La droite étant le côté le plus menacé, la brigade Nicolas renforcée de trois compagnies du 4e bataillon de chasseurs à pied, et appuyée par la batterie Lanaud, occupa vers 4 heures de l'après-midi, un mamelon, point culminant de toute la contrée, qu'il était urgent de tenir, en prévision d'une manœuvre tournante de l'ennemi par Nouart et Fossé.

Le mouvement de retraite du corps d'armée commença à 5 heures par la cavalerie.

La brigade Saurin de la division Goze la suivit ; les ambulances et les bagages marchèrent à la suite du 1er bataillon de cette brigade. La division Guyot de Lespart se retira après, la brigade de Fontanges la première. La réserve d'artillerie, sauf deux batteries qui restèrent avec la division de L'Abadie, marcha derrière la division Guyot de Lespart, sous l'escorte d'un bataillon du 86e ; celle-ci fut suivie par la brigade Nicolas, qui ne partit qu'à 9 heures du soir, et qui jusque-là, et à partir de la chute du jour, alluma des feux comme pour un vaste bivouac, essayant encore de tromper l'ennemi. La division de L'Abadie forma l'arrière-garde, chaque brigade fut prévenue successivement du moment où elle devait se mettre en route. Il était près de 10 heures du soir lorsque la division de L'Abadie, réunie près de la ferme d'Harbeaumont, prit le chemin de Belval, pour de là continuer par la route forestière. Cette marche de nuit fut très fatigante pour les troupes à cause des à-coups nombreux provenant des corps qui étaient en avant. Il était 5 heures du matin le 30, quand on arriva à Beaumont. L'état-major général du corps d'armée, n'ayant pas fixé d'une manière impérative l'endroit où la division devait bivouaquer, le général de L'Abadie préféra traverser le bourg et fit camper ses troupes au delà de Beaumont, sur un petit plateau situé au Nord-Ouest à gauche de la route de Mouzon. Il était ainsi couvert par les autres divisions du corps d'armée, restées au Sud sur les communications par lesquelles on était arrivé ; ainsi on avait aussi plus de facilité pour prendre la tête du corps d'armée comme le tour y appelait la division quand on se serait porté sur Mouzon. Le soleil était levé quand on eut achevé d'installer le campement qui touchait aux premières maisons du bourg.

Ce même jour la garnison de Montmédy fit une sortie dans la direction de Stenay pour inquiéter les Allemands sur leurs derrières si le 5ᵉ corps avait tenté le passage de la Meuse. Le détachement chargé de cette opération eut à essuyer des coups de canon qui furent entendus des positions de Bois des Dames.

Souvenirs du général Faulte de Vanteaux (49ᵉ de ligne).

La pluie ne cessa que le 29 au matin. On ne nous donna que quelques morceaux de viande gâtée, qui furent remplacés à raison de deux moutons vivants par compagnie. Ces détails nous occupaient plus que le voisinage de l'ennemi. Cependant, des renseignements venus de tous côtés nous informaient qu'on était toujours en contact avec lui; on leva le camp à midi pour se porter à sa rencontre; et à ce moment nous entendîmes un coup de canon. La brigade monta assez rapidement par la route qui passe au-dessous de la ferme de Bellevue; et même je dus faire ralentir la marche de la tête de ma compagnie pour qu'elle pût arriver tout entière en ordre sur le plateau. En effet, en arrivant à la ferme d'Harbeaumont, chaque compagnie (en pelotons) se formait en ligne, puis chaque bataillon se formait en avant en bataille, de sorte que les deux bataillons du régiment se trouvèrent sur un éperon d'où on avait une vue superbe par delà et au-dessus des bois de Nouart. Ils se trouvèrent à quelque distance en arrière de l'artillerie, qui commençait à échanger une canonnade assez vive avec des batteries prussiennes placées à l'Est de Nouart, village que nous n'apercevions pas, du reste. La plupart de nos obus éclataient en l'air, et ceux des Prussiens ne portaient pas jusqu'à nous, de sorte qu'au bout d'un moment les deux bataillons s'assirent par terre pour contempler, le fusil entre les jambes, cette belle canonnade.

Le 88ᵉ était à notre gauche, au-dessus des hameaux des Champy. Nous aperçûmes distinctement deux sections de tirailleurs prussiens (42 hommes dans l'une et 44 dans l'autre) qui s'avançaient sur ces hameaux. Des obus y portèrent aussi, mais il n'y eut pas d'engagement. Il paraît que le 17ᵉ et le 27ᵉ de ligne eurent du côté de Nouart un engagement où une centaine d'hommes furent mis hors de combat.

Entre 4 et 5 heures de l'après-midi, le 1ᵉʳ bataillon fut déplacé et envoyé sur un autre éperon qui domine le Champy au Nord et s'élève au-dessus des pentes boisées très escarpées qui le bordent au Nord-Est.

Trois compagnies du bataillon (Ier) furent échelonnées en grand'garde sur la crête de cet éperon. Le reste du régiment était à la ferme d'Harbeaumont ou à celle de Belval. J'essayai de reconnaître le terrain très accidenté qui nous entourait et de placer des sentinelles. A la tombée de la nuit, nous aperçûmes deux grosses colonnes serrées ennemies ; l'artillerie tira dessus, mais trop tard. A la nuit, j'envoyai un éclaireur jusqu'au Champy ; il n'y trouva qu'un paysan. Une grand'garde du 88e tira deux coups de feu.

Un jeune chasseur du 7e chasseurs à cheval arriva, sans cheval ; il avait été poursuivi par des cavaliers ennemis.

Nous vîmes peu à peu s'allumer les feux ennemis ; mais l'immobilité de certains me firent penser qu'ils étaient une feinte ou un signal. Il était évident pour moi que les Prussiens étaient en marche longeant notre position.

Entre 10 h. 30 et 11 h. du soir, on nous rappela. Nous rejoignîmes par la nuit noire le régiment.

Le régiment était près d'une ferme (Belval, je crois). Nous nous mîmes à notre place dans la marche par le flanc, et la marche de nuit commença.

Historique du 88e de ligne.

On quitte le camp à midi pour se diriger sur Stenay. La 3e division, qui marche en tête, ne tarde pas à rencontrer l'ennemi et l'action s'engage auprès de Bois des Dames, mais ce n'est qu'un combat d'avant-garde.

La 2e division vient à son tour prendre position et renforcer la 3e. Le IIe bataillon du 88e est envoyé en avant occuper le village du Champy Bas, situé dans un fond. L'ennemi, caché dans un fond, fait de temps à autre quelques apparitions isolées. Ses tirailleurs échangent quelques coups de fusil avec les nôtres ; mais la distance est grande et cette légère fusillade est presque sans effet. Les deux autres bataillons restent sur les hauteurs ; le Ier est placé en arrière des batteries, qui entretiennent contre l'artillerie ennemie un feu constant ; le IIIe est placé à la droite de ces mêmes batteries. Malgré une canonnade assez vive de part et d'autre, le résultat est presque nul et vers 5 heures tout était fini.

Les Prussiens ne firent aucune tentative pour déloger le 5e corps de ses positions, où on resta jusqu'à 11 heures du soir. Alors on se remit en route, mais on quitta la direction de Stenay pour prendre celle de Beaumont et l'on arrivait à ce bourg vers 5 heures du matin, après une marche de nuit très fatigante.

3ᵉ DIVISION.

Historique du 19ᵉ chasseurs à pied.

A 10 heures du matin, on allait partir pour Beaumont, lorsque les Prussiens furent signalés. On se porta au-devant d'eux, on prit de bonnes dispositions; définitivement, tout se borna à une canonnade qui dura jusqu'à la nuit. Pendant toute la journée, l'ennemi resta à une grande distance, n'opéra aucun mouvement offensif et disparut tout à coup à l'horizon. On ne s'expliqua pas d'abord le but de ce mouvement; mais la suite nous apprit que cette démonstration, opérée par l'avant-garde du XIIᵉ corps saxon, n'avait d'autre but que de retenir le 5ᵉ corps dans ses positions pendant la journée du 29. Ce retard devait lui coûter cher.

L'ennemi ayant disparu, le 5ᵉ corps, malgré son extrême fatigue, se mit en devoir d'exécuter immédiatement le mouvement qui lui était prescrit pour la matinée. On se mit donc en route vers 8 heures du soir pour Beaumont. Cette marche de nuit fut des plus pénibles; le besoin de sommeil était tel, que les hommes y succombaient même en marchant.

Vers 3 heures du matin, on arriva à l'étape. Aucun ordre n'étant donné pour camper, les troupes, après une longue station sur la route, se choisirent au hasard un campement; le bataillon dressa ses tentes au fond de la vallée, près du village de Beaumont.

Aucune grand'garde ne fut placée et on ne pensa qu'à se livrer au plus vite à un repos indispensable.

Historique du 27ᵉ de ligne.

A midi, le 27ᵉ descend des hauteurs pour se diriger du côté de Stenay, quand la cavalerie qui éclaire la colonne est ramenée vivement par le feu de l'ennemi embusqué dans les bois.

Sur l'ordre du général, le régiment gravit en toute hâte une hauteur boisée à droite et se met en bataille. L'ennemi ouvre d'abord un feu violent d'artillerie contre le 27ᵉ, qui est en bataille par inversion, la droite du IIIᵉ bataillon appuyée au chemin de Fossé à Nouart. Un bataillon ennemi, descendant dans la vallée, est dispersé par les feux à commandement et de tirailleurs du IIᵉ bataillon et de trois compagnies du Iᵉʳ bataillon. Il riposte vivement du petit bois où il s'est réfugié. L'ennemi s'étant montré en nombre considérable, on se retire sur des positions en arrière et plus à droite, face au village de Fossé en avant des Fontenelles et de Bellevue.

Dans ce combat, le régiment a un homme tué, huit blessés. Le capitaine Valentin est contusionné. Toute la nuit est employée à se retirer sur Beaumont par une marche d'une lenteur excessivement fatigante pour tous.

Arrivée dans ce bourg à 4 heures du matin.

Historique du 17ᵉ de ligne.

Le matin, ordre est donné de lever le camp à midi et de marcher dans la direction de Beauclair. A midi, le 5ᵉ corps se met en marche. La 3ᵉ division, ayant en tête le 17ᵉ, passe le ruisseau de la Wiseppe; plusieurs compagnies du 68ᵉ flanquent la colonne sur la droite et fouillent les bois. La brigade de lanciers sous les ordres du général Besson, chef d'état-major du 5ᵉ corps, chargé de faire une reconnaissance, s'engage dans le chemin de Nouart. Chargée par plusieurs régiments de uhlans et exposée aux coups de deux batteries d'artillerie, elle se débande et se jette sur l'infanterie. Le Iᵉʳ bataillon du 17ᵉ, qui avait déjà dépassé le hameau du Grand-Champy, s'arrête dans un chemin creux; son commandant, M. de Gourville, envoie aussitôt, sous les ordres de M. Sauvin, lieutenant, la 4ᵉ compagnie occuper un bois situé à 400 mètres de distance, sur la gauche.

Le combat s'engage par une canonnade. Une batterie de 4 s'établit derrière le Iᵉʳ bataillon, mais son tir est sans effet; au contraire, celui de l'artillerie ennemie est d'une justesse remarquable. A 1 h. 30, la 3ᵉ division, qui a pu se déployer, engage une fusillade sur notre droite. A ce moment, M. de Gourville, voyant plusieurs groupes de tirailleurs descendre de la hauteur et se porter sur un petit bois situé à 700 mètres en avant du Iᵉʳ bataillon, y dirige la 1ʳᵉ compagnie, commandée par M. de Wengi. Celle-ci s'y porte au pas de course. Français et Saxons entrent dans le bois en même temps. La lutte est courte, mais sanglante. Le capitaine de Wengi reçoit trois coups de feu, le sous-lieutenant Le Couëdic deux; le sergent-major Billottet est tué, le fourrier également. Pour dégager la 1ʳᵉ, le commandant envoie la compagnie du capitaine Vallet, à 400 mètres en avant et un peu sur la droite. Celle-ci s'établit derrière une haie et un petit mur et fait un feu nourri qui permet à la 1ʳᵉ de se retirer. Les trois compagnies du bataillon (3ᵉ, 5ᵉ et 6ᵉ) se portent alors en dehors du chemin creux sur la crête; elles sont accueillies par une fusillade meurtrière; le capitaine Lagant est tué, le sous-lieutenant Girard blessé légèrement à l'épaule, le tambour-major Picard au poignet. De son côté, la 4ᵉ, placée dans le bois à gauche, ouvre le feu; ses deux officiers, MM. Sauvin et Delisle, sont blessés. Pendant ce temps, les IIᵉ et IIIᵉ bataillons étaient restés en arrière, dans le village du Grand-Champy. Comprenant qu'ils ne peuvent être d'aucune utilité sur ce point, le colonel les porte sur la hauteur et fait commencer le feu. A cause de la distance (900 mètres environ) qui sépare le bataillon des tirailleurs ennemis, le tir est à peu près sans effet. A 2 h. 30, le feu ayant diminué d'intensité, M. de Gourville fait rentrer les 3e, 5e et 6e compagnies dans le chemin creux. A 3 h. 15, le capitaine Barnet apporte l'ordre au 1er bataillon de se retirer et de prendre position en arrière, sur les hauteurs. La 2e compagnie, qui était déployée en avant derrière une haie, exécute ce mouvement, non sans éprouver quelques pertes. M. le capitaine Vallet est blessé à la cuisse; son sous-lieutenant, M. de Caqueray échappe heureusement aux balles.

Ce mouvement de retraite est motivé par une dépêche que le général de Failly reçoit du maréchal de Mac-Mahon, dépêche prescrivant de ne pas s'engager avec l'ennemi et de se porter immédiatement sur Beaumont. Cet ordre aurait dû arriver le matin à 3 heures; il n'arriva qu'à 2 heures 30 de l'après-midi, l'officier porteur de la première dépêche s'étant égaré ou ayant été enlevé par les uhlans. Ce retard fait perdre un jour au 5e corps et devait amener la surprise et la défaite de Beaumont.

Les trois divisions du corps d'armée se replient en arrière sur les hauteurs. Une canonnade insignifiante s'engage jusqu'à 8 heures. Les pertes du 1er bataillon dans cette journée furent sensibles; sur 16 officiers présents, 7 furent tués ou blessés, ce furent : MM. Lagant, tué; de Wengi, blessé grièvement; Vallet, Le Couëdic, Sauvin, blessés; restés au pouvoir de l'ennemi; Girard, Delisle, blessés.

Les deux compagnies les plus éprouvées furent la 1re et la 2e; la 1re laissa sur le terrain plus de la moitié de son effectif. Nos pertes totales s'élevèrent à 100 hommes tués ou blessés.

A 8 heures du soir, la 3e division commence son mouvement de retraite sur Beaumont; il s'exécute avec beaucoup de lenteur et de désordre par suite de l'obscurité et du mauvais état des chemins. Nombreux à-coups de la marche. Une partie du convoi ayant pris une fausse direction, on s'arrête près d'une heure pour lui permettre de rebrousser chemin et de reprendre rang dans la colonne. C'est ainsi que nous mettons cinq heures pour franchir 7 kilomètres.

Historique du 68e de ligne.

A la pointe du jour, des cavaliers ennemis s'approchèrent de la grand'garde, mais quelques coups bien dirigés les forcèrent à s'éloigner et l'un d'eux fut démonté.

Le commandant Lemoine, sur mon ordre, fit renforcer par deux compagnies, celles qui gardaient la lisière du bois sur la crête, il s'y porta de sa personne et me fit prévenir que des colonnes d'infanterie avec de l'artillerie étaient en mouvement et paraissaient prendre position en arrière et à droite du village de Nouart. Je m'empressai de vous en avertir, mon général, et après en avoir informé le général de division, vous me donnâtes l'ordre de me tenir prêt à aller renforcer la grand'garde avec le II⁰ bataillon, si une tentative de l'ennemi qui masquait ses mouvements, et qui se concentrait dans le bois en arrière de Nouart avait lieu, mais il ne fit aucune démonstration.

Le corps d'armée fit ses préparatifs de départ pour se diriger sur Stenay.

A midi, la 2ᵉ brigade de la 3ᵉ division, précédée de la cavalerie se mit en marche et s'engagea sur cette route.

A peine le 1ᵉʳ bataillon qui venait de recevoir l'ordre de rallier le régiment, avait-il pris sa place dans la colonne, que l'artillerie ennemie commença le feu à une grande distance.

Dès lors des dispositions de combat furent ordonnées et le général en chef me prescrivit d'occuper, avec mon régiment, les positions suivantes :

Le IIᵉ bataillon en bataille un peu en arrière de la crête nue qui se dresse en face du village de Nouart, envoyant à 300 mètres une compagnie en tirailleurs pour couvrir son front.

Ce bataillon avait à sa hauteur et à sa droite une batterie d'artillerie.

Le IIIᵉ bataillon fit tête de colonne à droite et alla occuper le plateau boisé que venait de quitter la grand'garde. La position de ce bataillon était telle qu'il dominait le village de Nouart et flanquait en même temps la droite de la batterie.

Le Iᵉʳ bataillon devait se porter en seconde ligne, derrière le IIᵉ bataillon, mais l'ordre lui fut donné par vous, mon général, d'aller occuper la croupe qui borde la route de Stenay, un peu en arrière et à gauche de la ferme de la Fontaine au Croncq.

Ce bataillon venait à peine de couronner cette croupe, qu'il fut assailli par une grêle d'obus. Aussitôt que, vous étant porté de votre personne sur ce point, vous jugeâtes que l'attaque faite par le 17ᵉ de ligne était suffisamment prononcée, vous donnâtes l'ordre à ce bataillon qui avait souffert du feu de l'ennemi, d'aller se reformer en arrière de la ferme et de reprendre la position qui lui avait été primitivement assignée.

Pendant ce temps, le feu de l'ennemi s'était engagé sur toute la ligne ; les tirailleurs du IIᵉ bataillon, par un feu calme et bien dirigé, maintinrent l'ennemi à distance, mais son attaque principale se dirigeant sur la hauteur boisée, occupée par le IIIᵉ bataillon, un feu très vif s'engagea de part et d'autre.

Les Prussiens, soutenus par leur artillerie, cherchaient à s'emparer de cette position avant qu'elle ne fût plus solidement occupée, mais le

III⁰ bataillon fit bonne contenance et repoussa l'ennemi en lui faisant éprouver des pertes sensibles. Plusieurs fois il revint à la charge sans plus de succès.

Pendant ce temps la position avait été renforcée par le 27⁰ de ligne et après de nouvelles tentatives, avec des forces plus considérables, l'ennemi se retira de l'autre côté de Nouart et se dirigea vers le bois.

La défense de cette position coûta au régiment : 1 officier blessé (M. du Clot, sous-lieutenant), et 52 sous-officiers et soldats tués ou blessés.

L'intention de l'ennemi était évidemment de retarder notre marche et de nous empêcher de prendre la route de Stenay. C'est ainsi que nous avons été fatalement amenés à prendre celle de Beaumont.

A peine l'ennemi avait-il disparu, que le corps d'armée commença son mouvement en s'engageant dans d'épouvantables chemins de traverse, sous bois; cette marche de nuit, dans des chemins détrempés par la pluie, avec un convoi considérable, fut lente et fatigante ; nos hommes qui avaient déjà passé une nuit affreuse à Bois des Dames, et qui n'avaient pas eu le temps de faire la soupe, attendu que la viande ne leur avait été distribuée, sur pied qu'une heure et demie avant le départ, avaient beaucoup de peine à résister à leur fatigue.

La brigade arriva enfin à 4 heures du matin à Beaumont, où, chose à jamais regrettable, on n'avait pas préparé le campement.

Après avoir cherché en vain un officier de l'état-major qui pût nous donner une indication, vous me donnâtes l'ordre, mon général, d'établir mes trois bataillons à 20 pas l'un derrière l'autre, à environ 600 mètres en deçà du village, parallèlement à la route de Stenay. J'avais ainsi en avant de moi toute l'artillerie de réserve, derrière le régiment le 19⁰ bataillon de chasseurs, à gauche un régiment de cavalerie, et à droite, par une circonstance qui ne s'explique que par le désordre du campement, le 11⁰ de ligne appartenant à la 1ʳᵉ division.

Les corps placés dans un entonnoir dominé de tous les côtés, devaient être l'objet de la convoitise d'un ennemi alerte, entreprenant et parfaitement renseigné sur notre position. Les surprises des 1ᵉʳ et 4⁰ corps (sic), n'avaient pas servi d'enseignement ; aucune reconnaissance n'ayant été faite, l'ennemi pût, à l'aide des bois qui nous environnaient, dresser ses batteries et préparer ses moyens d'attaque.

DIVISION DE CAVALERIE.

Le lendemain la division de cavalerie reçut l'ordre de se porter en avant sur Beauclair par le Champy Haut, pour former l'avant-garde du corps d'armée. La division était en colonne par quatre dans un chemin étroit et encaissé lorsque, débouchant dans une prairie que traversaient la route et un ruisseau large, profond et fangeux, nos éclaireurs signalèrent sur les hauteurs, en face de nous, un grand mouvement parmi les nombreuses vedettes ennemies.

Le général Brahaut, accompagné du général Besson, chef d'état-major général, envoya deux escadrons du 12ᵉ chasseurs sur la crête pour reconnaître l'ennemi, et deux escadrons du 5ᵉ hussards comme soutien. Le reste de sa division se mit en bataille dans la prairie.

Les escadrons du 12ᵉ chasseurs eurent à peine le temps de découvrir derrière la crête des bataillons d'infanterie prussienne couchés à plat ventre, que ceux-ci ouvraient sur eux et sur la division un feu des plus nourris. Quelques instants après une batterie d'artillerie joignait son feu à celui de l'infanterie. Force fut donc à la division de se replier derrière la division de Lespart qui venait prendre position. Vers 3 heures, le général de Failly prescrivit à la cavalerie de préparer sa retraite et de gagner par Vaux-en-Dieulet et Sommauthe, Beaumont, où elle arriva à 10 heures du soir.

Journal de la 1ʳᵉ brigade de la division de cavalerie du 5ᵉ corps.

A 11 heures la division de cavalerie se met en marche, le général de Bernis avec le 12ᵉ chasseurs fait l'extrême avant-garde ; il a des doutes sur l'exactitude de l'indication contenue dans l'ordre qui précède, qui ne signale *comme se trouvant dans le pays qu'une cavalerie assez nombreuse avec quelques pièces d'artillerie.*

Il se fait précéder par un escadron du 12ᵉ chasseurs qu'il met sous les ordres de son aide de camp, le capitaine Briois. Quelques cavaliers allemands, en très petit nombre, se montrent sur la hauteur dominant la route qui conduit de Nouart à Stenay, entre le village de Barricourt et le bois de Nouart. Ces cavaliers vont et viennent, disparaissent pour reparaître un instant après. Toutes les dispositions sont bien prises par l'escadron d'extrême avant-garde, ses éclaireurs signalent une troupe d'infanterie allemande occupant sur cette hauteur, derrière ces cavaliers, une forte position.

Le général chef d'état-major est aussitôt prévenu ; mais il était nécessaire de connaître avec quelque précision l'importance de cette troupe, qui était complètement dérobée à la vue et semblait avoir pour objet de couper la route que le corps d'armée allait suivre.

Le général commandant la brigade donne l'ordre à deux escadrons du 12ᵉ chasseurs de franchir la route de Stenay et de se disperser en tirailleurs sur la pente rapide de la hauteur qu'ils avaient devant eux ; lui-même les précède, et s'avance seul pour moins attirer l'attention. En arrivant sur la crête, il aperçoit une masse considérable de troupes sur plusieurs lignes, s'étendant autant que la vue pouvait porter dans la direction de Barricourt, ayant sa droite non loin du bois de Nouart, à peu près à la hauteur d'un sentier qui rejoint le village de Tailly à la route de Stenay. Les fantassins de la droite de cette ligne, vers laquelle se dirigeaient les tirailleurs, étaient à quelques mètres de la crête, courbés, un genou à terre pour se dérober à la vue et attendaient leur arrivée.

Le général commandant la brigade fit alors exécuter un à gauche aux tirailleurs pour leur donner une meilleure position vers l'extrême droite de l'armée allemande. Pendant que ce mouvement s'exécutait, il monta de nouveau sur la crête pour se rendre compte le plus exactement possible de la nature et de l'importance des forces de l'ennemi, mais cette fois suivi de son officier d'ordonnance, M. le lieutenant de Quinsonas, et des cavaliers de son escorte : le brigadier Soulané, les hussards Kingler, Justher, Plick et de Bernis-Pons, du 5ᵉ régiment. Les fantassins allemands se portèrent alors en avant en courant, et commencèrent un feu des plus vifs qui, sans doute, autant à cause de sa direction vers la droite que de la pente rapide et de la petite distance où étaient les chasseurs, fut très mal dirigé et n'atteignit qu'un petit nombre d'hommes et de chevaux; presque toutes les balles passaient au-dessus de leurs têtes, quelques-unes allèrent frapper des cavaliers du 5ᵉ lanciers qui se trouvaient à une assez grande distance.

En même temps une batterie d'artillerie tira de la hauteur et du village de Nouart, d'où elle sortit au galop, et couvrit d'obus le reste de la cavalerie qui n'avait pas franchi la route de Stenay et attendait le résultat de la reconnaissance dans le bas avec le général commandant la division.

Les deux escadrons de chasseurs qui étaient déployés en tirailleurs avaient, comme celui d'extrême avant-garde, montré de l'intelligence, du courage et du sang-froid dans l'accomplissement de leur mission. Ils se rallièrent avec calme, sans précipitation, derrière le bois de Nouart, sur la route de Stenay, et furent rejoints par les deux autres escadrons ainsi que par les 1ᵉʳ et 2ᵉ escadrons du 5ᵉ lanciers, sous les ordres de M. Pierre, chef d'escadrons.

Le général commandant la brigade s'était rendu avec ces troupes au village de Beaufort, qui était occupé par un détachement de cavaliers allemands ; il les en délogea, et ceux-ci s'enfuirent, laissant le corps d'un maréchal des logis qui avait été tué.

Le général chef d'état-major, informé de nouveau du résultat de la reconnaissance et de la position qu'occupait le général de Bernis, lui envoya, en même temps que deux pièces d'artillerie, l'ordre de s'y maintenir jusqu'à 5 heures du soir.

Le 5ᵉ corps suspendit le mouvement qu'il exécutait dans la direction de Laneuville et de Stenay et, en position en avant du Bois des Dames, il échangea jusqu'à la nuit une forte canonnade avec les Allemands.

Plusieurs tentatives de la part des Allemands pour reprendre le village de Beaufort furent heureusement repoussées, en leur faisant éprouver des pertes sensibles. A 4 h. 45, au moment où ce village était de nouveau sérieusement menacé par des colonnes allemandes plus nombreuses (infanterie et cavalerie) qui s'en rapprochaient de divers côtés à la fois, le général chef d'état-major fit parvenir au général commandant la brigade l'ordre d'évacuer immédiatement le village, de se rabattre sur Bois des Dames, et de là, en passant par Sommauthe, sur Beaumont-en-Argonne. La brigade y arriva vers 9 heures du soir. Tout le 5e corps y arriva également dans la nuit et s'établit autour de cette localité.

Les troupes allemandes reconnues par le général de Bernis étaient, a-t-on su plus tard, l'armée du prince royal de Saxe, réunie la veille aux Ier et IIe corps bavarois et arrivées pendant la nuit.

La direction sur Stenay et Montmédy fut ainsi, en raison des circonstances et sur l'ordre du Maréchal, abandonnée par le 5e corps pour celle de Beaumont, puis de Mouzon où l'on devait passer la Meuse.

Historique du 5e hussards.

Il y eut un engagement général ; nous en connaissons peu les détails, hors ce qui concerne le 5e hussards. Nous savons que le résultat final ne fut pas heureux. Quant à nous, réunis sous les ordres du colonel, nous partîmes à 5 heures (1) du matin, ayant pour mission d'occuper le village de Beaufort, après en avoir débusqué la cavalerie ennemie. Nous étions appuyés par deux pièces d'artillerie. Notre tâche fut rapidement, strictement exécutée. Partout où les Saxons essayèrent de nous faire tête, ils furent chargés, dispersés ou abattus; nous en gardâmes des trophées. A 3 heures, nos pièces en position envoyaient quelques obus à leurs derniers fuyards, qui disparaissaient au galop. Ralliant par ordre une heure après le gros du 5e corps, nous bivouaquions le soir à Beaumont, où nous arrivions au sein d'une nuit profonde. Ne recevant aucune indication relative au campement, nous nous établissions comme nous pouvions derrière une division d'infanterie.

---

(1) Les escadrons divisionnaires n'avaient pas rejoint à 5 heures. (Voir *Journaux* de marche des divisions.)

Historique du 12ᵉ *chasseurs.*

Départ de Bois des Dames à midi; le régiment est en avant-garde. Le peloton de M. le sous-lieutenant Aronssohn est envoyé sur la droite dans la direction du village de Nouart et revient bientôt annonçant qu'il a vu ce point occupé par de l'infanterie prussienne. De nombreux cavaliers ennemis apparaissent sur les crêtes dominant la route que va suivre la colonne.

Le général Besson, chef d'état-major du général de Failly, donne l'ordre au colonel de Tucé d'envoyer son régiment reconnaître le terrain et s'assurer de la force de l'ennemi. Le 4ᵉ escadron est d'abord dispersé en tirailleurs et gravit les pentes en appuyant fortement à gauche contre un petit bois qui couvre les crêtes de ce côté; il est bientôt suivi par le 5ᵉ, envoyé pour augmenter la longueur de la ligne, et par le 6ᵉ, qui, ayant à sa tête le colonel de Tucé, marche en arrière en quelque sorte comme troupe de soutien. Le 3ᵉ escadron reste sur la route à côté du 5ᵉ lanciers.

A peine nos chasseurs arrivaient-ils sur le sommet des crêtes, que des bataillons prussiens, couchés par terre, et défilés par les plis du terrain, se lèvent tout à coup et les reçoivent par un feu presque à bout portant. La trop grande précipitation de l'ennemi a empêché la justesse du tir.

Personne n'est atteint; mais, en arrière de cette première ligne, on aperçoit tout un corps d'armée dans l'ordre de bataille, avec ses pièces en batterie.

Les escadrons n'ont que le temps de faire demi-tour et de descendre bride abattue des pentes excessivement raides et glissantes, sous le feu de l'infanterie et de l'artillerie qui se met à tirer.

Par un hasard providentiel, quelques chevaux seuls sont atteints par cette grêle de balles.

Le 3ᵉ escadron, resté sur la route, revient à Bois des Dames, avec le commandant Vata. Le reste du régiment, avec un escadron du 5ᵉ hussards et deux pièces d'artillerie, se rend près de la ferme de Boisemont, à droite de Bois des Dames, d'où l'on déloge quelques cavaliers ennemis, après leur avoir tué un sous-officier.

Le reste de la journée se passa à canonner de part et d'autre, sans aucun résultat. L'ennemi, qui avait d'abord semblé vouloir attaquer la ferme de Boisemont, se retire après avoir été salué de quelques coups de canon.

Le soir, à 9 heures, tout le régiment, après une marche de trois heures, se trouvait réuni à Beaumont.

Historique du 5ᵉ lanciers.

Le régiment monte à cheval à 11 heures du matin; il est chargé d'appuyer une reconnaissance faite sur les hauteurs de Beaufort, par le 12ᵉ chasseurs; vers 1 heure, le régiment placé en bataille, à découvert, et à mi-côte, est assailli par une vive fusillade de l'infanterie ennemie qui, pendant près d'un quart d'heure, n'a cessé de faire des décharges par bataillons. Le tir de l'infanterie était heureusement très mal dirigé, ce qui explique le peu de pertes que nous avons faites dans cette circonstance; quelques chevaux et un homme blessés seulement. La bataille de Bois des Dames soutenue par tout le 5ᵉ corps, a duré jusqu'à 7 heures du soir. Le régiment se retire sur Beaumont où il arrive à 2 heures du matin.

Réserve d'artillerie.

L'ordre général de mouvement pour cette journée faisait partir le 5ᵉ corps à 10 heures du matin, en deux colonnes composées l'une des divisions Goze et de L'Abadie, ainsi que de la réserve de l'artillerie qui devait marcher de Bois des Dames sur Stenay par Beaufort en suivant la route forestière; l'autre, formée de la division de Lespart et avec laquelle marchait l'état-major général du corps, devait rejoindre à Nouart la grande route de Buzancy à Stenay pour se rendre à Beauclair; la cavalerie guidée par le général Besson emmenant avec elle la première section de la batterie à cheval Nicolas de la réserve d'artillerie, suivait une route séparée, afin de reconnaître la marche de l'ennemi.

Ces colonnes étaient à peine engagées sur leurs chemins respectifs, que la division de Lespart fut attaquée à hauteur du Petit-Champy par le corps bavarois qui venait de Buzancy sur Nouart; un feu assez vif s'étant engagé entre cette division isolée et l'ennemi, ordre fut donné aux divisions Goze et de L'Abadie, ainsi qu'à la réserve d'artillerie, de se porter immédiatement à son secours; ces deux divisions et la réserve d'artillerie firent aussitôt demi-tour sur le chemin étroit où elles étaient engagées et gravissant bientôt à travers bois un chemin étroit, rocailleux et très raide, elles débouchèrent sur le plateau de Nouart. Le général de L'Abadie fit placer les batteries de la réserve en arrière d'une crête d'où elles découvraient le terrain fort accidenté sur une grande étendue; elles contre-battirent dans cette position deux batteries ennemies et empêchèrent son infanterie et sa cavalerie de déboucher des bois; mais, à part les batteries Carré et Macé qui perdirent quelques hommes et quelques chevaux, cette canonnade n'eût aucun résultat sérieux.

L'intention de l'ennemi, n'était pas, en effet, de nous attaquer, il n'avait là, sans doute, qu'une forte avant-garde et nous perdions un temps précieux qui devait permettre, avec la lenteur des marches précédentes, au gros de l'armée du Prince royal de rejoindre ses corps les plus avancés : ces corps étaient les corps bavarois et saxons.

Dans ce tir une des pièces de la batterie du capitaine Deshautschamps eut son essieu rompu près de l'épaulement par l'effet de son propre tir, la pièce fut ramenée avec l'avant-train.

Cependant, le général de Failly avait reçu tardivement, dans la matinée, par suite de la capture d'un officier d'état-major, l'ordre de modifier sa marche ; au lieu de porter le 5ᵉ corps à Beaufort et à Beauclair, c'était sur Beaumont qu'il devait le diriger pour y camper ; retenu fort tard sur le plateau de Nouart, ayant à descendre, de nuit, un chemin particulièrement raide et mauvais, le corps n'arriva que très avant dans la nuit à ce campement de Beaumont qui devait lui être si fatal, et précipiter le désastre vers lequel marchait toute l'armée depuis son départ de Reims !

La réserve d'artillerie prit, en arrivant à Beaumont, le campement qui lui fut assigné de nuit par le chef d'état-major général lui-même ; ce campement était à gauche de la route de Mouzon avant d'arriver à Beaumont et placé en arrière d'une crête couvrante qui lui cachait les bois de Dieulet et de Sommauthe. Les batteries divisionnaires campèrent avec leurs divisions en grande partie à droite de la route de Mouzon et en arrière de Beaumont.

Le parc d'artillerie vient rejoindre le 5ᵉ corps à Beaumont et y campa avec lui.

c) Opérations et mouvements.

Le maréchal de Mac-Mahon au général de Failly, à Bois des Dames.

29 août.

Le pont de Stenay ayant été détruit, le 5ᵉ corps ne devra pas se diriger sur ce point. Il abandonnera la route de Beauclair et se portera sur Beaumont où il arrivera dans la nuit du 28 au 29.

Nota. — Le capitaine de Grouchy ayant été fait prisonnier par l'ennemi, cet ordre n'arrive, par un autre officier, qu'à 2 heures du soir.

Ordre de marche du 29 août du Général commandant le 5ᵉ corps.

Bois des Dames, 29 août.

Le 5ᵉ corps quittera, à 11 heures, la position qu'il occupe : Bois des

Dames, Belval et Vaux-en-Dieulet, pour se rendre à Beauclair (route impériale entre Vouziers et Stenay).

La division de cavalerie forme l'avant-garde de la colonne campée à Bois des Dames ; elle ira camper à Beauclair en passant par le Champy Haut.

La division de Lespart ira camper demain à Beauclair et suivra la même direction.

La colonne campée à Belval (division Goze et artillerie de réserve) ira camper à Beaufort ainsi que la division de L'Abadie.

La division Goze, suivant la route forestière, passera par la ferme de Maucourt, l'artillerie de réserve marchera derrière la division Goze qui détachera un bataillon d'arrière-garde. Les ambulances et les bagages marcheront après la division de L'Abadie qui leur fournira un bataillon d'arrière-garde.

L'escadron divisionnaire de la division Goze, joint à la division de Lespart, marchera avec la division de cavalerie, sous le commandement du colonel Flogny.

Arrivés au bivouac, ces escadrons rejoindront leurs divisions respectives. Il en sera de même pour l'escadron qui forme l'escorte.

Les colonnes devront marcher militairement et se faire éclairer sur leur front et sur les flancs.

La colonne de Lespart sur son flanc droit.

Les colonnes Goze et de L'Abadie sur leur flanc gauche. Faire fouiller les bois avant de s'y engager ; *une cavalerie assez nombreuse avec quelques pièces d'artillerie est signalée dans le pays.*

Par suite des ordres et contre-ordres, le commandant du 5ᵉ corps n'a pu donner d'indications précises au chef de bataillon laissé au Chesne, avec les bagages, par ordre du Maréchal ; de plus, dans les renseignements recueillis par le général, les routes aboutissant au Chesne, dans toutes les directions, ont été tellement encombrées, que le général n'est pas certain que les bagages suivaient la colonne.

Le général autorise en conséquence les divisionnaires à envoyer au Chesne des officiers énergiques et ayant de l'initiative pour aviser si les bagages sont en route et leur faire rejoindre le corps par tous les moyens possibles. En ce moment-ci la direction générale du 5ᵉ corps est Laneuville et Stenay.

Le général en chef montera à cheval à midi. Le quartier général sera à Beaufort.

Boute-selle et boute-charge à 10 h. 15 ;
A cheval à 10 h. 45 ;
Départ à 10 h. 55.

1re DIVISION.

Rapport du lieutenant-colonel Vichery, commandant le 61e de ligne, sur la part prise par ce régiment au combat du 29 août.

Iges, 5 septembre.

Le 27 août, le 5e corps a reçu l'ordre de se rendre du Chesne à Beaumont. Arrivé à quelques kilomètres en avant du village de Buzancy, l'avant-garde de cavalerie fut arrêtée par une charge de cavalerie soutenue par une assez forte canonnade. Tout le corps d'armée se forme en bataille. Le 61e fut placé en deuxième ligne et la retraite fut opérée sur le village de Brieulles-sur-Bar, où il passa la nuit du 27 au 28. Aucun militaire du régiment ne fut blessé dans cette journée. M. le colonel du Moulin ayant été nommé général de brigade, le lieutenant-colonel Vichery a eu l'honneur de prendre le commandement.

Le 28, le 5e corps part de Brieulles se dirigeant sur Buzancy; il se forme de suite en bataille afin d'en chasser l'ennemi qu'on y supposait en position. Tout se réduisit à une canonnade à laquelle ne prit pas part le 61e placé en deuxième ligne. Il échangea seulement quelques coups de fusil avec des tirailleurs et des vedettes prussiennes restées en position à Buzancy même, pendant que tout le corps d'armée se dirigeait sur Belval, où il est arrivé le 29 à 1 heure du matin pour en repartir le même jour à 10 heures pour Beaumont. Mais, une fois engagé dans la forêt, une vive canonnade ayant commencé dans le bois des Dames, le 61e, comme le restant du corps d'armée, rétrograde et va prendre position à l'aile droite. Le régiment reste en position sans prendre part au combat jusqu'à 9 heures du soir, pour reprendre la direction de Beaumont où il arrive à 5 heures du matin, le 30 août.

Rapport du Chef d'escadron Perot, commandant en second l'artillerie de la 1re division du 5e corps, sur la journée du 29 août.

Mayence, 19 octobre.

Le 29, le corps d'armée se dirigeait sur Stenay par Beauclair et Beaufort ; la 1re division s'était engagée dans les bois de Belval, lorsque la 3e division (général de Lespart), qui suivait la route de Beauclair, fut attaquée à hauteur du Petit-Champy par le corps bavarois qui venait de Buzancy par Nouart. La 1re division, revenant en arrière, se porta sur le plateau de Bois des Dames, où elle prit position sur la droite. Pendant ce mouvement, la 5e batterie, qui était arrivée en même temps que l'artillerie de réserve, fut un instant engagée à la gauche du plateau, où elle ouvrit le feu avec succès contre une colonne de cavalerie qui, gagnant rapidement le pli de terrain où se trouve le Petit-Champy, rejoignit bientôt les bois en arrière. La 1re division entière, passant par la ferme d'Harbeaumont, alla ensuite occuper au-dessus de Bellevue un plateau sur la ligne des crêtes qui rejoint Sommauthe. Les batteries suivirent ce mouvement ; mais, l'ennemi s'étant retiré, le général en chef résolut de marcher sur Beaumont pour passer la Meuse à Mouzon ; en conséquence, la 1re brigade partit immédiatement avec les 6e et 7e batteries ; la 2e brigade avec la 5e batterie conservant la position et ne devant se replier qu'à l'extrême arrière-garde. Cette brigade se mit en route seulement vers 10 h. 30 du soir et, passant par la ferme de Belval, alla rejoindre la route qui, par les bois de Sommauthe, se dirige vers Beaumont, où elle arriva à 4 h. 30 du matin.

Rapport du capitaine Lanaud, commandant la 5e batterie du 6e régiment d'artillerie.

On se met en route sur Beaumont vers 11 heures du matin. Vers midi, nous apprenons que la division de Lespart est engagée ; on court à son secours et nous faisons feu contre les batteries prussiennes ; peu après, on nous rappelle pour prendre position avec notre division, qui était arrivée dans l'intervalle ; nous restons encore à l'arrière-garde ; on part vers 9 heures du soir pour Beaumont, où nous arrivons à 5 heures du matin.

2e DIVISION.

Rapport du lieutenant-colonel Bougault, commandant l'artillerie de la 2e division du 5e corps, sur la part prise par cette artillerie à la journée du 29 août.

Sedan, 2 septembre.

Depuis le 4 août, l'artillerie de la 2e division du 5e corps était réduite à deux batteries, savoir : celle du capitaine Kramer (la 8e du 2e régiment) armée de canons de 4 et celle du capitaine Arnould (la 5e du 2e régiment) qui servait une batterie à balles.

La réserve divisionnaire était conduite par un détachement de la 2e compagnie du 2e régiment du train d'artillerie sous les ordres de M. le lieutenant Lacroix.

Dans la journée du 29 août, près de Belval, les deux batteries prirent position sur la crête d'un plateau qui était à la gauche de la division de Lespart ; elles devaient couvrir de leur feu les pentes qu'auraient dû gravir l'ennemi s'il eût abordé cette division. Les batteries n'ont point échangé leur feu contre les batteries ennemies placées à une trop grande distance. Elles se sont contentées d'envoyer quelques volées de coups de canon contre des masses d'infanterie ennemie qui faisaient quelques mouvements dans la plaine.

Rapport du lieutenant-colonel Bougault, sur la part prise par l'artillerie de la 2ᵉ division au combat de Bois des Dames.

Mayence, 26 octobre.

L'artillerie de la 2ᵉ division, réduite à deux batteries et à sa réserve divisionnaire, parcourut sans incidents remarquables les nombreuses étapes auxquelles fut condamné le 5ᵉ corps. Toutefois il importe de noter la difficulté que la réserve divisionnaire a eue à suivre la colonne par suite de l'insuffisance du nombre de ses chevaux et de la faiblesse de plusieurs d'entre eux. Aussi dès le 12, à Mirecourt, on fut obligé d'emprunter une douzaine de mulets au train des équipages.

Ceux-ci ne suffirent même pas et le 27, on eut encore recours à des chevaux de réquisition pris dans un village près de Buzancy. Les caissons à deux roues fatiguent beaucoup plus les chevaux que les caissons à quatre roues. Ceux-ci, en effet, n'ont jamais donné d'embarras, bien que souvent ils n'aient été attelés qu'à quatre chevaux au lieu de six, comme ils auraient dû l'être.

Le 29 août, les batteries de la 2ᵉ division prirent part à l'action de Bois des Dames. Elles furent placées entre les 2ᵉ et 3ᵉ divisions de manière à bien battre le terrain qui était en avant de cette dernière et à prendre de flanc les troupes qui s'y seraient engagées. Les batteries eurent occasion de tirer quelques coups de canon à de grandes distances sur une colonne profonde qui cherchait à déboucher d'un chemin creux vers le centre de la ligne. Cette colonne, pour éviter nos coups, se retira bientôt derrière un bois. On eut le regret de constater dans ce tir qu'une grande partie de nos projectiles éclataient au milieu de leur course bien qu'on eût soin de ne pas déboucher le petit canal de la fusée.

Rapport du capitaine Arnould, commandant la 5ᵉ batterie du 2ᵉ régiment d'artillerie.

A la ferme de Bois des Dames, la batterie prit position entre les 2ᵉ et 3ᵉ divisions à la gauche de la ferme; elle a tiré quelques salves sur une colonne profonde qui cherchait à déboucher d'un chemin creux vers le centre de la ligne : cette colonne a été forcée de s'arrêter et s'est retirée derrière un bois.

Rapport du capitaine Kramer, commandant la 8ᵉ batterie du 2ᵉ régiment d'artillerie, sur le combat du 29 août.

La batterie est partie avec la division vers 1 heure pour aller dans la direction de Stenay. A peu de distance de l'ancien bivouac on a fait changer de direction et la batterie a grimpé la côte conduisant à la ferme de Belval, où elle s'est mise en batterie. Pour s'opposer à la marche de l'ennemi, elle a tiré quelques coups de canon qui ont produit, à ce qui a été observé, quelque effet. La batterie s'est retirée dans la nuit avec l'arrière-garde et est allée s'établir à Beaumont où elle est arrivée le 30 août à 7 heures du matin.

Dans cette affaire la batterie n'a fait d'autres pertes que celles de 24 coups consommés.

3ᵉ DIVISION.

Rapport du général Abbatucci, commandant par intérim la 3ᵉ division du 5ᵉ corps, sur la part prise par cette division à la journée du 29 août.

Camp sous Sedan, 4 septembre.

Le lundi 29 août, à midi, la 3ᵉ division venait de se mettre en route pour Beauclair, quand elle fut assaillie par l'artillerie ennemie, au moment même où elle se trouvait à moitié engagée dans le chemin creux de Nouart.

Le général de division Guyot de Lespart envoya immédiatement occuper la hauteur de gauche par une batterie d'artillerie et un bataillon de soutien pris dans le 17ᵉ régiment.

Le 68ᵉ fut placé à droite de la route et les deux autres batteries d'artillerie sur la crête d'une hauteur qui formait le centre de la position. La 1ʳᵉ brigade occupait la droite : le 27ᵉ régiment et un bataillon du 30ᵉ, en première ligne, près de la lisière du bois, un autre bataillon de ce dernier régiment en arrière de cette ligne et le troisième en réserve derrière le 68ᵉ. Le général de brigade ne jugeant pas la droite assez solidement établie, y fit porter en outre trois compagnies de chasseurs à pied. Pendant que les deux batteries du centre luttaient avec avantage, et que les tirailleurs de la 1ʳᵉ brigade résistaient aux attaques de l'infanterie allemande, la gauche faiblissait un peu et le général en chef faisait replier la ligne pour occuper des positions plus sûres.

La division appuya alors vers les hauteurs voisines de Belval et s'y maintint pendant deux heures jusqu'au moment où elle fut chargée de soutenir la retraite du corps d'armée.

La 2ᵉ brigade se retira d'abord, par bataillon, en abandonnant successivement et en bon ordre ses positions. La 1ʳᵉ brigade ne quitta les siennes qu'à l'arrivée de la brigade Nicolas désignée pour former l'extrême arrière-garde.

Dans cette affaire, le 17ᵉ a essuyé des pertes sensibles ; le 27ᵉ régiment et le bataillon du 30ᵉ, placé près de lui, ont montré beaucoup de fermeté en repoussant successivement les trois attaques de l'infanterie allemande.

Rapport du général de Fontanges au général de L'Abadie.

Mayence, 9 septembre.

J'ai l'honneur de vous rendre compte que le 29 août vers 11 heures du matin, ayant reçu l'ordre de soutenir avec ma brigade la division de cavalerie du 5ᵉ corps, qui devait opérer une reconnaissance, je me suis porté sur le chemin de Stenay à la tête du 17ᵉ de ligne.

Après être sorti du village par un chemin étroit et difficile, où l'infanterie elle-même marchait avec peine, je vis que la cavalerie de M. le général Brahaut avait été violemment attaquée par l'ennemi et qu'elle était ramenée.

Je fis donner l'ordre aussitôt au commandant de Gourville (Iᵉʳ bataillon du 17ᵉ de ligne) de prendre position dans une prairie à la sortie du village, afin de parer au plus vite au premier danger et d'arrêter l'ennemi dans la poursuite qu'il aurait pu tenter contre notre cavalerie.

Je m'occupai ensuite de placer les deux autres bataillons du 17ᵉ de ligne dans des positions que j'avais reconnues à la hâte, mais qui me paraissaient plus avantageuses que celles que j'avais fait prendre provisoirement au Iᵉʳ bataillon.

Pendant que je faisais occuper ainsi des positions utiles par le 17ᵉ de ligne, le deuxième régiment de ma brigade, le 68ᵉ de ligne, avait dû obéir aux ordres qu'il avait reçus de M. le général en chef, et ses bataillons, séparés les uns des autres, opéraient chacun pour leur compte dans différentes positions.

Il ne m'était plus possible de les réunir, je les laissai agir sous les ordres du général en chef, et je retournai au 17ᵉ de ligne, avec lequel je pouvais au moins opérer d'une manière efficace si la nécessité s'en faisait sentir.

Mais déjà l'heure de la retraite avait sonné, quoique le combat n'eût pas eu de résultat bien indiqué, nous cédions le terrain sans y avoir été contraints et sans avoir éprouvé de pertes sérieuses.

Je reçus l'ordre de réunir ma brigade en arrière de la ferme de Bois des Dames et je fis quitter au 17ᵉ la position qu'il occupait pendant le combat.

Ce régiment avait été exposé au feu de l'artillerie ennemie et n'en avait pas éprouvé des pertes sensibles. Le Iᵉʳ bataillon seulement (commandant de Gourville), qui avait été placé par moi très précipitamment dans une position peu avantageuse, que je comptais lui faire quitter, dès que l'occupation de positions meilleures l'aurait permis, eut à souffrir d'un feu d'infanterie provenant d'un petit bois situé dans la prairie à 400 mètres environ.

M. le commandant de Gourville a su tirer tout le parti possible de la position que je lui avais assignée. Une compagnie de son bataillon, commandée par le capitaine Morlôt de Wengi (blessé grièvement), s'est élancée sur le petit bois et est parvenue à en déloger l'ennemi; mais, celui-ci étant revenu en forces plus considérables et d'ailleurs cette position ayant perdu de son importance puisque nous nous retirions, le capitaine de Wengi dut céder le terrain et se replier sur son bataillon.

Quant au 68ᵉ, il avait dû agir d'un autre côté; son IIIᵉ bataillon eut à soutenir une partie de l'attaque que les Prussiens dirigèrent sur la droite de notre ligne. Secondé par des troupes de la 1ʳᵉ brigade, il parvint à arrêter cette attaque.

Je dois ajouter que le 28, dans la soirée, en arrivant à Bois des Dames, nous vîmes les éclaireurs prussiens occupant les positions sur lesquelles nous devions bivouaquer. Notre arrivée suffit pour les faire éloigner; mais leur présence indiquait suffisamment la proximité de forces imposantes de l'ennemi et je prescrivis à M. le colonel Paturel, commandant le 68ᵉ, de faire occuper par un bataillon de grand'garde les hauteurs qui dominent nos positions.

Le commandant Lemoine, du 68ᵉ, chargé de cette mission, sut la remplir avec la plus grande vigilance; ses dispositions furent excellentes et il put nous renseigner d'une manière très satisfaisante sur les différents mouvements de l'ennemi.

Rapport du Capitaine Delbrel commandant le 19ᵉ bataillon de chasseurs à pied sur la part prise par ce bataillon au combat de Bois des Dames.

Yges, 4 septembre.

Parti à 3 heures de l'après-midi du bivouac de Bois des Dames pour se rendre à Beaumont, le 19ᵉ bataillon de chasseurs, sauf deux compagnies formant la garde permanente de l'artillerie, fut presque aussitôt arrêté dans sa marche par une canonnade très vive dirigée par l'ennemi sur la tête de colonne de la 3ᵉ division, formée par la 2ᵉ brigade. Il reçut l'ordre de prendre position sur le versant d'un mamelon, en deuxième ligne, et de servir de soutien à l'artillerie de la division établie sur la crête. Il ne prit au combat qu'une part passive et ses pertes se réduisirent à deux hommes légèrement blessés.

Rapport du colonel Weissenburger sur la part prise par le 17ᵉ de ligne au combat de Bois des Dames.

12 octobre.

Le 29 août, la 3ᵉ division du 5ᵉ corps d'armée devait se diriger de Bois des Dames sur Stenay, le 17ᵉ de ligne formait l'avant-garde. Au moment où la colonne se mettait en marche, 11 heures du matin, elle fut attaquée sur son flanc droit par l'armée ennemie, et le régiment reçut l'ordre de prendre position à l'aile gauche pour faire face à droite et protéger la retraite d'une forte reconnaissance de cavalerie (général Besson).

La reconnaissance étant rentrée, le Iᵉʳ bataillon continua à occuper l'extrême gauche et prit les dispositions suivantes en prévision d'une attaque de ce côté :

Une compagnie (4ᵉ), commandée par M. Sauvin, lieutenant, fut envoyée dans un bois qui se trouvait en avant et sur notre gauche, de manière à observer dans cette position la forêt située de l'autre côté de la route de Stenay, l'ennemi pouvant tourner complètement notre gauche à l'abri de ce bois et des accidents du terrain.

Quelque temps après, des groupes de 15 à 20 hommes descendirent des plateaux où était l'armée ennemie, en laissant entre eux quelques centaines de mètres d'intervalle. Cette disposition faisait supposer que l'ennemi voulait former une colonne d'attaque dans le bois pour en disposer ultérieurement en ordre de combat sous la protection de ces groupes de tirailleurs.

Le régiment n'eut pas connaissance d'un ordre de retraite qui, dit-on, avait été donné à l'armée, et le Iᵉʳ bataillon fut disposé de la manière suivante pour s'opposer aux mouvements de l'ennemi :

La 1ʳᵉ compagnie (capitaine Morlöt de Wengi) fut envoyée en tirailleurs dans le bois, où elle arriva en même temps que les tirailleurs ennemis; ces derniers furent bientôt soutenus par des forces de beaucoup supérieures à la compagnie du 17ᵉ de ligne, le capitaine Morlöt de Wengi enleva ses hommes à la baïonnette, l'ennemi en fit autant et recula d'abord, mais de nouveaux renforts obligèrent la 1ʳᵉ compagnie à rétrograder et à évacuer le bois complètement.

Pendant ce temps l'ennemi avait formé ses colonnes et allait prendre position dans le bois; le reste du Iᵉʳ bataillon (formé de quatre compagnies, 2e, 3e, 5e et 6e), se porta en avant en déployant en tirailleurs sur son front et sur sa droite la 2e compagnie (capitaine Vallet). Le bataillon exécuta d'abord des feux de peloton puis le feu à volonté en faisant abriter les hommes, partie en arrière d'une haie, partie en arrière d'un ressaut de terrain; l'ennemi se trouvait à 600 mètres.

Dans cette position, ces compagnies supportèrent un feu très vif; les hommes furent admirables de sang-froid, tirant avec calme, obéissant, et s'arrêtant pour écouter les conseils de leurs officiers.

Les cartouches du bataillon commençaient à s'épuiser, et le feu de l'ennemi diminuait sensiblement, le commandant du bataillon, voyant en même temps le mouvement de retraite de l'aile droite, prit la résolution de rétrograder. La retraite fut commencée et s'opéra en excellent ordre, le bataillon fut même arrêté et était prêt à recommencer le feu, lorsque l'ordre donné alors au régiment de faire retirer le bataillon engagé fut transmis à l'officier qui le commandait (M. le commandant de Gourville). Cet ordre fut exécuté de suite, le bataillon contourna les pentes derrière lesquelles était établie la batterie divisionnaire, passa derrière les lignes et vint se rallier définitivement en arrière du corps de bataille, sur la route conduisant à Bois des Dames. Il était 5 heures du soir.

Le IIe bataillon se trouvait dans le village au moment où commença l'attaque; il prit d'abord position dans les jardins, mais ne pouvant faire aucun mouvement offensif à travers les murs, les haies et les obstacles locaux, et d'ailleurs l'ennemi ne se portant pas sur ce point, il vint s'établir dans un chemin creux situé sur les pentes qui dominent le village et d'où il découvrait les assaillants. Bientôt il dut quitter cette nouvelle position, devenue le réceptacle des projectiles de l'artillerie ennemie qui avait découvert nos masses. Le IIe bataillon vint s'abriter un peu plus haut, puis se déployer sur la hauteur avec le reste du régiment. Ce bataillon a fourni des compagnies de tirailleurs pour soutenir l'artillerie et protéger la retraite. La 1re compagnie seulement a ouvert le feu pour appuyer la 1re compagnie du Ier bataillon qui avait pris poste dans le bois en avant de Bois des Dames, et pour protéger sa retraite. Le IIIe bataillon appuyait le IIe dans ses mouvements et n'a pas été autrement engagé. La journée du 29 août a coûté au régiment 5 officiers tués ou blessés et 118 hommes hors de combat.

Division de cavalerie.

Rapport du général Brahaut sur les marches et opérations de la division de cavalerie du 5e corps.

27 septembre.

La division de cavalerie chargée par votre ordre d'éclairer la marche du 5ᵉ corps d'armée qui, le 29 août, devait quitter à midi ses positions de Bois des Dames pour se porter à Beauclair et à Beaufort, est partie de son bivouac à 11 heures. Deux escadrons du 12ᵉ régiment de chasseurs étaient en avant-garde, et je marchais, avec le général Besson, chef d'état-major général du corps d'armée, à la tête du 5ᵉ régiment de lanciers que suivaient les deux derniers escadrons de chasseurs.

Ces huit escadrons formaient toute ma division ; ils devaient être appuyés par une demi-batterie d'artillerie tirée de la réserve et mise à ma disposition pour cette circonstance particulière, mais cette artillerie ne rejoignit pas ma colonne.

Jusqu'au Champy Haut la marche s'effectua sans aucun incident, mais en débouchant de ce hameau de nombreuses vedettes furent signalées sur les hauteurs qui bordent la vallée que nous devions suivre, et en arrière desquelles des habitants du pays annonçaient la présence d'un corps ennemi.

Ces indications corroborées par nos propres observations du matin même et de la veille au soir, rendaient une reconnaissance indispensable ; elle fut faite par les deux escadrons d'avant-garde directement soutenus par deux escadrons de lanciers, et, d'un peu plus loin, par le reste de la division.

A peine arrivés sur les crêtes, les éclaireurs, avec lesquels marchaient les généraux Besson et de Bernis, furent assaillis par une division (deux compagnies) d'infanterie et une batterie d'artillerie. Toutefois, ils avaient pu voir, en avant d'eux et avec cette batterie d'artillerie, un bataillon d'infanterie couché par terre, et, à leur droite, des troupes beaucoup plus nombreuses.

Une reconnaissance envoyée à Nouart m'annonçait en même temps que ce village était également occupé par des troupes prussiennes.

Les escadrons d'avant-garde et les deux escadrons de soutien parvinrent à se soustraire assez promptement, à la faveur d'un bois, au feu de l'ennemi. Ils gagnèrent Beaufort où le 5ᵉ de hussards avec trois pièces d'artillerie arrivait aussi par une autre route et presque en même temps ; ils s'y maintinrent jusqu'à 5 heures du soir échangeant des coups de feu avec l'ennemi et lui envoyant même quelques coups de canon.

Quant aux autres escadrons, ils eurent à supporter plus longtemps, dans la plaine, le feu que l'infanterie et l'artillerie dirigeaient contre eux des hauteurs. Je les ralliai au plus vite derrière un pli de terrain et les reportai en bon ordre en arrière des troupes de la division de Lespart, qui venaient d'engager le combat. Ils conservèrent cette position jusqu'au moment où je reçus l'ordre de me replier sur Beaumont par Sommauthe.

En arrivant dans ce village j'appris qu'il avait déjà été inquiété par les éclaireurs ennemis. Je crus devoir l'occuper temporairement. Je ne partis qu'à la nuit tombante, après m'être mis en communication avec le 7ᵉ corps qui était à Osches, et j'arrivai à Beaumont à 10 heures. Le général de Bernis avec le reste de la cavalerie ne tarda pas à me rejoindre, et l'infanterie arriva peu de temps après.

Malgré le feu très vif et très bien dirigé de l'ennemi, nous n'avons eu dans cette petite affaire que 3 hommes blessés et 12 à 15 chevaux tués ou blessés.

Réserve d'artillerie.

Rapport du commandant Cailloux, commandant les 6ᵉ et 10ᵉ batteries (de Tessières et Chardon) du 2ᵉ régiment d'artillerie, sur la part prise par ces deux batteries pendant les journées des 28 et 29 août.

Le 28 août, le 5ᵉ corps, qui la veille avait rétrogradé sur Châtillon, en était reparti vers 5 heures. Après s'être formé en ordre de bataille pour combattre un ennemi qui ne se présenta pas, il abandonna la direction de Buzancy, qu'il laissa sur sa droite, alla traverser le village de Sommauthe, passa par Vaux-en-Dieulet et s'arrêta aux alentours des bois de Belval ; la réserve d'artillerie campa dans une prairie située sur la lisière du bois, vers 7 h. 30 du soir; les dernières troupes n'arrivèrent que vers 1 heure du matin.

Le lendemain 29, le 5ᵉ corps se mit en route vers Beaumont, la réserve d'artillerie prit rang dans la colonne vers 11 heures du matin. Une demi-heure environ après son départ, comme elle était en pleine forêt, quelques coups de canon se firent entendre sur notre droite. Une partie de la division de Lespart était aux prises avec l'ennemi. La réserve reçut l'ordre de faire demi-tour et de se porter sur le plateau de Bois des Dames où elle parvint après avoir gravi un chemin pierreux et escarpé. Les batteries à cheval du commandant Boudot et les deux batteries de Tessières et Chardon se mirent en batterie sur un même front en face de deux batteries ennemies qu'on apercevait au loin et, sur l'ordre du colonel de Fénelon, le feu commença immédiatement; l'artillerie ennemie répondit et on ne tarda pas à constater la grande supériorité de justesse de leur tir sur le nôtre ; tandis que ses projectiles arrivaient au milieu de nous avec une précision presque mathématique, les nôtres ne pouvaient l'atteindre et on remarqua même que plusieurs éclataient prématurément; par suite, sans doute, de nos marches forcées et de l'ébranlement provenant du cahot, bon nombre d'obus avaient leurs évents débouchés. La distance à laquelle nous tirions était d'ailleurs trop considérable pour la portée de nos pièces ; on estima en effet qu'elle n'était pas inférieure à 3,000 mètres. Le colonel de Fénelon fit donc cesser un tir complètement inefficace de notre part et qui n'avait d'autre résultat qu'une consommation inutile de munitions. L'ennemi cessa également son feu. Il ne semblait pas vouloir engager une lutte sérieuse, ainsi qu'on pouvait le préjuger par son artillerie qui était faible en nombre et en calibre ; on a su effectivement plus tard que nous avions surpris un corps bavarois de 50,000 hommes dans une marche qu'il exécutait pour se rendre à Beaumont ; si ce jour-là on eût pris, vis-à-vis de ce corps, une offensive vigoureuse et poussée énergiquement sur son flanc gauche, peut-être aurions-nous remporté un avantage qui aurait eu sur la suite de nos opérations une heureuse influence ; mais, soit faute de renseignements, soit pour toute autre cause, il n'entrait pas dans le plan de nos généraux d'attaquer et le 5e corps resta tout le reste de la journée immobile sur le plateau de Bois des Dames. Vers le soir seulement, il reçut l'ordre de se porter sur Beaumont en laissant en observation sur les lieux quelques régiments commandés par le général de L'Abadie, auxquels furent adjointes mes deux batteries ; celles-ci restèrent en position jusqu'à minuit, heure à laquelle elles firent également route sur le village de Beaumont, où elles arrivèrent à 5 heures du matin ; elles furent parquées avec la réserve à 2 kilomètres environ en avant du village à côté de la route qu'elles venaient de quitter. Après les trois journées précédentes, et la nuit qu'elles venaient de passer en marche, les troupes étaient fatiguées et le général en chef avait prescrit qu'on leur laissât jouir d'un repos dont elles avaient grandement besoin.

Rapport du capitaine Macé, commandant la 6e batterie du 20e régiment d'artillerie à cheval, sur la part prise par cette batterie au combat de Nouart.

2 septembre.

La 6e batterie du 20e régiment d'artillerie engagée sur le plateau à gauche et en avant des autres batteries de la réserve a fait feu alternativement sur l'artillerie et l'infanterie prussiennes et a reçu, dans la batterie de 20 à 30 obus de gros calibre, qui ont mis hors de service 3 chevaux.

Rapport du capitaine Girardin, commandant la 11e batterie du 10e régiment d'artillerie, attachée à la réserve du 5e corps, sur la part qu'elle a prise au combat de Bois des Dames.

3 septembre.

La batterie était en marche pour Beaumont lorsqu'a commencé le combat de Bois des Dames, ce qui fait qu'elle n'a pu arriver sur le plateau situé à l'Ouest de ce village qu'à la fin de l'action; elle n'a, en conséquence, pris aucune part au combat.

Rapport du capitaine Deshautschamps, commandant la 11ᵉ batterie du 14ᵉ régiment d'artillerie, sur la part prise par la batterie au combat de Bois des Dames.

3 septembre.

La batterie a tiré son premier coup de canon à Bois des Dames. Vers la fin de la journée, comme l'ennemi se déployait hors des bois en colonnes profondes, le capitaine se porta rapidement avec trois pièces, suivies bientôt des trois autres, sur une pointe avancée et ouvrit son feu avec la hausse de 3,000 mètres, ce qui sembla produire de l'effet. Malheureusement un essieu se rompit et l'on dut, en se retirant, emmener la pièce (la troisième) brêlée à l'avant-train, emportant tout ce qui était transportable.

7ᵉ CORPS.

a) Journaux de marche.

1ʳᵉ DIVISION.

Notes sur les opérations de la 1ʳᵉ division d'infanterie du 7ᵉ corps d'armée.

Le 29 août, la division Conseil Dumesnil et les convois qu'elle escorte reçoivent l'ordre de prendre de bon matin la route de Boult-aux-Bois et Buzancy. La pluie, qui n'a cessé de tomber toute la journée du 28 et toute la nuit du 28 au 29, qui a détrempé complètement le sol et embourbé les voitures, l'état affreux du chemin de Quatre-Champs à Boult, à travers bois, à peine praticable pour les voitures (l'état-major général aurait dû faire prendre à la division et au convoi la route de Quatre-Champs à Noirval, très bonne), rendent l'exécution de ce mouvement lente et pénible. Ce n'est qu'entre 10 et 11 heures du matin que le quartier général, qui est à l'arrière-garde, quitte le bivouac. L'avant-garde de la colonne est formée par deux escadrons du 4ᵉ hussards sous les ordres du colonel de Lavigerie et un bataillon du 3ᵉ de ligne. Vers

6 heures du matin, une estafette apporte au général Conseil Dumesnil un nouvel ordre du général Douay. La 1ʳᵉ division, d'après cet ordre, doit changer de direction et prendre, au lieu de la route de Boult-aux-Bois et de Buzancy, celle de Belleville, Châtillon, Brieulles, Verrières et Osches. Le mouvement de la division avait commencé à 4 heures du matin. Le général Conseil Dumesnil envoie aussitôt son aide de camp faire connaître à la tête de colonne la nouvelle direction, et l'y ramener, si elle est déjà engagée sur la route de Boult-aux-Bois. Heureusement cet officier trouve l'avant-garde qui a fait halte à l'embranchement des routes de Boult et de Belleville ; il est donc facile de lui faire prendre cette dernière route. Mais la marche est de nouveau arrêtée au village de Belleville, dont les rues sont complètement encombrées de voitures qui ont quitté Le Chesne pour leur compte et sont arrivées au village par divers chemins. Ces voitures, abandonnées par les conducteurs et par les gendarmes d'escorte, sont pêle-mêle et rendent le passage impossible. Le général Douay, qui arrive en ce moment à Belleville, donne à l'aide de camp du général Conseil Dumesnil pleins pouvoirs pour débarrasser le village et la route. Ce n'est qu'au bout d'une heure et demie que cet officier parvient à retrouver conducteurs et gendarmes d'escorte, à rétablir l'ordre et à faire entrer ces voitures isolées dans la colonne du convoi. La marche continue sur Châtillon.

Au sortir de Châtillon, le général de Bretteville, qui commande l'arrière-garde, est averti par un aide de camp du général Liébert que ce dernier est fortement menacé sur sa droite et qu'il demande l'appui de la 1ʳᵉ division. Le général de Bretteville donne l'ordre au général Morand (nommé général à Vouziers et resté à la 1ʳᵉ division, ne pouvant pas en ce moment rejoindre la brigade au commandement de laquelle il a été nommé) de se porter avec le 21ᵉ de ligne et deux bataillons du 3ᵉ (le IIIᵉ bataillon est à l'avant-garde) sur les hauteurs qui s'étendent à droite de la route, et de se mettre par là en communication avec la division Liébert qui se dirige sur Osches par Germont et Authe. De son côté le général Conseil Dumesnil, qui se trouve, en ce moment, avec la tête des convois à Brieulles, est prévenu et par le général Douay et par le général Liébert, des dangers qui menacent ce dernier. Il laisse le convoi à Brieulles sous la protection de l'avant-garde pour appuyer avec le gros de sa division la division Liébert. Mais de nouveaux renseignements rendent cette manœuvre inutile. On a exagéré la force de l'ennemi qui inquiète la droite et les derrières de la 2ᵉ division ; celle-ci n'a pas besoin de secours.

La marche de la colonne éprouve à Brieulles un nouveau temps d'arrêt. Une partie des convois, au lieu de rebrousser chemin du Chesne-Populeux sur Quatre-Champs, a continué sa route vers Tourteron dans la direction de Rethel. Il faut l'attendre et elle n'est ramenée qu'à

3 h. 30 par le lieutenant-colonel d'état-major Davenet, sous-chef d'état-major général. Les convois des 5ᵉ et 7ᵉ corps se trouvent enfin réunis et comptent près de 2,000 voitures. Ils n'arrivent à Osches que tard dans la soirée. L'arrière-garde de la 1ʳᵉ division n'est bivouaquée qu'à 10 heures.

Les soldats, qui sont restés sur pied toute la journée et qui n'ont pas reçu de vivres, sont exténués de fatigue.

A minuit seulement il est possible de leur faire quelques distributions.

Depuis le commencement de la campagne, la 1ʳᵉ division du 7ᵉ corps a éprouvé de grandes pertes, surtout en officiers.

Quelques-uns de ces officiers ont été remplacés. Comme la division n'a jamais pu être réorganisée complètement, il n'est pas possible de donner sa composition à l'époque qui précède la bataille de Sedan. Cependant, avant de pousser le récit plus loin, il ne sera pas inutile de faire connaître quelques-uns des changements survenus et d'indiquer les chefs des divers corps composant la division.

Dans l'état-major de la division, le lieutenant-colonel Sumpt, chef d'état-major a été nommé colonel après Frœschwiller.

Le capitaine Roudaire, contusionné à cette bataille, est entré à Châlons dans une ambulance et a été remplacé à Vouziers par M. Cheynier Lejouhan de Noblens, lieutenant d'état-major stagiaire au 8ᵉ lanciers.

Le commandant Lesecq, commandant du génie de la division, et le prévôt de gendarmerie, capitaine Mailhé, ont été faits prisonniers à Frœschwiller et n'ont pas été remplacés.

Le détachement de gendarmerie est commandé par le maréchal des logis Pernot.

L'artillerie de la division a conservé tous ses officiers. La 1ʳᵉ brigade d'infanterie est commandée par le général Le Normand de Bretteville, à la place du général Nicolaï.

Le 17ᵉ bataillon de chasseurs est commandé par le commandant Barré, en remplacement du commandant Merchier, nommé lieutenant-colonel.

Le 3ᵉ de ligne est commandé par le lieutenant-colonel Gillet. (Le colonel Champion a été blessé à Frœschwiller.) Le 21ᵉ est sous les ordres d'un capitaine.

La 2ᵉ brigade a pour chef le général Chagrin de Saint-Hilaire, nommé à la place du général Maire, tué.

Le 47ᵉ de ligne est commandé par le chef de bataillon Spickert.

Le 99ᵉ a pour chef le colonel Gouzil, ancien lieutenant-colonel du 18ᵉ, nommé colonel en remplacement de M. Chagrin de Saint-Hilaire.

Le général de brigade Morand se trouve à la suite de la division.

2ᵉ DIVISION.

Rapport du général Liébert sur les opérations de la 2ᵉ division.

Le passage des Argonnes se fit sans encombre; mais la longueur des colonnes et surtout celle des convois ne permirent presque jamais de bivouaquer le soir même sur l'emplacement qui avait été désigné.

Ainsi dans la journée du 29 août, dès le départ de la division de Boult-aux-Bois, l'ennemi fit sur notre flanc droit une démonstration qui força le général de division à lui opposer en avant du bourg de Germont trois bataillons du 53ᵉ de ligne, appuyés par une batterie d'artillerie. Aucun engagement n'eut lieu, mais la marche fut retardée, et le 7ᵉ corps qui devait se rendre le soir même à la Besace fut contraint de s'arrêter à Osches.

Itinéraire de la 2ᵉ brigade de la 2ᵉ division du 7ᵉ corps.

Départ vers 11 heures, pour aller à la Besace, la 2ᵉ division marchant à l'arrière-garde.

Itinéraire donné : Germont, Authe, Ferme du Fond Barré, Saint-Pierremont, Osches, la Berlière, Stonne, la Besace.

Itinéraire suivi : Germont, Authe, Ferme du Fond Barré, laissée à gauche, Saint-Pierremont, laissé à droite, Osches.

Pas de grand'halte.

Distance 13 kilomètres.

Le 29 août, à 4 heures du matin, la 2ᵉ division prend les armes pendant que des reconnaissances de cavalerie vont fouiller les abords de Grand-Pré et de la Croix-aux-Bois, et que l'infanterie fouille les abords de Boult-aux-Bois.

Vers 6 h. 30, à la rentrée des reconnaissances, on signale la présence d'un corps de cavalerie prussienne à Buzancy.

Par suite, vers 8 heures du matin, le 53ᵉ de ligne et une batterie sont envoyés prendre position en avant de Germont, dans l'angle des routes de Buzancy et d'Authe.

Ordre de marche donné pour le 7ᵉ corps : 1ʳᵉ division allant directement à Authe; 3ᵉ division allant à Authe par Boult-aux-Bois et Germont; 2ᵉ division :

Ordre pour la 2ᵉ division : Un bataillon du 5ᵉ de ligne, génie, 5ᵉ de ligne, 37ᵉ de ligne, réserve d'artillerie du 7ᵉ corps, 6ᵉ bataillon de chasseurs (détaché de la 1ʳᵉ brigade); ambulance, 89ᵉ de ligne, deux batteries dont une de canons à balles, deux bataillons du 53ᵉ de ligne, une batterie de 4, un bataillon du 53ᵉ de ligne.

Le 53ᵉ et la batterie de 4 prendront position dans la colonne quand elle aura défilé.

Les bagages et le convoi marchent avec la division Dumont (3ᵉ du 7ᵉ corps). Vers 11 heures du matin, le colonel du 53ᵉ ainsi que le général Ameil, commandant la division de cavalerie du 7ᵉ corps, font prévenir que du côté de Buzancy on voit s'avancer des masses ennemies, visibles surtout du mamelon dominant au Sud le village de Germont.

Le général commandant la 2ᵉ brigade prend alors position avec ses régiments (53ᵉ et 89ᵉ) et la batterie d'artillerie en avant de Germont, la droite à la route de Buzancy, la gauche (89ᵉ) au village d'Autruche, le front couvert par quelques bouquets de bois.

Le général Douay, commandant en chef, fait également prendre position au 7ᵉ corps. Quelques coups de feu sont tirés sur les éclaireurs ennemis.

L'ordre est alors donné à la 2ᵉ brigade de n'engager aucune espèce de combat et de se replier sur Authe, tandis que la 1ʳᵉ brigade prend position sur les hauteurs au Nord d'Authe.

Le 7ᵉ corps reprend sa marche et la 1ʳᵉ brigade de la 2ᵉ division se trouve par suite marcher dès lors en arrière-garde.

Les éclaireurs ennemis suivent le mouvement de très près toute la journée. Quelques coups de feu leur sont tirés sans quitter les rangs de la colonne.

Campement à Osches où la brigade arriva vers 5 heures du soir.

La 2ᵉ brigade de la 2ᵉ division campe au Nord du village, sur la hauteur entre les villages d'Osches, de la Berlière et le ruisseau de la Bièvre.

La 1ʳᵉ brigade campe au Nord-Est d'Osches ; l'artillerie divisionnaire campe avec la 2ᵉ brigade, sauf une batterie de 4 qui reste avec la 1ʳᵉ brigade.

3ᵉ DIVISION.

Journal de marche du général Bordas, commandant la 1ʳᵉ brigade.

Le 29, après avoir bivouaqué dans les bois près de Quatre-Champs, nous partons vers 10 heures du matin, nous traversons un pays très boisé, les autres corps d'armée ne sont pas loin de nous ; près d'atteindre le village de Stonne, nous prenons des positions de combat, mais c'est une fausse alerte ; nous arrivons à Stonne ; une compagnie du 52ᵉ a un court engagement avec des uhlans qui allaient entrer dans le village. Un convoi immense se trouve dans Stonne.

Division de cavalerie.

Rapport du général Ameil, commandant la division de cavalerie du 7ᵉ corps.

27 mars 1872.

Départ le 29 au matin, pour couvrir la route de Boult à Osches. Quelques coups de fusil sont échangés dans la direction de Buzancy avec les éclaireurs ennemis. La cavalerie s'établit avec une batterie, faisant face à Buzancy, à une distance de 2,000 à 3,000 mètres, pour laisser notre infanterie et notre convoi s'écouler sur Osches. Elle se retire sans engagement sérieux, en formant l'arrière-garde, et vient à Osches passer la nuit.

Réserve d'artillerie.

Journal de marche du lieutenant-colonel Claret, chef d'état-major de l'artillerie du 7ᵉ corps.

Le 29, le 7ᵉ corps prenait la route de Buzancy, qu'il devait quitter en tournant à gauche après Authe : la 1ʳᵉ division (Conseil Dumesnil) était en tête, en ordre de marche devant l'ennemi ; elle avait une partie du convoi, mais l'autre portion avec nos bagages avait été coupée pendant la nuit et n'avait pas rejoint. Un détachement de cavalerie prussienne se montrait dès le commencement du mouvement à 1500 mètres du village, sur la route de Grand-Pré par la Croix-aux-Bois, et voyait défiler, sans être inquiété, tout le corps d'armée. La 3ᵉ division (Dumont) suivait et avait dépassé la Ferme du Fond Barré ; la 2ᵉ division (Liébert) était en partie engagée sur cette route latérale, quand les Prussiens sont annoncés venant de Buzancy. En effet, une grande reconnaissance de cavalerie avec du canon était sur notre droite.

Le général prescrit la mise en bataille : les 1ʳᵉ et 3ᵉ divisions prennent position au delà et en deçà du village de Saint-Pierremont ; la 2ᵉ division suit le mouvement entre Authe et la Ferme du Fond Barré ; les batteries de la réserve en avant de ce dernier village. Aucune attaque de l'ennemi ne se manifestant, le corps reprend sa marche, les escadrons ennemis surveillent nos mouvements et le suivent à distance sur la crête des hauteurs du côté droit de la vallée. Cette mise en bataille retarda notre marche de plusieurs heures et le corps fut contraint de s'arrêter à Osches au lieu de pousser jusqu'à la Besace, par la Berlière et Stonne.

Le convoi du 5ᵉ corps vint s'arrêter également dans cette localité peu importante : un encombrement de voitures fâcheux fut le résultat de cette rencontre; l'inconvénient devait en être encore plus sensible le lendemain.

c) Opérations et mouvements.

Le général Douay au Général commandant l'artillerie du 7ᵉ corps.

Boult-aux-Bois, 29 août.

Ordre de mouvement.

Le corps d'armée se rendra aujourd'hui à la Besace en passant par Authe, la Ferme du Fond Barré, Saint-Pierremont, Osches, la Berlière, Stonne, et la Besace.

L'ordre de marche sera le suivant :

Division Dumont : un escadron de cavalerie ; un bataillon d'avant-garde ; toutes les voitures de la division Dumont dans leur ordre de convoi ; toutes les voitures du grand quartier général et celles de l'administration, toutes celles de la division Liébert, la réserve du génie ; le reste de la division Dumont dans l'ordre de marche en présence de l'ennemi et n'ayant que ses voitures de combat ; son artillerie étant placée entre les deux derniers bataillons.

La division Liébert : 1ʳᵉ brigade ; les batteries de réserve ; 1ᵉʳ régiment de la 2ᵉ brigade ; deux batteries de la division ; deux bataillons ; une batterie ; dernier bataillon d'arrière-garde.

La division Conseil Dumesnil marchera en tête avec une partie du convoi qu'elle prendra sur son trajet (1).

La cavalerie du général Ameil couvrira le mouvement à l'arrière-garde, la cavalerie divisionnaire couvrira les flancs.

La division Dumont se tiendra prête à commencer le mouvement à 8 heures, de manière à se mettre en marche dès que le passage de la division Conseil aura rendu son mouvement libre.

Le même au même.

Osches, 29 août.

Ordre de mouvement.

Demain 30, le réveil à 3 heures sans aucune espèce de sonneries. Le corps marchera dans l'ordre suivant :

---

(1) Cette partie de l'ordre fut modifiée. Voir *Journal* de marche de la division Conseil Dumesnil.

La cavalerie en tête, partant à 4 heures du matin dans la direction de Stonne;

Le convoi qui partira à 4 heures également;

Une brigade de la 1re division (Conseil Dumesnil), ses bataillons marchant sur le flanc gauche et dans les champs en colonne par peloton à distance entière, échelonés à 2,000 mètres environ de bataillon en bataillon, et se maintenant à une distance moyenne de la route d'environ 300 mètres;

La 2e brigade de la 1re division partira à 5 heures, marchant en colonne par peloton, en dehors de la route;

Les trois batteries de la 1re division marchant sur la route avec leurs réserves, immédiatement après le convoi.

La division s'arrêtera au besoin pour ne pas distancer son artillerie, dont la queue devra toujours être maintenue à hauteur de l'avant-dernier bataillon.

La 2e division (Liébert) partira à 6 heures dans le même ordre de marche que la brigade précédente.

La 3e division (Dumont) partira à 7 heures dans le même ordre de marche que la 2e.

La réserve d'artillerie prendra rang sur la route après l'ambulance de la division Conseil Dumesnil, dont elle ne sera séparée que par la cavalerie de la 2e division.

Les batteries divisionnaires suivront la réserve du corps.

Les parcs du génie divisionnaire derrière les batteries de leurs divisions; le parc de réserve du génie suivant le parc du génie de la 2e division. Les compagnies du génie à leur place habituelle dans la colonne d'infanterie.

Le convoi d'administration marchera en tête, les bagages des corps placés à temps sur le bord de la route sans s'y engager, entreront dans la colonne dans l'ordre de marche des divisions. On recommandera à tous les corps de préparer les passages nécessaires.

Les bagages de la cavalerie marcheront en tête extrême du convoi.

La cavalerie divisionnaire marchera sur la route devant l'artillerie de sa division, sauf celle de la 2e division qui marchera en avant de la réserve d'artillerie.

Les voitures d'ambulances divisionnaires et du grand quartier général marcheront : celles des 1re et 3e divisions derrière les voitures du génie de leur division, celles de la 2e division et du quartier général derrière la réserve du génie.

La brigade d'arrière-garde (Bittard des Portes) ne quittera sa position que quand toutes les troupes et tous les bagages seront en marche et sortis du village.

12e CORPS.

a) Journaux de marche.

2e DIVISION.

D'après un ordre de mouvement émané le 29 août au matin du quartier général du 12e corps, la 2e division prit les armes à 8 heures et se mit en marche à 8 h. 30 dans l'ordre suivant : un bataillon du 14e de ligne, les deux compagnies du génie, les cinq batteries d'artillerie, deux bataillons du 14e de ligne, 20e de ligne, 31e de ligne, les ambulances, pour se rendre à Mouzon en passant par Yoncq.

En avant de Mouzon, la colonne est serrée en masse et le passage de la Meuse s'effectue à Mouzon qui n'est point occupé par l'ennemi.

La division, au sortir du village de Mouzon, se partage en deux colonnes pour occuper les hauteurs qui dominent Mouzon et la vallée de la Meuse.

La première colonne, comprenant : un bataillon du 14e, cinq batteries d'artillerie, deux bataillons du 14e, se dirige par la route de Stenay et garnit les hauteurs qui vont du bois de Vaux à la Meuse.

Le 14e se place et campe en avant des bois qui couvrent la rive droite de la Meuse; l'artillerie un peu en arrière à la droite des bois.

La deuxième colonne, comprenant les 20e et 31e de ligne, se dirige directement sur les bois de Vaux et arrive sur les hauteurs, se resserre pour joindre la première colonne sur les positions occupées par le 14e de ligne.

Les deux premiers bataillons en bataille formant première ligne, le troisième en arrière à 500 mètres formant seconde ligne.

Les deux compagnies du génie sont mises provisoirement à la disposition du général commandant le génie.

La 1re brigade de marche, sous les ordres du lieutenant-colonel Guyot de Lachèze, est détachée de la 2e division et placée sous les ordres du général Ducrot, commandant le 1er corps.

La 2e brigade de marche, sous les ordres du général Marquisan, suit la même route que la brigade Bisson à la suite des 1re et 3e divisions du 12e corps. Elle quitte son campement à 2 heures du soir et arrive à Mouzon à 6 heures du soir. Elle est campée en colonne le long de la Meuse, en arrière de la position occupée par la brigade de la division Bisson, entre la route de Stenay et la Meuse.

Le colonel Louvent, promu général, prend le commandement des trois régiments de la division Bisson, qui forment la 1ʳᵉ brigade de la 2ᵉ division.

Le lieutenant-colonel du 14ᵉ est nommé colonel du 14ᵉ en remplacement du général Louvent et prend le commandement de ce régiment.

3ᵉ DIVISION.

L'ordre de marche pour le 29 indique que nous camperons à Mouzon, la distance à parcourir est de 18 kilomètres. La 1ʳᵉ brigade passe par Warniforêt, Yoncq, le moulin de Grésil où l'on fait la grand'halte; on traverse Mouzon et ses faubourgs et l'on arrive au campement sur les hauteurs de Vaux à 4 heures.

La 2ᵉ brigade pour exécuter le mouvement ordonné, quitte Beaumont à 5 heures du matin et rétrograde jusqu'à la Bagnolle où elle s'établit sur le revers droit de la route en attendant le départ.

Nos troupes avant de se mettre en marche sont restées encore plusieurs heures sous les armes.

La division campe par brigades accolées, mais inverses, à cheval sur la route de Carignan et sur la crête du plateau, le front de bandière tourné vers la vallée de la Chiers.

Le front de la 2ᵉ brigade est couvert par un rideau de bois.

Le quartier impérial est à la ferme de Beaubelle (1).

Le grand quartier général est à Mouzon.

Le quartier général du 12ᵉ corps est au moulin à l'entrée de Mouzon, sur la route de Stenay.

Le quartier général de la division est campé à gauche de la deuxième ligne de la 1ʳᵉ brigade, près de la route de Carignan.

Les bagages n'ont pas encore rejoint.

DIVISION DE CAVALERIE.

Une heure avant le jour, les pelotons désignés pour les reconnaissances (2) partent sur les deux routes désignées, traversent les bois.

Un de ceux opérant sur la route de Stenay va échanger des coups de fusil avec les vedettes prussiennes qui sont en avant de Laneuville-sur-Meuse, mais aucun ne signale de grands mouvements de l'ennemi.

Le 4ᵉ chasseurs d'Afrique est rappelé en arrière, il part vers 9 heures du matin et se dirige sur la Besace. A 1 heure de l'après-midi, la

---

(1) La carte à 1/80,000ᵉ ne porte, dans les environs de Raucourt, aucune ferme de Beaubelle. Une ferme de Baybelle se trouve à 2 kilomètres au Nord-Est de Mouzon.

(2) Voir journée du 28 août, même journal.

division de cavalerie, d'après les ordres donnés, quitte Beaumont pour se porter sur Mouzon en suivant le chemin qui, partant de Beaumont, traverse le bois Givodeau.

Elle marche dans l'ordre suivant : 8ᵉ chasseurs, 5ᵉ cuirassiers, batterie d'artillerie, 6ᵉ cuirassiers et 7ᵉ chasseurs faisant l'arrière-garde.

L'avant-garde faite par un escadron du 8ᵉ chasseurs, fouille avec soin le bois Givodeau et tout le terrain jusqu'à la Meuse.

A peine la tête de colonne a-t-elle dépassé le bois que l'on entend une vive canonnade et, d'après la fumée, on reconnaît qu'il y a un engagement assez sérieux vers Sommauthe et Bois des Dames.

Arrivée près de Mouzon, où l'on ne traverse la Meuse que sur un seul pont, la division est arrêtée fort longtemps par le passage des réserves d'artillerie.

Pendant ce temps d'arrêt, elle est rejointe par un paysan porteur d'un billet du général Besson, chef d'état-major du 5ᵉ corps, qui demande des secours. Cet envoyé est conduit au général Lebrun, mais le canon ayant cessé, aucun renfort n'est renvoyé sur les derrières.

Ce n'est qu'à la nuit tombante, que la division peut traverser Mouzon; elle tourne à droite sur la route de Stenay et campe à environ 1 kilomètre de Mouzon dans les prairies qui sont entre la route ci-dessus et la Meuse.

La batterie d'artillerie reçoit l'ordre de rejoindre la division de Fénelon le lendemain matin.

b) Organisation et administration.

Le général Lebrun au général de Fénélon.

Stonne, 29 août.

Les 3ᵉ et 4ᵉ régiments de marche (brigade Marquisan) qui font partie du 12ᵉ corps passeront au 1ᵉʳ. Le général Ducrot les placera dans une de ses divisions. Des ordres sont donnés pour que le général Morand, nouvellement promu, rejoigne immédiatement le 12ᵉ corps.

Toute la cavalerie du 12ᵉ corps, à l'exception de la brigade Tilliard qui restera aux ordres du général Margueritte, est placée aux ordres du du général de Fénelon. Le 4ᵉ chasseurs d'Afrique, qui d'après un ordre antérieur doit faire partie de la cavalerie du général Margueritte, rejoindra demain cet officier général.

M. Croissandeau, capitaine d'état-major, sera maintenu jusqu'à nouvel ordre à la disposition de M. le général Lebrun.

P.-S. — Sur la demande de M. le général Lebrun, ce ne sont pas les 3e et 4e régiments de marche, mais les 1er et 2e qui passeront au 1er corps.

c) Opérations et mouvements.

Le Général commandant le 12e corps au Général commandant la division de cavalerie.

Ordre de mouvement (1).

Par ordre du Maréchal, le 12e corps se portera demain 29 août, sur Mouzon. L'heure du départ sera indiquée ultérieurement. La division Bonnemains se portera à Raucourt, le 1er corps s'y portera également.

En conséquence, le général commandant le 12e corps prescrit que dès demain matin, à 4 heures, toutes les troupes se tiennent prêtes à prendre les armes et à se mettre en marche pour se porter sur Mouzon. Aucun mouvement cependant ne sera fait avant qu'un ordre ultérieur n'ait été donné aux commandants des divisions et aux chefs des différents services. Toute l'infanterie qui se trouve en ce moment sur la position de la Besace ainsi que la division Grandchamp qui se trouve à Stonne, prendra, pour se porter sur Mouzon, la grande route de Stenay jusqu'à la ferme de Warniforêt. En ce point la tête de colonne de ces troupes prendra le chemin de grande communication qui conduit de Mouzon par le village de Yoncq et le moulin de Grésil.

Les réserves d'artillerie se mettront dans les traces de l'infanterie; le convoi des bagages dans celles de la colonne des réserves d'artillerie.

Toute la cavalerie réunie à Beaumont se dirigera sur Mouzon par le chemin de grande communication qui passe à travers le bois Givodeau.

Les heures de départ des différentes colonnes seront indiquées par l'ordre ultérieur qui a été annoncé ci-dessus.

Les commandants de division et les chefs de service sont prévenus qu'on doit s'attendre à combattre dans la journée de demain.

La brigade d'infanterie de marine qui se trouve actuellement à Beaumont rétrogradera demain matin de manière à se trouver réunie à 6 heures à hauteur du hameau de Warniforêt.

---

(1) C'est l'ordre de mouvement du 28 pour le 29 août.

Le même au même.

29 août.

Remettez immédiatement sur la route de la Besace le 4ᵉ chasseurs d'Afrique, lequel me rejoindra au trot et la brigade d'infanterie de marine si ce n'est déjà fait. Conservez avec vous votre batterie à cheval.

Vous me couvrirez sur ma droite pendant qu'avec le corps d'armée je marche sur Mouzon.

Vous quitterez, avec votre division et votre batterie, Beaumont à 1 heure de l'après-midi. Vous marcherez directement sur Mouzon par la route que je vous ai indiquée hier.

Vous vous mettrez en relation avec moi par des officiers que vous m'enverrez de demi-heure en demi-heure. Je marche en tête de la colonne d'infanterie.

Envoyez-moi sur-le-champ quatre officiers, un par régiment, pour faire auprès de moi un service permanent conformément aux ordres du Maréchal commandant en chef.

L'un de ces officiers, que vous allez désigner à l'instant même, m'apportera le reçu de la présente dépêche.

Marchez très militairement, vous gardant sur votre droite et vos derrières.

Le général Lebrun au Général commandant la cavalerie des 6ᵉ et 12ᵉ corps.

29 août.

Donnez des ordres pour que deux reconnaissances soient faites aujourd'hui à 10 heures, chacune par un escadron.

La première passera par Vaux, Malandry et s'arrêtera à Olizy. Là, elle prendra des renseignements sur la marche des trains du chemin de fer ainsi que sur les mouvements de l'ennemi de ce côté.

La seconde passera par Moulins, Inor et ira jusqu'à Martincourt.

Ces deux reconnaissances, qui reviendront par la même route, s'éclaireront conformément au règlement sur le service en campagne et devront être rentrées au camp à 2 heures de l'après-midi.

Des rapports écrits devront être immédiatement adressés au généra commandant le 12ᵉ corps.

On lit en marge de cet ordre, au crayon : « Les reconnaissances seront faites par deux escadrons de la division Lichtlin ».

Puis au-dessous : « Un régiment entier sur Inor, un escadron seulement sur Olizy. Il y a deux escadrons prussiens à Inor. S'il s'y trouvait de l'infanterie on n'y pénétrerait pas. »

Le général Lebrun au général Lichtlin.

Mouzon, 29 août, 9 h. soir.

Donnez des ordres pour que deux escadrons de votre division exécutent demain 30 août, à 4 heures du matin, une reconnaissance, conformément aux prescriptions du service en campagne. L'un de ces escadrons se dirigera sur la route de Stenay et ira jusqu'au village de Martincourt situé à deux lieues et demie ou trois lieues de Mouzon ;

L'autre escadron se dirigera jusqu'à Carignan.

Ces escadrons prendront auprès des habitants des renseignements de toute nature sur la présence de l'ennemi, sur sa force, sur la direction qu'il semble prendre ; le commandant de chaque reconnaissance interrogera les maires de ces localités et fera en rentrant un rapport écrit au général en chef sur tout ce qu'il aura appris.

Si le sous-officier du 7ᵉ chasseurs, porteur de cette lettre, ne rencontre pas le général Lichtlin, ces instructions seront exécutées par les soins du colonel du 7ᵉ chasseurs.

Rapport du chef de bataillon Bourgeois sur les opérations de la 5ᵉ compagnie du 3ᵉ régiment du génie, attachée à la 1ʳᵉ division du 12ᵉ corps.

Sedan, 1ᵉʳ septembre.

Le 29 août, à 4 h. 30 du soir, le commandant du génie reçut l'ordre d'aller, avec la 5ᵉ compagnie, établir un pont de chevalets sur la Meuse un peu en amont du village de Villers-devant-Mouzon.

Le commandant du génie partit en avant avec le capitaine Calohar, commandant la compagnie et le capitaine Allard, attaché à l'état-major du génie du corps d'armée, chargé par le général Cadart de le guider sur les lieux où devait être jeté le pont.

Ces officiers y arrivèrent à près de 6 heures, reconnurent l'emplacement ; le commandant prit ses disposition pour l'installation du bivouac et les préparatifs de la construction ordonnée ; la compagnie arriva à 7 h. 30 à Villers. Elle fut installée sur la rive droite de la Meuse en avant du village de Villers, un poste de dix hommes fut établi à environ 250 mètres du côté de Douzy, avec deux factionnaires à environ 100 mètres en avant, chargés de surveiller les abords; à la nuit des feux de bivouac furent allumés sur une assez grande étendue.

A 8 heures, un premier détachement de dix hommes fut installé pour abattre les arbres qui devaient servir à la construction des chevalets pendant que le reste de la compagnie établissait le camp et allumait le feu des cuisines.

A partir de ce moment, le travail s'organisa peu à peu; pour activer la confection des chevalets, M. le lieutenant Renard fit faire les sondages pour déterminer la hauteur exacte de chaque chevalet.

Malheureusement la nuit arriva bientôt excessivement sombre, la compagnie n'avait pour s'éclairer que quatre lanternes; on alluma pour suppléer aux torches, de grands feux, mais le bois étant vert, on obtint beaucoup de fumée et peu de flammes; cette circonstance ne permit pas d'avancer le travail avec autant de rapidité qu'on l'eût désiré. Au jour, à 4 heures du matin le lendemain, on n'avait qu'un seul chevalet terminé, tous les chapeaux des neuf autres débités et quelques-uns préparés pour recevoir leur pied; la rampe d'accès au pont sur la rive droite était terminée.

RÉSERVE DE CAVALERIE.

a) Journal de marche.

2ᵉ DIVISION.

Départ à 7 heures du matin.
Arrivée à Raucourt à 10 heures.
L'état-major général et celui de l'Empereur y arrivaient à midi.

c) Opérations et mouvements.

Lettre du général Bonnemains au Ministre de la guerre.

Paris, 12 février 1879.

En 1871, le général Ducrot a fait paraître une brochure intitulée *La Journée de Sedan*. Cette brochure contenant des extraits du *Journal de marche du 1ᵉʳ corps d'armée* et renfermant à la page 92, au sujet de la marche du Chesne à Raucourt, 29 août, une grave erreur concernant des troupes de la 2ᵉ division de cavalerie que j'avais eu l'honneur de commander, j'ai cru devoir adresser au général Ducrot des observations à ce sujet, le priant de faire rectifier son *Journal* de marche.

Comme j'ignore si cette rectification a été faite et qu'il m'a été impossible d'obtenir au ministère aucun renseignement à cet égard, je viens vous prier, Monsieur le Ministre, de vouloir bien accueillir cette lettre et de prescrire qu'elle soit annexée, dans les archives, au *Journal* de marche du 1er corps d'armée (Journée du 29 août) afin que plus tard, si on établit officiellement l'historique de la campagne de 1870, l'erreur que je signale puisse être rectifiée.

Il est dit dans cette brochure à l'occasion de la journée du 29 août (p. 92, 3e paragraphe) : « La 4e division (de Lartigue) avait été maintenue en arrière-garde au Chesne, avec le 3e hussards, jusqu'au défilé complet de la colonne. Voncq et les Alleux ayant été fouillés par les éclaireurs ennemis et quelques-uns de ces derniers s'étant rapprochés des grand'gardes fournies par cette division, plusieurs coups de feu furent échangés et devinrent le signal d'une *panique subite qui s'empara des conducteurs tant du 12e corps que de la division Bonnemains :* le désordre fut arrêté non sans peine. La 4e division se mit en mouvement seulement à 4 h. 30 du soir et n'arriva à Raucourt qu'à 1 heure du matin. »

Je ferai remarquer, Monsieur le Ministre, que la seule et la meilleure raison à donner pour combattre l'assertion contre laquelle je m'élève, qu'une panique subite s'était emparée des conducteurs des bagages de la 2e division de cavalerie, c'est que, dans la nuit du 28 au 29 août, la 2e division de cavalerie en entier, *y compris les chevaux de main et les bagages*, était campée à Tannay, et que, partie de très bonne heure le 29, la division entière arrivait à 10 heures du matin à Raucourt. Il ne pouvait donc pas se trouver d'hommes ou de bagages de la 2e division de cavalerie du côté de Voncq ou des Alleux.

La veille, 28 août, le convoi et les bagages de la division étaient partis d'Attigny à 1 heure du matin, à destination de Launois ; la division avait pris un peu plus tard la même direction.

C'est par un officier de l'état-major du général Ducrot, le capitaine Gaston, que j'ai été informé, à Amagne, qu'il fallait changer la direction de ma marche, et me rendre au Chesne. J'ai fait de suite donner avis à la colonne des chevaux de main et des bagages, qui étaient en avant, d'avoir à se replier sur ce point.

La division n'a fait pour ainsi dire que traverser Le Chesne, car les chevaux n'étaient pas encore entièrement attachés que j'ai reçu l'ordre du maréchal de Mac-Mahon de me porter en avant et ce jour-là, 28, j'ai bivouaqué à Tannay, à 6 kilomètres à l'Ouest du Chesne. Les bagages de la division étaient arrivés presque en même temps que moi et le 28, comme le lendemain, tout le monde était présent. Il suffit de jeter un coup d'œil sur la carte pour voir que partis le 28 à 1 heure du matin d'Attigny pour Launois, Le Chesne et Tannay, les bagages de ma division sont passés loin de Voncq et des Alleux et que mes hommes n'ont pu se trouver dans la panique signalée par le général Ducrot.

Le 29 août à 10 heures du matin, la 2ᵉ division de cavalerie et ses bagages étaient à Raucourt ; ils ne pouvaient donc pas même être un motif d'encombrement au Chesne.

Il est regrettable qu'un *Journal* de marche, qui est un document officiel, contienne une pareille erreur.

Je ne sais rien de ce qui s'est passé en arrière de moi au Chesne, mais il est présumable que ce sont les bagages de la brigade de cuirassiers (5ᵉ et 6ᵉ régiments) qui comptait au 12ᵉ corps que l'on a confondu avec ceux de la 2ᵉ division de cavalerie, composée des 1ᵉʳ, 2ᵉ, 3ᵉ et 4ᵉ régiments.

Je n'ai pas la prétention d'avancer que les conducteurs des bagages de ma division eussent mieux fait que les autres, mais comme ils ont toujours marché en bon ordre et qu'ils ne se sont pas trouvés mêlés au désordre signalé dans le *Journal* du général Ducrot, je trouve qu'il est juste de ne pas les en accuser.

RENSEIGNEMENTS

Le Ministre de la guerre au maréchal de Mac-Mahon, à Stonne et à Beaumont. (Faire suivre.) (D. T.) (1).

> Paris, 29 août, 8 h. 50 matin. Transmise au quartier impérial à 9 h. 27 matin (n° 28030).

Le préfet de l'Aube me télégraphie :
« Les ennemis ont évacué le département se dirigeant vers Sainte-Menehould. »

Le lieutenant-colonel commandant les troupes à Épernay me télégraphie de son côté :
« A 5 h. 30 j'ai été informé qu'un régiment de cavalerie qui avait quitté Châlons à 4 heures se dirigeait de mon côté. Les mesures de défense sont prises. Les coureurs ennemis se sont approchés aujourd'hui 28 août des stations de Rilly, Germaine et Avenay, mais ils n'ont pas attaqué. La voie est libre de Paris à Épernay en passant par Reims. Le quartier général de l'armée en retraite du Prince royal était aujourd'hui à Souain. »

Le sous-préfet de Meaux me fait savoir également que la marche des uhlans sur Vertus, qui n'est évidemment qu'une feinte pour masquer le mouvement de l'ennemi de Châlons évacué sur Suippes, se continue sur Montmirail et menace La Ferté.

Le général de division à Reims m'annonce que 15,000 hommes environ de l'armée prussienne ont campé à Châlons la nuit dernière et sont partis ce matin dans la direction de Suippes. 25,000 hommes arrivés ce matin par la route de Troyes ont reçu à trois heures l'ordre de partir et se sont dirigés vers Sainte-Menehould.

---

(1) Cette dépêche, rédigée au Ministère dans la soirée du 28, ne fut expédiée que le lendemain matin. Elle a été publiée par erreur sous le n° 28090.

L'Ingénieur principal au Directeur des constructions de la gare de l'Est, à Paris (D. T.).

Charleville, 29 août, 8 h. 35 matin. Expédiée à 10 h. 23 matin (n° 38047).

La station de Chauvency, gardée par un détachement de la ligne, a été attaquée hier par des forces supérieures. 4 tués, 7 blessés, capitaine et 24 hommes disparus. L'ennemi a chargé les fourneaux de mine d'un pont de Colmey et du pont de Chauvency et les a fait sauter. La tête du souterrain kilomètre 26 est démolie, il prépare une mine pour détruire la tête du souterrain kilomètre 226.

Le Procureur impérial au Ministre de la justice (D. T.).

Épernay, 29 août. Expédiée à 8 h. 55 matin (n° 38036).

J'apprends que 25,000 hommes de troupes prussiennes arrivées hier à Châlons en sont reparties le même jour, prenant la direction de Sainte-Menehould.

Le Sous-Préfet au Préfet de Melun (D. T.).

Coulomniers, 29 août, 9 h. matin. Expédiée à 10 h. 20 matin (n° 38064).

Renseignements du conducteur surveillant à La Ferté, recueillis cette nuit : De jeudi à samedi, 10,000 Prussiens environ ont occupé Châlons. Aucun excès commis, mais réquisition de 5,000 francs et 50 sacs d'avoine. Ils sont partis en se dirigeant sur Reims et Verdun.

Ce soir le conducteur se dirigera sur Montmirail et tâchera d'échelonner un service de cantonniers sur Épernay comme sur Sézanne.

Le Sous-Préfet au Ministre de l'intérieur et au Ministre de la guerre (D. T.).

Rethel, 29 août, 12 h. 46 soir. Expédiée à 1 h. 45 soir (n° 38174).

Prussiens ont envoyé hier un détachement de 17 hommes à Attigny. On dit qu'ils sont à Vouziers avec qui je ne suis plus en communication. On s'attend à les voir arriver à Rethel qui est à 16 ou 17 kilomètres d'Attigny.

Le Lieutenant-Colonel commandant les troupes au Ministre de la guerre (D. T.).

Épernay, 29 août, 1 h. soir. Expédiée à 2 h. 20 soir (n° 38191).

Le chemin de fer entre Épernay et Reims est sûr. Les éclaireurs ennemis signalés par les détachements placés aux stations de Rilly, Germaine, Avenay et Ay ont été peu nombreux. Le régiment de uhlans qui avait quitté Châlons hier au soir à 4 heures, et dont je connaissais le mouvement à 5 h. 30, n'a guère dépassé le village de Fagnières. Les troupes prussiennes arrivées hier à Châlons entre 8 et 10 heures du matin sont reparties l'après-midi. Est arrivé un nouveau corps prussien. Il paraît être composé de troupes plus fraîches, moins fatiguées que les précédentes. On dit que ce sont des renforts arrivés d'Allemagne. Par une reconnaissance faite par une machine, sous la direction d'un officier, j'espère ce soir me mettre en rapport avec la municipalité de Châlons. J'enverrai une dépêche après la rentrée de la reconnaissance.

Le Général commandant la 4ᵉ division au Ministre de la guerre (D. T.).

Reims, 29 août, 2 h. 35 soir. Expédiée à 3 h. 30 soir (n° 38236).

Les derniers renseignements recueillis feraient croire que les Princes et le gros des forces qu'ils commandent se sont dirigés sur Sainte-Menehould tant en partant de Suippes et Souain, que de Vitry-le-François d'où un corps d'armée parti le 24 est arrivé samedi 27 à Dommartin. La cavalerie qui semblait se diriger sur Vouziers et Grand-Pré en passant par Souain et Somme-Py, prendrait aussi la direction de Sainte-Menehould en passant par Cernay-en-Dormois. Les personnes envoyées à Suippes nous rapporteront ce soir des renseignements plus positifs.

Rien ne semble se diriger sur Rethel.

Je vous prie de me mettre à même auprès de l'intendant de payer les hommes que j'emploie.

Le Ministre de la guerre au maréchal de Mac-Mahon, à Stonne. (Faire suivre.) (D. T.).

Paris, 29 août, 4 h. soir Transmise au quartier impérial à 4 h. 55 soir (n° 28197).

Le préfet de Chaumont télégraphie :

« Nouvelles certaines de Saint-Dizier. Cette ville est encore occupée aujourd'hui par un commandant de place prussien et 1000 hommes d'infanterie. Du vendredi 19 au samedi 27, il y a passé environ 60,000 hommes de toutes armes, 100 pièces d'artillerie et quantité incroyable de voitures d'approvisionnements de toutes sortes. Ces troupes qui avaient pris la direction de Vitry et de Châlons sont repassées le samedi 27 et dimanche 28 par Perthes en remontant vers Sainte-Menehould pour suivre le maréchal de Mac-Mahon.

« Les officiers prussiens paraissent très préoccupés et ne parlent plus d'aller à Paris.

« La dysenterie fait de grands ravages dans l'armée. Il y a plus de 1000 malades dans les hôpitaux de Saint-Dizier.

« D'après les officiers prussiens, les trois corps d'armée se composaient au début de chacun 150,000 hommes. 20,000 à 25,000 hommes ont passé par Vassy, se dirigeant vers l'Aube, et y sont repassés, se dirigeant vers Sainte-Menehould. »

Le Préfet aux Ministres de la guerre et de l'intérieur et au Sous-Préfet, à Sedan (D. T.).

Mézières, 28 août, 6 h. 30 soir

Je reçois du sous-préfet de Rethel la dépêche suivante :

Rethel, 28 août, 5 h. 5 soir.

« Prussiens entrés ce matin à Vouziers au nombre de 60. Autres Prussiens à Vrizy et autres localités jusqu'à Attigny. Toutes les hauteurs environnantes sont sillonnées de groupes de cavaliers ennemis. On les attend pour ce soir à Rethel. Falaise, près Vouziers, a été incendié par eux. »

Le Ministre de la guerre au maréchal de Mac-Mahon (D. T.).

Paris, 29 août, 6 h. 40 soir. Transmise au quartier impérial à 7 h. 7 soir (n° 28263).

L'armée du Prince royal continue à défiler par Châlons, se dirigeant vers Suippes. Les premiers corps paraissent très fatigués. Il est passé hier à Châlons 12,000 cavaliers.

Le Général commandant la 4ᵉ division au Ministre de la guerre (D. T.).

Reims, 29 août, 6 h. soir. Expédiée à 7 h. 45 soir (n° 38393).

L'ennemi est signalé au delà de Bétheniville. Il est à Dontrien, il fait des réquisitions de chevaux et d'hommes.

La gare de Rethel annonce que la voie est coupée au-dessus d'Amagne, à environ 1500 mètres, ainsi que les fils télégraphiques.

Pas de nouvelles de Suippes, l'ennemi ne laissant passer personne de ce côté.

Le Procureur impérial au Ministre de la justice (D. T.).

Montmédy, 29 août, 7 h. 15 soir. Expédiée à 7 h. 55 soir (n° 38401).

Les Prussiens se massent dans les bois de Stenay et de Dun. Ils camperaient à Mouzay.

Les gardes forestiers envoyés cette nuit ne peuvent indiquer le chiffre de l'armée.

Hier la gare de Chauvency a été le théâtre d'un engagement avec le détachement qui gardait le chemin de fer; il y a eu 15 morts ou blessés, capitaine prisonnier. Plusieurs soldats ont réussi à s'échapper et sont rentrés ce matin à Montmédy, furieux de leur échec causé par un ordre mal interprété.

Le Général commandant la subdivision au Ministre de la guerre (D. T.).

Mézières, 29 août, 8 h. 15 soir. Expédiée à 10 h. 30 soir (n° 53411).

Le chemin de fer est coupé entre Amagne et Saulces, entre Rethel et Mézières. Les Prussiens sont à Saulces-Monclin.

Le général de Wimpffen au Ministre de la guerre, à Paris.

Rethel, 29 août, 9 h. 45 soir (n° 53416).

J'ai retenu et mène avec moi comme escorte 25 hussards du 6°, commandés par un lieutenant et à destination de Reims, 13° corps (1re division).

A Rethel grande panique. Une grande frayeur qui me paraît provenir un peu de la faiblesse du sous-préfet et du maire. Je pars à 8 heures, me dirigeant vers Mézières. Plusieurs groupes de coureurs prussiens m'étant signalés sur mon flanc droit.

En marge : M. le Ministre de l'intérieur écrira au sous-préfet et au maire de Rethel que dans les circonstances actuelles la faiblesse est un crime et qu'ils sont responsables des malheurs qui pourraient survenir par suite de leur inaction. Révoquer ces deux fonctionnaires dont tout le monde se plaint.

Journée du 30 août.

ÉTAT-MAJOR GÉNÉRAL.

a) **Journal de marche.**

Le 30 au matin, le Maréchal monte à cheval de bonne heure et se rend à Beaumont, où il donne ses dernières instructions au général de Failly dont le corps doit se mettre en mouvement le plus tôt possible pour gagner Mouzon; de là il se porte par Stonne à Osches auprès du général Douay, à qui il prescrit de se diriger sur Raucourt et de passer la Meuse à Villers, à 2 kilomètres en aval de Mouzon, où le génie avait construit un pont. Le Maréchal revient ensuite à Raucourt et prend la route de Mouzon pour se porter à Carignan où devait être le quartier général le soir. Le 1er corps avait pris dès le matin la direction de Remilly où il passe la Meuse, et se porte à Carignan où il arrive le soir.

Le 12e corps reste en position à Mouzon, éclairé en avant par la cavalerie du général Margueritte.

La cavalerie Bonnemains se met en route après le convoi et suit le 1er corps.

Le 5e corps, qui d'après les ordres du Maréchal devait commencer son mouvement vers 8 heures, était encore à Beaumont à 11 heures du matin. Il est surpris dans ses bivouacs par le prince royal de Saxe qui commence l'attaque par un feu violent d'artillerie. Le général de Failly fait prendre de suite une position défensive pour résister à l'ennemi; mais ses troupes, fatiguées par la lutte de la veille et par la marche de nuit qui l'a suivie, ne tiennent pas et battent en retraite par Yoncq sur Mouzon où elles n'arrivent que le soir, toujours en combattant.

Les bagages du 7e corps étaient engagés sur la route de Yoncq à Mouzon; le général Douay dirige pour les protéger sa 1re division (Conseil Dumesnil) vers les bois qui s'étendent entre Yoncq et Raucourt; cette division prend part à la lutte et vient, le soir, passer la Meuse à Villers-devant-Mouzon, où tout le corps devait effectuer le passage de la rivière; les deux autres divisions prennent la route de Raucourt à Remilly où elles passent la Meuse.

Les bagages du 12ᵉ corps et les vivres, dirigés sur Mouzon, occasionnent sur le pont un tel encombrement qu'il est impossible aux troupes du 12ᵉ corps de passer la Meuse pour venir soutenir le 5ᵉ corps. Une brigade de la division Grandchamp et quelques escadrons de cavalerie passent cependant la rivière et prennent part à l'action. Ces troupes sont entraînées dans la retraite du 5ᵉ corps, retraite qui se change en déroute en arrivant devant Mouzon. L'artillerie du 12ᵉ corps, qui a pris position au-dessus de Mouzon, cherche à maintenir l'ennemi par son feu. Ce feu est peu efficace à cause de l'éloignement des troupes ennemies; cependant il empêche ces dernières de s'emparer de la ville, et permet ainsi au 5ᵉ corps de passer la rivière.

Il était nuit close quand ce corps parvint sur les hauteurs qui dominent la rive droite de la Meuse. Le Maréchal y rallie ses troupes. Le 5ᵉ corps est complètement désorganisé. On est sans nouvelles du 7ᵉ corps que l'on suppose avoir été engagé tout entier et se trouver dans le même état que le 5ᵉ. Dans cette situation, en présence des forces considérables de l'ennemi qui a été rejoint par l'armée du prince royal de Prusse, le Maréchal ne croit pas pouvoir continuer son mouvement sur Montmédy, et donne l'ordre de se porter par une marche de nuit sur Sedan, d'où il espère gagner Mézières et la ligne de retraite sur Paris par le Nord. En conséquence, le 5ᵉ corps est dirigé sur Sedan par Carignan et Douzy, sur la rive droite de la Chiers. Il est suivi par l'artillerie et la cavalerie du 12ᵉ corps. Ce dernier corps suit la ligne des crêtes et passe la Chiers à Douzy; l'arrière-garde est faite par la brigade du 1ᵉʳ corps qui avait été laissée le 29 à Stonne et qui avait rejoint le 30 sur les hauteurs de Mouzon. Deux divisions du 1ᵉʳ corps quittent Carignan et vont passer la Chiers à Douzy; elles bivouaquent jusqu'au jour en arrière de ce village; le reste ne doit quitter Carignan que lorsque tout le 5ᵉ corps sera passé.

Ordre est donné au génie de rompre les ponts de Villers et de Remilly. Mouzon reste occupé jusqu'au point du jour.

Souvenirs inédits du maréchal de Mac-Mahon.

Le 30, toute l'armée devait traverser la Meuse et s'établir aux environs de Carignan pour marcher ensuite sur Montmédy par la rive gauche de la Chiers.

Le 12ᵉ corps devait rester en position jusqu'à ce que l'armée eût entièrement passé.

Voulant me rendre compte de la position où se trouvaient le 5ᵉ et le 7ᵉ corps, les seuls en présence de l'ennemi, je partis de Raucourt le 30 au matin pour me rendre à Beaumont. J'y arrivai à 6 h. 30. Le général de Failly y était arrivé de sa personne de très bonne heure et était couché. Il me rendit compte qu'une partie des troupes était arrivée et que l'extrême arrière-garde aurait rejoint moins d'une demi-heure après. Il n'avait pas été poursuivi pendant cette dernière marche. Il ne pouvait apprécier les forces ennemies qu'il avait vues devant lui et à cause des bois et des mouvements de terrain il ne savait s'il avait affaire à une division ou à plusieurs corps d'armée.

Je lui fis observer l'importance qu'il y avait à mettre le plus tôt possible la Meuse entre l'ennemi et nous, et l'invitai à gagner Mouzon dès que ses troupes seraient réunies.

Au moment où je le quittais, il reçut avis de l'arrivée de son arrière-garde, et je le pressai de commencer son mouvement.

Je me dirigeai sur Stonne où je devais rejoindre le général Douay. En route, près de Warniforêt, je fus attaqué par un parti de cavaliers ennemis qui, chargés par mon peloton d'escorte, se replièrent, et je gagnai Stonne où je rencontrai un convoi d'une immense quantité de voitures vides appartenant au corps Douay. Je rencontrai le général Douay à la Berlière. Je lui fis donner l'ordre à toutes les voitures vides de se jeter le plus vite possible par toutes les routes qu'elles rencontreraient pour gagner Mézières et dégager ainsi son arrière-garde, qui marchait en bon ordre sans apercevoir l'ennemi. Je lui renouvelai l'ordre d'aller passer la Meuse. Deux divisions devaient gagner Raucourt et de là Villers-devant-Mouzon. La 3ᵉ division (Conseil Dumesnil), arrivée à Yoncq, devait prendre la route directe sur Mouzon où elle passerait la Meuse. En route, j'entendis une vive canonnade dans la direction de Beaumont. Je n'en conçus aucune inquiétude, sachant que le général de Failly était flanqué du côté de la Meuse par l'artillerie du général Lebrun et de l'autre côté par le corps du général Douay. J'arrivai à Mouzon à 2 h. 30 et m'établis sur un petit mouvement de terrain près de l'église d'où l'on découvre toute la plaine.

Mon chef d'état-major qui y était arrivé depuis quelques heures, me rendit compte que le 1ᵉʳ corps, après avoir passé la Meuse à Remilly, était arrivé à Carignan, que la cavalerie de réserve avait aussi passé la Meuse et que vers midi le général Lebrun, entendant une vive canonnade dans la direction de Beaumont, avait prescrit au commandant de sa brigade de cuirassiers de se porter avec toute son artillerie dans cette direction et de se mettre à la disposition du général de Failly. Il avait prescrit en même temps aux deux divisions Grandchamp et de Vassoigne de prendre les armes et de suivre le mouvement de la cavalerie.

Au moment où j'arrivai à Mouzon la 1ʳᵉ brigade du général Grandchamp traversait le pont.

Peu de temps après, un aide de camp du général de Failly vint me rejoindre, et me rendit compte qu'une heure après mon départ, le général avait réuni ses commandants de division, que ceux-ci lui avaient fait observer que l'ennemi n'avait été aperçu dans aucune direction, que leurs troupes, très fatiguées, éprouvaient le plus grand besoin de repos et qu'ils lui avaient demandé avec instance de laisser aux hommes le temps de faire la soupe, que le général y avait consenti et les avait autorisés à ne commencer le mouvement que vers 11 heures. Au moment où les hommes mangeaient encore la soupe, nettoyaient les armes, où l'artillerie et la cavalerie faisaient boire leurs chevaux, le général avait été surpris par le feu de nombreuses batteries ennemies établies sur les hauteurs qui dominent Beaumont. L'aide de camp ajoutait qu'après un moment de désordre le général de Failly était parvenu à rallier ses troupes, et qu'au bout de deux heures de combat, il s'était mis en retraite en bon ordre, que toutefois, craignant d'être tourné du côté de la Meuse, il me priait de lui envoyer une brigade d'infanterie. Il pensait qu'avec ce renfort il pourrait facilement gagner Mouzon. Son aide de camp partageait sa manière de voir. D'après ce rapport je ne crus point devoir arrêter le mouvement sur la rive droite de la Meuse des corps qui n'avaient point encore passé la rivière.

Je renvoyai au général de Failly son aide de camp, qui devait le prévenir qu'une brigade d'infanterie et une de cuirassiers sous les ordres du général Grandchamp étaient en marche pour se porter sur le mont de Brune, à 3 kilomètres de Mouzon. Ces troupes seraient à sa disposition. J'arrêtai et renvoyai sur les positions qu'elle venait de quitter la 2ᵉ brigade du général Grandchamp qui n'était pas encore engagée sur le pont. Je prescrivis en même temps au général Lebrun de porter toute son artillerie, soutenue par la division de Vassoigne, sur les hauteurs de la rive droite, d'où elle prenait en flanc les troupes à la poursuite de Failly.

Vers 11 heures, la tête de colonne du IVᵉ corps prussien arriva sur les hauteurs de la ferme de Belle Forêt, près de Beaumont. Sa cavalerie l'informa que deux camps français étaient établis autour de Beaumont, l'un au Sud, l'autre au Nord ; que ces troupes étaient au repos et ne paraissaient pas se douter de la présence de l'ennemi. La division se déploya dans les bois sans se faire voir. Les quatre batteries qui marchaient avec elle se portèrent à la lisière du bois et ouvrirent le feu au moment où les tirailleurs sortaient du bois. Dès les premiers coups de canon l'infanterie du général de Failly se jeta sur ses armes. Les premières troupes formées se portèrent sur les hauteurs et firent reculer l'ennemi. Le général de Failly chercha à remettre l'ordre dans ses différents régiments, puis à repousser la gauche de l'ennemi qu'étaient venues renforcer la 2ᵉ division et huit batteries. Criblé par la mitraille, le corps de Failly fut obligé de rétrograder partie sur la ville, partie sur les hauteurs qui la dominent au Nord. Là, ses troupes se maintinrent et ce ne fut qu'après deux heures d'un combat des plus violents que le général crut devoir évacuer Beaumont. Tandis que les Prussiens y entraient, les quatorze batteries de leur IVᵉ corps rejoignirent celles qui étaient déjà engagées et dirigèrent leur feu sur les batteries françaises établies sur le plateau.

Pendant ce temps le général de Failly avait rallié la plus grande partie de son monde en arrière.

Peu après le XIIᵉ corps et le Iᵉʳ corps bavarois arrivèrent sur le champ de bataille et s'engagèrent à leur tour. Vingt-cinq nouvelles batteries prirent position et formèrent une ligne presque ininterrompue de la Meuse à la Thibaudine. Le IVᵉ corps, qui avait beaucoup souffert surtout dans son artillerie, se reforma et, à 3 h. 30 reprit sa marche pour attaquer les hauteurs au Nord de Beaumont. Il était appuyé à sa droite par le XIIᵉ corps, à sa gauche par les deux corps bavarois et le XIᵉ corps. Le général de Failly fut obligé de battre en retraite. En traversant les bois Givodeau, qui ne communiquaient pas entre eux, ses troupes éprouvèrent des difficultés à se maintenir en ordre et il ne put les rallier que sur les hauteurs, entre Villemontry et la ferme Givodeau.

En arrivant sur le revers d'où on aperçoit Mouzon, le général voyant derrière la brigade Grandchamp, la brigade de cuirassiers qui lui avait été adjointe, envoya un officier lui donner l'ordre de charger afin de dégager sa gauche vigoureusement attaquée. Cet officier s'adressa au colonel du 6ᵉ cuirassiers qui lui fit observer qu'il ne pouvait rien faire sans l'ordre de son général..... L'officier s'adressa alors au colonel de Contenson, du 5ᵉ cuirassiers. Celui-ci sans hésiter exécuta l'ordre et malgré une charge des plus brillantes ne put entamer l'infanterie prussienne. Cette charge empêcha du moins les troupes de Failly d'être tournées. Une brigade du IVᵉ corps prussien ne put déboucher du bois Givodeau, pris de front par le feu des défenseurs du plateau de Villemontry et de flanc par l'artillerie du général Lebrun. Notre artillerie et surtout nos mitrailleuses tirant à une portée qui leur convenait firent éprouver à l'ennemi des pertes énormes.

Le XIIᵉ corps arrivant, l'ennemi se porta sur les hauteurs de Villemontry. Le général de Failly continua sa retraite. Ses troupes apercevant les ponts de Mouzon et la brigade Grandchamp établie dans la plaine, accélérèrent leur marche qui finit par dégénérer en une débandade générale. Ces troupes, en désordre, traversèrent la brigade Granchamp et finirent par l'entraîner dans leur fuite. Tous ces fuyards se précipitèrent sur les ponts de Mouzon et de Villers. Quelques batteries, voyant l'encombrement des ponts, se jetèrent dans la Meuse qui, heureusement sur ce point, se trouva avoir assez peu de profondeur pour leur permettre de la traverser.

La plus grande partie des troupes ennemies prises en flanc et par derrière par l'artillerie Lebrun s'arrêtèrent sur, ou en arrière du mont de Brune.

A la tombée de la nuit, quelques bataillons ennemis vinrent occuper le faubourg de la rive gauche de Mouzon, et tentèrent d'enlever le pont, mais assaillis par le feu de nos mitrailleuses, ils durent se replier. N'ayant pas les moyens de faire sauter le pont, j'y fis établir une forte barricade.

La division Conseil Dumesnil établie dans un petit bois, sur la rive droite du ruisseau d'Yoncq, arrêta un moment les Bavarois débouchant près de la Thibaudine mais fut forcée de gagner le pont de Villers, où elle passa la Meuse. Le 1er corps bavarois continua sa marche sur Raucourt et attaqua l'arrière-garde des deux divisions du général Douay. Le général prit position sur les hauteurs, au sud de Haraucourt, où il arrêta l'ennemi.

Ayant alors la certitude que si je continuais ma marche en avant j'aurais mes communications coupées avec Paris et l'intérieur de la France et sachant d'un autre côté que Bazaine, s'il avait quitté Metz, était encore à plusieurs journées de marche de moi, je me décidai à me reporter le plus tôt possible vers l'Ouest.

A 8 heures du soir, je donnai l'ordre à toute l'armée de se porter pendant la nuit sur les hauteurs de Sedan. J'espérais ainsi pouvoir gagner Mézières et opérer ma retraite sur Paris.

Le 5e corps, qui était parvenu à se reformer sur la rive droite de la Meuse, entre Mouzon et Villers, dut commencer le mouvement vers les 10 heures du soir. Il devait marcher par la grande route de Mouzon à Mairy, gagner Douzy où il traverserait la Chiers et se rabattre sur Sedan. L'artillerie et la cavalerie du 12e corps devaient suivre la même route. L'infanterie devait prendre la ligne des crêtes à l'Est d'Amblimont et, arrivée à hauteur de Mairy, descendre dans la plaine pour gagner Douzy.

Une division du 1er corps devait suivre, sur la rive gauche de la Chiers, la route conduisant à Douzy, mais s'arrêter un peu avant d'arriver à ce village, sur les hauteurs de Pouru-Saint-Remy, jusqu'au moment où les troupes du 5e et du 12e corps auraient traversé la Chiers. Les deux autres divisions du général Ducrot devaient se porter sur Sedan par une route plus à droite, par Francheval et Villers-Cernay.

Ayant appris dans la soirée l'arrivée du général de Wimpffen, j'envoyai au général de Failly un de mes aides de camp pour le prévenir que le Ministre de la guerre le rappelait à Paris, et qu'il était remplacé au 5e corps par le général de Wimpffen auquel il eût à remettre le commandement. J'en informai en même temps cet officier général. Je me mis en route avec mon état-major à la tête du 12e corps.

Arrivé à hauteur de Mairy, je poussai en avant et traversai la Meuse à Douzy. Là j'aperçus la tête de colonne du général Ducrot, qui avait suivi la rive droite de la Chiers. Je lui fis prendre position sur les hauteurs à sa droite, prescrivant au commandant de cette division de n'évacuer ce poste que quand l'arrière-garde du corps Lebrun aurait traversé la rivière. Je gagnai alors la tête du 5e corps. Je m'arrêtai à un kilomètre de Bazeilles, et donnai l'ordre au 5e corps de continuer sa marche sur Sedan et d'aller s'établir au Nord de la ville, au-dessus du camp retranché.

J'arrêtai ensuite le 12e corps. Il était 3 h. 30 environ.

b) Organisation et administration.

L'Empereur au général Forgeot.

30 août, 5 h. matin.

La gare de Mézières m'informe que le convoi de poudre continue jusqu'à Carignan.

J'ai l'honneur d'en prévenir le général Forgeot.

Le maréchal de Mac-Mahon au Commandant supérieur, à Sedan.

Quartier général, 30 août, 7 h. matin.

Je traverse la Meuse à Mouzon, serai ce soir à Carignan.

La compagnie du chemin de fer pourrait donc dès à présent commencer ses travaux de réparation.

Il est très important que le parc du 7e corps qui est à Montmédy demain soir (*sic*).

Faites votre possible pour le faire mettre en chemin de fer.

Le général Ducrot, commandant le 1er corps, au Commandant de place de Sedan (D. T.).

Quartier général, 30 août, 7 h. matin. Expédiée à 8 h. matin (n° 28329).

Prière de lâcher les écluses pour faciliter le passage du corps d'armée à Remilly.

*Le Général commandant le 5ᵉ corps au Ministre de
la guerre* (D. T.).

Mézières, 30 août, 11 h. 5 matin. Expédiée à midi (n° 38573).

Je viens d'arriver à Mézières. J'ai trouvé sur tout mon passage la population disposée à la résistance et les autorités civiles sont généralement peu disposées à les pousser à la défense. Le maire et le sous-préfet de Rethel seraient à changer. Il n'en est pas ainsi du maire de Signy-l'Abbaye, ce qui m'a été cause que, dans la nuit, j'ai reçu quatre coups de fusil qui ont blessé un cheval. Malgré leur erreur, j'ai félicité les gens de la commune. Mézières a réellement besoin de troupes sérieuses, non seulement pour les approvisionnements, mais encore pour garder toutes les lignes de chemin de fer en avant et en arrière. Je pars à midi 30, je vais aller jusqu'à Carignan, d'où j'espère dès ce soir rejoindre le Maréchal. On prétend qu'il passe en ce moment la Meuse à Mouzon.

*Le Général directeur des parcs au général Forgeot,
à Douzy* (D. T.).

Mézières, 30 août, 2 h. 13 soir. Transmise à 2 h. 30 soir.

Votre dépêche reçue à 1 heure, je mets successivement vos ordres à exécution. Arriveront ce soir à Sedan : cartouches sur roues, 900,000 ; sur trucs, 1,740,000. Coups de canon de 4 sur roues, 6,000 ; sur trucs, 4,000. Coups de canon de 12 sur roues, 1,400 ; sur trucs, 1,100. Resteront à Rocroi et Avesnes, après le départ des convois : cartouches sur roues, 1,750,000 ; coups de canon de 4 sur roues, 7,600 ; de 12 sur roues, 600. Existent à Sedan avant l'arrivée des convois et sur trucs : cartouches, 1,160,000 ; coups de canon de 4, 3,900 ; de 12, 1,700 ; pour canon à balles, 15,000.

Général à maréchal de Mac-Mahon (D. T.) (1).

Sedan, 30 août, 2 h. 35 soir.

D'après général à Mézières, midi, voie ferrée rétablie entre Mézières et Montmédy ; parc du 7ᵉ corps partira aujourd'hui par terre de Mézières, sera demain à Montmédy — parc du 6ᵉ corps arrivé Sedan — capitaine commandant mobiles à Carignan signalait, à 11 heures, cavalerie suivie d'infanterie se dirigeant de Stenay sur Chauvency.

---

(1) Copie textuelle du titre de la dépêche (provenant des papiers du maréchal de Mac-Mahon).

Le colonel Fabre au général Forgeot, à Vaux (D. T.).

Sedan, 30 août, 4 h. 40 soir.

J'arrive avec 23 wagons de munitions. Dois-je continuer sur Carignan? Le général Mitrecé arrivera ce soir avec les parcs attelés.

Le général au général Forgeot, à Carignan (D. T.) (1).

Sedan, 30 août, 6 h. 45 soir.

Les parcs des 6e et 7e corps sont près Bazeilles. Une portion du grand parc et un équipage de pont arriveront à Sedan. Tous continueront demain sur Carignan, sauf ordre contraire.

Un convoi de poudre non annoncé a rétrogradé sur Mézières, ne pouvant rentrer dans la place; la gare était éloignée.

Le Ministre de la guerre à l'Empereur, au quartier général (D. T. Ch.).

Paris, 30 août, 7 heures soir (n° 28572).

J'ai prévenu Votre Majesté que les généraux Maissiat, Neigre, Arbellot et de la Serre étaient profondément blessés. Voici la dépêche que je reçois du général Maissiat (2) :

« Je trouve une dépêche de vous disant que c'est *sur ma demande* que je suis remplacé à la 2e division du 12e corps. Quand ai-je fait une demande pareille? C'est un déshonneur pour moi. Je repars pour Paris. Prière instante de laisser Duchaussoy à Montpellier. »

Que dois-je répondre? J'ai fait remarquer à Votre Majesté que ces généraux avaient été désignés pour des corps constitués à Paris et que la nouvelle loi autorise le rappel à l'activité des généraux dans le cadre de réserve et des officiers en retraite.

Le commandant Carré au général Forgeot, à Carignan (D. T.).

Sedan, 30 août, 7 h. 45.

J'amène par le chemin de fer un équipage de ponts de réserve, une compagnie de pontonniers, deux compagnies de train. Le tout va parti

---

(1) Copie textuelle du titre de la dépêche.

(2) Montpellier, 30 août, 8 h. 40 matin. Expédiée à 9 h. 15 matin (n° 38505).

en quatre trains; les deux premiers arrivent, j'espère que les deux autres arriveront cette nuit. Prière de m'envoyer des ordres : faut-il débarquer? où aller?

Au dos, la réponse :

Le général Forgeot au commandant Carré, à Sedan (D. T.).

Gardez tout à Sedan, attendez de nouveaux ordres.

Le commandant Carré au général Forgeot, à Carignan (D. T.).

Sedan, 30 août, 11 h. 40.

Par ordre supérieur vos deux trains ont dû rétrograder de Sedan sur Mohon, près Mézières, où ils sont garés. Prière de m'envoyer vos ordres soit pour décharger, soit pour continuer à marcher vers vous par la voie ferrée.

Le Sous-Préfet au Ministre de l'intérieur à Paris (D. T.).

Reims, 30 août, 11 h. 7 soir. Expédiée le 31 août à 4 h. 30 matin (n° 38907

J'ai déjà distribué dans mon arrondissement 6,100 fusils; j'ai envoyé suivant vos instructions un garde mobile à Grenoble pour en ramener 6,000 autres. Les populations des campagnes, d'abord hésitantes, paraissent maintenant disposées à se défendre énergiquement.

1er CORPS.

a) **Journaux de marche.**

Souvenirs personnels du capitaine Peloux.

30 août.

Le lendemain, le 1er corps se porta sur une seule colonne sur Remilly pour y passer la Meuse.

Il se mit en marche dans l'ordre suivant : 3e, 2e, 1re, 4e divisions, cavalerie, parc et bagages.

La 4° division et la cavalerie étaient campées en arrière de Raucourt, les autres en avant. Le défilé dans les rues étroites de Raucourt dura de 4 heures à midi. Il fut interrompu un moment pour laisser passer l'Empereur et ses bagages, se dirigeant de Raucourt sur Carignan par Mouzon.

De la prairie de Remilly le 1er corps se dirigea sur Carignan par deux routes; la colonne de gauche (2° et 4° divisions) par Douzy et la grande route de Sedan à Carignan, la colonne de droite par Tétaigne et la rive gauche de la Chiers. Au moment où l'on entendit le canon dans la direction de Mouzon, le général Ducrot envoya le capitaine Bossan demander au Maréchal s'il devait se porter dans cette direction, il reçut la réponse négative; l'on voyait du reste déployée sur les hauteurs comprises entre Tétaigne et Mouzon une partie du 12° corps.

Les 4e et 2e divisions arrivèrent à Carignan vers 6 heures du soir; la 4e fut campée à gauche de la route de Carignan à Montmédy, la 3e division et la cavalerie à droite de cette même route le long de la Chiers.

Vers 8 heures, lorsque l'on connut la funeste issue du combat de Mouzon, les 3e et 1re divisions reçurent l'ordre de rester à Douzy où elles passèrent la nuit. L'Empereur quitta Carignan et se retira à Sedan.

La réserve d'artillerie quitta Carignan dans la nuit (3 heures du matin).

Souvenirs du chef d'escadron Smet (1) (1re *division d'infanterie de l'armée du Rhin*).

Arrivée du 1er corps de l'armée du Rhin (général Ducrot) sur les bords de la Meuse (rive gauche), à Remilly.

Le passage de cette rivière fut opéré au moyen de bateaux, placés bout à bout, et transversalement au courant.

Par ordre du général en chef, la 1re division d'infanterie, placée sous les ordres de M. le général Wolff, fut maintenue sur la rive gauche, pour laisser passer la division, qui la suivait dans l'ordre de marche.

Elle franchit ensuite la Meuse et se massa dans la plaine, à 500 mètres de la rivière, dans la direction de Douzy.

Les nombreux bagages passèrent ensuite la rivière, continuant leur marche sans s'arrêter dans la direction de Douzy.

La dernière division (général L'Hériller) ne franchit la Meuse que plus tard.

---

(1) Datés de Lille, 3 novembre 1872, et adressés au général Wolff.

Ayant reçu l'ordre de me rendre au pont sur la Chiers, à Douzy même, pour assurer le passage des bagages, je me portais immédiatement en ce point.

J'étais à peine arrivé que j'aperçus, par hasard, dans la direction du village de Mairy, mais bien au delà et un peu sur la droite des petits nuages ronds, ne se succédant que pour disparaître immédiatement. Mon attention fut éveillée sur ce phénomène et j'en fis l'observation à l'officier d'ordonnance de M. le général de Postis du Houlbec. Aucun bruit d'ailleurs ne se faisait entendre.

M'étant porté dans la direction de Mairy, j'appris de paysans effarés que 80,000 Prussiens étaient aux prises à Beaumont avec un corps français, qui se repliait en combattant sur Mouzon. Je revins immédiatement au pont de Douzy pour communiquer ce renseignement au général commandant la division.

Quelque temps après arriva le 45ᵉ de ligne (2ᵒ brigade), qui prit position dans la plaine en avant de Douzy, face à Mairy, de manière à laisser la route et le passage du pont libres aux bagages.

Le général de division étant arrivé, me donna l'ordre de me rendre dans la direction de Mouzon, pour informer le commandant du corps français de son arrivée en ce point et pour lui offrir du secours.

Je partis sur-le-champ. A peine arrivé à hauteur de Mairy, j'aperçus un brigadier de gendarmerie, le sabre à la main, cherchant à arrêter des ouvriers d'administration qui, pour fuir plus vite, avaient versé sur la route leur voiture renfermant des vivres.

Continuant ma route, je ne tardais pas à rencontrer des troupes qui se repliaient en ordre sur Douzy.

Ces troupes, composées en grande partie de cavalerie, formaient des groupes successifs et échelonnés; à la tête de deux de ces fractions se trouvaient des généraux de brigade, à qui je communiquais l'ordre dont j'étais porteur. Tous m'ayant répondu qu'ils n'avaient pas d'ordre à me donner et que je devais m'adresser au général en chef, je repris à travers champs la direction de Mouzon. Ayant aperçu sur la gauche de la route un général avec son état-major, je vins à lui pour lui faire la même communication. C'était M. le général de Wimpffen, qui me répondit : « Le général Wolff se trouve dans une bonne position à Douzy, qu'il occupe ce point et défende le passage de la Chiers. Pourtant, a-t-il ajouté, si vous préférez voir le maréchal de Mac-Mahon, il doit être à Mouzon. »

C'est alors que je me décidais à me rendre à Mouzon, tandis que le général de Wimpffen gravissait les hauteurs situées à gauche de la route.

A partir de ce moment, je ne rencontrais plus de troupes, si ce n'est deux cavaliers (chasseurs) que je pris avec moi.

Bientôt j'entendis distinctement le son du canon et je pus apercevoir, sur l'autre rive de la Meuse, deux batteries; mais au dire de ces cavaliers, c'étaient des batteries ennemies.

Arrivé à Mouzon, je fus entouré d'une vingtaine d'officiers (infanterie de marine, vétérinaires, médecins); les dernières troupes (infanterie de marine) évacuaient le village. Plusieurs maisons étaient en flammes.

Personne ne put me renseigner sur le point où se trouvait le Maréchal. L'artillerie ennemie ne cessait de tirer, le feu de notre côté paraissait éteint. L'infanterie s'était retirée par les crêtes qui dominent Mouzon sur la rive droite.

Je pris alors la résolution de revenir sur Douzy. Ayant suivi un moment les mêmes crêtes, je tombais sur un bataillon d'infanterie (du 27e de ligne, je crois) harassé de fatigue et plongé dans le sommeil.

Quand je revins à Douzy, avec les deux cavaliers que j'avais conservés, la nuit était venue; je vous rejoignis alors, à l'Est du village, sur l'emplacement occupé par la division, compris entre la route de Carignan et le chemin de fer. C'est en ce point que je vous rendis compte verbalement de la mission dont vous m'aviez chargé. Quelque temps après, je reçus l'ordre d'aller au-devant de M. le général L'Hériller, que je conduisis dès son arrivée à la mairie de Douzy, où les deux généraux eurent une conférence.

Tel est, pour moi, l'ensemble de la journée du 30 août 1870.

2e DIVISION.

De Raucourt à Carignan.

Grand'halte et passage de la Meuse à Remilly.

La 3e division, établie sur les hauteurs, couvre ce mouvement. La 2e, qui forme la tête de colonne, pousse immédiatement sur Douzy, et fait halte à l'entrée du village pour attendre que le passage soit effectué.

Après une attente de plus de deux heures, elle se porte en avant dans la direction de Carignan.

On entend le canon sur notre droite. Ce sont les affaires du 5e corps à Beaumont et du 7e à Mouzon.

Le camp est établi 1 kilomètre en avant de Carignan, dans la direction de Montmédy.

A 10 heures du soir, les bagages, qui venaient de nous rejoindre sont dirigés sur Sedan ou Mézières.

Nous ne les avons plus revus.

3e DIVISION.

Départ de Raucourt à 6 heures du matin; arrivée à Remilly à 9 heures du matin.

La division prend position sur les hauteurs à droite du village, qui dominent la Meuse, afin de protéger l'établissement de ponts, qui a été ordonné par le général Ducrot.

Un rapport spécial du chef de bataillon Lanty, commandant le génie, et ci-annexé, indique la série des travaux de cette opération de guerre.

Ce n'est qu'à 10 h. 30 du soir que le général commandant la division passe le pont de bateaux, avec l'arrière-garde de sa division.

Marche de nuit sur Douzy.

L'artillerie divisionnaire, sauf la section de combat qui marchait avec le bataillon d'avant-garde, se perd dans la marche de nuit et ne reparaît plus ni pour la journée du 31, ni pour celle du 1er septembre. Je n'ai jamais pu savoir par quelle cause et par quel ordre elle avait filé droit sur Mézières.

Historique de l'artillerie de la 3e division, par le colonel Sûter, ex-commandant de l'artillerie de la 3e division du 1er corps.

24 juillet 1871.

Le 30 août, la 3e division, chargée de protéger le passage de la Meuse par le 1er corps, prenait position à 11 heures du matin sur les mamelons dominant le village de Remilly et la vallée de la Meuse ; à 8 ou 9 heures du soir, le passage étant terminé, la 3e division se mettait en mouvement et arrivait de minuit à 1 heure du matin à Douzy. La division marchait dans l'ordre suivant : un bataillon de chasseurs à pied, la 1re section de la 6e batterie du 12e régiment d'artillerie, commandée par le lieutenant Moreau ; une brigade, l'artillerie de la division, une seconde brigade. Au moment où la tête de colonne de l'artillerie était engagée dans le village, le maréchal de Mac-Mahon, après s'être adressé au capitaine Ferreux et au commandant de Noüe, me fit appeler et me donna l'ordre de me diriger avec ma colonne sur Sedan. Je fis observer au Maréchal que je suivais ma division ; il me répondit en me donnant l'ordre impératif de marcher immédiatement sur Sedan, coûte que coûte. Ce sont ses propres expressions. Étaient présents le commandant de Noüe, le capitaine Julien et le capitaine Ferreux ou Desruols.

J'ai appris depuis que la brigade qui suivait l'artillerie avait reçu le même ordre. Cette brigade, vu la fatigue des hommes et l'encombrement, ne put gagner Sedan, cette brigade ne joignit la division que le 31 au soir (1).

---

(1) Inexact.

4ᵉ DIVISION.

Journal privé du colonel d'Andigné, chef d'état-major.

Nous arrivons à Raucourt à 1 heure du matin.

L'Empereur et le grand quartier général y sont.

Je vais prendre des ordres pour notre bivouac et rendre compte des renseignements que nous avons recueillis sur l'ennemi pendant notre marche.

La division bivouaque sur la hauteur, à l'Est de Raucourt; les généraux et l'état-major s'abritent dans une grange.

On nous dit que le 12ᵉ corps a passé le 29 la Meuse à Mouzon sans difficultés.

Au point du jour, nous nous occupons des distributions et je recherche en vain le 3ᵉ zouaves.

La division quitte Raucourt à 8 heures du matin, et se porte par Haraucourt et Angécourt à Remilly. Nous y passons la Meuse sur deux ponts, l'un de bateaux et l'autre sur chevalets, que l'on a jetés rapidement.

Le 2ᵉ régiment de marche, lieutenant-colonel Guyot de Leuchey, nous rejoint là et est donné à la 2ᵉ brigade. Les hommes ont bonne mine, ils sont robustes, bien tenus et marchent bien; malheureusement, leur instruction militaire est très peu avancée.

Cette marche en avant, la beauté des coteaux qui bordent la Meuse, un soleil splendide qui donne plus de charme aux magnifiques prairies remplies de troupeaux, à travers lesquelles le 1ᵉʳ corps marche sur Tétaigne, pour y passer la Chiers, ont fait oublier les misères passées et rendu à tout le monde la confiance.

Nous avons bien entendu quelques coups de canon pendant la halte de Haraucourt, mais ce bruit a cessé.

Après avoir dépassé Brévilly, la canonnade est devenue distincte; le général Ducrot nous a arrêtés et a envoyé un officier au Maréchal, dans la direction de Mouzon.

A son retour, vers 4 heures, l'ordre a été donné de reprendre notre marche; nous arrivons donc à Carignan avec la croyance que de simples coups de canon ont eu lieu, que l'armée qui nous suit est distancée et que nous arriverons le lendemain de bonne heure à Montmédy, d'où il sera facile de combiner nos mouvements avec ceux de l'armée de Metz.

Un peu avant la nuit, nous sommes établis avec la 2ᵉ division, sur les hauteurs à l'Est de Carignan; malheureusement, le général a envoyé le sous-intendant avec les bagages et ceux-ci ne rejoignent pas. Je vais à leur recherche jusqu'à Wé, mais sans les trouver. L'encombrement des voitures est tel sur cette unique route qu'il faut renoncer à les faire rallier. Par suite, la distribution de vivres pour la 4e division, est remise au lendemain.

M. Delescluze, dont la maison est en face de notre bivouac, nous offre une cordiale hospitalité, que le général de Bellemare et moi, acceptons.

DIVISION DE CAVALERIE (1re brigade).

La brigade part de Raucourt le 30 au matin, arrive à Remilly, où elle passe la Meuse vers 8 heures du soir, après avoir détaché dans la direction de Mouzon, 2 escadrons du 11e chasseurs en reconnaissance. Elle prend la route de Carignan, précédée à une grande distance par les 3e et 2e brigades.

Vers 10 heures, un officier d'ordonnance du général Ducrot, le capitaine de Néverlée, rend compte au général que le 5e corps a éprouvé un échec grave à Beaumont et qu'il est chargé d'arrêter le mouvement sur Carignan, l'armée devant, pendant la nuit ou le lendemain matin, se retirer sur Sedan.

La brigade s'arrête et va se placer en arrière de la brigade Wolff, près de Douzy.

c) Opérations et mouvements.

Ordre de marche du 30 août.

Raucourt, 30 août.

Le 1er corps se dirigera ce matin vers Remilly-sur-Meuse dans l'ordre suivant : 3e division ; batteries de combat de l'artillerie de réserve ; 2e division ; 1re division ; cavalerie ; 4e division.

On marchera dans chaque division dans le même ordre qu'hier, c'est-à-dire sans aucun bagage : il n'y aura que des combattants, de l'artillerie, un caisson d'ambulance par division et les mulets de cacolets.

Le parc d'artillerie et toutes les autres voitures marcheront également dans le même ordre qu'hier, à la suite de la 4e division ; la gendarmerie les fera former en conséquence.

La 3e division commencera son mouvement à 7 h. 30 ; l'artillerie de réserve et les autres divisions suivront sans interruption.

Les différentes fractions de la 4e division se réuniront au delà de Raucourt, celle qui est à Villiers se dirigera sur le village de Haraucourt et s'arrêtera à l'entrée.

La 4e division touchera, à Raucourt, 2 jours de pain avant de se mettre en mouvement, mais elle devra faire cette opération lestement, sans quoi elle serait évidemment coupée par le convoi.

Les sous-intendants de la 3ᵉ division, de la 4ᵉ et de la cavalerie feront rechercher les petits convois de biscuit qui étaient destinés à ces divisions et les feront suivre, si c'est possible, en tête du parc.

Renseignements fournis par le général Lefort sur la construction de ponts à Remilly, le 30 août.

Dans la nuit du 30 août 1870, les compagnies du génie du 1ᵉʳ corps d'armée qui se trouvaient à Raucourt, reçurent l'ordre de se rendre à Remilly pour y établir des ponts sur la Meuse.

La demi-compagnie de sapeurs de chemins de fer fut dirigée la première sur ce point et chargée de préparer la construction des ponts.

Auprès du village de Remilly, il existait un bac servant à traverser la rivière qui, en cet endroit, avait la moindre largeur. Comme il s'agissait de construire des ponts de circonstance, l'équipage du corps d'armée étant resté trop en arrière pour pouvoir arriver à temps, les dispositions suivantes furent prises :

1º Les deux bateaux-bacs du passage furent placés perpendiculairement à l'axe de la Meuse, l'extrémité de l'un contre la rive gauche, celle de l'autre contre la rive droite. Dans l'intervalle restant entre les deux bateaux, l'on établit des chevalets. On se procura les bois nécessaires pour ces supports en abattant des arbres dans un parc voisin, puis les matériaux pour le tablier en les requérant dans le village de Remilly ;

2º A l'aide de bateaux de commerce qu'on alla chercher aux environs et de chevalets, une passerelle fut construite pour doubler le pont ; elle n'était destinée qu'à l'infanterie.

Les travaux furent exécutés dans la matinée du 30 août.

Les troupes du 1ᵉʳ corps d'armée franchirent la Meuse en cet endroit pendant la journée ; en outre une division du 7ᵉ corps a dû les suivre dans la soirée.

Les écluses de la place de Sedan ayant été fermées pour tendre l'inondation, l'eau s'éleva pendant le passage et vint couvrir une bande de terrain près du pont. Elle fut recouverte de fascines, pour rendre l'accès possible.

Lorsque la construction du pont et de la passerelle fut assez avancée, les compagnies du génie du 1ᵉʳ corps rallièrent successivement leurs divisions.

La demi-compagnie de sapeurs de chemins de fer resta jusqu'à la fin du passage des troupes de ce corps d'armée, puis se rendit dans la soirée à la gare de Douzy, où il lui avait été prescrit d'assurer le service du chemin de fer. Le personnel de cette gare étant parti, et les bâtiments envahis par des soldats isolés, l'ordre y fut rétabli ainsi que l'exploitation.

Des wagons de vivres furent groupés en train et emmenés le lendemain matin à l'aide d'une locomotive envoyée de Carignan jusqu'à la gare de Bazeilles, en passant entre les Bavarois qui occupaient la rive gauche de la Meuse, et les avant-postes du 12e corps (infanterie de marine).

Le train, sur lequel quelques coups de canon furent tirés, ne put aller au delà, le pont du chemin de fer, près de Pont-Maugis, étant tenu par l'ennemi.

Rapport du chef de bataillon Lanty, commandant le génie de la 3e division.

Wiesbaden, 1er décembre.

Le 30 au matin, le 1er corps d'armée, entièrement réuni la veille à Raucourt, se met en route pour Remilly-sur-Meuse; la 3e division marchait la première et la compagnie de sapeurs en tête de la division.

Vers 7 h. 30, à environ 2 kilomètres de Remilly, un officier d'état-major apporte l'ordre à la compagnie de presser le pas pour jeter un pont. Le commandant du génie la devance, et trouve sur le bord de la Meuse tout l'état-major du 1er corps d'armée. Il reçoit l'ordre de faire jeter par sa compagnie, et le plus rapidement possible, un pont sur la Meuse pour le passage des hommes à pied; quant à celui des voitures, il devait se faire au moyen du gué qui existe sur ce point.

Le passage projeté était un peu en amont de l'embouchure de la Chiers, affluent de la rive droite; la rivière a en cet endroit environ 95 mètres de largeur, la profondeur varie de $0^m,90$ (rive gauche) à $2^m,50$ (rive droite). Les moyens d'exécution manquaient totalement, il n'y avait sur place ni bateaux, ni madriers, ni bois débités.

Il était près de 8 heures lorsque la compagnie arriva sur le bord de la rivière.

Une section est immédiatement employée, sous les ordres du capitaine en premier, M. Gallois, à organiser le passage pour les voitures; le gué se composait de deux chaussées partant des deux rives et séparées au milieu de la rivière par un canal assez profond dont le vide était comblé au moyen d'un bac fixe dirigé perpendiculairement au courant de l'eau. Habituellement ce passage ne présente pas de difficultés, mais la place de Sedan ayant fermé ses écluses pour produire une inondation défensive, le niveau montait sans cesse, et en relevant le bac, produisait des ressauts toujours croissants entre lui et les remblais des rampes. Ces rampes sont en conséquence rechargées de pierres et de fascines, des madriers établissent le raccordement avec le bateau, et vers 10 heures l'artillerie des divisions peut commencer à passer; elle est suivie par le convoi et par une partie de la cavalerie. Dans la journée, les 2⁰ et 4⁰ divisions d'infanterie passent au même point.

Pendant ce temps le commandant du génie avait fixé l'emplacement du pont à construire; un des officiers faisait le sondage de la rivière; des brigades de sapeurs préparaient les rampes d'accès et les culées, abattaient des bois et commençaient la construction de chevalets.

Un officier, envoyé du côté de Sedan, en faisait ramener par des bateliers et successivement, un bac et trois bateaux, dont deux très longs, que l'on s'occupa immédiatement de relier entre eux pour en faire une grande portière. De son côté le maire et les habitants du village, au dévouement desquels il était fait appel, amenaient des madriers, des poutrelles, et envoyaient dans toutes les directions des voitures pour en chercher.

Vers 10 heures on fut en mesure de commencer le pont, et sans entrer dans les détails d'exécution, il suffira, pour donner une idée de l'insuffisance des moyens dont on disposait et de la nature des difficultés vaincues, de faire l'énumération des divers supports sur lesquels reposait le tablier; ils étaient, à partir de la rive gauche:

1 voiture en travers dans le sens du courant, 1 bac dans sa longueur, 1 bateau en travers, 2 longs bateaux formant la portière, enfin 2 chevalets.

Les poutrelles étaient des bois coupés sur place, et comme ces divers supports avaient naturellement des hauteurs inégales, le tablier présentait des irrégularités de niveau qui en rendaient la circulation impossible pour les chevaux, et même dans l'obscurité, pénible pour les hommes à pied.

Il était 1 h. 30 quand le passage fut livré, et ce travail considérable ne put être exécuté en moins de cinq heures que grâce à l'activité et à l'entrain que déployèrent les sous-officiers et les soldats, et grâce aussi au dévouement et à l'expérience des officiers de la compagnie, parmi lesquels se distingua surtout le capitaine en second, M. Vermot, chargé plus spécialement de la surveillance du pont des piétons.

Pendant la soirée, les troupes de la 1ʳᵉ et de la 3⁰ division d'infanterie passèrent sur ce pont pendant que la réserve d'artillerie et la cavalerie passaient au gué. Cette dernière opération fut extrêmement difficile; l'eau, en continuant à monter, soulevait le bac et couvrait les rampes qu'il fallut plusieurs fois recharger avec des madriers pour décider les chevaux à franchir le passage; l'obscurité ajoutait beaucoup aux difficultés, et ce ne fut qu'après un défilé long et pénible que le 1ᵉʳ corps d'armée tout entier se trouva sur la rive droite de la Meuse vers 10 h. 30 du soir.

Le commandant du génie avait primitivement reçu l'ordre de détruire les ponts aussitôt après le passage du 1er corps, et les dispositions étaient prises en conséquence ; mais dans la soirée, M. le général commandant la 3e division, qui était chargé de veiller au mouvement des troupes fut prévenu que le 7e corps arrivait sur nos derrières et avait ordre de passer la Meuse au même point.

Le commandant du génie remit en conséquence la consigne des ponts au génie du 7e corps, et rejoignit sa division à Douzy ; il était 1 heure du matin ; on se décida à y attendre le jour.

5e CORPS.

a) Journaux de marche.

Journal de marche rédigé par le colonel Clémeur.

Le maréchal de Mac-Mahon, se rendant de sa personne à ses différents corps d'armée, afin de hâter autant que possible leur marche et leur passage de la Meuse, arrive à Beaumont entre 6 et 7 heures du matin. Il prescrit au général de Failly de marcher sur Mouzon (8 kilomètres), où il devra franchir la Meuse sous la protection du 12e corps, qui y est déjà établi depuis la veille.

Le général rend compte au Maréchal de l'état d'épuisement dans lequel se trouve son corps d'armée, dont les derniers détachements viennent seulement d'arriver au bivouac depuis deux heures à peine. Il lui fait connaître qu'après toutes ces pénibles journées de marche et de combat, pendant lesquelles son corps d'armée surmené n'a pas reçu de distributions régulières, il lui est de toute impossibilité de le remettre en route sans lui avoir donné quelques heures de repos et lui avoir fait distribuer des vivres. Le convoi, qui avait été laissé au Chesne le 27, devait arriver dans la matinée à Beaumont, et l'on pourrait alors faire quelques distributions. Dès que cela sera fait, ajoute le général, dès que les hommes se seront un peu reposés, séchés, et qu'ils auront reçu quelque nourriture, le 5e corps se mettra en marche pour Mouzon.

Le Maréchal comprend lui-même qu'il ne peut en être autrement, et en partant, recommande au général de ne pas perdre un seul instant pour hâter autant que possible le départ de ses troupes, dès qu'elles pourront être mises en route. L'essentiel est que l'armée ait franchi la Meuse dans le plus court délai, pour trouver un abri derrière cette ligne de défense.

Le général de Failly donne aussitôt des ordres pour que dans tous les camps, les chefs de corps remettent leurs troupes en état, fassent rejoindre les hommes qui sont dispersés dans les différents bivouacs, que les munitions soient renouvelées, que des appels aient lieu et que les armes qui ont le plus grand besoin d'être nettoyées, par suite des pluies de plusieurs jours et du combat du 29, le soient immédiatement sous la surveillance des officiers.

Les malades, les blessés, les chevaux indisponibles doivent être dirigés sur Mézières, ainsi que les nouveaux promus.

Il ordonne en outre un grand rapport chez lui pour 9 heures, afin qu'on lui rende compte de toutes les mesures qui auront été prises et des renseignements qu'on aura pu recueillir sur l'ennemi par les avant-postes et les reconnaissances.

Les généraux de division et les chefs de service se réunissent à l'heure indiquée chez le général en chef. « Leurs différents rapports ne signalent aucun détail particulier qui puisse faire supposer que la marche du 5ᵉ corps ait été suivie par l'ennemi. Les grand'gardes n'ont nullement signalé sa présence et, d'après tous les renseignements recueillis, il y a tout lieu de supposer que ses différentes colonnes ont continué leur mouvement sur Stenay, dont le pont a été rétabli (1). »

Chacun croit à ces renseignements, d'autant plus que la cavalerie n'en donne pas d'autres et que le général de Failly a confiance en elle, après tous les ordres qu'il lui a donnés et renouvelés pendant tout le courant de la campagne, au sujet des reconnaissances journalières du matin.

On n'a donc, pour le moment, aucune appréhension, et toutes les préoccupations des généraux n'ont d'autre but que les mesures à prendre de suite pour reconstituer leurs régiments, pourvoir à leurs vivres et faire mettre en état les armes rouillées, qui menacent d'être mises hors de service. On décide même qu'il est inutile de déplacer les camps, pour en rectifier l'emplacement défectueux qui a été pris pendant l'obscurité de la nuit ; ce serait fatiguer les troupes sans nécessité, puisque ces camps vont être levés dans quelques heures. Une fois en route, les colonnes se reformeront en bon ordre.

Le convoi venant du Chesne étant signalé, les distributions vont avoir lieu et le corps d'armée devra se mettre en route à midi.

Pendant ce rapport, les généraux commandant les divisions insistent tous pour que la manière de conduire le corps d'armée soit modifiée, parce que les marches forcées qu'il exécute sans trêve ni repos depuis

---

(1) Déclaration du général de Failly, dans sa brochure.

près d'un mois démoralisent les troupes et ont développé chez elles un déplorable esprit d'indiscipline, qui a déjà produit les plus fâcheux résultats. L'insuffisance des distributions, l'abus des réquisitions irrégulières, seul mode pouvant être employé par l'intendance privée de ses services administratifs, la souffrance des longues marches et des intempéries, ont répandu dans les corps des habitudes de maraude et même de pillage déplorables.

A Reims, à Rethel, au milieu de populations sympathiques, des actes inqualifiables de maraude ont été reconnus, et le général en chef a dû faire un ordre général sévère, faisant connaître que tout militaire surpris en flagrant délit de maraude serait passé par les armes.

Les généraux concluent enfin en disant qu'il est plus que temps de modifier un pareil état de choses, sans quoi, n'ayant plus leurs troupes dans la main, ils ne peuvent plus répondre de rien au jour d'une grande affaire.

Le général de Failly leur répond qu'il est le premier à déplorer cet état de choses; que toutes ces marches, contremarches et ces fatigues inouïes qui en sont le résultat ne sont pas le fait de sa volonté personnelle, mais d'ordres supérieurs amenés par les circonstances de la guerre; qu'il ne peut et ne doit que leur obéir, tout en faisant tous ses efforts pour concilier son devoir avec les soins qu'il doit donner à la conservation de ses troupes; que chacun veuille bien se reporter au souvenir des premières guerres de 96, et que, du reste, il soumettrait au Maréchal tous ces vœux légitimes, dont il sent le besoin tout le premier.

Les ordres de départ pour Mouzon seront donc donnés dans des instructions ainsi conçues :

Ordre du 30 août.

Voir p. 115.

. . . .

Les troupes reçoivent une distribution de vivres de campagne, grâce au convoi qui a pu rejoindre vers 9 heures, venant du Chesne, et que le commandant chargé de sa garde a su ramener avec intelligence et bonheur.

Le grand parc d'artillerie du 5ᵉ corps, composé de 60 voitures, arrive en même temps et va camper avec l'artillerie de réserve. On fait la soupe dans tous les camps; le temps se remet au beau, les hommes réparent leurs effets, nettoient leurs armes; les derniers arrivés, les retardataires, se reposent. Les officiers veillent à tous les besoins de leurs compagnies, afin qu'elles puissent se remettre en route aussi bien que possible.

Plusieurs avis apportés par des habitants ont signalé la présence des troupes ennemies dans les forêts de Dieulet et de Belval.

Mais, comme les reconnaissances de la cavalerie et les renseignements des avant-postes n'ont rien fait connaître de particulier, le général en chef est persuadé que l'ennemi se dirige sur Stenay, d'autant plus que les rapports de l'arrière-garde lui donnent l'assurance que ce dernier ne l'a pas suivi dans sa marche.

L'ennemi se dirigeant, comme tout le monde le pensait, sur Stenay, il n'y avait donc rien d'étonnant à ce que les forêts de Dieulet et de Belval fussent traversées par quelques-unes de ses colonnes.

Les premières troupes d'avant-garde prennent donc les armes vers 11 heures pour se mettre en marche.

Mais, au même instant, des obus, arrivés on ne sait d'où, tombent dans le camp et y jettent le plus grand désordre. Chacun court aux armes. Quelques régiments n'ont encore pu manger la soupe; d'autres se voient forcés d'abandonner leurs tentes pour se précipiter sur les faisceaux et se rassembler à la voix et aux commandements de leurs chefs.

Les chevaux encore au piquet, sont sellés et harnachés avec la plus grande précipitation. Pendant ce temps, le feu de l'artillerie ennemie augmente sans cesse d'intensité et couvre de projectiles la ville et les camps. On n'aperçoit point encore de lignes d'infanterie; mais la fumée du canon se fait voir sur toute la lisière des bois qui s'étendent en demi-cercle au Sud de Beaumont, sur les hauteurs que couronnent ces forêts.

Dans ces premiers moments, la confusion générale est grande. Cependant, revenues de leur première surprise, les troupes parviennent à se reconnaître et à se former à la voix de leurs différents chefs.

Le général en chef et les autres généraux, montés immédiatement à cheval, parcourent le front des camps, rétablissent partout l'ordre et prennent leurs dispositions de combat pour résister à cette attaque imprévue, dont on ne connaît point encore l'importance.

Les troupes campées au Sud de Beaumont (division Goze, division de Lespart, artillerie de réserve) se portent en avant de leur camp, sur les hauteurs qui s'étendent entre les routes de Sommauthe à Beaumont et celle de Beaumont à Stenay.

En première ligne, sont établies : à droite, la brigade Saurin (division Goze), et à sa gauche la brigade de Fontanges (division de Lespart).

Derrière elles, la brigade Nicolas (division Goze) et la brigade Abbatucci (division de Lespart).

Les troupes qui ont bivouaqué au Nord de Beaumont (brigade de la division de L'Abadie, artillerie de la 3e division) prennent également position sur les hauteurs qui dominent la ville, à 1 kilomètre de là, la droite (49ᵉ) sur le plateau près de la route de Mouzon, la gauche (88ᵉ) vers la Meuse, le 14ᵉ bataillon de chasseurs en réserve.

Pour ne pas perdre de temps, les petites tentes du camp sont abandonnées. Les batteries de la division et celles de la 3ᵉ ouvrent leur feu dès que l'ennemi est à portée.

L'attaque des Allemands se dessine de plus en plus contre Beaumont; leur ligne de bataille s'allonge en un grand demi-cercle, s'appuyant à ses deux extrémités à la grande route de Stenay, et fournissant sur nos positions des feux convergents, dont l'intensité ne fait que croître.

Ce développement de feux indique clairement qu'on a affaire à des troupes considérables et à une attaque des plus sérieuses.

Les divisions Goze et de Lespart, qui ont pris position en avant et au Sud de Beaumont, parviennent à se maintenir dans le commencement de l'action avec quelque avantage.

Elles accueillent bravement les têtes de colonnes allemandes qui débouchent des bois situés en arrière des fermes de Belleforêt et Beauséjour. Reçues par un feu bien ajusté à 600 mètres de hausse, ces têtes de colonnes sont même refoulées et rentrent dans la forêt.

Les batteries de la division Goze et celles de la réserve, accourues en toute hâte, prennent hardiment des positions favorables à leur tir et cherchent à répondre par leur feu à celui des batteries ennemies. Sous leur protection, nos lignes de tirailleurs s'avancent à la poursuite des têtes de colonnes allemandes, qui se sont repliées derrière les fermes. Mais, arrivées près de la lisière des bois, elles se trouvent arrêtées par un feu de mousqueterie des plus nourris et forcées à leur tour de se replier, en éprouvant de grandes pertes. Le 68ᵉ et le 11ᵉ de ligne sont rudement éprouvés.

Pendant ce temps, le général de Failly, qui s'est rendu sur la position des troupes placées au Nord de Beaumont, fait continuer le feu de l'artillerie de la 2ᵉ division et celui des batteries de la 3ᵉ. Ces dernières sont réunies vers la gauche de la ligne, au-dessus de la ferme de la Harnoterie.

Tous ces feux, dirigés contre les débouchés des bois situés au Sud et contre l'artillerie ennemie qui les occupe, semblent produire d'abord de bons effets, à en juger par la lenteur des nouvelles attaques que les Allemands dirigent contre Beaumont et le front de la position.

Mais, des hauteurs qu'il occupe, le général en chef voit qu'il leur arrive sans cesse des renforts; et bientôt même, (vers 1 heure), il s'aperçoit qu'arrêtés par notre vigoureuse résistance sur le front de nos positions, ils cherchent à la tourner par leur gauche et à s'étendre en arrière de notre flanc droit.

D'autres colonnes ennemies apparaissent bientôt également sur notre gauche, venant du côté de la ferme de Beaulieu, située à 2 kilomètres au Sud-Est de Beaumont, près de la route de Stenay.

Dès lors, il est évident que, tout en continuant leur attaque sur notre front, les Allemands, recevant sans cesse des renforts, vont, suivant leur habitude, chercher à déborder nos ailes des deux côtés et à gagner les revers de la position.

Dans cette occurrence critique, le général de Failly n'a plus qu'un parti à prendre, et il le prend sans hésitation : c'est celui de renoncer à la défense de la position de Beaumont, où il est menacé d'être tourné, et de chercher à se retirer en bon ordre sur Mouzon, conformément aux ordres du Maréchal.

Il ordonne, en conséquence, à la 1re ligne, établie en avant de Beaumont, de se replier en arrière de cette localité, sur les hauteurs du Nord, et sous la protection des troupes qui y sont déjà établies.

Mais ce mouvement de retraite, sous le feu d'un ennemi dont le nombre augmente sans cesse, amène quelque confusion parmi les troupes qui l'exécutent. De fortes colonnes, qu'on reconnaît pour saxonnes, arrivent par la grande route de Stenay et le chemin de la ferme de Beaulieu, ouvrent un feu d'artillerie et de mousqueterie des plus vifs sur nos troupes de la 1re ligne, qui se replient, et sur la petite ville de Beaumont, qu'elles ont à traverser. Les batteries de la réserve, dont plusieurs pièces ont déjà été démontées, ripostent encore pendant quelque temps pour protéger la retraite et finissent par suivre le mouvement.

Les soldats qui ont été engagés dès le commencement du combat n'ont plus de cartouches, et pour le moment il est impossible de les renouveler. Ils commencent à se débander en traversant la ville, incendiée en plusieurs endroits par les obus. Les habitants, affolés par la terreur et fuyant de tous côtés, ajoutent encore au désordre de nos troupes, qui se pressent sur la route qui mène à Mouzon et le chemin de Létanne.

Cependant, la division Goze parvient à se rallier en partie sur la hauteur qui est en arrière du moulin à vent, à 800 mètres au Nord de la ville.

Avec son artillerie, elle reprend position et se défend avec la plus grande vigueur. Les pertes des 11e et 86e de ligne sont grandes en hommes et en officiers; les deux colonels : de Béhagle, du 11e, et Berthe, du 86e, sont très grièvement blessés.

Dans ce mouvement de retraite de la 1re ligne au delà de Beaumont, les camps ont dû être abandonnés avec les tentes encore dressées, les bagages qui s'y trouvaient parqués et plusieurs voitures d'artillerie. L'ennemi, en s'emparant de la ville, y fait un grand nombre de prisonniers. Les ambulances et les blessés tombent en son pouvoir.

Mais il se prépare à continuer ses attaques sur toutes les hauteurs occupées par le 5ᵉ corps; ses troupes, renforcées et renouvelées, commencent à accentuer plus fortement la grande manœuvre enveloppante qu'il a projetée contre ce corps.

Ses forces doivent être des plus considérables, à en juger par le grand développement de leurs déploiements et de l'étendue du terrain qu'elles occupent. (On apprit en effet, depuis, que toute la IVᵉ armée (Garde, IVᵉ corps, XIIᵉ corps saxon) et les deux corps d'armée bavarois se trouvaient là et avaient pour mission l'attaque contre le 5ᵉ corps français à Beaumont, pendant que le 7ᵉ devait être attaqué par une partie de la IIIᵉ armée du Prince royal.)

Le général de Failly a rectifié les positions occupées par son corps d'armée sur les hauteurs au Nord de Beaumont, dès qu'il a été rejoint par la division Goze et les brigades de Fontanges et Abbatucci. Ces dernières, après s'être retirées de la position au Nord du moulin à vent, sont allées s'établir sur la gauche de la 2ᵉ division, dont la ligne de bataille aboutit à la ferme de la Sartelle et au chemin de Mouzon.

La droite (brigades de L'Abadie et Abbatucci) continue à combattre pendant quelque temps, en se retirant peu à peu et en bon ordre.

Bientôt, le 5ᵉ corps se trouve avoir fait un léger changement de front en arrière, sur son aile gauche, qui l'amène à être placé sur la lisière de la forêt de Givodeau, à 2 kilom. 1/2 de Beaumont, sur les hauteurs dites des Gloriettes.

Là, il se maintient pendant près d'une heure avec fermeté. Les batteries de réserve du colonel de Fénelon balayent d'écharpe et de front les colonnes qui paraissent sur le plateau et les maintiennent à distance avec la plus grande vigueur.

A l'extrême droite, une batterie de mitrailleuses de la division de L'Abadie tire avec le plus grand succès sur des troupes débouchant de Beaumont et suivant le chemin qui conduit de cette ville au village de Yoncq.

Mais le général en chef s'aperçoit que l'ennemi prononce davantage son mouvement tournant sur sa droite et que de fortes colonnes, après avoir débouché des forêts et franchi la grande route de Stonne à Beaumont, se portent dans la direction de Yoncq par la petite vallée que parcourt le ruisseau du même nom.

Sur sa gauche également, il commence à voir apparaître sur le plateau des têtes de colonnes. Il est donc urgent de reprendre sa marche sur Mouzon pour ne pas être coupé.

Mais les bois Givodeau, sur la lisière desquels le corps a pris position, sont impénétrables, même pour l'infanterie; on ne peut les traverser qu'à l'extrême gauche, en suivant le chemin de Mouzon. Le général se voit donc forcé de partager son corps d'armée en deux fractions, afin de ne pas perdre de temps et les faire écouler plus rapidement sur Mouzon.

Une partie de la brigade de Fontanges (68e) et l'artillerie de réserve prennent le chemin de Mouzon ; la droite contourne le bois à l'Ouest et au Nord et vient prendre une nouvelle position sur des hauteurs très escarpées situées en arrière. Le 17e (deuxième régiment de la brigade de Fontanges) a trouvé un gué près de la ferme Alma et s'est porté sur Mouzon par la rive droite de la Meuse.

Mais la droite est suivie dans son mouvement par des masses ennemies qui s'élèvent des ravins débouchant sur Yoncq et qui viennent l'assaillir de leurs feux d'artillerie et de mousqueterie. Ces masses ennemies sont encore appuyées et soutenues par d'autres forces très considérables, qui tiennent la vallée de l'Yoncq et poursuivent l'arrière-garde du 7e corps. Cette dernière est fortement engagée dans la direction de Pourron, village situé sur l'Yoncq, à 3 kilomètres de là. Le bruit de son canon a fait croire un instant au 5e corps que le général Douay arrivait à son soutien.

C'est la droite de la IIIe armée (Prince royal) qui, en remontant vers le Nord entre la Besace et Le Chesne, s'est heurtée contre les colonnes du 7e corps, qu'elle a immédiatement attaquées ; elle relie ses mouvements avec les deux corps d'armée bavarois et la IVe armée, qui attaquent de concert le 5e corps sur les plateaux de Beaumont et cherchent à le déborder des deux côtés.

Les troupes de l'aile gauche de ce corps, ainsi que l'artillerie de réserve, qui se sont écoulées à travers le bois Givodeau par le chemin de Mouzon, ont pu gagner cette dernière localité sans encombre et franchir la Meuse. Elles n'avaient, du reste, plus de munitions, l'artillerie de réserve surtout, qui en avait déjà fait une grande consommation au combat de Bois des Dames et n'avait pu la renouveler.

Les hauteurs sur lesquelles la division Goze, la brigade de la division de L'Abadie et une partie de la division de Lespart viennent de se rallier, au Nord du bois Givodeau, ne permettent pas, en raison de leur peu de largeur, le déploiement des troupes. L'artillerie ennemie produit de grands ravages dans leurs masses et y jette de la confusion.

Le général en chef se décide, en conséquence, à les quitter pour aller prendre une autre position.

Il est alors 4 heures du soir environ.

Le terrain que les troupes du 5e corps ont à parcourir pour se rapprocher de Mouzon offre les plus grandes difficultés par les taillis épais qu'on a à traverser et la raideur des pentes des différents ravins qu'on a à franchir. Ce mouvement de retraite s'opère sous un feu des plus intenses, qui fait éprouver de grandes pertes.

Plusieurs pièces d'artillerie sont forcément abandonnées dans les ravins et les taillis, d'où elles ne peuvent sortir; un certain désordre se produit dans les colonnes, que décime un feu meurtrier auquel il est bien difficile de riposter; des hommes en assez grand nombre, n'ayant plus de cartouches, se débandent et fuient dans la direction de Mouzon, malgré tous les efforts des officiers.

Vers midi, le général Lebrun, commandant le 12ᵉ corps, campé sur la rive droite de la Meuse, entendant le canon du côté de Beaumont, avait envoyé les deux brigades de la division Grandchamp avec la cavalerie de Fénelon dans la direction de cette localité, pour venir en aide au 5ᵉ. Mais le Maréchal, tenant à ce que tous les corps fussent réunis le plus tôt possible sur la rive droite et pensant que l'engagement du 5ᵉ ne consistait qu'en une simple canonnade, fit rentrer une brigade du général Lebrun. Cependant, à la vue des fuyards, entre 3 et 4 heures, il fit repasser la Meuse à la brigade Cambriels de la division Grandchamp, et à une autre brigade de la division de Vassoigne, pour soutenir la retraite du général de Failly. Ces troupes, qui prirent position en avant de Mouzon, furent d'un grand secours au 5ᵉ corps, qui put se rallier sur une dernière position, l'aile gauche (division de L'Abadie) sur les hauteurs en arrière de Villemontry, avec la ferme Givodeau comme point d'appui, la droite à cheval sur la route de Beaumont, face aux bois.

Cette dernière position a pour but de rallier les différentes troupes du 5ᵉ corps qui sont encore sur la rive gauche et de couvrir leur passage de la Meuse. Mais cette opération ne se fait pas sans de nouveaux combats et sans de nouvelles pertes.

Les Allemands établissent de nombreuses batteries sur les hauteurs de Létanne et de la Sartelle, à leur droite; et les Bavarois, à gauche, en établissent également sur les hauteurs de Chamblage, à l'Ouest de Pourron. Toutes ces batteries ont des vues sur la position du 5ᵉ corps en arrière de Villemontry et croisent leurs feux sur elle. Des colonnes d'attaque s'avançant sous leur protection, se portent en avant contre les troupes du général de Failly, qui, malgré leur infériorité et leurs nombreuses pertes, soutiennent encore, avec des efforts désespérés, cette lutte sanglante; à la gauche surtout, le 88ᵉ (division de L'Abadie) défend encore avec acharnement la ferme Givodeau.

Des troupes envoyées par le 12ᵉ corps et des charges de cavalerie exécutées par le 5ᵉ cuirassiers avec le plus grand dévouement contiennent l'ennemi et refoulent ses groupes de tirailleurs. Ce régiment de cuirassiers, criblé de projectiles, perd presque tous ses officiers et se replie en désordre. Arrivé au pont, qu'il trouve encombré de voitures, il traverse la Meuse à la nage et perd encore plusieurs hommes qui se noient.

Cependant, le général de Failly, ne pouvant soutenir plus longtemps la lutte, fait commencer vers 5 h. 30 le mouvement de retraite sur le pont, dont l'encombrement rend l'opération des plus difficiles et des plus lentes.

Ce mouvement s'exécute avec ordre, sous la protection des débris de deux bataillons du 30° de ligne, commandés par les chefs de bataillon Lamy et de Lamarcodie, et d'un détachement du 22°, posté dans des maisons du Faubourg ; quelques pièces d'artillerie, qui joignent leur feu à celui de plusieurs batteries de la rive droite, que le Maréchal lui-même a fait placer en position pour contenir l'ennemi, appuient également cette retraite.

Les batteries Gastine et Vallantin, après avoir combattu jusqu'à l'épuisement de leurs munitions, voulurent traverser la Meuse au gué en aval du pont. Mais, culbutées par le 5° cuirassiers, elles perdirent six pièces, dont trois mitrailleuses, et eurent des hommes et des chevaux noyés.

Le capitaine de Tessières, resté jusqu'au dernier moment avec une seule de ses pièces tirant à mitraille, fit preuve du plus héroïque dévouement. N'ayant plus ni hommes ni chevaux, il continua à pointer et à servir *seul* sa pièce jusqu'au moment où il se retira avec les dernières troupes, forcé d'abandonner son canon.

Les deux bataillons du 30° de ligne, qui ont subi déjà de grandes pertes, soutiennent la retraite avec énergie et couvrent les abords de la rivière avec un courage et une abnégation dont les généraux de Failly, de L'Abadie et Abbatucci donnent les premiers l'exemple.

Le général en chef a son cheval tué sous lui et, remontant aussitôt celui du maréchal des logis Largentier du 5° hussards, qui le lui offre avec générosité, il continue à diriger la retraite.

Dans ce mouvement de retraite de la dernière position vers le pont de Mouzon, le 88° de ligne, dont le colonel Courty a été tué dans la journée (1), et qui avait été établi à la ferme Givodeau, point d'appui de l'extrême gauche, n'a pu se retirer à temps. Sous le commandement du lieutenant-colonel Demange et du commandant Escarfail, ce régiment se maintint toute la nuit dans la ferme ; le lendemain, dans la matinée, il s'ouvrit un passage de vive force et parvint à franchir le pont de Mouzon et à rejoindre sa brigade à Sedan. Mais cet acte d'audace coûta la vie au lieutenant-colonel Demange, à plusieurs officiers et à un grand nombre de vaillants soldats.

Les dernières troupes du 5° corps franchissent la rivière vers 6 heures du soir et vont rejoindre les autres sur les hauteurs de la rive droite

---

(1) Inexact.

qui dominent Mouzon et où se sont rendues également, dans l'après-midi, la cavalerie et l'artillerie de réserve.

Le général de Failly reçoit, après son passage, l'ordre du Maréchal de se diriger immédiatement sur Carignan et de gagner Sedan.

Les débris de son corps se remettent donc en route pour exécuter une nouvelle marche de nuit, qui est rendue des plus longues et des plus pénibles par la rencontre de nombreux convois de bagages, et qui est souvent arrêtée par le passage des troupes du 12e corps se rendant également à Sedan.

Journal de marche rédigé par le capitaine de Piépape.

Cependant, vers minuit, l'ennemi entendant défiler l'artillerie française et s'ébranler le 5e corps, découvrit le projet qu'il avait de se dérober à sa poursuite. Lui-même se disposa à se mettre en marche et partit au petit jour, par tous les défilés de la forêt, pour converger sur Beaumont. La marche des Prussiens se faisant après le repos de leurs soldats et sans les périls de la nuit, eut lieu beaucoup plus rapidement que celle des Français. Au moment où l'ennemi allait déboucher par différentes routes en face de nos camps, le 5e corps se réveillait à peine après quelques heures de sommeil. Les armes rouillées par les pluies continuelles des jours précédents menaçaient de devenir hors de service. Des ordres furent donnés pour qu'on employât la matinée à les mettre en état.

Vers 7 heures du matin le maréchal de Mac-Mahon, se rendant à Mouzon, passa par Beaumont. Il s'arrêta au quartier général et donna l'ordre de marcher sur Mouzon. L'étape sur Mouzon devant être fort courte, les chefs de corps obtinrent du général en chef que le départ n'eût lieu qu'à 11 heures du matin, afin de laisser le soldat se sécher et reprendre quelques forces.

Dans un conseil qui se tint le matin vers 9 heures, chez le général de Failly, les généraux de division, par l'organe de l'un d'eux, le général de L'Abadie, insistèrent tous pour que la manière de conduire le corps d'armée fût modifiée et pour qu'une trêve nécessaire fût apportée aux marches forcées continuelles, entremêlées de combats, qui démoralisaient la troupe. « Nous n'avons plus nos divisions dans la main, s'écria le général avec feu, au jour d'une grande action nous ne pourrions répondre de rien. » Le général de Failly répliqua que les marches et contremarches qui venaient de se succéder émanaient toutes d'ordres supérieurs, il ne pouvait donner personnellement aucune suite à ces vœux légitimes dont il sentait le besoin tout le premier, mais qu'il en ferait l'observation au Maréchal. Les généraux insistèrent et exposèrent l'état d'indiscipline dans lequel était tombé le corps d'armée.

Déjà depuis longtemps, l'insuffisance des distributions, l'abus des réquisitions irrégulières, mode que l'intendance, privée de ses services administratifs, avait été contrainte d'adopter, la souffrance des marches et des intempéries avaient répandu dans la troupe des habitudes de maraude et de pillage déplorables.

A Reims, le commandant en chef avait dû faire un ordre du jour sévère, par lequel il menaçait de passer par les armes tout militaire surpris en flagrant délit. Cet ordre resta sans exécution et la répression trop insuffisante demeura sans effet contre ces actes d'indiscipline. Dans les Ardennes, vers Rethel, au milieu de populations sympathiques à l'armée qui s'empressaient de lui prodiguer leurs soins et leurs ressources, les meules de paille, les tisses de fourrage étaient enlevées et gaspillées, les champs de pommes de terre fouillés, les jardins et les vergers dévalisés.

Le nombre des traînards, qui avait diminué pendant quelque temps, commençait à augmenter de nouveau. Enfin les symptômes de dissolution qui avaient éclaté après Frœschwiller et qui avaient un peu disparu dès que la marche vers l'Est avait rendu quelque courage à la troupe, se présentaient de nouveau. Tout cela fut exposé dans le conseil, par les différents généraux. Cependant le temps s'écoulait. Tout à coup une femme pénétrant brusquement dans la salle que venait de quitter le conseil, avertit le général en chef que les Prussiens menaçaient de surprendre les camps.

Les différents rapports recueillis ne signalèrent aucun fait, aucun détail pouvant laisser supposer que la marche du corps d'armée avait été suivie par l'ennemi. Les grand'gardes placées n'avaient pas révélé sa présence et les renseignements reçus donnaient lieu de penser qu'il avait continué sa marche sur Stenay, dont les ponts avaient été rétablis.

Tant d'avis de ce genre, inspirés par la crainte des populations plus que par la réalité des faits, étaient venus, dans le cours de la campagne, égarer le commandement sur la position certaine de l'ennemi, que le général de Failly, comptant sur sa division de cavalerie, sur les ordres formels depuis longtemps donnés et renouvelés à l'égard des reconnaissances journalières, ne crut pas devoir attacher confiance au renseignement. Le jour avait révélé la mauvaise installation du camp de la 1re division, qui était dominé de partout et trop rapproché des bois.

Mais, comme le bivouac devait être levé dans quelques heures, le général de Failly ne jugea pas à propos de changer cette installation pour éviter au soldat une nouvelle fatigue. A peine avait-il renvoyé devant le chef d'état-major général la personne qui lui avait signalé l'ennemi (armée du prince de Saxe), que des obus éclatèrent dans le camp de la 1re division. Le 11e de ligne, surpris sous la tente, en plein bivouac, fut particulièrement éprouvé. Son colonel, M. de Béhagle, fut tué, ainsi qu'un certain nombre d'officiers. La panique se répandit partout : c'est la bataille de Beaumont qui commençait.....

. . . .

Journal du capitaine de Lanouvelle, de l'état-major du 5e corps.

La marche du 5e corps fut longue et pénible quoique la distance à parcourir ne fût pas de plus de 3 lieues en moyenne.

La division Goze et l'artillerie arrivèrent de minuit à 1 heure et s'établirent sur la route de Stenay à l'Est de Beaumont; la division de Lespart les rejoignit à 3 heures. La division de L'Abadie traversa Beaumont, et établit son bivouac entre les routes de Stonne et de Sommauthe; le jour commençait à paraître. Le quartier général fut établi à Beaumont où le général de Failly arriva vers 4 heures du matin.

Nos troupes marchaient, sans séjour, depuis le 22 août; elles avaient été en position les trois jours précédents et avaient marché une partie de la nuit; depuis Rethel, c'est-à-dire depuis le 24 août, elles n'avaient reçu aucune distribution régulière. On trouva quelques vivres à Beaumont.

Vers 8 heures du matin, le maréchal de Mac-Mahon vint en personne donner des instructions au général de Failly.

Le 5e corps devait se porter ce jour-là sur Mouzon pour y passer la Meuse.

Le 7e corps irait de Stonne et de la Besace à Villers-devant-Mouzon par Warniforêt.

Le 1er corps et le 12e avaient franchi la Meuse à Mouzon le 29 au soir. Le départ du 5e corps fut fixé à 1 heure de l'après-midi (?) : ce repos était jugé nécessaire à nos troupes.

A 11 heures, au moment où le général de Failly se mettait à table chez le maire de Beaumont, un paysan vint lui apprendre que l'ennemi paraissait en très grand nombre dans la forêt de Dieulet et approchait de notre camp avec des canons. Trois quarts d'heure après, une femme paraissant terrifiée apportait la même nouvelle.

A midi, le canon se fit entendre tout près de Beaumont; les obus tombaient dans le camp des divisions Goze et de Lespart et de l'artillerie de réserve. Des dispositions défensives furent prises immédiatement : l'artillerie, dont les chevaux étaient attelés, se repliait rapidement sur la route de Mouzon et fut établie à cheval sur cette route, face au Sud, sur une position formant un demi-cercle appuyée fortement à gauche à la Meuse et à droite à une ferme en avant du village d'Yoncq (la Harnoterie).

Les divisions de Lespart et Goze, qui avaient abandonné leur camp, furent établies, la première à droite en avant du village d'Yoncq, la deuxième à gauche et en réserve; la division de L'Abadie occupa le centre de l'arc de cercle en avant du bois Givodeau. Beaumont fut évacué (défense du 11e et du 68e de ligne).

Malheureusement notre position formait un arc de cercle irrégulier dont les feux étaient divergents, tandis que ceux de l'ennemi se concentraient sur nos troupes presque toutes à découvert.

Cependant cette position pouvait être tenue pendant quelques heures ; la gauche, solidement établie sur une hauteur qui dominait la Meuse, ne pouvait être tournée.

Au centre le terrain était tout à fait découvert et présentait une pente très avantageuse à la résistance et au tir de l'artillerie.

La droite pouvait se maintenir assez facilement à la ferme et dans les petits bois qui entourent le village d'Yoncq ; elle ne pouvait craindre d'être tournée à cause de la proximité du 7e corps.

Le général Douay était également attaqué pendant sa marche à Warniforêt, où la division Conseil Dumesnil était sérieusement engagée; mais l'action la plus sérieuse se passait devant Beaumont, où des nouvelles troupes allemandes arrivant de Sommauthe se joignirent à celles que nous avions eues devant nous la veille à Nouart et à Beauclair. Le feu de l'artillerie que nous avions devant nous devenait de plus en plus violent et bien ajusté. Notre artillerie garda ses positions avec le plus grand courage et malgré des pertes importantes. A droite, vers 2 heures, la première position était perdue et les troupes se rejetèrent sur le bois Givodeau.

La brigade Abbatucci tenait bon à la ferme, bien qu'elle se trouvât un peu en l'air par la retraite des troupes du centre. La gauche (brigade Nicolas), soutenue par deux batteries de l'artillerie de réserve était en bonne position, quoique fort maltraitée par l'artillerie ennemie.

A 3 h. 30, le plateau de Givodeau était couvert de projectiles ennemis ; l'artillerie de réserve ayant épuisé ses munitions, se replia sur Mouzon. Le général Besson établit alors quelques bataillons sous le commandement du lieutenant-colonel Kampf du 49e, au Sud-Ouest de Villemontry (cote 279) sur une hauteur qui dominait le pont de Mouzon, à 2,500 mètres environ, et où il importait que l'ennemi ne pût prendre position, avant que nos dernières troupes aient traversé le fleuve. Deux batteries de 12 du 12ᵉ corps, établies sur la rive droite, soutinrent ces braves troupes (49ᵉ et 88ᵉ auxquels s'était joint un bataillon de chasseurs [14ᵉ ?]) et qui restèrent en position à peu près jusqu'à la nuit. Les derniers défenseurs, ayant avec eux quelques pièces d'artillerie, traversèrent la rivière en aval de Villemontry et y laissèrent leurs pièces.

Dans la plaine devant Mouzon, de 2 heures à 5 heures, défilèrent rapidement le convoi du 7ᵉ corps, une partie des troupes désorganisées du 5ᵉ, son artillerie de réserve et sa cavalerie passant sur la rive droite.

Le division Grandchamp, envoyée par le général Lebrun, commandant le 12ᵉ corps, prit vers 2 heures position sur la colline de Pourron (mont de Brune) pour protéger la retraite du 5ᵉ corps (1); la division de cavalerie de Fénelon arriva vers 3 heures et se mit à la disposition du général de Failly, qui, suivant ses troupes dans leur retraite, vint s'établir sur le mont de Brune. La cavalerie exécuta vers 5 heures des charges héroïques pour protéger la retraite de l'infanterie.

La brigade Cambriels, qui ne pouvait déboucher de Mouzon à cause de l'encombrement, réussit cependant vers 5 heures à occuper le Faubourg, qui fut battu par l'artillerie ennemie jusqu'à 7 heures et en partie incendié. Il y eut vers 6 heures un formidable déploiement d'artillerie ennemie autour de Mouzon contre nos colonnes en retraite et contre la ville.

A 6 heures les débris du 5ᵉ corps se ralliaient au-dessus de Mouzon.

Le maréchal de Mac-Mahon, qui avait été pendant l'action avec les troupes du 12ᵉ corps, donna à 7 heures l'ordre de la retraite sur Sedan; le 5ᵉ corps dut passer par Carignan pour y prendre des vivres; une partie du 12ᵉ corps prit cette direction, le 1ᵉʳ corps s'y trouvait déjà, avec la division de cavalerie Bonnemains, ce qui produisit dans la nuit, sur la route de Carignan à Sedan, particulièrement à Douzy et à Bazeilles, un encombrement désastreux par ses conséquences.

L'armée passa la nuit en marche, avec de longs temps d'arrêt entre Mouzon, Carignan et Sedan, sur différentes routes ayant Sedan comme objectif.

---

(1) Je trouve cette indication dans mes *Notes*. Toutefois je n'ai pas vu personnellement la division Grandchamp, mais seulement la division de cavalerie de Salignac-Fénelon, et la brigade Cambriels.

c) Opérations et mouvements.

Ordre du 30 août.

Beaumont-en-Argonne.

On dirigera immédiatement sur Mézières tous les chevaux indisponibles et les chevaux de main qui ne sont pas indispensables. Remplacer immédiatement les munitions consommées (à quatre paquets de cartouches). Le général commandant le 5° corps recommande de ménager les munitions.

Le maréchal de Mac-Mahon, commandant l'armée, a donné l'assurance que les vivres pour le 5° corps étaient assurés pour quatre jours sur la rive droite de la Meuse, à environ 2 kilomètres sur le chemin qui va de Mouzon à Vaux, pays non encore dévasté. Sur la rive gauche de la Meuse, il est impossible de trouver des vivres ; le pays est épuisé par les deux armées. Il y a donc urgence d'aller aux vivres, outre la nécessité militaire de rejoindre le maréchal Bazaine et d'éviter sur ses derrières des combats qui arrêtent la marche sans grand résultat militaire.

Les officiers et les soldats comprendront la nécessité de marcher en avant aujourd'hui même.

En conséquence, le 5° corps se mettra en marche aujourd'hui pour se porter sur Mouzon (8 kilomètres), traverser la Meuse et prendre position à 2 kilomètres, position sur laquelle les vivres sont rassemblés.

Ordre de mouvement.

1° Les lanciers devront hâter leur marche sur Mouzon et le camp afin de garder le convoi de vivres destiné au 5° corps. Ils partiront à midi ;

2° La brigade de Maussion (division de L'Abadie) ;

3° Les bagages marcheront avec cette brigade, plus les grosses voitures d'ambulance. Il ne restera avec les divisions que les cacolets, les voitures Masson et un seul caisson à approvisionnements ;

4° La division de Lespart (brigade Nicolas) ;

5° Arrière-garde (brigade Saurin) ;

6° Réserve d'artillerie (avec un bataillon de soutien) marchera avec la division de Lespart, sauf deux batteries de 12, lesquelles marcheront avec la division de L'Abadie et seront sous ses ordres jusqu'à ce qu'elles aient pris position. Une fois en position, le général de L'Abadie les fera soutenir. Ces deux batteries resteront jusqu'à ce que toute la colonne soit écoulée sur la partie de la route qui longe la Meuse. Elles partiront avec l'arrière-garde (brigade Saurin).

Le parc d'artillerie se mettra en mouvement avec la division de L'Abadie et avec les bagages et aura un bataillon de soutien.

La brigade d'avant-garde se mettra en marche entre 1 heure et 2 heures.

Un planton sera envoyé à l'état-major général pour l'heure exacte du départ qui ne peut s'effectuer qu'après la distribution et la soupe mangée.

Pour les autres parties de la colonne, les généraux divisionnaires, commandant du parc et commandant de la réserve enverront des officiers au camp pour suivre le mouvement des troupes et prévenir leur chef du moment où ils devront partir.

L'escadron divisionnaire du général de L'Abadie marchera en tête de colonne de L'Abadie. Les autres escadrons divisionnaires, sous le commandement du colonel Flogny, se fondront au 12e chasseurs pour former l'arrière-garde. Une batterie à cheval marchera avec cette arrière-garde avec ses pièces seulement.

Six cacolets marcheront avec l'arrière-garde.

Le général en chef montera à cheval à 2 heures.

Le quartier général sera probablement à Vaux.

Envoyez un sous-officier pour porter les ordres.

1re DIVISION.

a) Journaux de marche.

Journal de marche de la division.

Le corps d'armée arrive à Beaumont entre 2 et 4 heures du matin et s'installe tant bien que mal en avant du village.

Vers 11 heures, le 5e corps est surpris par l'ennemi, qui a marché toute la nuit.

Bataille de Beaumont. Retraite sur Mouzon, où l'on passe la Meuse, puis marche de nuit sur Carignan et Sedan, où les débris du 5e corps arrivent le 31 au matin, vers 9 heures.

Historique du 4e bataillon de chasseurs à pied.

Le bataillon arrive sur les collines en avant du village de Beaumont vers 5 heures du matin.

Harassés de fatigue, après cette nuit pénible, les hommes avaient dressé leurs tentes et cherchaient à prendre un repos bien nécessaire, quant à 11 heures, les Prussiens, qui avaient suivi pas à pas la colonne pendant toute la nuit précédente, lancent leurs premiers obus sur le camp; le bataillon, qui avait formé l'arrière-garde et qui, par suite, se trouvait le corps le plus rapproché de l'ennemi, court aux faisceaux et prend immédiatement position. Il ouvre le feu à environ 600 mètres et tient l'ennemi en arrêt pendant plus d'une heure. Cette résistance permet aux équipages d'atteler et à l'armée d'évacuer, quoique dans le plus grand désordre, la position qu'elle occupait et de passer la Meuse à Mouzon. Les pertes éprouvées par les trois compagnies sont très fortes : elles se chiffrent par 1 officier tué et 4 blessés; 50 hommes tués, 112 blessés et 79 disparus.

Historique du 11ᵉ de ligne.

De 1 heure à 4 heures du matin, le régiment vint donc camper sur la droite et en arrière du village de Beaumont, à cheval sur la route de Sommauthe à Mouzon. En première ligne, faisant face à la direction de Bois des Dames, se trouvaient le 46ᵉ et le 11ᵉ de ligne; puis, sur la droite de cette brigade, de l'autre côté de la route, l'artillerie divisionnaire avec le 4ᵉ bataillon de chasseurs, le parc de réserve, les ambulances, etc.

Ces troupes occupaient le versant des collines qui descendent en pente douce sur Beaumont.

Le reste du corps d'armée campait sur la droite du village ou sur les hauteurs qui le dominent en arrière. Devant le front de bandière, à 1000 ou 1500 mètres au plus, se trouvait une forêt dont la lisière avait vue sur toutes nos positions.

Cette situation topographique désavantageuse, la connaissance que l'on avait de la proximité de l'ennemi, l'engagement de la veille près de Bois des Dames, tout prescrivait de redoubler de vigilance; mais malheureusement, cette fois encore, la prudence devait se trouver en défaut.

Aussi, grande fut l'alarme au camp lorsque, vers midi, au moment où l'on allait exécuter l'ordre de démonter tous les fusils pour les nettoyer, on entendit soudain crier : « Aux armes! ». En même temps, les grand'gardes, malheureusement trop rapprochées, se déployaient en tirailleurs pour essayer de ralentir la marche de l'ennemi; mais, malgré le plus grand courage, elles ne réussirent qu'imparfaitement dans cette tâche et les premiers obus prussiens tombèrent dans le camp avant même qu'une formation en bataille pût être prise. Néanmoins, les officiers du 11ᵉ de ligne, qui, à peu d'exception près, voyaient le feu pour la première fois, montrèrent le sang-froid le plus admirable. Leur attitude contribua puissamment à relever le moral des soldats un moment ébranlé par une attaque aussi soudaine. Mais bientôt le courage de ces derniers se raffermit, en révélant chez plusieurs une remarquable énergie. Les trois bataillons du régiment se déployèrent dans l'ordre de leur numéro; le II° bataillon, qui possédait le drapeau, fut placé un peu en arrière, formant échelon avec les deux premiers; ils firent bonne contenance en ouvrant contre l'ennemi un feu qui eût été fort meurtrier si, à deux reprises, les soldats, croyant reconnaître dans les Bavarois, habillés de bleu, des chasseurs à pied battant en retraite, n'eussent interrompu leur tir. Cette fatale méprise montra une fois de plus l'inconvénient qu'il y a à ne point habiller uniformément tous les corps d'une même arme.

Cependant, la supériorité numérique de l'ennemi, jointe à l'avantage de ses positions dominantes et à la grande quantité d'artillerie qu'il avait pu mettre en ligne, rendait la lutte bien inégale et causait au régiment des pertes sensibles. Le brave colonel du 11° de ligne, M. de Béhagle, et plusieurs officiers tombèrent frappés mortellement; le commandant Friant, du II° bataillon, voulut rester sur le champ de bataille malgré une blessure reçue au milieu de l'action, mais il dut peu après l'abandonner à la suite d'une blessure nouvelle, et confia le commandement du bataillon à M. le capitaine adjudant-major Bonnet. Bientôt, les progrès de l'ennemi s'accusèrent de plus en plus sur notre gauche, où le 46°, se trouvant débordé, dut se replier rapidement.

L'ennemi, gagnant alors du terrain, couvrit de feux, non plus seulement le front, mais encore le flanc gauche et le flanc droit du 11°; le I°r bataillon et le III° se replièrent un peu en désordre, le II° bataillon tint bon encore pendant quelques instants. La position, à partir de ce moment, devenait de plus en plus critique, d'autant plus que nos lignes n'étaient protégées par aucune pièce qui pût contre-battre les batteries ennemies; aussi, tout ce que l'artillerie put faire pendant la première période de la bataille, grâce à l'énergie déployée par le 11° et le 46°, fut de sauver ses pièces et d'aller s'établir en arrière et à droite de Beaumont, sur des positions où la lutte devait s'engager de nouveau.

Le but essentiel assigné à la première ligne était atteint; le reste du corps d'armée avait eu le temps de s'établir sur des positions assez fortes et de prendre une formation de bataille; le 11° de ligne dut donc, pour ne pas s'exposer à être enveloppé, cesser momentanément une résistance devenue sans objet et battre en retraite.

Ce mouvement se fit avec ordre et avec calme. Les compagnies reformées, plutôt que de se replier sur le village de Beaumont même, gravirent les hauteurs qui s'élèvent entre ce village et la Meuse.

Parvenu sur la crête, le II° bataillon engagea un feu très vif et très puissant contre une colonne bavaroise qui débouchait en ce moment. Malgré l'avantage de la position nouvelle, il fallut encore se résoudre à la quitter pour ne point courir le risque d'être coupé avec la Meuse à dos.

Le régiment reçut alors l'ordre de battre définitivement en retraite sur Mouzon, en suivant le chemin de grande communication qui conduit à Villemontry. Ce chemin offre au début un défilé étroit entre la Meuse et des collines assez abruptes. Le II⁰ bataillon rallie les débris du I⁰ʳ et du III⁰, et le 11⁰ de ligne qui avait lutté pendant deux heures, arrive au delà de Mouzon, sur les hauteurs qui dominent cette ville.

Là, on put se rendre compte des pertes éprouvées; elles étaient considérables et prouvaient jusqu'à quel point la résistance avait été énergique et combien l'honneur du drapeau avait été sauvegardé ! 24 officiers et environ 400 hommes, sur 1370 à l'effectif, avaient été tués ou blessés dans cette fatale journée. Ainsi donc, une troupe jeune, péniblement affectée par nos premiers revers, se voyant attaquée dans son camp de la manière la plus imprévue et dans les conditions les plus désespérées, avait su néanmoins se faire décimer plutôt que de compromettre le salut de l'armée par une retraite précipitée.

Le soir, à 7 heures, le régiment reçut l'ordre de se porter sur Sedan par la route de Carignan.

Historique du 46⁰ de ligne.

Ce matin, au réveil, comme il n'y a pas d'ordres concernant le départ, les soldats s'occupent de dresser leurs tentes sur l'emplacement qui leur a été indiqué à l'arrivée.

Les bataillons sont serrés en masse.

Il est nécessaire, pour faire comprendre ce qui va suivre, de donner une rapide description du terrain qui avoisine le village de Beaumont et où le 46⁰ va prendre une part importante au combat qui va bientôt s'y livrer.

Beaumont est situé au fond d'une étroite vallée où coule un ruisseau de peu d'importance dont la direction est de l'Ouest à l'Est et qui va se jeter dans la Meuse après avoir traversé le village de Létanne. Cette vallée est limitée au Nord et au Sud par des hauteurs qui sont loin d'avoir la même élévation.

Celles du Sud sont des collines peu élevées dont les points culminants ne dépassent pas 60 à 65 mètres au-dessus du niveau de la Meuse. Elles séparent la vallée arrosée par le ruisseau de Belval de celle où coule celui de Beaumont. Elles sont parcourues par le chemin qui vient de Belval, après avoir traversé la forêt de ce nom, et aussi par la route qui conduit de Beaumont à Stenay. A l'Est de cette dernière, le sommet du plateau est parfois couvert de petits bois qui sont tous à la gauche et un peu en arrière de l'emplacement occupé par la 1ʳᵉ division en tournant le dos à Beaumont. Une croupe, qui prend naissance au point où la route de Stenay entre dans ce village, donne accès sur le plateau où sont situés ces bois et où l'on est étonné de ne pas voir une batterie d'artillerie. Pendant que le versant Nord de cette croupe va s'épanouir jusque sur la rive droite du ruisseau de Beaumont, le versant Est se termine à un chemin qui conduit de la Wamme à Létanne, où commence une prairie arrosée par la Meuse. Beaumont et Létanne sont réunis par un chemin qui longe la rive gauche du ruisseau pendant qu'un sentier en suit la rive droite.

Si, du bord droit du ruisseau, nous passons sur la rive gauche entre Beaumont et Létanne, et que nous gravissions le versant à pente à peu près uniforme, quoique raide, des montagnes qui y prennent naissance, nous arrivons au sommet d'un plateau long et étroit qui domine non seulement Beaumont et Létanne, mais aussi les hauteurs du Sud. Il est traversé, perpendiculairement à sa direction, par un chemin peu large et encaissé en beaucoup d'endroits qui part de Létanne, monte sur le plateau en question, en redescend en se rapprochant de la Meuse et forme, à partir de là, la limite de la prairie qui s'étend sur les bords de cette rivière. Il va passer à Villemontry et aboutit à Mouzon. Un autre chemin partant de Beaumont a une direction à peu près parallèle au précédent, mais il suit dans une grande partie de son parcours les hauteurs pour la plupart boisées qui limitent la vallée de la Meuse. Ce deuxième chemin conduit également à Mouzon.

Au sommet du plateau qui s'élève en amphithéâtre au-dessus de la vallée arrosée par le ruisseau de Beaumont, commence un bois dont la droite ne dépasse pas le chemin de Létanne à Mouzon, tandis que la gauche s'étend presque jusqu'à celui qui réunit cette ville à Beaumont. Il suit le versant qui fait face à la Meuse et va se terminer non loin d'un petit vallon à la suite duquel, et en remontant vers le Nord, viennent des hauteurs comprises entre les deux chemins décrits ci-dessus. Le versant Est de ces dernières hauteurs est en grande partie boisé et présente une pente très raide du côté de la Meuse.

Ce fleuve fait, dans la partie du terrain qui nous occupe, deux coudes très prononcés. Le plus au Sud correspond à peu près à la vallée suivie par le ruisseau de Belval. L'autre vient presque toucher, en un point, le chemin qui conduit de Létanne à Mouzon et présente non loin de là un gué près duquel se trouve une barque de pêcheur. Un deuxième gué se remarque encore au fond de l'enfoncement profond compris entre ces deux coudes du côté de Saint-Remy.

Enfin, sur la rive droite de la Meuse, s'étend un grand bois appelé bois de Sénéval. Il couvre une croupe qui commence en pointe au fond du deuxième coude de ce cours d'eau et va se relier aux hauteurs qui dominent Moulins et Mouzon pour former la ceinture du bassin de la Meuse. Le haut de cette croupe est traversé par la route de Stenay à Mouzon. Au bas et jusqu'à la lisière du bois, on aperçoit les avant-postes de l'armée de Mac-Mahon qui couvre elle-même tout le plateau qui domine Mouzon et le bois de Sénéval et fait partie des montagnes des Horgnes.

Vers 9 heures du matin arrivent, sous la conduite de l'officier envoyé au Chesne l'avant-veille au soir, les bagages appartenant à la division Goze; le pain, enfermé dans des sacs et qui n'a pas été emporté du Chesne, a presque entièrement disparu sous l'action de la pluie des jours précédents ou a servi à la nourriture des soldats laissés à la garde des voitures. L'heure du déjeuner arrivant et aucune distribution n'ayant encore été faite, personne à peu près n'a rien à manger.

Aussi, vers 10 heures ou 10 h. 30, voit-on descendre vers Beaumont une grande partie des officiers de la 1re division. Ils vont chercher à apaiser dans ce village la faim qui les dévore. Les soldats, de leur côté, font cuire ce qu'ils ont pu se procurer, et cela se réduit généralement à peu de chose.

A 11 h. 30, plusieurs régiments sont sous les armes pour faire l'appel; d'autres l'ont fait à 11 heures; pour d'autres enfin, il n'y a pas eu d'ordre à ce sujet et beaucoup de soldats sont endormis sous leurs tentes. Non seulement l'artillerie, qui occupe en arrière une espèce de bas-fond, n'est pas en position, mais beaucoup de ses chevaux sont à l'abreuvoir.

Tout à coup apparaît, à l'Est de l'emplacement occupé par le IIe bataillon du 46e un soldat arrivant au pas de course. En approchant du camp, et lorsqu'il est à portée de se faire entendre, il s'écrie : « Aux armes, aux armes, voici les Prussiens ! » Mais ce cri est faible, car il est hors d'haleine et rempli d'émotion. Vient-il des avant-postes, ou est-il seulement allé se promener de ce côté? Il est difficile de le savoir, car il traverse rapidement le camp et disparaît sans donner à personne la moindre explication.

Néanmoins, à la gauche du 46e, on court aux armes, les faisceaux sont rompus et l'on écoute. On entend bien dans le lointain et vers la gauche une fusillade peu nourrie et l'on n'y fait pas attention. Cependant dans quelques compagnies, et sur l'ordre des capitaines, on enlève les tentes qui sont placées sur les sacs. Dans d'autres, on n'est pas prévenu, et comme il est près de midi, heure fixée pour quelques distributions, le clairon de garde fait les sonneries pour la réunion des corvées. Aussi commence-t-on à croire simplement à une fausse alerte, d'autant plus que cela a demandé dix minutes ou un quart d'heure et que personne n'a encore bougé.

En écoutant attentivement, on peut cependant entendre la fusillade se rapprocher et les bataillons formés en colonne serrée en masse attendent l'arme au pied que quelqu'un en prenne le commandement et les fasse déployer. Les généraux, qui ont couché au village de Beaumont, y sont depuis leur arrivée et beaucoup d'officiers supérieurs ou autres qui y sont allés pour déjeuner ne sont pas de retour au camp. L'emplacement qu'on occupe ne permet pas d'apercevoir à plus de 100 pas en avant, car on est un peu en arrière de la crête du plateau.

Cette attente ne va plus être de longue durée. Vers midi, en effet, un obus, suivi presque aussitôt d'un deuxième, passe à quelques mètres au-dessus du camp occupé par la 1re brigade et va éclater un peu en arrière. Il n'est pas besoin de peindre l'émotion causée par ce coup de canon inattendu. Le moment de surprise passé, chaque chef de corps, de bataillon, quelquefois même de compagnie, prend le commandement des troupes sous ses ordres et va les diriger selon ses vues, l'unité de commandement et de direction devenant impossible par suite du désordre inévitable.

Le 11e de ligne, en effet, un peu plus prompt à se déployer que le 46e, exécute ce mouvement vers sa gauche, et comme l'intervalle lui manque, il cause le plus grand désordre dans les rangs du 46e. Les bataillons de ce régiment se déployant à leur tour, sont pour ainsi dire jetés les uns sur les autres et quelque peu mêlés ensemble même dès le début.

Néanmoins, des tirailleurs sont postés en avant; ils gravissent la crête du coteau, où se trouvent déjà des chasseurs à pied, et ouvrent aussitôt le feu. Mais de nouvelles batteries viennent prendre position à droite de la première, c'est-à-dire entre la route de Stenay et le chemin de Belval, et couvrant nos lignes d'obus et de mitraille, leur font éprouver des pertes sérieuses. Tout cela n'a duré qu'un instant et des officiers ou des soldats endormis sous leurs tentes ont à peine le temps de s'éveiller et sont tués à quelques pas de là.

L'artillerie de la 1re division n'a pas le temps de se mettre en batterie pour protéger l'infanterie. Elle est du reste, comme on sait, dans une espèce de bas-fond, et en supposant même que ses chevaux soient attelés, l'ennemi est trop rapproché pour qu'elle puisse, en gravissant les pentes qui conduisent sur le sommet du plateau, aller y prendre position. L'infanterie ne doit donc pas pour le moment compter sur elle.

Les troupes qui, une fois déjà, ont reculé devant cette pluie de projectiles ennemis, sont de nouveau portées en avant. Les tambours battent la charge et le terrain perdu est reconquis au prix de grands efforts et de nouvelles victimes.

Quelques hommes cependant, il faut le dire, qui, pour la plupart, sont éloignés du camp au commencement du combat, s'enfuient dans la direction de Létanne ou de Beaumont. D'autres, plus coupables encore, profitent de la confusion qui règne et prennent également la fuite. Mais les uns et les autres font partie de rares exceptions.

Le nombre des batteries allemandes, ainsi que le chiffre des combattants, augmente toujours, tandis que celui de nos officiers et de nos soldats a déjà considérablement diminué. Jusqu'à ce moment, les batteries françaises n'ont pas encore ouvert le feu et les deux divisions qui, ce matin, étaient campées à droite et à gauche de Beaumont, gravissent le versant qui est au Nord de ce village pour aller y prendre position et entrer en lutte. Aussi la première ligne est-elle bientôt obligée de battre en retraite, ce qui malheureusement ne se fait pas dans le meilleur ordre possible. Trois fois le 46ᵉ revient à la charge, regagne à peu près le terrain perdu, et trois fois il est obligé de l'abandonner devant des forces toujours croissantes qui débouchent des forêts voisines.

Pendant que le 1ᵉʳ bataillon, descendant à regret les pentes qui conduisent à Beaumont, va reformer quelques compagnies avec tous les débris qu'il rencontre, sur la droite de Beaumont, non loin de la route qui va au Chesne et sous la protection des batteries qui ont enfin ouvert le feu, des portions du IIIᵉ et du IIᵉ bataillon se retirent directement sur Beaumont, ou bien entre Beaumont et Létanne.

Quelques fragments, rejetés plus à gauche encore, vont occuper la croupe et le plateau boisé, en quelques points, qui s'étend entre la route de Stenay et la Meuse. Là, une compagnie se déploie en tirailleurs sur la lisière du bois qui fait face à la route et voit bientôt déboucher des colonnes prussiennes ou saxonnes qui viennent du côté de la Wamme. Les tirailleurs ayant ouvert le feu ne tardent pas à recevoir par derrière des projectiles tirés au hasard dans cette direction par des compagnies qui battent en retraite à droite, pendant que quelques obus viennent fouiller ce bois. La fusillade ne cesse sur ce point que quand les pantalons rouges de nos soldats apparaissent à la lisière opposée. C'est là qu'est l'extrême gauche de la ligne de bataille, qui va passer à Létanne le ruisseau sur un petit pont en pierre, pour remonter la pente opposée, où sont maintenant rangées en bataille les deux autres divisions du corps d'armée.

Il est difficile de raconter en détail ce qu'a fait pendant le reste de la bataille chaque fraction de ce régiment éparpillé depuis Létanne jusqu'au delà de Beaumont. Nous allons tâcher de mettre au jour les faits les plus saillants.

Quand les deux ou trois compagnies, qui sont allées se rallier à droite de Beaumont, ont pu le faire, elles se reportent encore une fois en avant, à l'entrée de l'une des rues principales. Mais il tombe là une grêle d'obus et de balles et cette rue est complètement enfilée par une batterie ennemie. Il faut donc bientôt abandonner ce poste par trop périlleux. Ces troupes sortent de Beaumont en traversant des jardins, elles passent par une porte qui donne sur la campagne, gravissent les hauteurs en laissant à leur gauche un moulin à vent et vont de nouveau se reformer sur la montagne.

Une compagnie qui a moins souffert que les autres sert de soutien à une batterie de mitrailleuses établie au sommet du plateau.

La gauche, pendant ce temps, ne songe pas à défendre le village de Létanne, dominé de tous côtés. Elle prend le chemin qui conduit de Létanne à Mouzon. Là, grâce aux talus qui bordent ce chemin dans beaucoup d'endroits, elle est souvent à l'abri des projectiles ennemis. Du reste, l'effort principal des Prussiens se porte plus à droite, et elle forme toujours l'extrême gauche de l'armée française.

Les soldats qui font partie de ce détachement comprennent à peu près l'effectif de deux compagnies. Arrivés au sommet de ce chemin et au haut du plateau, le général Saurin, qui s'y trouve avec le colonel du 46e, leur prescrivent de se déployer en tirailleurs. La ligne a sa droite non loin du chemin, en arrière d'un petit mamelon derrière lequel il est regrettable qu'aucune batterie ne soit venue prendre position, pendant que la gauche s'étend vers la Meuse, à quelques pas en arrière de la crête, pour ne pas être aperçue de l'ennemi. A une centaine de mètres de la ligne des tirailleurs, mais de l'autre côté du chemin et un peu en avant du bois, une batterie d'artillerie qui a déjà plusieurs pièces démontées, continue mollement le feu. En jetant un coup d'œil en arrière, on aperçoit des fuyards traverser la Meuse au gué qu'elle forme au deuxième coude, pour aller se réunir aux avant-postes de Mac-Mahon, qui se voient sur la rive opposée.

Bientôt ces tirailleurs voient s'avancer de profondes colonnes qui, s'étendant presque jusqu'à la Meuse, forment l'extrême droite de l'armée ennemie et ils sont forcés de battre en retraite. Il n'est que temps, car le centre de l'armée française, après avoir longtemps défendu le sommet du plateau et avoir jonché de ses morts ou de ses blessés le terrain qui se trouve un peu en avant de la lisière du bois et ce bois lui-même, est forcé de reculer et de descendre le versant opposé du plateau. La gauche ne peut donc conserver sa position sans s'exposer à être bientôt tournée, aussi se décide-t-elle à suivre le mouvement de retraite en descendant du côté de la Meuse.

La droite du 46e suit encore un instant la crête des hauteurs qui s'élèvent au-dessus de la vallée de la Meuse, qu'elles limitent. Puis elle redescend prendre le chemin de Létanne à Villemontry et, de là, à Mouzon. C'est également la ligne de retraite de la gauche qui, tantôt suit ce chemin, tantôt se rapproche de la Meuse et marche dans la prairie voisine.

Pendant que les deux autres divisions, qui n'ont pris que longtemps après la première, part au combat, défendent en battant en retraite les hauteurs dont il vient d'être question, le 11e de ligne et le 46e arrivent à quelques pas en deçà du pont de Mouzon. Là, le colonel du 46ᵉ appelle à lui les débris glorieux d'un régiment intact encore, il y a quelques heures seulement, et l'on est effrayé des vides qui s'y sont produits. Plusieurs compagnies sont sans officiers.

Au bout d'une demi-heure environ et pendant que des troupes de l'armée du Maréchal descendent rapidement, mais trop tard pour soutenir la retraite, nous traversons le pont et nous avons de la peine à nous frayer un chemin dans les rues de la ville encombrées de soldats, de chevaux, de pièces d'artillerie et de caissons.

Le 46ᵉ prend enfin un sentier à travers les vignes et les jardins. Il gravit ainsi le versant Ouest des Horgnes et va se reposer sur le plateau qui termine ces hauteurs, en arrière du 12ᵉ corps, qui y est campé.

On fait sonner à différentes reprises la marche du régiment, sans pouvoir réunir toutes les tristes épaves disséminées par l'horrible catastrophe qui vient d'avoir lieu. C'est ainsi qu'une fraction du régiment, commandée par le lieutenant-colonel Vuillet, se presse autour du drapeau qu'elle a protégé pendant tout le combat, va passer la nuit sur ces montagnes sans pouvoir trouver le reste du régiment, qu'elle ne rejoindra que le lendemain.

Le soir même, à la tombée de la nuit, le 46ᵉ quitte ses positions, prend la route de Carignan, pendant que le 11ᵉ, appuyant à gauche, s'engage dans le chemin de Spineroi (*sic*), et tous deux marchent vers la Chiers. On a promis au 46ᵉ qu'il trouverait des vivres à Carignan, mais il y passa sans même s'y arrêter; les ressources sont épuisées par les troupes qui sont campées près de là et la retraite va continuer pendant toute la nuit....

C'est alors que commence la marche la plus désordonnée et, en même temps, la plus fatigante qu'il soit jamais permis de voir. La route est littéralement couverte de voitures, de cacolets, de canons, de caissons, etc..... Le convoi qu'ils forment s'étend de Carignan jusqu'au delà de Sedan, car on trouve déjà des voitures entre cette ville et Mézières. Il est inutile de dire la lenteur avec laquelle marche un pareil convoi, qui est arrêté à chaque instant par un accident quelconque.

Les conducteurs dorment sur leurs chevaux, qui, harassés de fatigue et privés de nourriture, refusent souvent d'avancer.....

Vers 11 heures du soir peut-être, on arrive au village de Sachy; le 11ᵉ a rejoint le 46ᵉ. Les habitants effrayés ont fermé leurs portes. Du reste, que donneraient-ils, ils se sont dépouillés de tout ce qu'ils possédaient pour les troupes qui nous ont précédés.

Journal de marche de la 2ᵉ brigade.

Après une marche de nuit lente et pénible, dont la fatigue s'augmente de celle de la nuit précédente et de la privation d'aliments, la brigade atteignait à Beaumont, vers 4 heures, un peu avant le jour, le campement du 5ᵉ corps, où les quatre bataillons qui en ce moment composaient la brigade, prirent place à gauche de la route ; ils y campèrent déployés par bataillon en colonnes par pelotons à demi-distance, face à la route.

Vers 9 heures, le convoi, laissé le 26 au Chesne, arrive enfin à Beaumont : les voitures en sont alors réparties dans les corps ; mais elles ne font qu'ajouter encore aux embarras et à la confusion des campements pris de nuit, et indistinctement groupés autour de ce malheureux village.

Si dans la matinée il n'y fut pas remédié, c'est que les troupes ne devaient occuper cette défectueuse position que le temps nécessaire à son repos et à sa subsistance négligée depuis le 26.

En conséquence, le départ fut fixé à 2 heures du soir, mais cette heure devait être devancée par celle de l'arrivée de l'ennemi.

En effet, son premier coup de canon, vers midi, affirma subitement sa présence sur la route de Sommauthe et dans les forêts voisines, d'où il débouche en plusieurs points.

C'étaient les Iᵉʳ et IIᵉ corps bavarois de la IIIᵉ armée accourus de Buzancy où s'opéra leur jonction avec l'armée du prince royal de Saxe ; c'étaient aussi le IVᵉ, le XIIᵉ corps et le corps de la Garde de cette dernière armée, avec laquelle le 5ᵉ corps s'était trouvé aux prises à Bois des Dames, qui brusquaient un mouvement offensif sur les 5ᵉ et 7ᵉ corps en débouchant par Stonne, Osches, Sommauthe, Nouart, Beaufort et Laneuville.

Ce premier coup de canon est un brusque appel aux armes de tout le 5ᵉ corps, occupé dans l'intérieur de son camp, aux distributions et aux corvées.

La brigade se trouva la première fortement engagée ; c'est sous une pluie d'obus que, faisant face à l'ennemi, elle ouvre sur lui un feu meurtrier, mais l'artillerie fait dans ses rangs pressés de douloureux ravages.

Bientôt, le 61ᵉ vivement attaqué et tourné par sa gauche, opère sur sa droite, appuyée au 86ᵉ, un changement de front en arrière, mais dans ce mouvement fait sans soutien en arrière, et sous un feu écrasant d'écharpe et de face, le désordre se mit dans ses rangs.

Le général, accouru de Beaumont, en rallie d'abord les hommes sur un mamelon voisin qui, au Sud de Beaumont, commande à l'Est les routes de Sommauthe et de Stenay. Il prescrit à la 5ᵉ batterie heureusement dégagée de son bivouac, d'aller prendre position au Nord de Beaumont, puis, cherchant à arrêter la fuite des hommes de tous corps, vers Létanne, il se porte sur le mamelon qui longe, à l'Ouest, la route de Mouzon, et qui, au Nord, commande le vallon de Létanne et le village de Beaumont, en ce moment en flammes. C'est en ce point, qu'à l'aide de l'aigle du 61ᵉ et du concours de MM. Vichery, lieutenant-colonel, Monnot et Poudrel, chefs de bataillon, se continue le ralliement de ce régiment.

Le 86ᵉ sous l'impulsion énergique de son vaillant colonel Berthe, vigoureusement secondé par MM. de Moncets, lieutenant-colonel, Maly et Mathis, chefs de bataillons, fait d'héroïques efforts pour tenir tête à l'ennemi ; mais, écrasé par le nombre, brisé par un feu meurtrier, il est contraint, après les plus douloureuses pertes et le complet épuisement de ses munitions, d'abandonner sa position pour suivre les traces du 61ᵉ.

Les deux aigles réunies de la brigade en sont alors les plus précieux signes de rassemblement que le général opère en suivant les crêtes qui dominent au Nord la route de Mouzon, en ce moment encombrée de matériel, de chevaux et de fuyards ; au Sud, celle de Yoncq à Mouzon, embarrassée par le convoi du 7ᵉ corps.

Les débris du 4ᵉ bataillon de chasseurs sous la conduite de son chef, M. Foncegrives, ont suivi le 86ᵉ dans son mouvement de retraite.

Arrêté sur les pentes voisines de la route de Yoncq, les corps s'y reforment. La disparition de nombreux officiers et la faiblesse des effectifs témoignent déjà douloureusement des sacrifices de cette journée. Les hommes sont sans sac ni campement.

Pendant ces instants de répit, et avant d'aller prendre position sur la colline, qui de Pourron, s'élève et s'étend en pentes douces jusqu'au Faubourg de Mouzon, le général de brigade fit approcher, du convoi du 7ᵉ corps, un double caisson de munitions d'infanterie et une voiture de vivres ; des distributions de cartouches et de biscuit furent immédiatement faites. Puis établis, déployés sur la nouvelle position, les débris de la brigade s'y maintinrent jusqu'au moment où, complètement débordés à gauche vers le Faubourg à l'entrée duquel s'entassent les troupes venues de la route de Beaumont et des hauteurs de Villemontry, ils se portent en arrière, traversent lentement et en ordre la plaine, en s'appuyant à droite aux clos et jardins du Faubourg, dans lequel ils pénètrent par un passage aboutissant au pont de pierre sur la Meuse, qui est franchie, non sans encombre, ainsi que la ville de Mouzon, au delà de laquelle la brigade, rassemblée sur la grande route de Sedan à Stenay, s'élève sur les hauteurs qui dominent les vallées de la Meuse et de la Chiers.

La 5ᵉ batterie, rencontrée dans Mouzon, reçoit l'ordre du général de brigade de se mettre en batterie sur la route de Stenay pour soutenir la retraite.

Cette forte position, sur laquelle s'élevait la brigade, était naturellement indiquée comme un point de rassemblement ; aussi était-elle déjà occupée par de nombreux groupes, que des officiers y ralliaient au moyen des sonneries particulières à leurs régiments.

La 2ᵉ brigade (de Foutanges) de la 3ᵉ division (de Lespart) ainsi que la cavalerie du général Brahaut suivirent de près la brigade.

La nuit était proche ; il importait, en l'absence d'ordres, de prendre un parti ; on s'arrêta à celui de passer la Chiers pour de là, le lendemain, au jour, se porter sur Montmédy (point objectif) par le chemin qui, partant de Messincourt, se prolonge sur les hauteurs, près et parallèlement à la frontière belge, en passant à Pure, Clémency, Matton, les Deux-Villes, Sapogne, Herbeuval, Thonne-le-Thil et Thonnelle.

En conséquence, M. Grosmaître, adjudant-major au 86ᵉ, né à Carignan même, ayant une connaissance parfaite du pays, indiqua les passages de la Chiers les plus rapprochés de Messincourt ; ces passages (deux ponts solides en bois) touchaient à deux gares de la ligne des Ardennes ; celui de Tétaigne, à droite, fut réservé à la cavalerie du général Brahaut ; celui de Brévilly, à gauche, à l'infanterie et à l'artillerie du général de Lespart.

La brigade Nicolas, en tête de la colonne de gauche, guidée par le capitaine Grosmaître, s'engage donc par une nuit noire dans la direction de Brévilly, où elle franchit la Chiers, à l'usine, et arriva à la gare vers 11 heures.

Là, le général apprend du chef de gare que l'Empereur, venant de Carignan, était passé en gare à 7 heures, se dirigeant sur Sedan ; qu'un convoi de vivres, à destination du 5ᵉ corps à Carignan, revenait à l'instant de cette ville, il était encore en gare ; qu'enfin les convois du 1ᵉʳ corps et les équipages de l'Empereur rebroussaient chemin de Carignan sur Sedan et encombraient la grande route.

La connaissance de ces faits commanda au général de Lespart d'abandonner aussi la direction de Montmédy.

En conséquence, après avoir confié à un capitaine faisant fonctions de sous-intendant militaire, le soin d'accompagner et de conserver à Sedan le convoi de vivres, qui devait y être distribué au 5ᵉ corps, dès son arrivée ; la colonne, reposée pendant une heure à Brévilly, se mit en marche à minuit, en suivant le courant, qui devait la conduire à la plus grande des catastrophes !.....

L'encombrement de la route était tel, qu'elle se vit forcée de marcher en dehors, sur les côtés. C'est ainsi que la brigade, après avoir passé à Douzy, et à Bazeilles, atteignait très péniblement Balan vers 6 heures du matin.

Elle prit, à 7 heures, position dans les fossés de la place, voisins de la porte Balan, où elle fit enfin sa jonction avec la 1ʳᵉ brigade occupant les glacis.

Historique du 61ᵉ de ligne.

Après une marche de nuit, le 5ᵉ corps arrive à 4 heures du matin en avant de Beaumont et prend position autour de ce village.

Le 61ᵉ a à sa droite toute l'artillerie de réserve.

A midi, après l'appel, le 5ᵉ corps est attaqué à l'improviste par l'armée de la Meuse, commandée par le prince royal de Saxe. Après une résistance acharnée, le 61ᵉ ne se retire qu'après avoir épuisé toutes ses munitions et en laissant sur le champ de bataille 27 officiers tués ou blessés, plus du tiers de son effectif en soldats tant tués que blessés ou disparus, tous ses vivres et bagages.

Tout le 5ᵉ corps se retire en combattant, vers 3 heures du soir, sur Mouzon, de là sur Carignan, où il arrive la nuit.

En traversant le chemin de fer, il lui est donné l'ordre de continuer sa marche sur Sedan.

Historique du 86ᵉ de ligne.

Arrivée à Beaumont à 4 heures du matin, avant le jour, et installation provisoire. Le bivouac est pris confusément et en dehors des conditions rationnelles, vu l'obscurité de la nuit.

La brigade, confiante dans la 2ᵉ division, qui, la veille, formait l'arrière-garde et était supposée en arrière, est surprise dans son bivouac vers 11 heures, au moment où les hommes étaient à la distribution.

Le 86ᵉ prend les armes rapidement, laissant les sacs sur le terrain, et soutient le combat pendant une heure et demie sous le feu concentré de toute l'artillerie prussienne. Dès les premiers coups, le commandant Mathis, du 1ᵉʳ bataillon, et le capitaine Perken sont tués.

Le commandant Maly voit son cheval emporté par un obus; deux fois, le régiment essaye une charge à la baïonnette; mais, sous un feu écrasant d'écharpe et de face et après avoir vu tomber la moitié de son effectif en officiers et en hommes, ayant brûlé toutes ses cartouches, force est de battre en retraite vers le village de Beaumont, où tous les efforts sont faits pour rallier les divers groupes mêlés à ceux d'autres régiments.

Le lieutenant-colonel de Moncets, quoique légèrement blessé, secondé par le commandant Maly, parvient à réunir quelques centaines d'hommes valides autour du drapeau et à rejoindre, sur les hauteurs de Beaumont et ultérieurement à Mouzon, les troupes de la division n'ayant pas combattu.

La 2ᵉ brigade, diminuée de plus de moitié, se reforme par les soins et sous les ordres du général Nicolas.

Vers 5 heures du soir, les débris du régiment, ralliés et réunis sous la conduite du lieutenant-colonel de Moncets et du commandant Maly, sont reformés sur le plateau de Mouzon, en arrière de la Meuse, prennent position et attendent des ordres.

Les hommes sont sans sac ni campement et affaiblis par la fatigue et le manque de vivres.

A l'entrée de la nuit, le général Nicolas, après avoir fait faire une légère distribution de biscuit, conduit la colonne vers Sedan par Douzy, station de chemin de fer.

Le régiment, après une marche de nuit très pénible, atteint, vers 6 heures du matin, le faubourg de Balan.

Notes du chef de bataillon Bronner, du 86º d'infanterie, sur la bataille de Beaumont (1).

La France doit la fatale journée de Beaumont, et en grande partie ses suites désastreuses, au général en chef du 5º corps, le général de Failly. Au milieu du trouble général d'une surprise sans pareille, *je jure sur l'honneur* avoir remarqué : le colonel Berthe, au milieu de son régiment, communiquant à tous, officiers et soldats, la bravoure et le sacrifice de la vie pour l'honneur du drapeau : honneur à ce brave chef ! Le lieutenant-colonel de Moncets et le commandant Maly du IIIº bataillon, par leur calme et leur sang-froid, ont donné l'exemple du devoir, en ralliant les débris du 86º autour du drapeau et en quittant les derniers ce maudit champ de bataille, qui était une véritable boucherie. La conduite du lieutenant Deflin, de la 6ª compagnie du IIIº bataillon, était magnifique ; on ne peut pas mieux remplir ses devoirs de soldat que cet officier ne l'a fait pendant toute la campagne et surtout à la bataille de Beaumont. J'ai encore remarqué le lieutenant de Lampinet ; ce jeune officier est un vigoureux soldat.

Rapport du capitaine Cuny, du 86º régiment d'infanterie, sur le combat de Beaumont.

Camp de Sathonay, 14 février 1872.

Ayant été blessé dès le commencement de l'action, je ne puis donner que peu de renseignements sur le combat de Beaumont.

---

(1) Les notes et rapports ci-après relatifs au 86º d'infanterie, ont été adressés au début de l'année 1872 au commandant Maly, chargé de rédiger l'historique de ce régiment

Le 30 août, un peu avant midi, quelques obus qui arrivèrent dans le camp nous avertirent que nous étions attaqués. La troupe, employée en ce moment aux différentes corvées, fut difficile à réunir.

Je parvins, comme tout le IIIe bataillon, à grouper presque toute ma compagnie et à la porter en ligne, et je fis commencer le feu avec la hausse de 600 mètres.

Peu de temps après, je reçus un coup de feu sous l'œil droit; je restai encore quelque temps, mais je perdais le sang avec une telle abondance que M. le lieutenant-colonel de Moncets me donna l'ordre de me retirer sur le village, ce que j'eus beaucoup de peine à accomplir dans l'état de faiblesse où j'étais.

Toute la troupe sous mes ordres a fait bravement son devoir.

Rapport du capitaine Crouzet, du Ier bataillon du 86e d'infanterie, sur les opérations de ce régiment.

Dans la matinée du 30, après avoir pris un repos de quelques heures, les hommes vaquaient aux soins de propreté et nettoyaient leurs armes et leurs effets; les corvées de vivres s'organisaient tant bien que mal et le village de Beaumont était envahi par tous ceux qui avaient des provisions à faire ou des vivres à toucher. La soupe était mangée à 9 heures et dans une sécurité complète on attendait des ordres de mouvement.

C'est dans cet état et vers 11 h. 45 du matin que la présence de l'ennemi est signalée dans le camp par le passage au-dessus de nos têtes de quelques obus venant on ne savait d'où! Le bruit de ces projectiles jette l'alarme de toutes parts, et le régiment court aux faisceaux placés en colonne par peloton et à demi-distance. Chacun est à sa place en un clin d'œil et le commandement : « En avant! » se fait entendre. Le Ier bataillon, placé en arrière du IIIe, arrivé le dernier dans la nuit, se porte vers celui-ci et se confond avec lui. Une fusillade désordonnée commence, à laquelle l'ennemi répond par des obus d'abord et par la mousqueterie ensuite. Dans cette bataille générale et au milieu de tous les feux ennemis convergents, nos pertes s'accumulent. Le commandant Mathis et l'adjudant-major Perken, à cheval tous deux, sont atteints par un obus qui éclate en tombant sur la cuisse gauche du commandant Mathis et tue les deux chevaux en blessant mortellement les deux cavaliers. Un instant après le capitaine Schram, qui avait pris le commandement du Ier bataillon, est atteint d'une balle à la poitrine. Le colonel Berthe blessé au genou droit gît dans un sillon. D'autres officiers sont également blessés, mais le régiment conserve sa position et l'aurait assurément défendue si l'ennemi, opérant une diversion par notre gauche, ne nous avait pris en écharpe et n'avait provoqué un mouvement de retraite de ce côté. Les régiments de gauche lâchent pied et le mot fatal : « En retraite ! » se fait entendre. A ce cri la panique s'empare de nos hommes, les officiers font des prodiges pour les retenir; on les menace du revolver, on brûle la cervelle à quelques-uns, puis on les supplie, mais ils opposent le silence et l'inertie et laissent les officiers seuls sur le champ de bataille. La débandade s'effectue, on se porte sur Beaumont que l'ennemi couvre de projectiles et où bon nombre de soldats et d'officiers sont tués ou blessés.

Il était environ 2 heures de l'après-midi lorsque le régiment en débris se rallie en arrière de Beaumont, qu'on a abandonné aux Prussiens et qui est encombré de blessés.

Lorsque le 86ᵉ fait l'appel il constate l'absence de la moitié de son effectif à peu près et des officiers dont les noms suivent :

Berthe, colonel, blessé; Mathis, chef de bataillon, blessé mortellement; Peigné, docteur, disparu; Perken, adjudant-major, blessé mortellement; Bourdel, Schram, capitaines, blessés mortellement; Bourseul, lieutenant, tué sur le champ; Houlès, capitaine, de Geyer, lieutenant, blessés; Bihel, capitaine, blessé grièvement; Cuny, capitaine, blessé à la tête; Lacipière, lieutenant, disparu; Bronner, capitaine, blessé grièvement; Kesternick, sous-lieutenant, tué; Fiack, sous-lieutenant, André, chef de musique, Raimond, docteur, disparus.

En cet état le régiment reste constitué avec les cadres suivants :

MM. de Moncets, lieutenant-colonel; Maly, chef du IIIᵉ bataillon; Crouzet, capitaine, commandant le Iᵉʳ bataillon; Grosmaître, capitaine adjudant-major au IIIᵉ bataillon; Cupillard, Chrétien, capitaines; Le Boisne, Lods, de Lampinet, Deflin, Dominique, lieutenants; Arnould, Merlin, Bastien, Juliard, Dominique, sous-lieutenants; Bribes, lieutenant; Mavel, capitaine; Lamoureux, sous-lieutenant; Viel, porte-drapeau; Michaud, officier payeur, légèrement blessé.

La brigade sous les ordres du général Nicolas-Nicolas se porte vers Mouzon, traverse la Meuse et après être restée en expectative sur les hauteurs qui couronnent cette petite ville, elle prend sa direction vers Sedan à travers les prairies, passe la Chiers dans la nuit du 30 au 31, et arrive au faubourg de Balan vers 4 heures du matin, à travers un encombrement formidable de voitures et d'*impedimenta* appartenant au corps d'armée du maréchal de Mac-Mahon. Le 31 août, à 5 heures du matin, elle va bivouaquer dans les fossés de Sedan. Nous sommes sans vivres. Dans la journée l'ennemi établit ses batteries sur la rive gauche de la Meuse et canonne l'immense convoi que nous avions rencontré la veille en venant de Mouzon. Ce combat d'artillerie dure toute la journée. Nous ne quittons pas le bivouac. On distribue quelques vivres en biscuit, sucre et café; la journée est belle mais la nuit est glaciale, comme d'habitude. Le général en chef de Failly est remplacé par le général de Wimpffen qui visite notre campement. On s'endort le soir avec la certitude d'une bataille pour le lendemain.

Impressions et observations personnelles du lieutenant Clopin, commandant la 4º compagnie du Iᵉʳ bataillon du 86ᵉ d'infanterie, sur les faits accomplis sous ses yeux par le Iᵉʳ bataillon du dit régiment.

Le 29 août mon bataillon était commandé de garde à l'artillerie de réserve et remplit ce service pendant l'engagement de Bois des Dames. Il partait le 29 au soir avec son artillerie; à minuit 30, il était campé devant Beaumont à la gauche du parc.

Le lendemain 30 août, le 5ᵉ corps était surpris par l'ennemi vers 11 heures ou 11 h. 30. En cinq minutes, sous les projectiles tombant déjà dans les tentes, M. le commandant Mathis à cheval ainsi que M. Perken, son adjudant-major, nous portait en avant en colonne par pelotons et nous faisait développer en bataille à la gauche du IIIᵉ bataillon, en traversant les lignes du 61ᵉ de ligne, notre camarade de brigade.

Un feu violent, mais malheureusement déréglé, fut ouvert immédiatement. Nous avions à répondre à des feux d'artillerie et à des salves d'infanterie. Dès le commencement du combat, les pertes les plus cruelles nous furent infligées : MM. Mathis et Perken furent frappés tous deux à cheval par le même obus, M. le capitaine Bourdel était tué d'une balle à la tête, et M. le capitaine Houlès blessé à la jambe.

M. le capitaine Schram prit le commandement du bataillon et porta tous ses efforts à régulariser l'effet de nos feux; il ne put y parvenir et, sentant bien que les mêmes hommes qui se faisaient tuer sur place sans broncher ne sauraient opérer une retraite en ordre, il voulut les porter en avant. La sonnerie : « En retraite » vint arrêter le mouvement commencé et ses prévisions se réalisèrent. Le capitaine Schram, blessé à son tour au bras, partagea le commandement avec le capitaine Crouzet. Ce dernier, avec la plus grande énergie accompagnée d'un sang-froid remarquable, employa vainement les moyens, même extrêmes, pour coordonner le mouvement de retraite. Le régiment fut toutefois le dernier à abandonner le champ de bataille. Il se dégagea à Beaumont des autres soldats de la division, et derrière le bois il était déjà réuni en très grande partie et en bon ordre sous le commandement de M. de Moncets, le colonel ayant été grièvement blessé au début de l'affaire.

Les cartouches furent complétées à 90 par homme.

Dans la retraite le bataillon avait perdu MM. Schram et Bourseul, tués tous deux : le premier, déjà blessé, frappé mortellement au dernier rang des combattants en retraite ; le second dans le village par un obus.

Nous arrivâmes à Sedan le 31 août à 1 h. 30 du matin.

Le soir de Beaumont le sergent-major, 1 sergent et 46 hommes manquaient à l'appel.

Rapport du lieutenant Lods, commandant la 3ᵉ compagnie du Iᵉʳ bataillon du 86ᵉ d'infanterie, sur la journée du 30 août.

Le 1ᵉʳ bataillon, dont je faisais partie, commandé par le commandant Mathis, se trouvait campé, le 29 août, à environ 200 mètres en arrière du régiment, près de l'artillerie de réserve confiée à sa garde.

Le 30 vers midi, l'ennemi nous attaqua sans que sa présence fut signalée. Les premiers obus commencèrent à tomber dans le camp. Le commandant Mathis et le capitaine Perken, montèrent aussitôt à cheval et nous firent porter sur le prolongement du IIIᵉ bataillon. A peine fûmes-nous en ligne qu'un obus tomba entre le commandant Mathis et le capitaine Perken, qui se trouvaient en arrière de la 3ᵉ compagnie que je commandais. Le commandant Mathis eut une jambe emportée qui ne tenait plus que par quelques fibres et eut le courage de dire à M. Bribes : « Prenez mon couteau et détachez-moi la jambe. » Ces paroles m'ont été rapportées sur le champ de bataille même. Le capitaine Perken reçut également à la jambe un éclat d'obus qui lui enleva presque le pied ; les deux chevaux de ces officiers furent tués sur le coup.

Nous prîmes nos positions sur la droite du IIIᵉ bataillon, déjà en ligne et aux prises avec l'ennemi ; à ce moment, le capitaine Bourdel placé à ma gauche, reçut une balle en plein front, qui le tua sur le coup.

Le feu devint terrible ; pendant l'action, je vis le lieutenant Bourseul, tué plus tard, exciter les hommes au combat et empêcher les fuyards de quitter le champ de bataille en leur administrant des coups de plat de sabre. Le feu devint bientôt tellement violent que l'on donna le signal de la retraite, qui dégénéra bientôt en déroute. Le capitaine Crouzet essaya de rallier les fuyards pour les ramener en avant, mais il ne fut pas écouté tant les hommes étaient découragés ; ses efforts furent inutiles.

Je vis, à l'entrée du village de Beaumont, le capitaine Schram, soutenu par deux hommes. Je lui adressai la parole pour lui donner quelque encouragement, mais il ne me reconnut pas, il était mou-

Nous traversâmes le village de Beaumont dans un complet désordre, sous une pluie de mitraille ; nous nous ralliâmes entre Beaumont et Mouzon sur un plateau où se trouvait déjà le drapeau du régiment et où nous vîmes pour la première fois depuis l'action le général Nicolas, qui nous fit faire une distribution de cartouches et de biscuit.

Voici les noms des officiers tués et blessés à Beaumont :

Tués : MM. Mathis, Perken, Schram, Bourdel, Bourseul, Kesternick.

Blessés : le colonel Berthe, les capitaines Bronner, Bihel, Cuny, Houlès ; le lieutenant de Geyer, le sous-lieutenant Michaud.

Le général Nicolas, ayant réuni les débris de sa brigade, la dirigea sur les hauteurs de Mouzon et ensuite sur Sedan où nous arrivâmes, après une marche de nuit très pénible, le 31 au matin. Il nous fit camper sous les fortifications de la ville.

Rapport du sous-lieutenant Bastien, du 86ᵉ d'infanterie, sur la journée du 30 août.

Le régiment était campé depuis 5 heures du matin en avant de Beaumont après une marche de nuit, lorsque tout à coup, un peu avant midi, des obus tombés dans le camp nous annoncèrent que l'ennemi était proche. En un instant tous les soldats présents se trouvèrent sous les armes et le feu commença aussitôt ; le IIIᵉ bataillon du régiment dont je faisais partie était seul en ligne. Je fis tirer sur l'artillerie ennemie, qui se trouvait à environ 800 mètres en avant et à droite, plus tard je m'aperçus qu'un violent feu de mousqueterie venait de gauche, je dirigeai alors le feu de ce côté, en recommandant de tirer à 600 mètres.

Pendant ce temps, le Iᵉʳ bataillon du régiment de garde à l'artillerie de réserve, campé à 500 mètres en arrière du IIIᵉ bataillon, s'était mis sous les armes, il arriva promptement sur notre ligne de bataille pour commencer aussitôt un feu à volonté.

Ce feu, admirablement soutenu, continua ainsi de part et d'autre jusqu'au moment où la gauche de notre ligne de bataille fut obligée de battre en retraite.

L'ennemi s'avançait à grands pas et menaçait de nous tourner lorsque le lieutenant-colonel de Moncets ordonna la retraite. Il était 1 heure environ.

Le régiment se reforma derrière le bois de Beaumont où les munitions furent complétées et notre retraite continua ensuite par ordre du général de brigade qui nous arrêta sur les hauteurs de Mouzon. A la nuit tombante nous abandonnions ces hauteurs pour nous diriger sur Sedan où nous sommes arrivés pendant la nuit.

Rapport du chef d'escadron Pérot, commandant en second l'artillerie de la 1re division du 5e corps, sur le combat de Beaumont.

Mayence, 19 octobre.

La 5e batterie (Lanaud) campait, avec la 2e brigade, à gauche de la route avant d'arriver à Beaumont. Les 6e et 7e (batteries Desmazières et Gastine), qui étaient avec la 1re brigade, se trouvaient : la batterie Gastine, en arrière d'un chemin conduisant à Osches et formant prolongement du coude que fait la route de Sommauthe avant d'arriver à Beaumont ; la batterie Desmazières, près de Beaumont, en arrière de la route de Stonne.

L'ennemi, qui avait continué sa route par la forêt de Dieulet et les bois de Sommauthe, ayant couronné toutes les crêtes du Sud-Ouest au Sud-Est de Beaumont, commença vers 11 h. 30 un feu violent d'artillerie dirigé sur le camp. La batterie Desmazières devant marcher à l'avant-garde de la division, les voitures de la batterie de combat étaient attelées, aussi, dès les premiers coups de canon, put-elle sortir et se porter rapidement en avant et à droite sur une petite crête en avant de la route de Stonne, où elle ouvrit immédiatement son feu.

Pendant ce temps, les troupes d'infanterie s'étaient repliées en arrière de Beaumont et l'artillerie de réserve avait occupé la hauteur au-dessus de Létanne.

La 6e batterie, alors complètement isolée, opéra sa retraite en dirigeant d'abord ses caissons et, successivement, ses pièces vers l'angle formé par la route de Mouzon et le chemin qui conduit de cette route à la ferme de la Harnoterie et rejoignit la division, ainsi que les 5e et 7e batteries.

Le point que l'ennemi devait choisir pour lancer sa colonne d'attaque étant parfaitement indiqué à la sortie des bois sur la route de Stonne, près de la Thibaudine ; on fit occuper les abords de la ferme de la Harnoterie par deux bataillons de la 3e division. La 5e batterie fut désignée pour appuyer ces deux bataillons et prit position un peu en arrière et à droite de la ferme, de manière à observer le débouché des bois.

Sur la nouvelle que le 7e corps arrivait dans cette direction pour donner la main au 5e, on empêcha la batterie d'ouvrir son feu qui, dans cette position et à ce moment, aurait pu avoir un effet sérieux ; on lui donna l'ordre de contrebattre une batterie qui tirait sur la ferme ; elle fit donc un changement de front à gauche et commença le feu : mais alors l'ennemi déboucha des bois à l'endroit prévu à l'avance et se présenta au lieu du 7e corps, qui avait été annoncé. La batterie dut, pour ralentir la marche de cette colonne, se porter rapidement à la gauche de la ferme et tirer à mitraille. Dans cette position complètement découverte, sous le feu de plusieurs batteries, la batterie Lanaud eut beaucoup à souffrir et lorsque l'ordre de retraite fut donné à l'infanterie, qui occupait la ferme, elle aurait perdu une de ses pièces si l'adjudant et quelques canonniers n'eussent mis beaucoup d'énergie et de promptitude à changer un attelage de derrière dont le porteur venait d'être tué.

Pendant ce temps, le reste du corps d'armée avait pris position sur la crête en avant du bois de la Sartelle à cheval sur la route de Mouzon, la 1re division, avec les batteries Desmazières et Gastine, formant la droite.

L'ennemi, exécutant alors une conversion sur son aile gauche, avait poussé ses tirailleurs sur la droite à la faveur des bois qui dominent la Meuse et, lorsque notre mouvement de retraite sur Mouzon commença à se dessiner, il ouvrit un feu violent d'artillerie et d'infanterie qui rendit très difficile pour les batteries la traversée du bois de la Sartelle, où elles durent s'engager dans des chemins d'exploitation non suffisamment reconnus et sans issue.

La 6e batterie (Desmazières) ayant eu en ce moment un grand nombre d'hommes et de chevaux tués ou blessés, fut forcée d'abandonner deux pièces dans le bois et les quatre autres ne purent être sauvées qu'à force de courage et d'énergie.

A la sortie des bois, le corps d'armée s'arrêta de nouveau sur les deux mamelons qui se trouvent un peu en avant de la ligne passant par le Grésil et Villemontry, la 1re division formant toujours la droite avec la 7e batterie et les quatre pièces restant de la 6e, auxquelles se joignirent des batteries de la réserve. Dans cette position, nos batteries commencèrent un feu très vif qu'elles ne cessèrent que lorsqu'elles se trouvèrent tout à fait isolées et après des pertes très fortes en hommes et en chevaux; la 6e eut plusieurs caissons démontés et une mitrailleuse de la 7e fut égueulée.

La 5e qui, après avoir quitté la ferme, avait suivi la route de Mouzon jusqu'à hauteur de la nouvelle position, fut dirigée sur le mamelon occupé par les autres batteries pour les soutenir ; mais le général commandant la division arrêta ce mouvement et ordonna à cette batterie de franchir la Meuse et de prendre position en arrière pour protéger la retraite.

Lorsque les 7e et 6e durent à leur tour quitter le plateau, elles se dirigèrent en arrière de leur position vers le gué qui avait été reconnu par le génie et indiqué par le chef d'état-major général. Pendant que la 7e batterie continuait sa route vers la Meuse, la 6e s'arrêta dans la prairie à hauteur de l'entrée du Faubourg de Mouzon au moment où la brigade de cuirassiers, ramenée par la cavalerie et l'infanterie ennemies, commençait sa retraite vers la Meuse. Les coffres de la batterie ayant été visités, on reconnut qu'il y restait quelques charges et projectiles ou boîtes à balles que l'on résolut d'utiliser; les quatre pièces, auxquelles se joignit une pièce du 2ᵉ d'artillerie momentanément séparée de sa batterie, furent mises en batterie et tirèrent sur la tête de colonne ennemie lorsqu'elle fut démasquée.

Le feu de ces cinq pièces, bientôt soutenu par une pièce de 12 et une autre pièce de 4 d'une autre division, fit suspendre le mouvement de l'ennemi, qui dirigea alors contre elles une grande partie de son artillerie, ce qui favorisa la retraite des troupes engagées sur le pont.

La 7ᵉ batterie (Gastine) avait commencé heureusement le passage de la Meuse et un certain nombre de voitures avaient atteint la rive opposée, lorsque les cuirassiers en se retirant trop précipitamment par le même gué, arrêtèrent le mouvement des conducteurs et des attelages et il fut complètement impossible de dégager les dernières voitures du gué, devenu impraticable. Trois mitrailleuses et trois caissons durent être abandonnés, le lieutenant en premier disparut et le lieutenant en second, blessé, resta à l'ambulance de Mouzon.

Lorsque les munitions de la 6ᵉ batterie furent entièrement épuisées, le lieutenant-colonel et le chef d'escadron qui étaient restés avec cette batterie reconnurent l'impossibilité de faire usage du gué pour la retraite; elle fut donc dirigée sur le pont qu'elle traversa, puis tournant à gauche, elle gagna la hauteur de la Fourberie, où elle prit de nouveau position et continua le feu jusqu'à la tombée de la nuit avec des munitions qui lui furent données par des batteries du 12ᵉ corps placées elles-mêmes en cet endroit pour protéger la retraite (division Charon).

A la nuit, les batteries rejoignirent les troupes de la division, qui s'étaient reformées en arrière de cette position. La colonne gagna la Chiers par des chemins d'exploitation, la passa à l'Émonderie, ainsi que le chemin de fer, et prit alors la grande route de Sedan, où elle arriva le 31 dans la matinée.

L'infanterie de la division alla occuper la hauteur à droite du faubourg de Givonne, les batteries restèrent en colonne dans le faubourg, qu'elles quittèrent le soir pour parquer sur l'esplanade située près du chemin couvert de la place.

Cette journée fut employée à compléter les munitions, tant d'artillerie que d'infanterie, et à reformer les batteries de combat en hommes et en chevaux.

Rapport du capitaine Lanaud, commandant la 5ᵉ batterie du 6ᵉ régiment d'artillerie.

Sedan, 2 septembre.

Vers 11 heures du matin, nous avons été surpris par le canon ennemi ; le campement de la batterie étant le plus près des Prussiens, il y tombait une grêle d'obus qui y ont bien jeté du désordre, mais n'ont pas empêché d'entraîner tout notre matériel ; nous avons eu plusieurs hommes et chevaux blessés, tant au camp que pendant le trajet jusqu'à notre première mise en batterie, où nous sommes restés une demi-heure en faisant un feu lent sur les batteries ennemies d'abord, puis sur une colonne prussienne qui s'avançait à côté de notre campement, c'était la droite de l'ennemi. Cette première période a arrêté l'élan de l'ennemi et permis à notre infanterie de se former en arrière de nos batteries, puis on nous a fait battre en retraite et nous avons pris une deuxième position vers notre droite et nous avons fait feu vers la gauche de l'ennemi, qui tentait de nous tourner ; à une troisième position plus à droite encore, nous avons fait feu sur une colonne qui sortait du bois, puis la batterie de mitrailleuses les a repoussés et nous sommes restés quelques instants en position sans faire feu ; le général de Lespart a envoyé chercher trois pièces, j'ai été envoyé et j'ai fait feu sur une batterie que je prenais d'écharpe et dont le feu jetait le désordre dans l'infanterie ; on me rappelle pour battre en retraite, le corps de Douay qu'on avait annoncé n'arrivait pas. Pendant la retraite arrive une brigade du 12e corps. Nous montions la côte pour nous mettre en batterie quand notre général de division nous donna l'ordre de passer la Meuse et de nous mettre en batterie sur les hauteurs de la rive droite de cette rivière pour appuyer une brigade qui devait protéger la retraite. Nous restons en batterie en faisant feu jusqu'au coucher du soleil.

Nous partons pour Sedan ; nous arrivons aux environs de la ville vers 7 heures du matin.

Historique de la 6ᵉ batterie du 6ᵉ d'artillerie.

Le 30 août, à Beaumont, la 6ᵉ batterie qui avait subi des pertes très sérieuses et n'avait cessé son feu qu'à la dernière extrémité, se dirigeait vers la Meuse et se trouvait à hauteur du Faubourg de Mouzon dans la prairie lorsque la brigade de cuirassiers qui devait protéger la retraite, fut ramenée vivement par la cavalerie ennemie soutenue par l'infanterie. Le chef d'escadron, comprenant la nécessité d'arrêter à tout prix le mouvement de l'ennemi, qui menaçait d'arriver jusqu'à la Meuse et de couper la retraite aux dernières troupes qui n'avaient pas encore pu défiler sur le pont de Mouzon, proposa aux officiers de la batterie d'utiliser à cet effet leurs dernières munitions. Cette résolution fut aussitôt exécutée par la batterie, à laquelle se joignirent une pièce de 12 de la réserve (maréchal des logis Demorgat, du 2ᵉ d'artillerie) et deux autres pièces momentanément séparées de leurs batteries.

Le feu ouvert à petite distance aussitôt que la tête de colonne ennemie fut démasquée, eut pour effet de suspendre sa marche en avant et d'attirer sur nos pièces le feu de l'artillerie ennemie, ce qui facilita la retraite des troupes. La batterie put ensuite passer la Meuse sur le pont de Mouzon et aller prendre position sur la hauteur de la Fourberie, où elle continue le feu jusqu'à la tombée de la nuit avec des munitions qui lui furent données par une batterie du 12e corps, placée elle-même dans cette position pour protéger la retraite.

La 6e batterie reçut le 31 août, du parc du 5e corps, six caissons de munitions au moyen desquels elle put prendre une part active à la bataille du 1er septembre.

Rapport du capitaine Desmazières (6e *batterie du* 6e *régiment d'artillerie*), *sur le rôle de la batterie au combat de Beaumont.*

Sedan, 3 septembre.

Le 30 août, la 6e batterie, campée près de Beaumont, à côté de la route du Chesne, reçut des obus au milieu de son campement. Les chevaux étant harnachés, la batterie put en dix minutes garnir la crête de la hauteur en arrière de laquelle elle se trouvait placée. Elle fit feu dans cette position pendant vingt minutes environ, mais, comme elle n'avait pour tout soutien qu'une compagnie de chasseurs, et comme aucun secours ne lui était promis, elle fit sa retraite par sections et occupa les hauteurs existant au delà de la route du Chesne, puis ouvrit le feu contre les batteries ennemies qui s'étaient rapprochées d'elle. On perdit dans cette position deux hommes ; un cheval fut blessé.

La 1re division du 5e corps se portant alors sur la droite de la position pour s'opposer à un mouvement tournant de l'ennemi, la 6e batterie la suivit. Dans cette marche de flanc vis-à-vis de l'ennemi un caisson sauta.

La batterie occupa sur le plateau que tenait la division deux positions d'où elle fit feu. Elle perdit sur ce terrain un homme et deux chevaux.

A un moment donné les troupes de soutien ayant lâché pied l'artillerie resta seule sur le plateau et dut se retirer ; elle était adossée à un taillis sans chemin qui le traversait.

Les voitures s'engagèrent dans ce bois, plusieurs y restèrent. La batterie perdit six caissons et deux pièces, malgré les efforts faits par les officiers pour les dégager sous le feu des tirailleurs. Les débris de la batterie allèrent occuper une crête basse derrière laquelle s'étaient réfugiées quelques troupes d'infanterie.

On tint quelque temps dans cette place sous un feu très supérieur au nôtre et la batterie se retira dans la plaine, devant la Meuse. Elle employa ses dernières munitions à couvrir la retraite de l'infanterie, à appuyer la charge des cuirassiers et à protéger leur mouvement en arrière.

La batterie passa la Meuse sur le pont de Mouzon et rencontrant sur les pentes opposées les batteries du commandant Charon, elle leur emprunta quelques munitions et fit feu jusqu'à la nuit tombante.

La batterie se retira sur Sedan.

Rapport du capitaine Gastine sur le rôle de la 7e batterie du 6e régiment au combat de Beaumont.

Sedan, 2 septembre.

La batterie servant du canon à balles était attachée à la 1re division du 5e corps. Le 30 août à midi, le camp du corps d'armée établi à l'Est de Beaumont a été surpris par l'armée prussienne. Quelques minutes après, la batterie complètement attelée traversait le défilé formé par le village de Beaumont et s'établissait en batterie sur une crête à 800 mètres en arrière de ce village. Elle a ouvert le feu contre les batteries prussiennes qu'elle avait en face d'elle et sur sa droite, l'infanterie exécutant très vite et sans arrêt la retraite. La batterie a pris successivement trois positions différentes jusqu'au bois Givodeau, et a réussi à maintenir la droite de l'attaque. Elle a tenu dans sa dernière position à la lisière du bois jusqu'à ce que toute l'infanterie fût à l'abri. Elle a supporté dans ce moment le feu de six batteries. Une pièce a été égueulée. M. de Lafont, capitaine en deuxième et le maréchal des logis chef Houvenagheel ont eu leurs chevaux tués. Bonnard a été tué avec ses deux chevaux et un autre cheval du même attelage. Le brigadier Raimond a été blessé mortellement, son cheval a été tué. Le canonnier Juliard a été blessé. La batterie a traversé le bois sous la seule garde de sa compagnie de soutien et est descendue dans la plaine à l'Ouest de Mouzon. Elle a pris position sur un mamelon situé en arrière de la route de Mouzon à Yoncq, 1500 mètres au Nord de la lisière du bois Givodeau. Elle a battu cette lisière et contribué à arrêter l'attaque de front, mais la position ayant été tournée par notre droite, et les tirailleurs ennemis ayant occupé une crête à 300 mètres environ sur le flanc de la batterie, celle-ci a dû battre en retraite, ce qu'elle n'a fait qu'après avoir été abandonnée par toute l'infanterie.

Les six pièces et les huit caissons sont arrivés sur les bords de la Meuse en face d'un gué occupé déjà par beaucoup de voitures; trois pièces, quatre caissons ont réussi à traverser la rivière, une pièce a été versée en cage, les attelages des autres pièces ont été tués par les obus ennemis ou sont restés engagés sous les voitures, cherchant à passer quand même ; malgré cela, grâce aux efforts des hommes de la batterie, on aurait réussi à ramener tout le matériel au delà de la Meuse sans l'arrivée de la cavalerie qui est venue au galop passer le même gué et a rendu impossible tout travail de sauvetage. La batterie s'est ralliée sur la hauteur à l'Est de Mouzon ; la retraite s'est effectuée sur Sedan où la colonne est arrivée le 1ᵉʳ septembre à 10 heures du matin.

Pendant cette dernière période du combat la batterie a eu : M. Lamorre, lieutenant, blessé, 3 hommes blessés, 20 chevaux tués. M. Beuzon et 20 hommes ont disparu et on n'a pu avoir aucun renseignement sur ce qu'ils sont devenus.

2ᵉ DIVISION.

Journal des marches de la division.

Le 30 août, pendant que le 5ᵉ corps était arrêté à Beaumont, le 1ᵉʳ corps marchait de Raucourt sur Carignan.

Le 7ᵉ corps devait aller d'Osches à Mouzon passant la Meuse à Remilly.

Le 12ᵉ corps était à Mouzon.

La cavalerie de réserve devait se porter sur Douzy.

Le IIIᵉ bataillon du 49ᵉ ramena dans la matinée les bagages laissés au Chesne le 26.

Le parc d'artillerie, composé de 60 voitures, rejoignit la réserve d'artillerie le matin et campa avec elle.

La cavalerie, arrivée au bivouac la première, s'était placée, comme on l'a vu, à l'ouest de Beaumont le long de la route de Stonne, tout près du bourg et face au Nord.

La division Goze marchant en deux fractions successives, à un grand intervalle de temps l'une de l'autre, la brigade Saurin, puis la brigade Nicolas, s'étaient établies à gauche du chemin de Bois des Dames à Beaumont par lequel elles étaient arrivées, chemin qui laisse à gauche la ferme Beauséjour et à droite celle de Belle Forêt. La brigade Saurin avait avec elle les batteries Gastine et Desmazières ; la brigade Nicolas, la batterie Lanaud. Cette dernière brigade avait atteint son bivouac un peu avant 5 heures du matin.

La division Guyot de Lespart campait à droite de ce même chemin de Bois des Dames à Beaumont. La brigade Abbatucci plus près du bourg que la brigade de Fontanges. Celle-ci avait des régiments séparés par les troupes d'un autre corps ; le 68ᵉ, qui était plus éloigné, se trouvait presque à un kilomètre de Beaumont ; le 17ᵉ était à peu près au nord-est du 68ᵉ, se rapprochant de la grande route de Stenay.

Le parc du génie, le parc et la réserve d'artillerie avaient été placés à gauche de la route de Mouzon avant d'arriver à Beaumont, en arrière d'une crête couvrante que leur masquait les bois de Dieulet et de Sommauthe.

L'artillerie de la division Guyot de Lespart avait, dès 6 heures du matin, franchi le vallon de Beaumont pour aller au nord-est du bourg.

Comme on l'a vu (29 août), la division de L'Abadie campait au nord de Beaumont, à gauche de la route de Mouzon, son campement touchait à la première maison du bourg.

Les ambulances étaient dans Beaumont.

Les troupes du 5ᵉ corps étaient très fatiguées; depuis le 27 elles étaient restées beaucoup sur pied; elles étaient arrivées tard aux bivouacs de Bois des Dames et de Belval; elles avaient marché les unes une partie de la nuit, les autres toute la nuit du 29 au 30.

Après avoir reçu les ordres du maréchal de Mac-Mahon, le général de Failly donna les instructions ci-après :

« Le maréchal de Mac-Mahon, commandant l'armée, a donné l'assurance.... (voir p. 115)....

En outre quelques mesures de détail avaient été ordonnées :

Renouveler les munitions le plus tôt possible, les ménager. Envoyer les malades et les chevaux indisponibles à Mézières, en les dirigeant par Douzy.

On fait donner l'ordre de distribuer à Beaumont un quart de pain ou biscuit, une demi-ration de vin, tout ce qu'on pouvait prendre.

Le 5ᵉ corps était informé en même temps que le 1ᵉʳ et le 12ᵉ corps passeraient la Meuse le jour même à Mouzon.

On devait aussi diriger sur Mézières les officiers promus à des grades supérieurs, ainsi que les sous-officiers promus sous-lieutenants, dont le poste n'était pas à l'armée, et dont les chefs de corps pouvaient justifier la promotion par une mention au ministre.

On était occupé dans les corps de troupes à des corvées, à des distributions, à des inspections, à préparer la soupe; les hommes que ces divers détails n'employaient pas, prenaient un repos très nécessaire.

Pendant ce temps, les corps bavarois sous les ordres du général von der Tann se dirigeaient de leur côté sur Beaumont conformément au plan de marche adopté par le grand quartier général allemand. Ils arrivaient par Sommauthe. Ces troupes appartenaient à la IIIᵉ armée, placée sous le commandement du prince royal de Prusse. Elle avait sur le flanc droit la IVᵉ armée, sous les ordres du prince royal de Saxe, qui marchait sur Beaumont et Villemontry. Ces armées cherchaient à presser les corps français contre la rive gauche de la Meuse, ou à les cerner entre la frontière belge et ce fleuve, s'ils parvenaient à passer sur la rive droite. La cavalerie ennemie était en contact avec le maréchal de Mac-Mahon depuis le 26 août et le roi de Prusse, qui le 25 avait son grand quartier général à Clermont-en-Argonne, se trouvait parfaitement informé par elle de tous les mouvements de l'armée de Châlons.

A la faveur des bois, l'ennemi put approcher des camps dressés au sud de Beaumont et ouvrit tout à coup un violent feu d'artillerie qui y porta le trouble pendant un instant. Le 68ᵉ, qui se trouvait le plus rapproché de l'attaque, était occupé à passer une inspection d'armes et de munitions; il changea de front et se porta sur la crête en avant. Sous la conduite vigoureuse du lieutenant-colonel Paillier, il montra une solidité et une énergie qui donnèrent à la réserve d'artillerie le temps d'atteler. Le général de Fontanges dirigeait cette défense. De son côté la division Goze fait face à l'ennemi, le 11ᵉ de ligne arrive à son tour sur la crête, son colonel tombe mortellement blessé. Le 61ᵉ et le 86ᵉ opposent aussi aux Allemands une forte résistance et éprouvent des pertes sensibles. La brigade Abbatucci défend ses positions.

Pendant ce temps, en moins d'un quart d'heure les commandants des batteries de la réserve ont fait atteler leurs pièces; la première prête conduite par le capitaine de Tessières prend position sur la crête où le 68ᵉ combat; elle a à peine le temps de faire quelques décharges, que chevaux et conducteurs sont mis hors de combat, les autres bouches à feu sont placées, au fur et à mesure qu'elles sont attelées, sur une crête située en arrière de celles qui couvrent le camp, mais en avant de Beaumont. Il ne reste dans le bivouac qu'une pièce dont l'affût a été brisé; mais plusieurs caissons dont les chevaux ou les conducteurs ont été tués, ou dont les chevaux effrayés se sont détachés et sauvés, sont abandonnés forcément; il en est de même des bagages. Quant au parc, les attelages étant conduits par des hommes moins solides et moins expérimentés que ceux des batteries, il fut obligé de laisser la moitié de ses voitures, les conducteurs n'étant pas parvenus à les atteler avant l'envahissement du campement par l'ennemi. Ce qui fut prêt fut dirigé sur Mouzon pour y passer le pont; le parc du génie prit la même route. Dans la division de L'Abadie quelques dispositions avaient d'abord été prises pour défendre le camp; mais voyant que c'était une véritable bataille qui s'engageait, le général de division fit mettre sac au dos, et disposant les bataillons par échelons, il alla occuper la ligne des hauteurs qui dominent Beaumont et Létanne au nord. Le 88ᵉ était vers la Meuse, le 49ᵉ plus près de la route de Mouzon, le 14ᵉ bataillon de chasseurs à pied en réserve. Les batteries d'artillerie Arnould et Kramer se placèrent près de la route de Mouzon, sur le prolongement du même terrain. Les voitures du génie, la réserve divisionnaire d'artillerie partirent pour Mouzon afin de franchir la Meuse; elles devaient attendre sur la route de Carignan le résultat du combat. Le mouvement se fit avec beaucoup d'ordre, mais on ne perdit pas de temps à enlever les petites tentes; il y avait urgence de gagner les hauteurs pour fournir un appui aux corps combattant au sud de Beaumont; l'ennemi arrivait à portée; les batteries de la division purent ouvrir le feu sur ses colonnes. Les batteries de la division Guyot de Lespart s'étaient portées plus avant sur la route de Mouzon, et avaient pris position pour tirer sur les troupes allemandes.

Mais, après une heure de combat environ, le 68ᵉ de ligne, malgré ses efforts, fut obligé de céder le terrain après avoir épuisé ses munitions, avoir repoussé cinq attaques et fait une charge à la baïonnette. Le général de Fontanges, voyant que les crêtes au nord de Beaumont étaient garnies de troupes françaises, battit en retraite de ce côté. Le 11ᵉ de ligne (division Goze) avait dû également se porter en arrière. Dans la brigade Nicolas, le 61ᵉ, tourné par sa gauche, avait reporté son aile en arrière, appuyant sa droite au 86ᵉ; il en était résulté de la confusion, et le 86ᵉ débordé à son tour avait été forcé de reculer. Le général Nicolas avait essayé de les réunir sur un mamelon qui borde la route de Stenay à Beaumont, mais il dut songer à faire passer le vallon de ce dernier village aux aigles des deux régiments pour les rallier sur les collines en arrière. La brigade Abbatucci fut également obligée de se retirer au nord. La crête occupée au sud par la réserve d'artillerie devint intenable, dès que la retraite de l'infanterie commença. Cette réserve traversa le ruisseau de Beaumont et se dirigea vers les collines au nord pour se mettre en batterie.

Les bagages furent laissés dans les bivouacs, l'encombrement qui se produisit empêcha les ambulances d'évacuer Beaumont, elles tombèrent au pouvoir de l'ennemi.

L'ordre du maréchal de Mac-Mahon était de passer la Meuse, les efforts tendirent à tenir l'ennemi éloigné du pont de Mouzon, jusqu'à ce que la majeure partie des troupes et des convois l'aient franchie.

Le général de Failly dirigea les corps évacuant le sud de Beaumont sur les crêtes qui séparent la Meuse des ruisseaux de Yoncq et de Beaumont : la batterie Lanaud (division Goze) s'établit près de la ferme de la Harnoterie appuyée par des compagnies de chasseurs à pied et deux bataillons de la 3ᵉ division (sans doute compagnies du 19ᵉ bataillon et bataillons du 30ᵉ). Il fallait arrêter l'ennemi, s'il essayait de déboucher par la route de Stonne. Le reste de la brigade Abbatucci se porta au nord du col qui donne passage à la route de Mouzon, sur la crête qui domine Yoncq. Partie de la division Goze (brigade Saurin) se place à droite de la brigade Abbatucci, sur les mêmes hauteurs. Quant à la brigade Nicolas, elle alla sur le mamelon qui couvre à l'ouest l'entrée du Faubourg de Mouzon (le mont de Brune). C'est sur ce mamelon aussi que le général de Fontanges conduisit le 68ᵉ de ligne qui se tint en seconde ligne. Ces troupes, formées en colonne, appuyaient l'artillerie des 1ʳᵉ et 3ᵉ divisions mise en batterie en avant d'elles avec quelques batteries de la réserve.

On entendait le canon dans la direction de Stonne, on espéra un instant que le 7ᵉ corps allait arriver, on avait l'œil sur la ferme de la Thibaudière en avant de la Harnoterie; la batterie Lanaud hésita même à tirer sur une tête de colonne qui se montrait; on croyait voir des chasseurs à pied; mais bientôt il n'y eut plus de doute, c'était bien l'ennemi. La batterie Lanaud et les troupes qui lui servaient de soutien ouvrirent leur feu et arrêtèrent des colonnes d'infanterie et de cavalerie qui tentaient de sortir des bois; les batteries de la division de L'Abadie envoyèrent quelques volées dans cette direction.

Le 7ᵉ corps, attaqué lui-même en queue, continuait sa marche par la Besace, vers Remilly pour y traverser la Meuse; son convoi escorté par la division de cavalerie Ameil allait passer au pont de Mouzon.

Le 17ᵉ de ligne, la compagnie du génie de la division Guyot de Lespart avaient été chercher pour gagner la rive droite de la Meuse un gué situé en face de la ferme Alma en arrière de la crête qui domine Beaumont et Létanne au nord. Ce gué avait été indiqué par le commandement supérieur (1); ils continuèrent sur Mouzon; des fractions du 68ᵉ avaient suivi le même chemin après l'évacuation des positions au sud.

Tandis que les autres troupes se plaçaient, le général de Failly fit porter la division de L'Abadie le long des bois de la Sartelle, sur la colline comprise entre la Meuse et le col par où passe la route de Mouzon; elle s'y dirigea par un mouvement de flanc. Le IIᵉ bataillon du 49ᵉ ne suivit pas immédiatement; il resta en arrière pour servir d'appui à de l'artillerie; puis, sous la direction du lieutenant-colonel, il opéra sa retraite en bon ordre, de manière à mériter les éloges du général en chef. Dans la nouvelle position le 14ᵉ bataillon de chasseurs était au centre. Trois batteries de la réserve vinrent avec le général de L'Abadie.

Cependant le 7ᵉ corps s'était avancé vers Remilly, son convoi atteignait la rive droite de la Meuse à Mouzon; l'ennemi se renforçant arrivait sur les hauteurs qui bordent le ruisseau d'Yoncq et cherchait à déborder le 5ᵉ corps; il avait dressé des batteries, il s'était engagé

---

(1) Renseignement donné par le lieutenant-colonel du 17ᵉ de ligne, M. Lacarcet. Ce renseignement explique comment un capitaine attaché au quartier impérial a rencontré à ce gué et dans la plaine qui le précède sur la rive gauche un si grand nombre d'hommes et même un adjudant-major du 68ᵉ.

un combat d'artillerie dans lequel les Allemands obtinrent la supériorité.

La fin du jour arrivant, le moment était venu de se rapprocher de Mouzon ; on se retira pour organiser la résistance sur le mamelon de Brune à l'ouest du Faubourg où se trouvaient la brigade Nicolas et le 68e. Le 19e bataillon de chasseurs à pied et le 30e appartenant à la brigade Abbatucci s'y trouvaient réunis également, après avoir été forcés de céder au nombre du côté de la Harnoterie. Le 27e de ligne, faisant partie de la même brigade, resta sur la crête devant Yoncq pendant que la brigade Saurin et l'artillerie opéraient leur retraite. Il la quitta plus tard et vint sur le mamelon de Brune, d'après l'ordre du général en chef qui prescrivit aussi à la division de L'Abadie de se replier. La brigade Saurin se dirigea également sur le mont de Brune.

Le mouvement rétrograde des batteries s'effectua sous le feu des Allemands et par des terrains boisés à pentes rapides entrecoupés de ressauts assez prononcés. La batterie Desmazières (division Goze) fut obligée d'abandonner deux pièces dans les bois, les quatre autres ne furent sauvées qu'à force d'énergie et de courage. La batterie Gastine (division Goze) put atteindre le mamelon sans perdre aucune mitrailleuse. Dans la batterie Arnould (division de L'Abadie), plusieurs pièces versèrent en cage, ainsi que des caissons, écrasant les chevaux et les conducteurs. Toutes les voitures furent perdues à l'exception d'une mitrailleuse conduite par l'adjudant Duhamel. La batterie Kramer (division de L'Abadie) éprouva moins de dommages. Une seule pièce était restée par suite de la mort des chevaux de derrière, mais le lieutenant Ribot, avec le conducteur Bourgade, retourna en arrière, la fit relever par quelques servants, la fit atteler et la ramena heureusement sous une grêle de balles. La batterie Caré (division Guyot de Lespart), dans une tentative de retour offensif, avait été engagée dans un chemin forestier, où elle fut accueillie par un feu de mousqueterie fort nourri ; elle y perdit 2 pièces et 2 attelages, dont les conducteurs furent tués ; elle vint se mettre en batterie à 1,200 mètres de l'ennemi sur le mamelon, à l'ouest du Faubourg. C'est là qu'arrivèrent aussi les mitrailleuses du capitaine Bès de Berc et les pièces du capitaine Vallantin, appartenant les unes et les autres à la division Guyot de Lespart.

Les batteries Deshautchamps et Macé, de la réserve, perdirent, la première cinq pièces et la seconde une.

Une des pièces de la batterie de Tessières n'ayant pu être emmenée, son avant-train ayant sauté, était restée en arrière. Le capitaine commandant traversa plusieurs centaines de mètres du champ de bataille, avec un seul avant-train, sous le feu de l'ennemi, pour la ramener.

La batterie Lanaud de la division Goze avait reçu l'ordre de passer la Meuse et avait pris position sur la rive droite.

Pour se replier, la division de L'Abadie et les batteries de la réserve qui se trouvaient avec elle, avaient à traverser le bois épais de la Sartelle. Les trois batteries Chardon, Girardin et Nicolas furent d'abord dirigées vers le pont de Mouzon, sous la protection de 4 compagnies du IIIe bataillon du 88e; ces batteries devaient aller s'établir sur la rive droite, pour protéger le passage du fleuve. Les Allemands devenus entreprenants avaient des tirailleurs dans les bois; les hommes du 88e les firent rétrograder; ils sauvèrent même leur drapeau que quelques dragons cherchaient à enlever. Le reste de l'infanterie s'engagea ensuite dans les bois; un bataillon 1/2 du 49e et les 5e et 6e compagnies du IIIe bataillon du 88e suivirent le chemin forestier; l'autre portion du 49e et le 14e bataillon de chasseurs à pied arrivèrent sur les hauteurs de Villemontry et descendirent vers la vallée; les Ier et IIe bataillons du 88e prirent un sentier conduisant sur ces mêmes hauteurs et s'y arrêtèrent.

Le général de L'Abadie avait prescrit à son chef d'état-major de réunir les portions de la division descendues dans le vallon qui aboutit à Mouzon, et de les conduire sur le mont de Brune à l'ouest du Faubourg où se massait de l'artillerie, et de sa personne, il s'était dirigé sur ce point. Sur ces entrefaites, arriva le général chef d'état-major général, après l'évacuation des positions en face d'Yoncq; il apportait un ordre, d'après lequel la division de L'Abadie devait tenir jusqu'à la nuit, coûte que coûte, sur les sommets en amont du pont de Mouzon, afin que l'ennemi en s'y établissant, ne pût ni détruire le pont, ni canonner de là les troupes effectuant le passage de la Meuse.

En l'absence de son général, le colonel Beaudouin communiqua cet ordre immédiatement au colonel du 49e, et au commandant du 14e bataillon de chasseurs à pied, puis il se porta au galop sur la hauteur pour le donner aussitôt au lieutenant-colonel Demange du 88e de ligne. Cet officier supérieur venait d'être renversé de son cheval, qui avait été blessé d'un coup de feu; il prit néanmoins de suite ses dispositions pour accomplir l'importante mission qui lui était confiée.

Pendant ce temps, l'ennemi qui avait gagné du terrain, en tâchant de déborder la droite des Français, s'était répandu dans les vallées qui mènent au pont; une charge des cuirassiers appartenant à la division Ameil essaya de l'arrêter, mais elle fut ramenée. C'est alors que la batterie Desmazières (division Goze), qui se dirigeait vers un gué situé en aval du pont, et qui avait été indiqué par le général chef d'état-major général, s'arrêta dans la prairie à hauteur du Faubourg, et par son feu empêcha la colonne ennemie d'avancer. Après avoir épuisé ses munitions, cette batterie gagna par le pont les hauteurs de la Fourberie sur la rive droite de la Meuse et continua son tir avec des charges empruntées au 12e corps.

La batterie Gastine, qui devançait la batterie Desmazières était parvenue au gué; elle avait commencé heureusement le passage, un certain nombre de ses voitures avaient atteint la rive opposée, lorsque des cuirassiers, se retirant trop précipitamment, arrêtèrent le mouvement; conducteurs et attelages furent renversés; 3 mitrailleuses et 3 caissons durent être abandonnés. Dans cette confusion, le lieutenant Beuzon disparut.

Les batteries Arnould et Kramer (division de L'Abadie) traversèrent la Meuse au pont, ainsi que les batteries Caré et Bès de Berc (division Guyot de Lespart); quant à la batterie Vallantin de la même division, elle prit par le gué, où elle perdit 3 pièces. Les batteries de la réserve avaient franchi le fleuve au pont; il ne restait sur la rive gauche que la batterie de Tessières, pendant que la brigade Saurin, la brigade Nicolas, le 68ᵉ et la majeure partie de la brigade Abbatucci, évacuaient le mamelon de Brune, pressés de plus en plus par l'ennemi, qui reprenait l'offensive au fur et à mesure que l'artillerie se repliait.

Le passage de ces troupes s'effectuait sous la protection de la brigade Cambriels du 12ᵉ corps, déployée sur les quais de Mouzon. En même temps l'entrée du Faubourg était défendue par quelques compagnies de la division de L'Abadie, le 30ᵉ de ligne et un détachement du 22ᵉ de ligne, qui avaient été disposés dans les maisons et aux abords. D'un autre côté, le colonel du 49ᵉ et le commandant du 14ᵉ bataillon de chasseurs à pied s'étaient mis en mouvement pour rejoindre le lieutenant-colonel Demange sur les hauteurs de Villemontry, mais ils en avaient été empêchés par les Allemands, qui maîtres de la crête de Yoncq, s'étaient avancés par les bois de la Sartelle. Ils avaient été forcés de se borner à se retirer lentement par échelons pour retarder les assaillants qui les suivaient de très près; un instant le 49ᵉ avait été obligé de former un carré de trois faces. Vers 7 heures et demie du soir, ils avaient aperçu le 88ᵉ en marche sur les pentes qui tombent du côté de la Meuse. Dans leur mouvement rétrograde, exécuté de manière à ralentir les progrès de l'ennemi, ils finirent par atteindre les berges de la rivière, où ils s'abritèrent, et à la nuit, ils atteignirent le pont qu'ils purent franchir. Enfin les compagnies défendant le Faubourg commencèrent leur retraite. Dans cette circonstance, le capitaine de Tessières déploya une remarquable énergie. Resté sur la rive gauche avec une seule de ses pièces, animant ses hommes du geste et de la voix, leur communiquant le feu de son courage, il se mit en batterie à une trentaine de mètres en avant du pont, et par son tir à mitraille exécuté sous la protection des compagnies du 22ᵉ de ligne, il arrêta l'ennemi. Il eût 1 servant tué, 2 blessés; un conducteur et 3 chevaux furent blessés. N'ayant plus qu'un seul servant, il remplit lui-même les fonctions de pointeur et de pointeur-servant faisant usage d'une ficelle et d'un clou comme tire-feu.

La majeure partie du corps d'armée ayant abandonné la ligne de partage entre la Meuse et les ruisseaux d'Yoncq et de Beaumont, les Allemands étaient parvenus à tourner le lieutenant-colonel Demange : il lui était devenu impossible de se maintenir sur sa position. Ses soldats, forcés par l'ennemi, s'étaient en effet jetés vers 7 heures et demie du soir dans une ferme située à 800 mètres des bois ; ils s'y étaient mis en défense, sous la direction énergique de leur colonel. Vers 11 heures du soir, une tentative fut essayée pour se faire jour à la baïonnette ; l'avant-garde, conduite par le capitaine Delasson et le sous-lieutenant Kelberger, aperçut des forces trop nombreuses ; elle ne put distinguer si le pont était rompu ou seulement barricadé. On revint sur ses pas, attendant le point du jour pour pousser à fond l'entreprise. Alors la petite colonne, formée en pelotons commandés chacun par un officier, s'avança hardiment pour passer la Meuse, animée par les paroles de son chef et pleine de confiance en lui. En tête marchaient le lieutenant-colonel Demange, le commandant Escarfail, l'adjudant-major Lordon et le sous-lieutenant Kelberger. Dès qu'on aperçut l'ennemi sur la route, on fit feu et les hommes excités par les cris de : « En avant! » continuant leur course, repoussèrent si vigoureusement les Allemands, qu'ils purent franchir sans être trop inquiétés deux barricades qui se trouvaient sur le pont et gagner la rive droite. Malheureusement, ce coup d'audace ne put être accompli sans pertes ; le brave lieutenant-colonel Demange reçut une blessure à laquelle il a succombé depuis ; le sous-lieutenant Kelberger fut tué ; MM. Croquez, lieutenant, et Chauvet, sous-lieutenant, furent faits prisonniers ; plusieurs de ces vaillants soldats, furent blessés, tués ou prisonniers. Les officiers qui parvinrent à atteindre Mouzon, sont : MM. Escarfail, chef de bataillon, Lordon, capitaine adjudant-major, David, Delasson, Euzière, capitaines ; Lambœuf, Barthe, Lebrun, sous-lieutenants.

Le 30, la division de cavalerie du 5ᵉ corps avait reçu du général en chef, au moment où l'attaque commençait, l'ordre verbal de couvrir le flanc gauche de la colonne battant en retraite, conformément aux instructions du maréchal de Mac-Mahon. Après avoir occupé diverses positions dans ce but, le général Brahaut, voyant s'écouler devant lui des troupes d'infanterie, avait pris le parti de se replier sur Mouzon ; puis connaissant la vraie situation des affaires, il avait essayé de ramener ses escadrons sur les hauteurs. Il en avait été empêché par l'épaisseur des bois qui ne lui avaient offert aucune position favorable ; il était alors revenu dans la plaine de Mouzon, et avait disposé ses troupes sur trois lignes en avant de la cavalerie du général Ameil (7ᵉ corps). Voyant l'infanterie en pleine retraite, il avait passé le pont et avait conduit ses escadrons sur la hauteur au nord de Mouzon.

La compagnie du génie de la division perdit une voiture dans le gué.

Après le passage de la Meuse, la réserve d'artillerie reçut du maréchal de Mac-Mahon lui-même l'ordre de se diriger sur Sedan par Carignan. La brigade Saurin, le 17ᵉ de ligne, et les troupes d'infanterie du général de L'Abadie, prirent la route de Carignan, et reçurent en chemin l'ordre de gagner ensuite Sedan au plus vite. Les batteries Arnould et Kramer marchèrent avec la réserve d'artillerie. La compagnie du génie se réunit à celle du grand quartier général et à un détachement de cette arme, arrivé le jour même, et se mit également en marche pour Sedan.

Le 68ᵉ, la brigade Nicolas, le reste de la division Guyot de Lespart, la division de cavalerie se trouvaient réunis au-dessus de Mouzon ; les ordres qui leur étaient destinés n'étant pas parvenus, résolution fut prise de marcher sur Montmédy. Un capitaine, originaire du pays, devait servir de guide. On devait franchir la Chiers, à Tétaigne et à Brévilly, et se rabattre ensuite vers l'est par un chemin tracé plus au nord que la grande route.

Arrivé à la gare de Brévilly, le général Nicolas apprit que l'Empereur, venant de Carignan, était passé à 7 heures du soir, se dirigeant sur Sedan, et que le convoi de vivres destiné au 5ᵉ corps rebroussait chemin. Le projet d'aller à Montmédy fut abandonné et l'on prit la route de Sedan. Le général Brahaut avait arrêté sa cavalerie à Lombut, pour y passer la nuit, et avait envoyé son officier d'état-major pour chercher des ordres.

Le général de L'Abadie au général de division commandant en chef le 5ᵉ corps.

Wiesbaden, 22 mars 1871.

Le 5ᵉ corps devait le jour même aller coucher à Vaux ; on préparait les ordres à cet effet, lorsque le canon annonça la présence de l'ennemi venant de Sommauthe. Quelques mesures furent prises tout d'abord sur le lieu même du bivouac, mais voyant que c'était une bataille qui s'engageait, je fis mettre sac au dos et échelonnant mes bataillons, je les portai sur la crête qui domine au nord Beaumont et Létanne, pour servir d'appui aux troupes françaises attaquées au sud. Le mouvement se fit avec beaucoup d'ordre, les batteries Kramer et Dulon (1) suivant la route de Mouzon à hauteur de l'infanterie, con-

---

(1) La batterie Dulon (7ᵉ du 2ʳ) était à Metz avec la brigade Lapasset. Il faut lire : les batteries Kramer et Arnould.

tribuèrent par leur tir à arrêter les progrès de l'ennemi, qui cherchait à déborder notre droite.

Sur votre ordre, mon général, je me portai ensuite le long du bois de la Sartelle pour garder la crête boisée entre la Meuse et la route de Mouzon, pendant que la résistance s'organisait sur celle qui sépare le ruisseau d'Yoncq de la Meuse. Des batteries de la réserve vinrent coopérer à mon action. Les Allemands virent bientôt que c'était sur la droite qu'ils devaient diriger leur principal effort. En évacuant ma première position j'y avais laissé à votre disposition, pour servir d'appui d'artillerie, le II⁰ bataillon du 49ᵉ et le lieutenant-colonel Bergeron, qui firent ensuite pour me rejoindre, une retraite qui provoqua vos éloges.

Lorsque les troupes en position devant Yoncq se mirent en retraite, je me repliai également à travers les bois. Les batteries de la réserve, qui étaient avec moi, furent envoyées pour traverser la rivière et s'établir sur la rive droite de la Meuse, afin de protéger le passage. Je les fis escorter par quatre compagnies du 88ᵉ, appartenant au IIIᵉ bataillon. Les Allemands, devenus entreprenants, avaient des tirailleurs dans les bois; les hommes du 88ᵉ les firent rétrograder, et sauvèrent le drapeau que quelques dragons cherchaient à enlever.

Le reste de l'infanterie s'engagea ensuite dans le bois; un bataillon et demi du 49ᵉ, les 5ᵉ et 6ᵉ compagnies du IIIᵉ bataillon du 88ᵉ suivirent le chemin forestier, l'autre portion du 49ᵉ avec le 14ᵉ bataillon de chasseurs à pied arrivèrent sur les hauteurs de Villemontry et descendirent sur les pentes; les Iᵉʳ et IIᵉ bataillons du 88ᵉ prirent un sentier conduisant sur ces mêmes hauteurs et s'y arrêtèrent.

J'avais prescrit à mon chef d'état-major de réunir les fractions de la division descendues dans la vallée qui mène à Mouzon et de les diriger sur un mamelon à l'ouest du Faubourg et sur lequel se réunissait de l'artillerie, et je m'étais porté vers ce point. Pendant ce temps, le chef d'état-major général survenant après l'évacuation des positions devant Yoncq, apporta un ordre, d'après lequel, les troupes de la 2ᵉ division devaient tenir, coûte que coûte, jusqu'à la nuit, sur les mamelons en amont de Mouzon, afin qu'en s'y établissant l'ennemi ne pût ni détruire le pont, ni contrarier de là le passage de la Meuse. En mon absence, le colonel Beaudoin communique cet ordre au colonel Kampf du 49ᵉ et au commandant Parlier du 14ᵉ bataillon de chasseurs à pied, et il se porta au galop sur la crête pour le transmettre aussi au lieutenant-colonel Demange du 88ᵉ de ligne. Cet officier supérieur venait d'être renversé de son cheval blessé par une balle; il prit cependant immédiatement ses dispositions pour accomplir l'importante mission qui lui était confiée. De leur côté, le colonel du 49ᵉ et le chef de bataillon commandant le 14ᵉ chasseurs à pied, s'étaient mis en mouvement pour rejoindre le lieutenant-colonel Demange, mais ils en avaient été empêchés par l'ennemi qui, maître des hauteurs de Yoncq, s'était répandu dans la vallée et sur les pentes aboutissant vers Mouzon. Ils avaient dû se borner à faire une retraite lente par échelons et suivis de près. Un moment le 49ᵉ fut obligé de former un carré de trois faces. Vers sept heures et demie du soir ils aperçurent le 88ᵉ, qui, forcé sur sa position, descendait les pentes vers la Meuse. Dans cette marche, destinée à retarder l'ennemi, ils finirent par atteindre la berge de la rivière et passèrent le pont à la nuit. Pendant ce temps, l'entrée du Faubourg était défendue par le reste des troupes de ma division, par le 30ᵉ de ligne et des compagnies du 22ᵉ de ligne ; la résistance sur ce point donna le temps aux autres divisions du corps d'armée et à la cavalerie du général Ameil, qui étaient en position sur un mamelon à l'ouest du pont, de le passer ou de franchir la Meuse à un gué situé en aval. Dans cette circonstance, le capitaine de Tessières, commandant une batterie de la réserve, déploya une remarquable énergie. A la fin, resté avec une seule de ses pièces et un seul servant, sur la rive gauche, il remplit les fonctions de pointeur et de pointeur-servant, employant comme tire-feu une ficelle et un clou ; son tir contribua à empêcher les Allemands de trop presser les troupes françaises aux derniers moments du passage.

La retraite de la majeure partie du 5ᵉ corps avait permis aux Allemands d'arriver dans les bois de la Sartelle et de les tourner ; il était en effet devenu impossible au lieutenant-colonel Demange de se maintenir plus longtemps sur sa position ; ses soldats, forcés par l'ennemi, s'étaient repliés sur une ferme située à 800 mètres environ du bois ; là, ils se mirent en état de défense sous l'énergique direction de leur chef. Vers onze heures du soir, une tentative fut essayée pour se faire jour à la baïonnette ; mais l'avant-garde, conduite par le capitaine Delasson et le sous-lieutenant Kelberger, reconnut que les forces qui gardaient de ce côté étaient nombreuses, et elle ne put distinguer l'état du pont, s'assurer s'il était rompu ou seulement barricadé. On revint sur ses pas, mais au point du jour la tentative fut poussée à fond. Animée par les paroles du lieutenant-colonel Demange, et pleine de confiance en lui, la petite colonne formée de pelotons commandés tous par un officier, s'avança hardiment pour passer la Meuse. En tête, marchaient le lieutenant-colonel, le commandant Escarfail, l'adjudant-major Lordon et le sous-lieutenant Kelberger. Dès qu'on aperçut l'ennemi sur la route, on fit feu et les hommes, excités par le cri : « En avant », continuèrent leur course et repoussèrent si vigoureusement l'ennemi qu'ils purent franchir, sans être trop inquiétés, les deux barricades qui fermaient le pont et gagner la rive droite. Malheureusement ce coup d'audace ne put être accompli sans pertes. Dès les premiers coups, le brave colonel Demange fut blessé, le sous-lieutenant Kelberger fut tué; deux officiers MM. Croquez, lieutenant, et Chauvet, sous-lieutenant, furent faits prisonniers ; un certain nombre de sous-officiers et soldats furent tués, blessés ou faits prisonniers également ; les officiers qui parvinrent à gagner Mouzon sont : MM. Escarfail, chef de bataillon ; Lordon, capitaine adjudant-major, David, Delasson, Euzière, capitaines; Lambœuf, Barthe, Lebrun, sous-lieutenants. Le commandant Escarfail rejoignit la division le 31 à Sedan dans la soirée. Par malheur, mon général, je n'ai plus à payer ici au digne lieutenant-colonel Demange que le juste tribut des regrets qu'il mérite à tant de titres. Cet excellent officier supérieur n'a pas survécu à sa blessure ; il emporte avec lui dans la tombe l'estime de ses chefs et de ses subordonnés de tous grades ; son nom vivra longtemps honoré au 88ᵉ de ligne.

L'artillerie de ma division suivant la route de Mouzon avait été envoyée sur la crête en avant d'Yoncq, et elle avait participé au mouvement des troupes établies de ce côté. Lorsque celles-ci durent évacuer cette position sous l'effort de l'ennemi, la batterie Arnould eut à traverser des pentes boisées très rapides entrecoupées de ressauts de plus d'un mètre de hauteur; la difficulté de les passer fut extrême ; une grande quantité de caissons et de pièces versèrent en cage, écrasant les chevaux et les conducteurs ; elle perdit toutes ses pièces à l'exception d'une mitrailleuse et d'un caisson, qui furent sauvés, grâce à l'énergie de l'adjudant Duhamel, du maréchal des logis Navelle et des deux conducteurs Clément et Carpentier. La batterie Kramer éprouva moins de dommages, quatre caissons et une pièce furent renversés, celle-ci écrasant le conducteur et les chevaux de derrière. Le lieutenant Ribot, qui avait déjà franchi ces pentes rapides, s'apercevant qu'une de ses pièces lui manquait, n'hésita pas à revenir sur ses pas, emmenant avec lui le conducteur Bourgade. Au milieu d'une grêle de balles, il fit relever la pièce par quelques servants qui étaient autour d'elle, la fit atteler et la ramena heureusement.

La compagnie du génie, les voitures ainsi que la réserve divisionnaire d'artillerie avaient été dirigés sur Mouzon dès le début du combat ; la réserve d'artillerie avait passé la Meuse. La compagnie du génie la traversa dans la soirée, mais une de ses voitures resta embourbée dans le gué.

L'escadron divisionnaire se joignit au reste de la cavalerie du corps d'armée pour aller sur la rive droite avant la nuit.

Quant à l'ambulance, elle avait précédé ma division à Beaumont pendant la nuit du 29 au 30. On l'avait installée dans le village avec les services administratifs, ils ne purent en sortir et tombèrent au pouvoir de l'ennemi.

Dans cette journée, les pertes de la division s'élevèrent à sept officiers tués ou morts de leurs blessures, trente-deux pris ou disparus, 1070 sous-officiers et soldats tués, blessés ou disparus, dix-sept officiers furent blessés.

J'arrivai à Sedan dans la matinée du 31, après une marche de nuit, qui ne fut pas moins pénible que celle de la nuit du 29 au 30. La route était encombrée par un convoi considérable, qui entravait la marche de ma colonne. Nous fûmes placés à droite de la porte de Balan, dans les fossés et sur les glacis de la place.

Dans la soirée, ma division fut envoyée à Cazal, à gauche du 7ᵉ corps, pour remplir un intervalle resté inoccupé.

Rapport du commandant Parlier, commandant le 14ᵉ bataillon de chasseurs, sur le rôle de ce bataillon pendant la journée du 30 août.

Mayence, 16 octobre.

..... Le 30 août, au moment où commençait l'attaque du camp de Beaumont, je prescrivis aux 5ᵉ et 6ᵉ compagnies de se rendre près des deux batteries d'artillerie de la division ; puis, laissant la 4ᵉ compagnie en réserve derrière ses faisceaux, je me portai rapidement avec les 1ʳᵉ et 3ᵉ compagnies à 500 ou 600 mètres de la maison située en avant de la droite de notre front de bandière. Ces deux compagnies, placées dans des jardins et abritées derrière des haies ou des murs de clôture, voyaient parfaitement tout le terrain en avant de notre camp jusqu'à la forêt occupée par l'ennemi. Deux hommes de ces compagnies furent blessés à cet endroit par le feu de l'artillerie ennemie.

Me reportant de ma personne à ma réserve que j'avais laissée au camp, je vous rencontrai et vous rendis compte des dispositions prises. Sur votre ordre, j'allai rechercher les 1ʳᵉ et 3ᵉ compagnies, auxquelles s'étaient jointes des compagnies du 49ᵉ de ligne. En repassant par le camp, je fis prendre aux hommes les havresacs qui avaient été laissés derrière les faisceaux ; je rejoignis ma 4ᵉ compagnie qui s'était mise en mouvement en même temps que les autres troupes de la brigade et je me plaçai en réserve à 500 mètres environ de la ligne formée par les 49ᵉ et 88ᵉ établis sur la pente à droite de la route de Beaumont à Mouzon. Quelque temps après, j'occupai la lisière d'un bois parallèle au front d'attaque de l'ennemi, ayant à ma droite le 88ᵉ et à ma gauche le 49ᵉ. Deux hommes furent blessés à cet endroit par des obus.

Sur l'ordre qui me fut transmis de battre en retraite par le flanc gauche, dans la direction de Mouzon-Sedan, je cherchai vainement à travers bois et sur ma gauche un passage. Je dus battre en retraite parallèlement à la position que je venais de quitter, c'est-à-dire à la lisière du bois. Je rencontrai bientôt un bataillon et demi du 49ᵉ sous les ordres du lieutenant-colonel. Nous nous dirigeâmes ensemble sur un plateau où se reformaient les corps de la 1ʳᵉ division (Goze). Ne trouvant pas les troupes de notre brigade, nous descendîmes les pentes de ce plateau pour gagner dans la plaine la route de Mouzon. Près de cette route nous rencontrâmes le général commandant la 3ᵉ division (Guyot de Lespart) qui nous engagea à nous porter sur un mamelon boisé où il avait aperçu des troupes du 49ᵉ et du 88ᵉ. Nous nous dirigeâmes sur ce point et nous pûmes nous convaincre que le bois était déjà occupé par l'ennemi, du moins dans la partie que nous avions abordée, car nous recevions déjà des coups de fusil. Couverts par des tirailleurs, nous attendîmes dans cette position environ une demi-heure et vers 6 heures et quart ayant aperçu des troupes françaises (fractions du 49ᵉ avec le colonel Kampf et la 5ᵉ compagnie du 14ᵉ bataillon qui n'avait pas suivi dans son mouvement de retraite sur Mouzon la batterie qu'elle gardait, puis le 88ᵉ, colonel Demange) qui descendaient une des pentes du mamelon dans une direction perpendiculaire à la Meuse, nous opérâmes lentement avec le lieutenant colonel du 49ᵉ un mouvement de retraite en échelons, couverts par la 3ᵉ compagnie de chasseurs à pied, en tirailleurs. Au bas des pentes nous nous arrêtâmes parce que le colonel Kampf qui se trouvait environ à 800 mètres de nous, venait de former un carré. Au même moment, débouchait sur une route qui longe la rive gauche de la Meuse le 88ᵉ. Il s'arrêta près d'une ferme située à environ un kilomètre du pont de Mouzon. Vers 6 heures et demie, sur notre gauche et dans la direction de l'axe du pont, l'ennemi s'avançait précédé de ses tirailleurs. Nous dûmes songer à nous diriger sans perdre de temps vers le pont en prenant la berge de la rivière pour nous mettre à l'abri de leur feu. Arrivés au pont de Mouzon, les tirailleurs ennemis étaient à 500 mètres de nous, embusqués dans un fossé, et exécutaient un feu assez vif. C'est là que le lieutenant Garreau fut grièvement blessé ainsi qu'un chasseur et que je reçus une contusion à la jambe droite par une balle. L'encombrement sur le pont n'était pas considérable, nous pûmes, à l'abri des voitures, le passer sans coup férir, puis traverser Mouzon et vous rejoindre à la sortie de la ville, sur la rampe où nous nous reformâmes. A ce moment toutes les compagnies avaient rallié le bataillon à l'exception de la 6ᵉ qui avait suivi dans sa retraite l'artillerie de la division et était campée dans un village au-dessus de la ville dans la direction de Carignan. Le sous-lieutenant Girard, de cette compagnie, avait été blessé au front par une balle, dans le mouvement de retraite. Par votre ordre, je me suis mis ensuite en marche dans la direction de Carignan que je traversai dans la nuit et j'allai bivouaquer à 6 kilomètres au delà de ce village.

Rapport du colonel Kampf, commandant le 49ᵉ régiment d'infanterie, sur le rôle de ce régiment à la bataille de Beaumont.

Sedan, 2 septembre.

A midi, au premier coup de canon, le régiment prend les armes et s'échelonne par bataillons, la gauche aux premières maisons du village. A l'abri de cette position, les autres corps se sont formés en arrière sur le plateau. Le régiment soutient en entier l'artillerie et est placé en bataille de façon à rejoindre les trois batteries. Sur l'ordre du général commandant en chef, le Iᵉʳ bataillon et le IIIᵉ vont occuper la lisière des bois, le IIᵉ bataillon reste pour protéger les batteries encore en position. Ces batteries devant se porter en arrière, le IIᵉ bataillon, (commandant Raillard et dirigé par le lieutenant-colonel Bergeron) exécute un mouvement de retraite, avec un ordre parfait, qui lui mérite les éloges du général en chef.

Le mouvement de retraite de l'armée se prononçant de plus en plus, le régiment vient prendre position, partie sur une hauteur dominant la Meuse et partie en avant du pont de la Meuse, avec mission de protéger et d'assurer la retraite de l'armée.

Le 1ᵉʳ bataillon, commandé par le capitaine Le Conte et dirigé par le colonel Kampf garde cette position, forme un instant le carré, entouré et près d'être coupé, bat en retraite, franchit le pont de la Meuse, alors qu'il n'y avait plus aucun corps constitué à passer et aussitôt garnit toutes les maisons et les positions avoisinant le pont (rive droite) et par son feu assure la retraite, jusqu'à la nuit, des nombreux soldats isolés.

Pertes en officiers :

Tué : M. Méchain, lieutenant.

Blessés et disparus :
MM. Chenin, adjudant-major.
Chamonard, lieutenant.
Laroche, sous-lieutenant.
Maugis, médecin-major.

MM. Archidet, capitaine.
de Prud'homme, sous-lieutenant.
Bugnet, lieutenant.

Blessés et présents au corps :
M. Kampf, colonel.

M. Périneau, lieutenant.

Souvenirs du général Faulte de Vanteaux (49ᵉ de ligne).

La marche pendant la nuit du 29 au 30, fut très pénible. Nous passâmes près du campement de la veille, sur un chemin à travers bois, je pense ; j'y remarquai un feu. Nous dormions littéralement en marchant, serrés les uns derrière les autres, silencieux. Il me semblait parfois que mon pas tombait dans le vide, et j'allais presque butter sur le sac de l'homme qui marchait devant moi. A chaque halte chacun se précipitait à terre pour dormir un moment. Aussitôt la reprise de la marche chacun se levait comme mû par un ressort et repartait. J'avais en tête l'idée que les colonnes prussiennes traversaient la même forêt que nous ; je voulus même, à une pause, pousser jusqu'à une clairière pour m'en assurer ; mais j'étais trop fatigué pour faire par surcroît cette pointe ; je revins après quelques pas. Était-ce une illusion ? En tout cas nous étions bien prévenus de la proximité de notre adversaire.

Au petit jour, nous sortîmes par le chemin (j'ai lieu de le croire) qui passe entre la ferme de la Belle Volée et celle de la Petite Forêt. Nous passâmes ensuite au travers d'un camp formé par des troupes du corps d'armée, arrêtées à la sortie des bois, sans postes de surveillance. Nous traversâmes le bourg de Beaumont et montant au-dessus, les deux bataillons du régiment, formés chacun en colonne, campèrent l'un à côté de l'autre, au nord-ouest de ce bourg, à 200 ou 300 mètres, au-dessus de la dernière maison, sur le flanc ouest de la route, le front tourné vers Beaumont, le flanc gauche de la colonne du IIᵉ bataillon appuyé à la route, le flanc droit du Iᵉʳ bataillon appuyé à des vergers.

Deux batteries de réserve du corps d'armée (lieutenant-colonel Bougault) s'établirent derrière et au-dessus du régiment, le long de la route de Mouzon.

Les hommes, très fatigués, s'installèrent au camp, dormirent et cherchèrent à préparer leur repas ; on tua les moutons amenés....

Vers 7 heures du matin, nous dit-on, le maréchal de Mac-Mahon était passé près de nous, et trouva que notre position était un peu en l'air, car le but avoué était de traverser la Meuse... On nous annonça le retour du IIIᵉ bataillon ; ses officiers me dirent qu'ils avaient longé les colonnes prussiennes avec l'immense convoi parti du Chesne Populeux, qu'ils escortaient....

On commençait à causer beaucoup du voisinage des Prussiens, qu'on en avait vus, qu'un uhlan était venu dans un camp voisin, avait regardé les cuisiniers d'une marmite, leur avait parlé ; que ces derniers l'avait pris pour un lancier, et ne s'étaient aperçu de leur méprise que plus tard. Un caporal qui m'avait demandé la permission d'aller avec un homme, en quête de provisions, dans une ferme au loin, était revenu en disant qu'il avait vu six pièces de canon en batterie et que les artilleurs prussiens étaient derrière, dans un fossé.

On disait que les avis ne manquaient pas au général de Failly et à son état-major installés à Beaumont et qu'ils les négligeaient. Ainsi un propriétaire des environs était venu en toute hâte prévenir que des masses ennemies défilaient en grand nombre. « Combien sont-ils » ? lui répondit-on. — « Soixante mille. » — « Vous les avez donc comptés »! !

Du reste, le général de Failly n'avait arrêté son corps à Beaumont que pour le faire reposer et avoir sa nourriture avec quelque facilité, avant de passer sur la rive droite de la Meuse, rive devant être envahie par les autres corps.

Le lieutenant-colonel Bougault, probablement sous l'influence du vent de la bataille qui commençait à se lever, fit sonner le boute-selle, (il n'était pas midi), et disposa en batterie le long de la route de Mouzon, à un endroit dominant, ses 12 pièces de 12. (Aussi put-il riposter de toutes dès l'irruption des Prussiens.)

Je me décidai alors à aller prévenir le colonel, mais je courus d'abord à ma compagnie (1e du 1er), et je criai de prendre les armes. Mais à ce moment les hommes mangeaient leur ragoût de mouton; ce repas était trop salutaire après les péripéties précédentes pour ne pas le respecter. Je me contentai de leur dire de se dépêcher et de faire leurs sacs tout en mangeant. Ils se levaient ayant avalé leurs morceaux de mouton, lorsque tout à coup trois obus tombèrent dans notre camp dont un dans la tente vide du colonel.

Ce fut le prélude d'une vive canonnade à laquelle le colonel Bougault répondait avec ardeur. Ce fut aussi grande confusion dans le camp. Je donnai comme point de ralliement à ma compagnie un petit chemin ou fossé à une cinquantaine de mètres de la route, et j'eus vite mes hommes en ordre dont aucun ne fut touché. Ce rassemblement opéré, je ramenai ma compagnie en avant, à travers le camp, et je garnis les vergers voisins de tirailleurs. De ces vergers nous tenions une position dominante, mais nous étions tout à fait vus de l'ennemi. D'autre part, nous ne pûmes qu'assister de trop loin à la canonnade dirigée sur le camp de la 1re division en première ligne. Les chevaux d'artillerie étaient tués au piquet.

Voyant que nous ne pouvions rien y faire, et que les pièces allaient être dirigées sur nous, je fis couper, à coups de sabre, par trois adjudants, nommés récemment sous-lieutenants, qui, à défaut de compagnie m'avaient suivi, des passages dans les haies, et je fis ressortir, sans mouvement apparent, tous mes hommes à la suite les uns des autres. A peine étais-je, moi dernier, sorti de ces vergers qu'une salve d'obus s'abattit dessus.

Nous regagnâmes avec assez d'ordre le régiment, dont les bataillons avec ceux du 88ᵉ formèrent des échelons très bien en ligne, à 400 ou 500 mètres de là.

Les échelons battirent en retraite lentement. Sur leur flanc droit, j'allai placer ma compagnie en tirailleurs, entre les batteries du colonel Bougault, qui s'étaient espacées, bordant la route; un peu en avant d'elles, et faisant face dans la direction de la ferme de la Thibaudine. C'était un duel d'artillerie.

De malheureux chevaux échappés couraient sur la route, des fuyards... Je maintins mes hommes dans le fossé de la route et nous ne nous retirâmes que lorsque notre artillerie, abandonnant la place, eut gagné du champ en arrière. En tournant la tête pour voir où portaient les obus derrière nous, j'en vis éclater un sous le ventre du cheval du général de L'Abadie qui n'interrompit pas les ordres qu'il donnait à ce moment.... La canonnade nous cernait, aussi fûmes-nous obligés de nous rejeter dans les bois de Givodeau qui nous rompirent.

Je me trouvai dix minutes après environ, de l'autre côté d'un de ces bois, désespéré, sur la portion de route qui est encaissée et descend sur Mouzon. Là, quelques officiers et moi avec le colonel, nous ralliâmes des fractions de compagnies, surtout du Iᵉʳ bataillon. Nous descendîmes sur Mouzon, nous rencontrâmes 3 pièces escortées par une section du 19ᵉ bataillon de chasseurs; nous les avions dépassées lorsque nous fûmes rappelés par les cris du chef d'état-major du 5ᵉ corps, général Besson. Il nous mena au-dessus de la route par des pentes boisées très escarpées, en avant du petit bois de Villemontry. Il réunit là une partie de notre Iᵉʳ bataillon, une centaine d'hommes du 30ᵉ de ligne, autant du 14ᵉ bataillon avec 5 ou 6 officiers. « Voyez la position, s'écria-t-il, elle empêche de tourner l'armée, de prendre le pont de Mouzon; je promets cent médailles si on la tient. »

Les hommes ayant le défaut de se pelotonner dans les moments difficiles, je m'évertuai à les mettre sur un rang le long de la lisière de ce bois de Villemontry; un obus qui vint blesser 3 ou 4 hommes réunis à cet endroit avec le tambour-major du 88ᵉ vint appuyer ma théorie.

Le petit bois de Villemontry qui se termine par une pente escarpée sur la route de Mouzon, est précédé à l'est d'un petit plateau dominant la ferme de ce nom, et va jusqu'au saillant d'un éperon élevé qui domine Mouzon et tous les environs.

De la lisière de notre bois, nous ne voyions devant nous pas plus loin que la crête de ce petit plateau, à environ 200 mètres de nous. Nous disposions donc les hommes de notre mieux sur cette lisière pour attendre l'ennemi, lorsque les balles venant siffler dans le haut des arbres nous avertirent de son approche.

En effet, les hommes de la 3ᵉ compagnie du 1ᵉʳ, avec leur capitaine Bellenger et leur sous-lieutenant Boussard, avaient été envoyés en tirailleurs à la crête susdite du plateau; tout à coup ils se replièrent à la course sur nous. Nous sentîmes instinctivement que nous allions être entraînés en arrière par eux, et que nous ne ferions rien de notre bois.

Aussi, le capitaine Le Conte qui commandait le 1ᵉʳ bataillon bondit en avant jusqu'à la crête et revint presque aussitôt en criant : « F...! ce sont les Prussiens, en avant! ». Je sautai hors du bois à cet appel et nous voilà courant tous deux en avant, en hurlant : « En avant! » mais ne voyant pas l'ennemi.

Après un petit moment de silence, qui ne laissa pas que de me serrer le cœur, toute la ligne sortit brusquement du bois, en hurlant aussi : « En avant! » s'élançant sur le petit plateau et courant à la crête.

A cette crête, nous nous trouvâmes nez à nez avec une compagnie prussienne en bande de tirailleurs. Un feu roulant partit, et lorsque la fumée se fut dissipée, je vis les corps de nos malheureux adversaires étendus noirs dans les sillons d'un champ. Les soldats poursuivirent les survivants.... Quelques instants après un feu de bataillon sur notre droite nous débarrassa de tout retour offensif. Ce feu provenait du 88ᵉ qui devait apercevoir les mouvements de l'ennemi. Les soldats étaient enthousiasmés de leur succès. Nous n'avions de notre côté que deux ou trois blessés.

Nous entendîmes peu après les mitrailleuses, tirant de l'autre côté de la Meuse. « Les moulins à café » s'écrièrent les soldats; leur bruit crépitant nous remettait un peu de confiance.

Nous restâmes quelque temps sur notre éperon découvrant Mouzon derrière nous, ne voyant aucune attaque devant nous, et même ne recevant guère de projectiles. Mais la bataille gagnait en violence derrière nous. J'envoyai quelques feux de salve d'une vingtaine de fusils dans la direction du mont de Brune. Toutes ces salves furent parfaitement, nettement et bien exécutées. Enfin la bataille gagnait du côté du Faubourg de Mouzon. Nous prîmes le parti de nous retirer, du reste notre rôle était rempli. Nous en fîmes donner avis au 88ᵉ qui nous répondit que l'ordre lui avait été donné de rester à son poste et n'avait pas été levé.

Le colonel nous fit retirer et nous descendîmes sur la droite de Mouzon avec des fractions du 30ᵉ de ligne et surtout du 14ᵉ chasseurs, en tout 300 à 400 hommes. Le colonel nous faisait de temps en temps arrêter et former en carré; je ne sais pourquoi ! Les officiers de chasseurs en étaient fort étonnés et mécontents.

Nous passâmes près de la ferme de Givodeau....

La bataille était à la tête du Faubourg, la nuit s'approchait. Nous nous dirigeâmes sur le bord de la Meuse et, malgré l'escarpement de ses berges et la boue qui les couvraient, nous arrivâmes au pont entre le Faubourg et la ville.... Le pont était obstrué par deux voitures placées en travers; les obus pleuvaient dessus, et dessous quelques hommes voulaient passer dans l'eau profonde.... Je fus vite de l'autre côté de la Meuse, dans Mouzon. Une partie du 22e de ligne arrivait alors et mettait en état de défense les maisons près du pont; les soldats montaient dans les chambres, sur les toits et naturellement brisaient portes et fenêtres. On criait : « En avant le 22e ! ».

La rue principale aboutissant au pont était, à l'opposé, terminée par une porte de ville. On avait fermé cette porte et toute une batterie montée d'artillerie de marine (12e corps) était arrêtée dans cette rue, l'encombrait et personne ne pouvait passer. Heureusement que pas un obus ennemi ne vint taper dans cet encombrement. Ne pouvant passer par cette rue, je pris sur ma droite, pensant trouver quelque endroit favorable pour pouvoir tirer à travers la Meuse et en défendre ainsi les abords.... Le chemin que je suivais me ramena à la rue principale; on avait ouvert la porte, on en pouvait sortir. Par cette issue, mais un peu en dehors de la ville, à la croisée des routes de Sedan et de Carignan se rassemblaient les fractions dispersées du régiment. Elles avaient fait toutes leur devoir en différents points et tenu tête à l'ennemi. Les pertes du régiment ne furent cependant pas très considérables; je les estime en tout à environ 250 hommes.... Le capitaine Archidet, commandant la 2e compagnie du IIIe bataillon, avait été pris à la tête du Faubourg de Mouzon dans une maison qu'il défendait....

Vers huit heures du soir, nous prîmes la route de Carignan. De temps en temps, un clairon sonnait dans la nuit le refrain du régiment de sorte que, au bout de quelques kilomètres, le régiment était à peu près réuni, sauf quelques groupes du IIe bataillon que nous retrouvâmes à Sedan.

Quoique la défaite nous étreignît le cœur, quoique la vue de l'incendie du Faubourg de Mouzon et les derniers coups de canon, fin de cette triste bataille, nous portassent la douleur dans l'âme, les soldats étaient néanmoins résolus. Ils s'étaient engagés presque corps à corps avec l'ennemi sur plusieurs points, et ils avaient la conscience d'avoir fait leur devoir.

Nous arrivâmes à Carignan un peu après 11 heures du soir. Le camp de la brigade fut installé à l'est de la route de Sedan, et contre cette route, à environ 500 ou 600 mètres de Carignan.....

Nous nous étendîmes autour des feux de bivouacs.

Le 88ᵉ et le 14ᵉ bataillon de chasseurs (du moins des fractions de l'un et de l'autre) étaient au même camp que nous.

Rapport du chef de bataillon Escarfail, commandant provisoirement le 88ᵉ de ligne au colonel commandant provisoirement la 2ᵉ brigade de la 2ᵉ division.

Le 30, à la suite de l'attaque du camp de Beaumont, les bataillons eurent pour mission d'occuper une position en avant d'un bois pendant le passage du corps d'armée par le pont de Mouzon.

La position fut conservée avec énergie sous la direction vigoureuse du lieutenant-colonel Demange, qui fut renversé sous son cheval qui venait d'être blessé.

A la fin de la journée, le IIᵉ bataillon devait rester seul sur la position et avec ordre de la tenir à la dernière extrémité jusqu'à 10 heures du soir, moment où le corps d'armée devait être sur l'autre rive de la Meuse.

Vers 7 h. 30, le bois à occuper fut complètement tourné et les soldats ne pouvant tenir prirent leur course sur la ferme située à environ 800 mètres du bois, où ils se mirent en défense sous la direction du lieutenant-colonel.

Le détachement réfugié là se composait d'officiers et de soldats des Iᵉʳ et IIᵉ bataillons. A onze heures, il fut décidé de tenter de franchir le pont en se servant de la baïonnette seulement.

L'avant-garde sous la direction de vigoureux officiers, le capitaine Delasson et le sous-lieutenant Kelberger, reconnut l'existence d'une troupe prussienne gardant les abords du pont.

On revint sur ses pas, ne sachant pas si le pont était détruit ou barricadé.

Mais le matin, au point du jour, une deuxième tentative fut faite.

Tout le monde animé par les énergiques paroles du lieutenant-colonel entreprit cette tentative extrême.

La petite colonne était formée en dix pelotons commandés chacun par un officier. En tête se trouvaient le lieutenant-colonel, le chef de bataillon, l'adjudant-major Lordon et le sous-lieutenant Kelberger.

A la première décharge ordonnée par le lieutenant-colonel de notre côté, dès que nous vîmes distinctement les Prussiens sur la route, tombèrent ce brave officier ainsi que le sous-lieutenant Kelberger.

Excitée par les cris « en avant! », la colonne continua sa course sur le pont, repoussant vigoureusement les Prussiens et si vigoureusement que le détachement put franchir sans être trop inquiété les deux barricades construites sur le pont par le génie du 5ᵉ corps.

Nous eûmes à regretter de laisser derrière nous deux autres officiers MM. les lieutenants Croquez et Chauvet, ainsi qu'un certain nombre de sous-officiers et soldats. Le nombre d'hommes perdus dans ce court moment ne saurait être déterminé, le détachement se composant d'hommes de diverses compagnies des Ier et IIe bataillons.

Trois chevaux n'ayant pu franchir les barricades restèrent au pouvoir de l'ennemi ainsi que les trois conducteurs....

Les officiers rentrés avec le détachement sont : MM. David, Delasson, Euzière, Lordon, capitaines; Lambœuf, Barthe, Lebouc, sous-lieutenants et Escarfail, chef de bataillon.

Extrait de l'historique du 88e de ligne.

La bataille de Beaumont avait été pour le 88e une journée glorieuse, la nuit qui la suivit allait être une nuit héroïque.

On a laissé le lieutenant-colonel Demange avec une poignée d'hommes à la ferme de Givodeau qu'il avait gagnée vers 9 heures; ce détachement comprenait 210 hommes et 13 officiers.

Vers minuit, l'ordre est donné de s'assembler sans bruit et l'on prend la route de Mouzon; arrivée à portée du Faubourg l'avant-garde est arrêté par les sentinelles et rebrousse chemin. Ce fait prouvait que le Faubourg était occupé, mais l'était-il en force ou les vainqueurs se contentaient-ils de n'y avoir que des postes d'observation? Il importait en outre de déjouer la reconnaissance que n'allait pas manquer de faire la grand'garde ennemie pour découvrir la cause du bruit signalé par les sentinelles; on recula, on s'engagea dans un chemin creux qui s'embranche à l'est de la route, et l'on s'arrêta au milieu; on tint conseil. Le lieutenant-colonel dit qu'il n'y avait que deux moyens d'échapper à l'ennemi : chercher un gué ou percer les troupes qui gardaient l'entrée du pont. Il était bien difficile de réaliser le premier de ces moyens ; déjà un assez grand nombre de fuyards avaient trouvé la mort dans les eaux de la Meuse, on fit toutefois quelques recherches, mais ce fut vainement. Il ne restait donc que le parti de se frayer un passage les armes à la main, c'était celui d'hommes de cœur, on l'adopta. Mais avant de le tenter, la prudence indiquait clairement qu'il fallait s'assurer si Mouzon était encore au pouvoir des Français, car s'il n'en était pas ainsi la tentative était sans aucune issue; le lieutenant Kelberger qui parlait l'allemand fut chargé de la mission de questionner les sentinelles à cet égard. Il l'accomplit avec le plus grand succès et apporta la certitude que Mouzon était encore au pouvoir de l'armée française. Il fut immédiatement décidé que le coup de main aurait lieu une heure avant le jour. Ces 200 hommes allaient donc tenter l'opération la plus difficile que présente la guerre, celle qui demande pour les chefs une volonté et une autorité de fer, pour tous l'élévation de cœur d'un d'Assas.

Un peu avant 4 heures on s'approcha lentement de la route ; les 210 sous-officiers ou soldats furent partagés en 11 petites sections de la largeur de la route (10 hommes de front) ; chacune d'elles fut commandée par un officier désigné par son rang d'ancienneté. Le lieutenant-colonel Demange se mit à la tête de la colonne ayant à sa gauche le commandant Escarfail, à sa droite le capitaine adjudant-major Lordon, le lieutenant Kelberger se plaça à la droite du capitaine Lordon pour guider la colonne. On se dirigea vers le Faubourg en suivant la route et toujours dans le plus grand silence. Bientôt une sentinelle fit entendre le qui-vive ! allemand (*Werda*) et ne recevant pas de réponse elle fit feu ; la colonne prit le pas de course. Vainement la grand'garde de la 11ᵉ compagnie du *27ᵉ* prussien court-elle aux armes et commence-t-elle la fusillade, les premières sentinelles sont massacrées, la grand'garde refoulée.

Malheureusement l'héroïque Demange tombe blessé à mort, frappé à la partie supérieure de la cuisse ; il se fait placer sur le bord de la route. « En avant », s'écrie-t-il, ne vous occupez pas de moi. Un moment après une balle tue le brave et intelligent Kelberger ; la colonne continue le pas de course et s'engage dans la rue principale du Faubourg, la 10ᵉ compagnie du *27ᵉ* en garnissait les maisons ; réveillés par le bruit, les Prussiens courent aux armes, se portent aux fenêtres et dirigent un feu meurtrier sur l'impétueuse colonne. Malgré une fausse direction à droite qu'elle prend un moment, malgré une pluie de balles que l'obscurité ne permet pas de pointer et les coups de baïonnette qui s'échangent le long des portes, on arrive au pont, vivement poursuivi par l'ennemi qui a été renforcé par les fusiliers du *27ᵉ* amenés en toute hâte par le lieutenant-colonel Hildebrand. Le pont était barricadé par des sortes de voitures remplies de pierres. On escalade comme l'on peut cet obstacle et on se trouve enfin au milieu des Français ! On se compte alors et on vérifie que 90 seulement ont pu passer ; le reste a été tué, blessé, noyé ou prisonnier....

Tel fut le fait d'armes de Mouzon qui est pour le 88ᵉ un titre éternel de gloire. Les Prussiens qui l'ont raconté d'une manière inexacte quant au dénouement, l'ont qualifié d'audacieux ; les Français ont le droit et le devoir de l'écrire en lettres d'or dans les fastes militaires et d'émettre le vœu que la statue du lieutenant-colonel Demange, orne bientôt la place de sa ville natale.

A Rome, on eut écrit sur le marbre les noms des 223 braves de Mouzon, il est donc de toute justice de mettre en regard de ceux qui ont été conservés, cette mention d'honneur : « Était à la colonne qui dans la nuit du 30 au 31 août, à Mouzon, a percé l'ennemi les armes à la main et a rejoint l'armée ». Au nom du sergent Morel, 3° du II° bataillon, on ajoutera cet héroïque compliment : « A porté sur son dos pour franchir la barricade du pont le soldat Camon blessé dans les reins. »

Cette nuit, à 11 heures, les parties du régiment qui avaient pu franchir la Meuse s'étaient réunies sur les hauteurs de la rive droite et s'étaient mises en route pour Carignan et Sedan. Elles atteignirent ces points dans la matinée.

A 5 heures, le commandant Escarfail devenu le chef du régiment se mettait en route avec les 90 hommes qui avaient accompli le miraculeux passage de la Meuse et arrivait à Sedan vers 4 heures de l'après-midi.

Relation du colonel en retraite Lespinasse des événements concernant les marches, combats et batailles auxquels a participé le III° bataillon du 88° que commandait cet officier avec le grade de capitaine adjudant-major.

Marche sur Beaumont. — La colonne de la brigade après une marche des plus pénibles, deux marches de nuit, arriva vers 4 heures du matin à Beaumont. Le III° bataillon du 88° en queue de la brigade, trouve sur les côtés de la route un grand nombre de retardataires ne pouvant résister à la fatigue et au sommeil et restant sourds aux exhortations et aux ordres de reprendre la marche.

Bataille de Beaumont. — Après avoir traversé les avant-postes et les bivouacs de la 1re et de la 3° divisions établies à l'est de Beaumont, la brigade (49° et 88°) s'installe au bivouac, à l'ouest de Beaumont et perpendiculairement à la route de Beaumont à Mouzon.

La brigade était en réserve à proximité du parc d'artillerie de corps elle ne fournit aucun avant-poste ; les compagnies s'occupèrent des soins habituels, de corvées de vivres.

Aucun avis ne fut donné pour se tenir en garde d'une attaque.

Le régiment se préparait à la prise d'armes de l'appel de 11 heures, lorsque le capitaine Lespinasse, en ce moment de jour, prévient le lieutenant-colonel Demange commandant le régiment qu'un mouvement extraordinaire avait lieu de tous côtés, et qu'on sonnait le boute-selle. Quelques minutes après le régiment était réuni, les tentes pliées et prêt à marcher.

La bataille s'engagea inopinément sur tout le front des 1re et 3° divisions; les colonnes ennemies débouchèrent des diverses routes qui traversent les bois, et convergèrent leur attaque avec une grande vigueur.

La 2ᵉ brigade reçut l'ordre d'échelonner ses bataillons déployés en arrière de Beaumont, perpendiculairement à la route de Beaumont à Mouzon, et de soutenir la retraite des troupes placées à l'est. Ces mêmes bataillons avaient l'ordre de se retirer sur le bois de Villemontry en défendant successivement chaque crête de ce terrain mamelonné et découvert; le lieutenant-colonel Demange maintint l'ordre le plus parfait pendant la marche rétrograde des trois bataillons du 88ᵉ et malgré le feu meurtrier de l'ennemi, dont l'intensité augmentait à chaque instant (1).

Après une marche des plus mouvementées, en raison des pertes éprouvées et du peu d'effet de nos feux contre un ennemi qui cherchait à nous déborder, le lieutenant-colonel Demange arrêta les bataillons à la lisière du bois de Villementry derrière un pli du terrain.

Cet officier supérieur qui faisait l'admiration de tous par son calme, son énergie et son courage, passa successivement devant chaque bataillon, et donna l'ordre de n'ouvrir le feu que lorsque l'ennemi serait à bonne portée, et de se tenir prêt à se jeter sur lui à la baïonnette au signal qu'il ferait donner par le clairon.

Ces ordres furent donnés sous le feu de l'ennemi, et ils firent une telle impression qu'officiers et soldats attendaient avec confiance et impatience le moment d'agir.

Mais après quelques minutes d'attente les ordres furent changés.

Le lieutenant-colonel chef d'état-major de la division, envoya les Iᵉʳ et IIᵉ bataillons vers la grande route de Mouzon et donna l'ordre au capitaine Lespinasse ainsi conçu: « IIIᵉ bataillon, partez avec le drapeau du régiment et la musique; escortez l'artillerie qui va battre en retraite à travers bois par le chemin qui passe à la ferme de Villemontry et aboutit à Mouzon; protégez l'artillerie dans son mouvement rétrograde. »

Pendant que l'artillerie s'engageait dans le chemin, le capitaine Lespinasse envoya de suite la compagnie Ott pour prendre position à l'extrême lisière du bois, près de la Meuse et pour en chasser les tirailleurs ennemis dont les feux devenaient gênants. Le capitaine Ott se maintint en communication avec le bataillon et forma l'arrière-garde pendant la marche.

Arrivé vers le milieu du bois et au moment où le chemin traversait

---

(1) Pendant cette marche sous le feu de l'ennemi un obus éclate sous le cheval du capitaine Lespinasse blessant le cheval mais sans démonter cet officier qui dirigea le bataillon en ordre jusqu'au bois.

une clairière, le bataillon fut subitement couvert de feux venant du côté de la Meuse ; une autre compagnie prit position sur un côté et repoussa l'ennemi, fort nombreux.

Le bataillon put continuer sans autre incident, et arriva à Mouzon avec l'artillerie qu'il protégeait ; il traverse le pont avec cette troupe et se trouvant ainsi séparé du lieutenant-colonel Demange dont il ne pouvait plus recevoir d'ordres, le capitaine Lespinasse se mit sous les ordres du colonel de Salignac-Fénélon, commandant l'artillerie de corps et prit position sur le plateau qui domine le pont.

Marche sur Sedan. — Vers 9 heures du soir, les troupes placées sur le plateau au-dessus de Mouzon reçurent l'ordre de marcher sur Carignan où elles arrivèrent au milieu de la nuit.

Après un repos de quelques heures, la marche est continuée — sur Sedan — la route était encombrée de troupes de toutes armes.

Le IIIe bataillon arriva à Sedan à 8 heures du matin ; il s'établit au bivouac au pied des talus intérieurs des remparts, côté nord-est de la ville. Les débris des autres bataillons, très vigoureusement engagés la veille, rejoignirent le drapeau. Le capitaine Lespinasse, se trouvant le plus ancien et privé de ses officiers supérieurs (lieutenant-colonel Demange tué, 2 chefs de bataillon disparus), donne tous les ordres de détail pour la réorganisation des compagnies et bataillons, pour le ravitaillement en vivres et en munitions.

Le commandant Escarfail arriva vers 6 heures du soir et prit le commandement du régiment — (le lieutenant-colonel Demange tué, le commandant Marantini du 1er bataillon fait prisonnier).

Notes particulières du capitaine Delasson du 88e de ligne.

Après avoir défendu pendant plusieurs heures le plateau (cotes 911 et 918) qui domine tout le terrain jusqu'à Mouzon, le colonel Demange donna l'ordre, vers 7 heures du soir, de battre en retraite sur Mouzon. Le détachement, arrivé près de la ferme de Givodeau est arrêté. L'ennemi occupant Mouzon, il est impossible de passer et le colonel fait entrer tout ce qui est resté avec lui dans la ferme.

La première pensée du colonel est de s'y maintenir et de la mettre en état de défense. Cela fut fait rapidement, officiers et soldats faisaient leur devoir avec le calme et l'ardeur d'hommes qui veulent vendre chèrement leur vie.

Vers 9 heures, la ferme était défendue de tous les côtés, les sentinelles veillaient ; on attendait les ordres du colonel.

A 10 heures, le capitaine Delasson fut chargé de pousser une reconnaissance jusqu'au pont de Mouzon que l'on voyait éclairé par un immense feu de bivouac. Dix hommes de bonne volonté, choisis et commandés par le capitaine qui prend avec lui le lieutenant Kelberger, alsacien, parlant très bien l'allemand, se dirigent sur la route conduisant au Faubourg de Mouzon. La nuit était noire.

Arrêtée par les sentinelles, la reconnaissance fit halte, et un dialogue s'engage entre le lieutenant Kelberger et la sentinelle qui donne avec empressement tous les renseignements qui peuvent être nécessaires au colonel. De retour à la ferme, le capitaine rend compte de sa mission et c'est d'après ces renseignements que le colonel Demange conçoit l'audacieux projet de s'ouvrir un chemin sur Mouzon.

Vers minuit et demi tous les hommes sont réunis dans la cour de la ferme; on se compte. Il y avait 200 hommes, plus 11 officiers, tous appartenant au 88ᵉ de ligne. Sur l'ordre du colonel le détachement sort de la ferme et va se placer derrière un rideau de peupliers bordant un chemin conduisant à la Meuse. Mouzon se trouvait à 6 ou 7 minutes de là. De une heure à trois heures, le colonel désigne quelques sous-officiers et officiers pour chercher un passage à gué, mais on n'en trouve pas.

L'idée première du colonel est reprise avec plus de force : marcher sur les Prussiens; « 200 Français, nous disait-il, peuvent passer partout ».

A 3 h. 30 le détachement est formé en une petite colonne de sections de 9 à 10 files de front; les plus élevés en grade commandent les pelotons de tête, et le colonel déclare que, comme notre chef, il marchera en tête. Le lieutenant Kelberger est auprès de lui.

A 3 h. 45, la colonne se met en marche et se dirige vers le pont de Mouzon. Au cri de la première sentinelle prussienne, on répond par un coup de feu, puis tout le détachement s'élance au pas de course. Le poste allemand prend les armes, mais bientôt la colonne est sur lui. A ce moment de l'attaque, le colonel reçoit une balle dans le côté droit au-dessus de la tête du fémur; nous voulons l'enlever mais il s'y refuse, car il faut remplir son but, il faut passer. Il est impossible de dire ce qui se passa ensuite pendant ces quelques minutes de mêlée et d'un combat corps à corps, où chacun fit énergiquement son devoir, mais, une partie du détachement avait pu franchir les 2 barricades du pont de Mouzon.

Arrivés dans le village on se compte de nouveau, le détachement ne comptait plus que 90 hommes.

On laissait en arrière tués, blessés ou prisonniers 110 hommes plus cinq officiers. Le lieutenant Kelberger avait été tué un des premiers.

Dans la journée du 31, le petit détachement sous la conduite du commandant Escarfail arrivait à Sedan.

Le colonel Demange transporté à Mouzon après le combat, mourut le 12 septembre des suites de sa blessure. Les Prussiens lui rendirent les plus grands honneurs.

Rapport du lieutenant-colonel Bougault sur la part prise par l'artillerie de la 2ᵉ division du 5ᵉ corps au combat de Beaumont.

Mayence, 26 octobre.

La nuit du 29 au 30 fut employée à se rendre de Bois des Dames à Beaumont où les batteries n'arrivèrent dans leur camp, placé au delà de ce village, qu'après 4 heures du matin. Vers midi, surprises dans leur camp par l'ennemi, les batteries et la réserve divisionnaire durent garnir et atteler les chevaux sous un feu d'artillerie très nourri.

Elles sortirent néanmoins en bon ordre de leur camp, emmenant tout leur matériel et leurs bagages. Les réserves durent se rendre à Mouzon, passer la Meuse et attendre sur la route de Mouzon à Carignan le résultat de la journée. Les batteries prirent position à 500 mètres environ du front de bandière pour contrebattre les batteries ennemies et pour maintenir l'infanterie prussienne. Obligées de quitter cette position dès qu'elles furent prises en rouage par une batterie ennemie, elles occupèrent successivement les différentes crêtes qui étaient derrière elles en suivant le mouvement de retraite opéré par l'infanterie.

Elles furent ainsi amenées à prendre position à l'extrême droite d'un plateau élevé qui est relié par des pentes très abruptes à un vallon qui est devant Mouzon. L'infanterie fut massée derrière les batteries, et la position fut bientôt attaquée par une ligne ennemie composée d'artillerie et d'infanterie. Les batteries ouvrirent leurs feux et forcèrent plusieurs fois l'ennemi à reculer. Mais les boulets ennemis dirigés contre nos batteries atteignaient l'infanterie massée derrière elles et l'obligèrent à battre encore en retraite, force fut bien alors aux batteries de se retirer; elles n'avaient d'autre route à suivre que les pentes fort raides et fort accidentées qui étaient en arrière.

En descendant ces pentes coupées de nombreux ressauts un grand nombre de voitures furent renversées et bien peu d'entre elles purent être relevées. C'est ainsi que la batterie à balles perdit toutes les siennes à l'exception d'une pièce et d'un caisson qui furent sauvés grâce à l'énergie de l'adjudant Duhamel, du maréchal des logis Navelle et des deux conducteurs Clément et Carpentier.

La 8ᵉ batterie fut un peu plus heureuse, 4 caissons et 1 pièce furent renversés, celle-ci écrasant le conducteur et les chevaux de derrière. M. le lieutenant Ribot qui avait déjà franchi les pentes rapides, s'apercevant qu'une de ses pièces lui manquait, n'hésita pas à revenir sur ses pas emmenant avec lui le conducteur Bourgade. Au milieu d'une grêle de balles, il fit relever la pièce par quelques servants qui étaient encore autour d'elle, la fit atteler et la ramena heureusement. Les deux batteries privées de munitions et dont beaucoup d'éléments étaient épars se dirigèrent sur Mouzon et de là sur Sedan, où elles arrivèrent dans la nuit du 30 au 31 août.

Le 31, les deux capitaines cherchèrent à rallier les hommes de leur batterie; la 8ᵉ essaya de se ravitailler au grand parc, mais à cause de l'encombrement des rues elle ne put le faire que le lendemain matin.

Rapport du capitaine Arnould, commandant la 5ᵉ batterie du 2ᵉ régiment d'artillerie.

Sedan, 4 septembre.

Surprise au camp de Beaumont, vers midi, la batterie s'est réunie avec ordre sous un feu très nourri, en emportant tous ses bagages; après s'être retirée au pas, à 500 mètres environ en arrière du camp, la batterie a pris position sur un terrain un peu élevé, à l'abri d'un talus bordant le chemin de Mouzon; elle a empêché continuellement par son feu l'infanterie prussienne de sortir des bois; ses coups atteignaient visiblement les colonnes ennemies à 1,400 mètres; plusieurs batteries ennemies placées sur notre flanc gauche nous ont forcé à changer de position et nous avons rallié la batterie de canons de la division derrière laquelle s'était massée presque toute l'infanterie du corps d'armée.

En face de la batterie, à 1,600 mètres se trouvait une crête que nous avons couverte de feux dès que l'ennemi s'y est présenté; deux fois de suite l'infanterie prussienne a cédé sous le feu de canons à balles et s'est retirée en désordre dans les bois environnants. Pendant trois quarts d'heure environ, nous avons ainsi tenu l'ennemi en respect de ce côté et dans le même temps nous arrêtions par quelques salves une colonne de cavalerie qui s'avançait sur notre droite. Cette cavalerie s'est enfuie à toute vitesse laissant plusieurs chevaux sur le terrain.

Enfin l'infanterie ennemie a paru de nouveau sur la crête, présentant un front très étendu et précédée de deux batteries. Les premiers obus tombèrent au milieu de notre infanterie massée en arrière de la batterie et y mirent le plus grand désordre. Bientôt tout a fui et le capitaine se trouvant isolé a fait amener les avant-trains et fait retirer sa batterie au pas. Malheureusement, en suivant le gros des colonnes qui la précédaient, la batterie s'est trouvée engagée dans un bois devenu bientôt impraticable, coupé de ravins profonds où déjà un grand nombre de voitures étaient entassées, et qu'elle traversait sous une pluie de projectiles. Toutes les voitures ont été renversées et brisées et il n'est sorti du bois qu'une seule pièce sauvée par l'énergie du maréchal des logis Navelle, de l'adjudant Duhamel et des conducteurs Clément et Carpentier. Cette pièce a été immédiatement remise en batterie sur une crête déjà occupée par l'artillerie et elle a fait feu jusqu'à la fin du combat. Dans cette affaire nous avons eu 2 hommes et 6 chevaux tués.

La réserve qui, tout le temps du combat était restée sous la main du capitaine a pris une fausse direction dans la retraite et n'a pas reparu.

Rapport du capitaine Kramer (8e batterie du 2e régiment d'artillerie) *sur le combat du 30 août.*

A la surprise du camp de Beaumont, la 8e batterie du 2e régiment dut garnir et atteler les chevaux sous le feu ennemi, après quoi la batterie fut placée à 100 mètres plus loin pour défendre le camp; la réserve et tous les bagages eurent le temps de partir. Ce résultat obtenu, la batterie dut changer de position pour éviter un feu d'enfilade. Dans cette seconde position, elle fut encore tournée par les batteries ennemies et dut encore se porter sur le plateau commandant le camp de Beaumont. Elle était là avec la batterie de mitrailleuses de la même division; à cet endroit, sans le secours de l'infanterie placée derrière elle, aidée seulement par la compagnie du 14e chasseurs, elle défendit assez longtemps le terrain et fit éprouver des pertes sensibles à l'ennemi. Enfin, elle dut quitter le terrain, suivant la retraite de l'infanterie pour ne pas laisser les pièces à l'ennemi. Cette retraite fut des plus malheureuses, on dut descendre une pente très considérable, ravinée à chaque instant; 5 caissons et 1 pièce furent retournés et renversés sur les conducteurs et les servants. — M. Ribot, sous-lieutenant, apprenant qu'une de ses pièces était restée sur le terrain, retourna la chercher avec son conducteur. Les 6 pièces étaient donc sauvées, mais il ne restait que 2 caissons, l'un de la batterie de combat, vidé à moitié, l'autre de la réserve : les munitions étaient insuffisantes pour continuer le combat; la batterie suivit la division qui se retirait sur le village de Mouzon et au delà.

5e DIVISION.

Historique du 19e bataillon de chasseurs à pied.

Vers dix heures du matin l'ordre est communiqué que la division passerait la Meuse à deux heures. Les bagages, dont depuis longtemps la division était séparée, sont arrivés. Les officiers jouissaient avec un plaisir véritable des ressources qu'ils avaient, avec une prévoyance inutile jusque-là, accumulées dans leurs cantines. Les soldats, étendus au soleil ou couchés sous leurs tentes, sommeillaient en attendant l'heure du départ, lorsqu'à midi le cri : « Aux armes ! » retentit de tous côtés. On crut d'abord à une fausse alerte, mais bientôt des obus éclatant au milieu du camp ne nous permirent plus de douter de l'attaque dont nous étions l'objet. Nous l'avons dit, la plus grande partie des troupes dormait; ajoutons que les chevaux de l'artillerie étaient à l'abreuvoir, que quelques régiments passaient la revue d'armes, le fusil démonté, et nous aurons donné une idée des conditions dans lesquelles le 5ᵉ corps allait supporter le choc du XIIᵉ corps saxon et de la garde prussienne.

Ainsi que nous l'avons fait remarquer, le bataillon campait au fond de la vallée où est situé le village de Beaumont.

Les Prussiens occupant déjà avec leur artillerie les crêtes qui dominent cette vallée, il fallait au plus vite gagner les hauteurs opposées et y former la ligne de bataille.

Le commandant donna ordre d'abattre les tentes, de faire les sacs et quand on eut ramassé jusqu'au dernier ustensile de campement, le bataillon se forma en bataille, rompit par section avec le plus grand ordre et se mit en marche, malgré un feu d'artillerie très vif. Il descendit au fond de la vallée, remonta les pentes opposées et vint se placer à droite de la ligne de bataille, qui commençait à se dessiner, près d'une batterie de mitrailleuses. Ces mouvements qui font le plus grand honneur au bataillon ne s'étaient pas effectués sans pertes. Un officier, M. Gilardoni, avait été blessé et transporté à Beaumont auquel les obus prussiens avaient déjà mis le feu.

Il y avait deux heures environ que l'attaque était commencée lorsque le bataillon reçut l'ordre d'aller occuper une ferme située au milieu d'un bois en avant et très à droite de la ligne de bataille. Il avait pour mission de chercher à arrêter ou du moins à retarder le mouvement tournant que l'ennemi dessinait sur le ravin dans lequel circule la route de Mouzon.

Le commandant partit avec 4 compagnies (1ʳᵉ, 2ᵉ, 3ᵉ, 4ᵉ); les 5ᵉ et 6ᵉ étaient restées à la garde des batteries.

Arrivés dans la jonction indiquée, nous aperçûmes en face de nous un bois qui s'étendait fort loin sur notre droite et sur la lisière duquel brillaient un grand nombre de fusils.

Le commandant hésitait à occuper seul une position déjà fortement débordée, lorsqu'un sous-officier d'artillerie accouru à toute bride lui dit de tenir bon parce que le 7ᵉ corps allait déboucher du Chesne-Populeux. La chose était possible et même probable, et les forces considérables que nous apercevions sur notre droite pouvaient être l'avant-garde de ce corps. Afin d'éviter une déplorable confusion, le commandant réunit les clairons et fit sonner la marche du bataillon.

Alors commença la plus affreuse fusillade qui se puisse entendre; une batterie ennemie prit aussitôt position en avant de nous et bombarda le bois que nous occupions. Il n'y avait donc plus d'illusion à se faire; nous n'avions devant nous et à notre droite que des ennemis et notre position n'était pas tenable. Le bataillon y resta cependant de deux à trois heures de l'après-midi, sans que les Prussiens, sept ou huit fois plus nombreux, osassent l'aborder.

Quand notre ligne fut sur le point d'être tournée, le commandant ordonna la retraite, rallia le bataillon et gagna la route de Mouzon.

Ainsi se termina pour le 19ᵉ la surprise de Beaumont, surprise non seulement impardonnable, mais encore inexplicable.

Les pertes du bataillon s'élevèrent à : 8 tués, 44 blessés, dont 2 officiers, MM. Lallement, capitaine; Gilardoni, sous-lieutenant.

A cinq heures du soir, le bataillon se replia avec les débris du corps d'armée sur les hauteurs qui dominent la rive droite de la Meuse.

Après un temps d'arrêt de deux heures au pont de Mouzon, dont l'encombrement est indescriptible, le corps d'armée se dirigea par des chemins impraticables sur la route de Sedan. La nuit était venue, les soldats épuisés par deux jours de combat et deux nuits de marche s'affaissaient sur la route où ils étaient faits prisonniers. Le bataillon compta ainsi 75 hommes disparus.

Historique du 27ᵉ de ligne.

La division campe en désordre avant la pointe du jour en avant de Beaumont, au lieu de traverser le village et de prendre position sur les hauteurs qui sont en arrière. Tout le 5ᵉ corps est là. L'ennemi est signalé par le rapport de plusieurs habitants, mais aucune précaution n'est prise en conséquence. Toutes les troupes étaient dans la plus grande sécurité, attendant le départ pour Mouzon fixé à 2 heures, quand, à midi, le camp est couvert de feux d'artillerie et de mousqueterie. La 2ᵉ brigade, qui est plus près de l'ennemi, soutient son premier choc. Le 27ᵉ se porte en arrière, tourne à gauche et suit la route de Mouzon qu'il traverse bientôt pour marcher à l'ennemi qui cherche à déborder notre droite. Le Iᵉʳ bataillon en tête engage l'action un peu en avant de la ferme de la Harnoterie, puis les deux autres qui sont entrés en ligne.

Le combat était vif, mais indécis, quand la retraite sonne. Les bataillons se portent en arrière et rejoignent la brigade sur un plateau tout entouré de bois qu'on commet la faute de ne pas garder. La brigade est entassée derrière les batteries. Aussi, quand l'artillerie ennemie tire dans la masse, elle y met vite le désordre et la brigade entière se précipite par le versant ouest pour gagner la plaine de Mouzon. Les bataillons sont vite reformés. Le II° et le III° suivent d'abord la rive gauche de la Meuse jusqu'à Villers, où ils passent le fleuve et se dirigent sur Sedan. Le I°', resté en arrière-garde avec un demi-bataillon du 50°, passe la Meuse à Mouzon, et rejoint les deux autres bataillons sous les murs de Sedan.

Dans cette journée, le régiment a des hommes tués et un nombre assez considérable de blessés dont le chiffre, malgré les recherches faites jusqu'à ce jour, ne saurait être précisé. Le colonel de Barolet, les capitaines Coutant, Kastus, le lieutenant Bertrand et le sous-lieutenant Franchesquin avaient été blessés; le lieutenant Coiin et le sous-lieutenant Nazaries, contusionnés.

Le chef du I°' bataillon Beaudoin et le docteur Challan avaient eu leurs chevaux tués. Le docteur Thomas est fait prisonnier avec tous ses blessés à la ferme de la Harnoterie. Il sauve ses malades en faisant cesser le feu des Prussiens au péril de sa vie.

Le général de Fontanges, au général de L'Abadie d'Aydrein.

Mayence, 9 septembre.

J'ai l'honneur de vous rendre compte, qu'arrivé à Beaumont dans la nuit du 29 au 30 août avec ma brigade, et n'ayant reçu aucune indication précise sur l'emplacement que je devais occuper, j'ai dû faire placer mes régiments sur les emplacements qui m'ont paru les plus convenables, autant que je pouvais en juger pendant une nuit obscure, dans un pays qui m'était complètement inconnu.

La position n'était nullement favorable à la défense, il faut le reconnaître, mais je ne puis accepter la responsabilité de la faute commise, n'ayant reçu que des indications contradictoires pour l'établissement de mon bivouac.

Le 30, vers midi, l'ennemi vint nous attaquer sur nos positions; l'attaque avait lieu principalement sur le point occupé par le 68°. Par un hasard providentiel, au moment où le premier coup de canon fut tiré, ce régiment était occupé à passer la revue des armes et des cartouches; il put donc prendre promptement position et fit une défense énergique.

Je ne saurais trop louer le courage et le sang-froid de M. le lieutenant-colonel Paillier, commandant le régiment, et des chefs de bataillon qui parvinrent à conserver leurs positions contre des forces augmentant sans cesse, qui les accablaient d'un feu meurtrier, et qui firent éprouver au régiment des pertes considérables.

Le commandant Lacazedieu fut tué, le commandant Frélaut, blessé grièvement de trois coups de feu; plusieurs officiers furent tués également. Beaucoup furent blessés, entre autres M. Selmer, lieutenant au 17ᵉ, mon officier d'ordonnance, qui reçut une balle au cul. Après avoir été se faire panser à l'ambulance, ce brave officier est venu reprendre sa place auprès de moi sur le champ de bataille.

Toutefois le 68ᵉ, par son feu et par différentes charges à la baïonnette exécutées à propos, parvint à maintenir l'ennemi et à l'empêcher de pénétrer dans le camp jusqu'au moment où, voyant les hauteurs qui dominaient le village de Beaumont et qui étaient les seules vraies positions défensives, occupées par l'artillerie et par des troupes d'infanterie, je pensai que la défense allait s'y organiser et qu'il devenait inutile de conserver plus longtemps une position aussi désavantageuse.

J'ordonnai donc au 68ᵉ d'infanterie de se retirer sur les hauteurs qui se trouvaient en arrière du village de Beaumont. Quant au 17ᵉ, dont le bivouac était séparé du 68ᵉ, il eut aussi à supporter une partie de l'attaque de l'ennemi, et dut se retirer en même temps que le 68ᵉ; mais, je ne sais pour quel motif, d'après des ordres reçus m'a-t-on dit, il effectua sa retraite de telle sorte qu'il parvint à passer la Meuse et à gagner le village de Mouzon avant la fin de la journée.

Dans l'après-midi, je voulus le faire revenir sur le lieu du combat en avant de Mouzon, mais les encombrements du pont l'empêchèrent de repasser la rivière pour se joindre à nous sur la rive gauche.

Je restais donc seul avec les débris du 68ᵉ, n'ayant plus de cartouches, épuisé de fatigue, ne pouvant plus prendre part au combat.

Le soir venu, nous passâmes définitivement la Meuse pour nous diriger vers Sedan, ainsi que l'ordre en avait été donné.

Rapport du colonel Weissenburger sur la part prise par le 17ᵉ de ligne à la bataille de Beaumont.

Le 29 août, à 7 heures du soir, après le combat de Bois des Dames, le régiment prit rang dans la division qui fut dirigée sur Beaumont, où la tête arriva le 30, vers 1 heure du matin. Aucune mesure n'ayant été prise pour le campement, le régiment fit plusieurs marches et contremarches au delà et en deçà du bourg, et finit par s'arrêter au bord de la route de Stenay où les hommes, épuisés par la faim et la fatigue, se couchèrent sans camper au milieu d'autres corps également en désordre.

Il était 3 heures du matin.

Dès que le jour parut, on tenta d'obtenir quelques distributions, et de faire remplacer et compléter les munitions; mais toutes les démarches furent inutiles et le régiment ne put rien obtenir.

L'ennemi était signalé dans le voisinage par de nombreux paysans venant de toutes les directions; aucune grand'garde n'avait été placée; le 17e seulement, comprenant cette imprudence, avait posté à 10 heures du matin une compagnie (6e compagnie, IIe bataillon) en avant, vers la route de Stenay, pour se couvrir de ce côté. Tout à coup, vers midi, la présence de l'ennemi était signalée brusquement par le cri : « Aux armes »! poussé par quelques hommes. En effet, la fusillade éclatait à 500 mètres de nous, et les obus arrivaient dans le camp.

La 6e compagnie du IIe bataillon qui était de grand'garde, résista au choc de l'ennemi débouchant par la route de Stenay. M. Le Pape, capitaine, et M. de la Pena, sous-lieutenant, montrèrent beaucoup d'énergie, furent grièvement blessés et sont restés sur le champ de bataille. La 2e, la 5e et une section de la 4e compagnie du même bataillon ont été déployées en tirailleurs sous le feu de l'ennemi, et ont été vigoureusement conduites par leurs chefs respectifs, MM. Faron, capitaine, de Quincy, lieutenant, restés sur le champ de bataille, et Benoit, capitaine.

La 1re compagnie du IIIe bataillon se porta également en tirailleurs, derrière un mouvement de terrain, à la gauche de la 6e compagnie du IIe bataillon, qui était en grand'garde, venait d'ouvrir le feu. L'ennemi était à quelques pas et, bien qu'abrité chacun de son côté, les pertes n'en furent pas moins assez sensibles.

Deux autres compagnies engagées successivement arrivèrent presque aussitôt sur le terrain du combat, et le reste du régiment prit position, avec le drapeau et le colonel, sur une éminence au bord de la route, à droite d'une section de notre artillerie divisionnaire. M. le commandant Buffenoir, blessé au bras dès les premiers coups de feu, se rendit à l'ambulance, laissant le commandement au capitaine Borne. MM. François, lieutenant, et Potel, sous-lieutenant, également blessés, restèrent sur le terrain et ne purent être relevés.

Bientôt, par suite de la surprise et des mouvements du combat, les lignes se dégarnirent : le IIe bataillon d'abord, puis le IIIe s'égrenèrent, et la retraite commencée sur la droite entraîna bientôt nos deux bataillons. Le IIIe courut en partie dans deux petits bois placés en arrière où il tint quelque temps; mais, voyant que le IIe bataillon se ralliait plus en arrière et que le Ier, dépourvu de munitions, battait en retraite complètement, les compagnies du IIIe se retirèrent individuellement; on traversa un vallon en avant du village situé au delà de Beaumont, on remonta la pente opposée, et on redescendit peu après sur l'autre versant, dans la vallée de la Meuse.

Le Ier bataillon qui, faute de munitions, avait été placé en arrière, et les ralliés du régiment avaient pris les devants en traversant la Meuse à gué, près du pont encombré déjà par l'artillerie et les troupes de toutes armes, et attendit le reste du 17e, à peu de distance du campement du 12e corps, à Mouzon. Là, le régiment, vers 5 heures du soir, se rallia en colonne serrée sur les pentes au sommet desquelles étaient établies les batteries de réserve du 12e corps. Un quart d'heure après, il reçut l'ordre de quitter cette position et de se porter plus en arrière, pour soustraire la troupe aux projectiles de l'artillerie ennemie qui contrebattait les pièces françaises durant le combat de Mouzon, auquel le 17e ne prit part que comme spectateur. Cette journée coûta au régiment 7 officiers tués ou blessés et 207 hommes hors de combat (tués, blessés ou disparus). De plus, les officiers blessés au combat de Bois des Dames et amenés à Beaumont par l'ambulance tombèrent au pouvoir de l'ennemi.

Historique du 68e de ligne (rédigé par le lieutenant-colonel Paillier).

A midi, pendant que les commandants de compagnie passaient une revue des armes que j'avais ordonnée, un obus, tiré d'une grande distance, vint éclater entre le Ier et le IIe bataillon et blessa grièvement deux sous-officiers et un sapeur.

Le régiment étant sous les armes, je fis immédiatement déboîter les trois bataillons, et sans attendre d'ordre, je partis pour prendre une position défensive, précédé de deux compagnies du Ier bataillon déployées en tirailleurs. En arrivant sur la crête qui domine le village, à une distance de 800 mètres, nos tirailleurs se trouvèrent face à face avec les tirailleurs ennemis et une lutte à la baïonnette engagea l'action.

Pendant ce temps, je fis établir le régiment en bataille conservant un demi-bataillon en réserve, et le feu commença sur toute la ligne avec une fureur sans égale.

L'ennemi qui croyait nous surprendre dans notre camp, sans tirer un coup de fusil, comme il s'en est vanté depuis, ne s'attendait pas à cette résistance ; ses attaques furent vigoureuses, mais repoussées avec énergie ; notre feu, bien dirigé, décimait leurs rangs ; un régiment entier (le *35e*) fut presque détruit (les Prussiens l'avouent) ; mais leurs forces augmentant à chaque instant, le commandant Lemoine dut, sur mon ordre, faire mettre en ligne son demi-bataillon de réserve, pour ne pas être débordé, et faire charger à la baïonnette les deux premières compagnies.

Cette démonstration vigoureuse fit reculer l'ennemi, et le feu s'ouvrit de nouveau à 250 mètres.

A ce moment, le 11ᵉ de ligne, qui avait pris les armes, vint se ranger à 200 mètres sur notre gauche et nous prêter son concours. Si, alors, nous avions pu être soutenus par une 2ᵉ ligne, si on nous eût envoyé des caissons pour renouveler nos cartouches, j'ai la ferme conviction que nous aurions pu repousser cette attaque ou, tout au moins, tenir encore longtemps.

L'ennemi, intimidé par notre résistance, se montrait moins entreprenant, et le courage de nos soldats était à son comble. Mais, malheureusement, les cartouches diminuant, le feu se ralentissait nécessairement et l'ennemi qui s'en aperçut, renouvela ses attaques.

Sans munitions, la position n'était plus tenable; je pris alors vos ordres, mon général, et vous me prescrivîtes de me retirer en échelon vers le village où je pourrais de nouveau arrêter l'ennemi, si j'y trouvais des cartouches.

Je fis opérer ce mouvement par la gauche, et le dernier échelon, commandé par le commandant Lemoine fut obligé de faire un retour offensif pour arrêter la poursuite de l'ennemi.

N'ayant trouvé au village d'autres munitions que celles des hommes tués ou blessés, je ne pus opposer à l'ennemi qu'une courte résistance; les balles et les obus y tombaient drus comme la grêle, je dus avec les débris du régiment, me retirer en 2ᵉ ligne de l'autre côté du village dans la direction de la route de Mouzon.

Là, j'arrêtai un caisson de munitions, je fis donner des cartouches aux deux ou trois cents hommes qui me restaient et je pris position, d'après vos ordres, dans un bois situé en avant de Mouzon pour concourir à la défense du pont; puis je passai la Meuse pour me rendre au point de réunion indiqué, sur la hauteur occupée par le 1ᵉʳ corps.

Ce combat, où chacun a fait bravement son devoir, a coûté au 68ᵉ : 32 officiers tués ou blessés et environ 850 sous-officiers ou soldats tués, blessés ou disparus (d'après les renseignements ultérieurs, presque tous les disparus ont été blessés). Ce chiffre a son éloquence, mon général, et suffirait à vous édifier sur la conduite du régiment, si vous ne l'aviez dirigé et vu vous-même à l'œuvre....

Après quelques instant de repos à Mouzon, le général Abbatucci qui commandait provisoirement la division, me donna l'ordre de partir pour Sedan en passant par Carignan où je devais recevoir des vivres pour le régiment; je me mis en route à 9 heures du soir et j'arrivai à Carignan à minuit. Toutes mes démarches pour avoir des vivres furent infructueuses, le peu qu'il y en avait venait d'être distribué aux troupes qui avaient précédé le régiment dans cette localité, les compagnies trouvèrent cependant quelques pains et un peu de sucre et café à acheter, juste de quoi ne pas mourir de faim.

Je me mis en marche à 4 heures du matin, cheminant à travers un immense convoi qui encombrait le chemin, et j'arrivai à Sedan à 10 heures du matin. Là, je m'établis en colonne près du 17ᵉ et dans le même ordre que lui avec les 650 hommes qui me restaient du régiment et j'eus l'honneur, mon général, de me présenter à vous pour vous avertir de mon arrivée.

Selon vos ordres, on s'occupa immédiatement de faire des bons pour aller toucher des vivres, quand, au moment même où les corvées se réunissaient, une attaque se prononça sur notre droite dans la direction de Bazeilles, vers la Meuse.

La division prit les armes immédiatement, les cartouches furent complétées en arrêtant des fourgons de force, car l'artillerie refusait d'en distribuer sans bons réguliers et le temps pressait ; nous fûmes dirigés vers les glacis de la place en passant par le fond de Givonne.

Division de cavalerie.

Rapport du général Brahaut sur les marches et opérations de la division de cavalerie du 5ᵉ corps.

Mayence, 27 septembre.

D'après les ordres verbaux donnés par le général en chef au moment où l'ennemi attaquait nos bivouacs à Beaumont, la cavalerie devait couvrir, sur son flanc, la route de Mouzon par laquelle les troupes du 5ᵉ corps avaient à opérer leur retraite sur la Meuse.

Après avoir occupé dans ce but, avec les troupes sous mes ordres, diverses positions successives dominant la route, j'avais pris le parti, en voyant s'écouler devant moi de nombreuses troupes d'infanterie, de me replier vers Mouzon lorsque j'appris la véritable situation du 5ᵉ corps. Je cherchai dès lors à regagner les hauteurs, mais le terrain couvert de bois ne me permit pas d'y établir mes escadrons, et je dus les ramener dans la plaine de Mouzon où je les plaçais sur trois lignes (deux escadrons divisionnaires du 5ᵉ de hussards, avec leur colonel, étaient avec moi en ce moment-là) ayant en arrière de moi la cavalerie de M. le général Ameil qui venait d'arriver faisant l'escorte du convoi du 7ᵉ corps.

Ce convoi couvrait encore la route sur ma droite et coupait en deux la plaine de Mouzon. On ne pouvait déjà que trop prévoir l'encombrement du pont. J'aurai voulu éviter d'y faire passer la cavalerie, mais il me fut impossible de savoir si la Meuse était guéable en amont de la ville du côté où je me trouvais. Je ne connus même l'existence du gué qui est en aval qu'une fois arrivé sur l'autre rive. Du reste, lorsque je pris le parti de me retirer, voyant l'infanterie en pleine retraite, la route était couverte de tant de troupes et de tant de voitures qu'il n'était pas possible de la traverser pour gagner ce gué.

Le passage du pont s'effectua nécessairement dans des conditions déplorables; cependant, un peu avant la nuit, les escadrons du 12ᵉ de chasseurs et ceux du 5ᵉ de lanciers étaient réunis sur les hauteurs de Mouzon.

A la nuit tombante, je pris avec eux la direction que suivaient les autres troupes et notamment la brigade Nicolas du 5ᵉ corps. Toutefois, ne voulant pas trop m'éloigner afin d'être plus à portée de recevoir des instructions, je les arrêtai au hameau de Lombut; et j'envoyai M. le capitaine Pendezec de mon état-major à Mouzon, pour prendre les ordres du commandant du corps d'armée ou ceux du maréchal commandant en chef qu'on m'avait dit être encore dans cette ville.

Artillerie.

Journal de marche de l'artillerie du 5ᵉ corps.

Le 5ᵉ corps étant extrêmement fatigué par des marches, manœuvres et engagements, qui depuis trois jours le retenaient 16 ou 17 heures sur le terrain, le général en chef crut malheureusement pouvoir lui donner un peu de repos à Beaumont, en remettant à une heure la levée du camp et le départ pour Mouzon, où, la Meuse franchie, nous devions retrouver les 1ᵉʳ et 12ᵉ corps

L'importance capitale d'un prompt départ pour opérer cette concentration de nos forces, semblait cependant ne pas avoir échappé au général de Failly, ainsi que l'indique l'extrait suivant de son ordre de mouvement, paru à Beaumont le 30, à 10 heures du matin (V. page 178).

La cavalerie devait commencer le mouvement à partir de midi ; le reste du corps d'armée, entre 1 heure et 2 heures, la soupe devant être mangée avant le départ.

Mais ce que le général de Failly ignorait, c'est que le corps bavarois avec lequel nous avions eu la veille l'engagement de Nouart, nous avait suivis et se trouvait à 1,000 ou 1,200 mètres de nous, sous le couvert des bois de Dieulet et de Sommauthe ; la lisière de ces bois forme là une sorte d'arc concave s'étendant du sud-est au sud-ouest, arc dont le village de Beaumont est à peu près le centre.

C'est dans ces bois que le général von der Tann, renforcé de quelques divisions prussiennes, organisait dès le matin la surprise de notre camp. Le retard que nous mettions à le lever favorisait les préparatifs du général ennemi qui nous aurait sans doute attaqués, alors même que nous eussions levé le camp un peu plus tôt, mais qui eut été alors moins en mesure de bien soutenir son attaque. Ce n'est qu'en ne s'arrêtant pas du tout la nuit à Beaumont ou en le quittant de grand matin pour faire les huit kilomètres qui nous séparaient de Mouzon qu'on eut déjoué le plan de l'ennemi et évité ainsi au 5ᵉ corps le combat désastreux qu'il eut à soutenir dans de bien mauvaises conditions sur la rive gauche de la Meuse.

Réserve d'artillerie. — Cependant, tout le corps d'armée reposait par un soleil magnifique, quelques hommes étaient encore aux distributions, d'autres se préparaient à y aller, quand ce calme fut tout à coup rompu par le bruit du canon de plusieurs batteries ennemies, par le sifflement de ses obus et de leur chute dans le camp même, bientôt suivi des feux de l'infanterie ennemie; aucune grand'garde n'avait donné le signal de l'approche de l'ennemi.

La réserve d'artillerie était campée, comme nous l'avons dit, dans un pli de terrain entre Beaumont et les bois d'où l'ennemi surgissait; une crête couvrante assez élevée protégeait, mais imparfaitement, son campement de ses feux directs. Inexprimable fut la confusion du premier moment de cette surprise; toutefois, officiers et canonniers firent admirablement leur devoir, les chevaux non tués à la corde, furent garnis, sellés, bridés et attelés sous le feu même de l'ennemi. La première pièce attelée, dirigée par le capitaine de Tessières et ses officiers se porta avec moi en avant vers l'ennemi, en arrière de la crête couvrante, cette pièce, à peine eut-elle fait quelques décharges, que servants et chevaux furent tués. (Ici se place un fait des plus honorables pour le lieutenant en premier Nicollet : Mon cheval ayant été renversé, ainsi que moi, par le soulèvement de terre produit par l'éclatement d'un obus qui était tombé tout près de lui, s'échappa avant que je fusse relevé ; le lieutenant Nicollet qui me croyait atteint sauta à bas de son cheval pour me venir en aide; m'étant bientôt remis de la secousse que j'avais éprouvée, il m'offrit aussitôt son propre cheval, insistant tellement que je me décidai enfin à accepter ce dévouement généreux ; mais ayant mis le pied à l'étrier, la selle tourna entièrement, il était impossible de resseller en ce moment, nous étions seuls sur la crête où nous servions de point de mire à l'infanterie ennemie ; nous prîmes le parti de nous retirer ensemble à pied ; nous eûmes à marcher environ 500 mètres à travers le champ de bataille pour atteindre la batterie Macé en position où je pus monter le cheval d'un servant et où celui du lieutenant Nicollet put être ressanglé). Cependant, grâce à l'énergie du 68ᵉ de ligne, commandé par le lieutenant-colonel Paillier et qui perdit dans cette position 32 officiers et 750 hommes tués ou blessés, et à celle du 11ᵉ de ligne arrivé un peu plus tard et dont une des premières victimes fut son brave colonel M. de Béhague, régiments qui étaient accourus successivement à cette crête et qui, avec un grand dévouement et d'énormes pertes, maintenaient l'infanterie ennemie tant par leurs feux que par des charges réitérées à la baïonnette, la réserve d'artillerie eut la possibilité de déparquer avant que son campement ne fût envahi par l'infanterie ennemie. Toutes les pièces sauf une dont l'affût venait d'être brisé purent être attelées, mais plusieurs caissons et autres voitures dont les conducteurs et les chevaux avaient été tués ou dont les chevaux effrayés s'étaient détachés des cordes et s'étaient sauvés, furent laissés au campement ; il en fut de même des tentes et de tous les bagages qui furent abandonnés pour tomber aussitôt sous la main de l'ennemi.

En moins d'un quart d'heure, chaque capitaine commandant de la réserve avait placé ses pièces au fur et à mesure qu'elles étaient attelées, en arrière d'une deuxième crête en avant du village ; mais l'ennemi avançant toujours, en concentrant ses feux, cette première position cessait d'être tenable, et, par ordre du général Liédot, les batteries se portèrent en arrière et à droite du village ; la retraite fut ainsi soutenue de crête en crête par le feu de la réserve d'artillerie jusqu'à Mouzon. Les généraux de Failly, de L'Abadie et Liédot étaient restés sur le plateau avec les dernières batteries de la réserve et avec l'infanterie de la 2ᵉ division massée dans les bois, en arrière des flancs de l'artillerie, tant qu'il y eut quelque espoir d'arrêter l'ennemi, espoir qui fut longtemps soutenu par le bruit lointain du canon du 7ᵉ corps qui se faisait entendre sur notre droite, corps qu'on pensait devoir arriver à notre secours. Enfin le général en chef donne l'ordre à la réserve d'artillerie de cesser le feu et de se retirer sur Mouzon par un chemin d'exploitation situé sur la gauche de notre armée et passant devant une ferme située près du bois de la Sartelle. Les batteries Nicolas, Chardon et Girardin prirent ce chemin, purent passer la Meuse sur le pont de Mouzon et allèrent prendre position au-dessus vers le nord de Mouzon pour défendre par leurs feux le passage du pont. Mais les trois batteries de Tessières, Deshautschamps et Macé, qui, dans le mouvement de retraite de crête en crête, s'étaient écartées en éventail à droite pour faire face au mouvement tournant de l'ennemi, s'engagèrent dans d'autres chemins pour rejoindre Mouzon et soutinrent sur la rive gauche de la Meuse dans des positions diverses jusqu'à la nuit le feu le plus vif en usant presque toutes leurs munitions.

Ce qui peut donner la mesure de l'énergique résistance opposée, c'est que les six batteries de la réserve perdirent dans cette journée sur le champ de bataille et par le feu de l'ennemi huit de leurs pièces ; aucune de ces pièces ne fut perdue dans le gué de la Meuse, ainsi que cela eut lieu malheureusement pour plusieurs pièces et mitrailleuses des batteries divisionnaires.

Le capitaine en 2ᵉ Bordes, charmant officier plein de valeur, fut tué, ainsi qu'un nombre considérable de sous-officiers, hommes et chevaux.

Le capitaine de Tessières mérite à double titre d'être particulièrement cité ici; une de ses pièces n'ayant pu être emmenée, son avant-train ayant sauté, était restée en arrière sur une crête déjà abandonnée; il traversa plusieurs centaines de mètres du champ de bataille, seul avec un avant-train et sous le feu de l'ennemi, pour ramener cette pièce.

Cet officier s'établit en batterie, le soir du même jour, à une trentaine de mètres en avant du pont de Mouzon, avec une seule de ses pièces, protégé par quelques compagnies du 22ᵉ de ligne de la division Grandchamp, seule division d'infanterie qui fût venue au secours du 5ᵉ corps sur la rive gauche de la Meuse, que le général de L'Abadie avait trouvé moyen de mettre à sa disposition pour aider à la défense de l'entrée du Faubourg; les fantassins entrèrent dans les maisons, s'embusquèrent aux fenêtres et derrière les murs de clôture. La tête de colonne ennemie ne tarda pas à paraître; quelques coups à mitraille et une vive fusillade de l'infanterie la dispersèrent d'abord; mais, au bout d'un certain temps, il fallut céder au nombre et se retirer en arrière du pont, où le capitaine de Tessières mit derechef sa pièce en batterie; de ce point elle enfilait la rue du Faubourg dans toute sa longueur et la descente du pont vers la ville lui permettait de se mieux défiler de la fusillade; les compagnies du 22ᵉ évacuèrent également le Faubourg et se retirèrent sur la rive droite de la Meuse.

Le combat continua de la sorte et il était nuit close depuis longtemps, lorsqu'il cessa de part et d'autre; il avait duré plus d'une heure. Je ne saurais assez faire ressortir la bravoure et l'opiniâtreté qu'à montrées en cette circonstance le capitaine de Tessières; constamment au milieu de ses hommes, partageant leurs fonctions et leur danger, leur communiquant son énergie par ses paroles et son exemple; sur ses quatre servants, un a été tué, deux blessés, un conducteur et trois chevaux de la pièce eurent le même sort; demeurant enfin avec un seul servant, il a rempli les fonctions de pointeur et de pointeur-servant, employant comme tire-feu une ficelle et un clou empruntés à une maison voisine.

Cette vaillante conduite secondée par les compagnies du 22ᵉ de ligne à arrêter l'ennemi l'a empêché de passer le pont, et notre retraite sur la rive droite a pu prendre un peu d'ordre et de régularité.

Le 5ᵉ corps étant entièrement retiré sur la rive droite de la Meuse avec la tombée de la nuit, le maréchal de Mac-Mahon et le général de Failly, réunis au-dessus et au nord de Mouzon, décidèrent que cette ville serait évacuée le soir même par toute l'armée, et je reçus directement du maréchal de Mac-Mahon l'ordre de partir immédiatement avec la réserve d'artillerie pour Sedan en passant par Carignan; la réserve d'artillerie se mit aussitôt en route, marcha toute la nuit et arriva devant Sedan, le 31, à la pointe du jour; elle y trouva les avenues et la place entièrement encombrées de voitures de toute espèce appartenant principalement au 7ᵉ corps, les portes de la ville étant fermées. Dans ces conditions, tant pour ne pas rester dans les bas-fonds du faubourg de Balan que pour déblayer le terrain, je fis prendre à la réserve d'artillerie un chemin à droite de la route de Carignan à Sedan, et gravissant les hauteurs, elle alla camper près de l'ancien ouvrage retranché qui se trouve au nord et à 500 mètres environ de Sedan.

Artillerie de la 1ʳᵉ division. — Nous ne saurions mieux faire que d'extraire des rapports des commandants des batteries de l'artillerie divisionnaire la relation du rôle joué par chacune d'elles dans cette journée (1).

La batterie Lanaud campait avec la 2ᵉ brigade à gauche de la route qui, de Bois des Dames se dirige par Beaumont sur Mouzon avant d'arriver à Beaumont. Les batteries Desmazières et Gastine qui étaient avec la 1ʳᵉ brigade se trouvaient, la batterie Gastine en arrière d'un chemin conduisant à Osches et formant prolongement du coude que fait la route de Sommauthe avant d'arriver à Beaumont; la batterie Desmazières près de Beaumont, en arrière de la route de Mouzon.

L'ennemi qui avait continué sa route par la forêt de Dieulet et les bois de Sommauthe, ayant couronné toutes les crêtes du sud-ouest au sud-est de Beaumont commença vers onze heures et demie un feu violent d'artillerie dirigé sur le camp. La batterie Desmazières devant marcher à l'avant-garde de la division, les voitures de la batterie de combat étaient attelées; aussi, dès les premiers coups de canon, put-elle sortir et se porter rapidement en avant et à droite sur une petite crête en arrière de la route de Stonne, où elle ouvrit immédiatement son feu.

Pendant ce temps, les troupes d'infanterie s'étaient repliées en arrière de Beaumont, et l'artillerie de réserve avait occupé la hauteur au-dessus de Létanne.

La batterie Desmazières, alors complètement isolée, opéra sa retraite en dirigeant d'abord ses caissons et successivement ses pièces, vers l'angle formé par la route de Mouzon et le chemin qui conduit de cette

---

(1) Le lieutenant-colonel Rolland, blessé à Sedan et mort depuis, le rapport a été fait pour l'artillerie de la 1ʳᵉ division par le commandant Pérot. Le lieutenant-colonel Montel, grièvement blessé à Sedan, le rapport a été fait pour l'artillerie de la 3ᵉ division par le commandant Normand.

route à la ferme de la Harnoterie, et rejoignit la division ainsi que les deux autres batteries.

Le point que l'ennemi devait choisir pour lancer sa colonne d'attaque étant parfaitement indiqué à la sortie des bois sur la route de Stonne, près de la Thibaudine, on fit occuper les abords de la ferme de la Harnoterie par deux bataillons de la 3e division. La batterie Lanaud fut désignée pour appuyer ces deux bataillons et prit position un peu en arrière et à droite de la ferme, de manière à observer le débouché des bois.

Sur la nouvelle que le 7e corps arrivait dans cette direction pour donner la main au 5e, on empêcha la batterie d'ouvrir son feu, qui, dans cette position et à ce moment, aurait pu avoir un effet sérieux; on lui donna l'ordre de contrebattre une batterie qui tirait sur la ferme; elle fit donc un changement de front à gauche et commença le feu; mais alors l'ennemi déboucha des bois à l'endroit prévu à l'avance et se présenta au lieu du 7e corps qui avait été annoncé. La batterie dut, pour ralentir la marche de cette colonne, se porter rapidement à la gauche de la ferme et tirer à mitraille. Dans cette position complètement découverte sous le feu de plusieurs batteries, la batterie Lanaud eut beaucoup à souffrir, et lorsque l'ordre de retraite fut donné à l'infanterie qui occupait la ferme, elle aurait perdu une de ses pièces, si l'adjudant et quelques canonniers n'eussent mis beaucoup d'énergie et de promptitude à changer un attelage de derrière dont le porteur venait d'être tué par un projectile.

Pendant ce temps, le reste du corps d'armée avait pris position sur la crête, en avant du bois de la Sartelle, à cheval sur la route de Mouzon, la 1re division avec les batteries Desmazières et Gastine formant la droite.

L'ennemi exécutant alors une conversion sur son aile gauche avait poussé ses tirailleurs sur la droite à la faveur des bois qui dominent la Meuse, et lorsque notre mouvement de retraite sur Mouzon commença à se dessiner, il ouvrit un feu violent d'artillerie et d'infanterie, qui rendit très difficile, pour les batteries, la traversée du bois de la Sartelle, où elles durent s'engager dans des chemins d'exploitation non suffisamment reconnus et sans issue. La batterie Desmazières, ayant eu en ce moment un grand nombre d'hommes et de chevaux tués ou blessés, fut forcée d'abandonner deux pièces dans le bois, et les quatre autres ne purent être sauvées qu'à force de courage et d'énergie.

A la sortie des bois, le corps d'armée s'arrêta de nouveau sur les deux mamelons qui se trouvent un peu en avant de la ligne passant par Grésil et Villemontry; la 1re division formant toujours la droite avec la batterie Gastine (mitrailleuses) et les quatre pièces restant de la batterie Desmazières auxquelles se joignirent des batteries de la réserve. Dans cette position, nos batteries commencèrent un feu très vif qu'elles ne cessèrent que lorsqu'elles se trouvèrent tout à fait isolées, et après des pertes très fortes en hommes et en chevaux; la batterie Desmazières eut plusieurs caissons démontés et une mitrailleuse de la batterie Gastine fut égueulée.

La batterie Lanaud qui, après avoir quitté la ferme, avait suivi la route de Mouzon jusqu'à la hauteur de la nouvelle position, fut dirigée sur le mamelon occupé par les autres batteries pour les soutenir; mais le général commandant la division arrêta ce mouvement, et ordonna à cette batterie de franchir la Meuse et de prendre position en arrière, pour protéger la retraite.

Lorsque les batteries Desmazières et Gastine durent à leur tour quitter le plateau, elles se dirigèrent en arrière de leur position vers le gué, qui avait été reconnu par le génie et indiqué par le chef d'état-major général. Pendant que la batterie Gastine continuait sa route vers la Meuse, la batterie Desmazières s'arrêta dans la prairie à hauteur de l'entrée du Faubourg de Mouzon au moment où la brigade de cuirassiers du 12e corps ramenée par la cavalerie et l'infanterie ennemies commençait sa retraite vers la Meuse. Les coffres de la batterie ayant été visités, on reconnut qu'il y restait 20 charges et 20 projectiles ou boîtes à balles que l'on résolut d'utiliser; les quatre pièces auxquelles se joignit une pièce du 2e d'artillerie, momentanément séparée de sa batterie, furent mises en batterie et tirèrent sur la tête de colonne ennemie lorsqu'elle fut démasquée. Le feu de ces cinq pièces bientôt après soutenu par quelques mitrailleuses d'une autre division fit suspendre le mouvement en avant de l'ennemi qui dirigea alors contre elles une grande partie de son artillerie; ce qui favorisa la retraite des troupes engagées sur le pont.

La batterie Gastine avait commencé heureusement le passage de la Meuse et un certain nombre de voitures avaient atteint la rive opposée, lorsque les cuirassiers, en se retirant trop précipitamment par le même gué, arrêtèrent le mouvement; des conducteurs et des attelages furent renversés et il fut complètement impossible de dégager les dernières voitures du gué devenu impraticable. Trois mitrailleuses et trois caissons durent être abandonnés, le lieutenant en 1er disparut et le lieutenant en 2e blessé restait à l'ambulance de Mouzon.

Lorsque les munitions de la batterie Desmazières furent entièrement épuisées, le lieutenant-colonel et le chef d'escadron qui étaient restés avec cette batterie reconnurent l'impossibilité de faire usage du gué pour la retraite; elle fut donc dirigée sur le pont qu'elle traversa, puis tournant à gauche elle gagna la hauteur de la Fourberie où elle prit de nouveau position et continua son feu jusqu'à la tombée de la nuit avec des munitions qui lui furent données par une batterie du 12ᵉ corps, placée elle-même en cet endroit pour protéger la retraite.

A la nuit, les batteries rejoignirent les troupes de la division qui s'étaient reformées en arrière de cette position. La colonne gagna la Chiers par des chemins d'exploitation, la passa à l'Émonderie ainsi que le chemin de fer et prit alors la grande route de Sedan où elle arriva le 31 dans la matinée.

L'infanterie de la division alla occuper la hauteur à droite du faubourg de Givonne; les batteries restèrent en colonne dans le faubourg qu'elles quittèrent le soir pour parquer sur l'Esplanade, située près du chemin couvert de la place.

Artillerie de la 2ᵉ division. — La nuit du 29 au 30 fut employée à se rendre de Bois des Dames à Beaumont où les batteries n'arrivèrent dans leur camp, placé au delà de ce village, qu'après 4 heures du matin. Vers midi, surprises dans leur camp par l'ennemi, les batteries et la réserve divisionnaire durent garnir et atteler les chevaux sous un feu d'artillerie très nourri. Elles sortirent néanmoins en bon ordre de leur camp emmenant tout leur matériel et leurs bagages. Les réserves durent se rendre à Mouzon, passer la Meuse, et attendre sur la route de Mouzon à Carignan le résultat de la journée.

Les batteries prirent position à 500 mètres environ du front de bandière pour contrebattre les batteries et pour maintenir l'infanterie ennemie; obligées de quitter cette position dès qu'elles furent prises en rouage par une batterie ennemie, elles occupèrent successivement les différentes crêtes qui étaient derrière elles en suivant le mouvement de retraite opéré par l'infanterie.

Elles furent ainsi amenées à prendre position à l'extrême droite d'un plateau élevé qui est relié par des pentes très abruptes à un vallon qui est devant Mouzon. L'infanterie fut massée derrière les batteries et la position fut bientôt attaquée par une ligne ennemie, composée d'artillerie et d'infanterie. Les batteries ouvrirent leurs feux et forcèrent plusieurs fois l'ennemi à reculer. Mais les boulets ennemis dirigés contre nos batteries atteignaient l'infanterie massée derrière elles et l'obligèrent à battre encore en retraite; force fut bien alors aux batteries de se retirer; elles n'avaient d'autre route à suivre que les pentes fort raides et fort accidentées qui étaient en arrière.

En descendant ces pentes coupées de nombreux ressauts, un grand nombre de voitures furent renversées et bien peu d'entre elles purent être relevées. C'est ainsi que la batterie à balles Arnould perdit toutes les siennes à l'exception d'une pièce et d'un caisson qui furent sauvés grâce à l'énergie de l'adjudant Duhamel, du maréchal des logis Navelle et des deux conducteurs Clément et Carpentier.

La batterie Kramer fut un peu plus heureuse, quatre caissons et une pièce furent renversés, celle-ci écrasant le conducteur et les chevaux de derrière ; le lieutenant Ribot, qui avait déjà franchi ces pentes rapides, s'apercevant qu'une de ses pièces lui manquait, n'hésita pas à revenir sur ses pas, emmenant avec lui le conducteur Bourgade. Au milieu d'une grêle de balles il fit relever la pièce par quelques servants qui étaient encore autour d'elle, la fit atteler et la ramena heureusement.

Les deux batteries, privées de munitions et dont beaucoup d'éléments étaient épars, se dirigèrent sur Mouzon et de là sur Sedan, où elles arrivèrent dans la nuit du 30 au 31 août.

Le 31, les deux capitaines cherchèrent à rallier les hommes de leur batterie, la batterie Kramer essaya de se ravitailler au grand parc ; mais à cause de l'encombrement des rues elle ne put le faire que le lendemain matin.

Artillerie de la 3ᵉ division. — Le soir du combat de Bois des Dames, après avoir laissé filer les équipages et les batteries de la réserve, la nuit venue, la 3ᵉ division du 5ᵉ corps se mit en marche sur Beaumont, par les bois de Vaux-en-Dieulet. Arrivés vers 5 heures de la nuit à Beaumont, nous sommes allés prendre à 6 heures du matin notre campement au nord du village, à droite de la route de Mouzon.

A 11 h. 1/2 du matin, au moment où les corvées se réunissaient pour aller aux distributions, les premiers projectiles ennemis, passant par-dessus Beaumont, vinrent renverser nos tentes et tuer des chevaux à la corde. Les batteries, attelées en toute hâte, se portèrent en arrière du camp, sur une hauteur d'où elles pouvaient répondre au feu de l'ennemi. La batterie Bès de Berc (mitrailleuses), s'était placée de l'autre côté de la route, d'où elle tirait avec succès, à 1,600 mètres, sur de l'infanterie ennemie. Le mouvement de l'ennemi sur notre droite se prononçait de plus en plus. Le lieutenant-colonel Montel vint chercher les batteries Caré et Vallantin et me chargea, en même temps, d'aller faire ranger sur la route de Mouzon les voitures de la réserve divisionnaire, dans l'ordre le plus favorable au remplacement des munitions. Pendant mon absence les batteries, suivant la retraite de l'infanterie, prirent deux autres positions : l'une en avant du bois qui est au point culminant de la route, à l'endroit appelé la Sartelle ; l'autre en arrière et à droite, en allant vers Mouzon. Dans une deuxième tentative de retour offensif, les batteries de canons, engagées dans des chemins forestiers, furent accueillies par un feu violent de mousqueterie : la batterie Caré y perdit deux pièces dont les attelages et les conducteurs furent tués.

Lorsque je revins aux batteries, elles étaient placées sur le dernier mamelon en avant de l'entrée de Mouzon et tiraient à 1,200 mètres sur l'infanterie et la cavalerie qui débouchaient des bois situés au bord de la route. Leur tir eut pour effet d'obliger ces troupes à rentrer dans les taillis d'où elles venaient de sortir. A cet instant, l'infanterie voisine de nos batteries eut l'ordre de mettre la baïonnette au canon, en prévision d'une attaque immédiate sur notre droite. Le lieutenant-colonel Montel nous dirigea alors sur Mouzon, où nous devions passer la Meuse. Les batteries Bès de Berc et Caré traversèrent le pont; la batterie Vallantin, qui avait été séparée de nous, suivit les troupes qui se dirigeaient vers le gué et y perdit trois pièces.

Après avoir traversé la rivière, nous n'avons plus tiré le canon. Les batteries, réunies sur le plateau qui domine la ville, suivirent la 5ᵉ division dans sa marche de nuit sur Sedan, où elle arriva à la pointe du jour.

Le 30, les ennemis débouchaient déjà du village de Beaumont, quand le capitaine Vallantin apprit qu'une pièce, dont l'attelage de derrière avait été tué à la corde, était restée au parc. Le maréchal des logis, Pourchaire, suivi du premier conducteur Simplot, retournèrent au camp situé à la porte du village et, sous une grêle de projectiles, parvinrent à atteler et ramener la pièce à sa place de batterie.

Parc d'artillerie. — Le parc d'artillerie du 5ᵉ corps nous avait rejoints, comme par fatalité, à Beaumont même; il se composait de 60 voitures; ses attelages conduits par des conducteurs moins solides et moins expérimentés que ceux des batteries, la surprise du camp devait avoir pour lui des conséquences plus graves encore que pour les batteries; il fut, en effet, obligé d'abandonner dans son campement la moitié de ses voitures, ses conducteurs n'étant pas parvenus à les atteler avant son envahissement par l'ennemi. Ce qui resta du parc put passer le pont de Mouzon et de là se rendre à Sedan.

Rapport du commandant Cailloux, commandant les 6ᵉ et 10ᵉ batteries du 2ᵉ régiment d'artillerie (batterie de Tessières et batterie Chardon) sur la part prise par ces deux batteries à la journée du 30 août.

Vers 11 h. 30, un certain nombre d'hommes était encore absent du camp pour les distributions de vivres et de fourrages, les autres étaient ou endormis ou occupés à faire la soupe, lorsque plusieurs coups de canon accompagnés d'un feu nourri de mousqueterie se firent entendre subitement. C'était le corps bavarois que nous avions négligé la veille et qui venait ainsi nous surprendre dans notre camp, dont il avait pu s'approcher de moins de 500 mètres, sans avoir été signalé par nos vedettes et nos reconnaissances. Le camp fut en un instant couvert de projectiles de toutes sortes qui nous firent dès le début un mal considérable. La tente de M. Nicollet, presque contiguë à la mienne, fut traversée par un boulet; presque au même moment, un autre boulet tua sur place le cheval de cet officier pendant que son ordonnance était occupé à le seller. Un peu plus loin, le cheval de M. Aglot, lieutenant en 1er de la 10e batterie, périssait de la même manière. De tous côtés, il y eut des morts et des blessés. Le colonel de Fénelon ordonna qu'on attelât immédiatement et que chaque pièce allât prendre son poste de combat, à mesure qu'elle serait prête. Les deux premières pièces de la réserve mises en batterie appartenaient à la batterie de Tessières : l'une fut conduite par M. Courtès-Bringou, lieutenant en second, un peu en avant de notre campement dans la direction de l'attaque, l'autre par le lieutenant en premier M. Nicollet un peu plus en arrière. Près de celle-ci se trouvaient le colonel de Fénelon ainsi que le capitaine commandant; j'avais accompagné de mon côté celle de M. Courtès. Elles commencèrent immédiatement le feu. Pendant ce temps, on attelait les autres voitures, et le capitaine Chardon allait se mettre en position en arrière du camp au delà de Beaumont. L'ennemi, qui avait eu tout le temps de régler son tir, nous fit subir des pertes sensibles. A peine M. Courtès eut-il tiré un premier coup de canon, qu'un de ses servants avait une jambe brisée et deux de ses chevaux étaient mis hors de combat. A la pièce de M. Nicollet, un obus venant à éclater auprès du cheval du colonel de Fénelon, le cheval s'était renversé entraînant son cavalier, mais sans aucun mal. Nous dûmes bientôt songer à trouver une meilleure position et nous allâmes nous établir au delà de Beaumont, à proximité du point où se trouvait déjà la batterie Chardon. Nous étions là dans une position dominante assez avantageuse pour notre tir, mais le terrain s'élevant en pente douce en arrière sans présenter de dépression, nous étions mal défilés, et nous fûmes fort éprouvés. Le coffre de l'avant-train d'une pièce que M. Courtès-Bringou se préparait à amener en avant pour repousser une charge de cavalerie fut atteint par un obus et sauta en tuant les 4 chevaux, les 4 servants et l'un des deux conducteurs. La pièce dut être abandonnée. Malgré ces pertes, les hommes luttaient avec la même ardeur, et la 10e batterie se comportait de manière à mériter les félicitations du général Liédot et du général de Failly lui-même. Cependant l'ennemi faisait constamment des progrès et s'avançait rapidement; le 5e corps cédait sur toute la ligne, nous n'avions plus autour de nous de troupes de soutien. Le colonel de Fénelon nous ordonna de nous porter en arrière; les 6e et 10e batteries battirent donc en retraite, se dirigeant vers un bois sur notre aile gauche; en ce moment, je les perdis de vue; je m'étais détourné un instant aux cris poussés par un sergent d'infanterie grièvement blessé qui appelait du secours; quand, après lui avoir donné quelques soins, je remontai à cheval, je cherchai vainement le chemin qu'avaient suivi mes deux batteries. Je pris la direction de la route de Mouzon sur laquelle j'espérais les retrouver, et je ne tardais pas en effet à apercevoir M. de Tessières, mais il n'avait avec lui que deux pièces et avait perdu la trace des autres. Chemin faisant, il me fit part de ses regrets d'avoir été contraint d'abandonner une de ses pièces sur le champ de bataille et me demanda la permission d'aller la chercher, ce que je finis par lui accorder à contre-cœur, car je ne voyais pour lui que danger dans son entreprise, je le vis heureusement revenir sain et sauf au bout d'une demi-heure, mais il n'avait pu réussir à emmener sa pièce; l'avant-train ayant été complètement brisé, on n'avait pas pu l'atteler. Son retour coïncida avec celui de la batterie Chardon et des trois autres pièces de la 6ᵉ que je vis déboucher du bois où elles s'étaient engagées. Sauf la pièce perdue, ces deux batteries étaient complètes et nous allâmes nous établir sur une éminence à gauche de la route à 5 kilomètres de Mouzon, tournant le dos à la Meuse. Les batteries du commandant du Chaffaut y étaient déjà en position. Nous occupions ce poste depuis une demi-heure environ lorsque l'ennemi démasqua tout à coup sur notre droite une forte batterie, en même temps qu'une fusillade très vive venant du même côté, nous couvrit d'une grêle de balles. Le mouvement tournant de l'ennemi se dessinait et devenait très menaçant pour nous. Il était trop tard pour l'empêcher; nous allions être coupés de la Meuse. L'ordre de la retraite fut donné; elle se fit avec beaucoup de désordre, il y eut sur la route un pêle-mêle de toutes les armes, au milieu duquel nos deux batteries purent cependant se frayer un passage, gagner le pont et aller se reformer plus loin, mais j'en fus violemment séparé et quand je pénétrai dans le Faubourg, je n'avais avec moi que M. de Tessières, conduisant une de ses pièces qui n'avait pas pu rejoindre les autres. En ce moment, le corps d'armée avait pu franchir le pont dont nous étions séparés par quelques voitures; nous n'avions plus personne derrière nous; nous fermions la marche. Si l'ennemi nous avait poursuivis plus activement, nous étions inévitablement ses prisonniers.

C'est ici que se place un épisode qui fait le plus grand honneur à M. de Tessières et qui doit être connu, car il faut qu'on sache qu'il y a eu d'honorables exceptions à la défaillance dont on nous a donné trop souvent le spectacle. En entrant dans le Faubourg, M. de Tessières conçut l'idée d'utiliser la pièce qui lui restait et de tâcher d'arrêter l'ennemi qui nous serrait de près et cherchait à passer la Meuse. Cette idée ne pouvait être réalisable qu'à la condition que nous serions protégés par de l'infanterie; heureusement le général de L'Abadie qui marchait à quelques pas de nous, voulut bien mettre à notre disposition quelques compagnies du 22ᵉ de ligne qu'il chargea de nous protéger et de défendre avec nous l'entrée du Faubourg. Les hommes entrèrent dans les maisons, s'embusquèrent aux fenêtres, derrière les murs de clôture et M. de Tessières mit sa pièce en batterie dans la rue même, à une trentaine de mètres en avant du pont. La tête de colonne ennemie ne tarda pas à paraître, elle fut dispersée par un premier coup de canon à mitraille; en même temps, la fusillade s'engageait entre nos fantassins et ceux de l'ennemi qui cherchait à nous tourner par les jardins, et l'artillerie prussienne lançait sur le Faubourg ses projectiles percutants qui incendiaient quelques maisons, mais sans nous faire aucun mal. Après deux ou trois coups à mitraille, la nuit approchant rapidement, afin d'éviter à notre pièce le risque d'être tournée et enlevée, je la fis retirer et emmener au delà du pont; de ce point, elle enfilait la rue du Faubourg dans toute sa longueur et la descente du pont vers la ville, nous permettait de nous mieux défiler de la fusillade. Les compagnies du 22ᵉ évacuèrent également le Faubourg et se retirèrent sur la rive droite de la Meuse. Le combat continua de la sorte et il était nuit close depuis longtemps lorsqu'il cessa de part et d'autre; il avait duré une heure et demie environ. L'ennemi sembla vouloir renoncer définitivement à passer le pont. Je ne saurais assez faire ressortir la bravoure et l'opiniâtreté qu'a montrées dans cette circonstance M. le capitaine de Tessières. Constamment au milieu de ses hommes, partageant leurs fonctions et leurs dangers, pointant lui-même, leur communiquant son énergie par ses paroles et par son exemple, on peut dire que c'est miraculeusement qu'il est sorti sain et sauf de cette épreuve; sur 4 servants, 1 a été tué, 2 blessés; 1 de ses 2 conducteurs a été tué raide, et 3 chevaux sur 4 mis hors de combat. Lorsqu'il n'a plus eu avec lui qu'un seul servant, il a rempli les fonctions de pointeur et de pointeur-servant, employant comme tire-feu une ficelle et un clou empruntés à une maison voisine. Par cette conduite héroïque, M. de Tessières, vaillamment secondé par les hommes du 22ᵉ de ligne, a arrêté l'ennemi, l'a empêché de passer le pont, et notre retraite sur la rive droite a pu reprendre un peu d'ordre et de régularité. Il me semblait avoir mérité une récompense en rapport avec ce service signalé et je n'avais pas hésité à le proposer pour le grade de chef d'escadron; j'ai eu le chagrin d'éprouver un refus. J'ose espérer que cet arrêt n'est pas définitif et qu'on rendra à cet officier distingué et brave la justice qui lui est due.

Tel a été le dernier épisode de la journée de Beaumont, que j'ai pu suivre dans toutes ses phases, et que j'ai cru devoir raconter avec quelques détails. Tout combat ayant cessé, je me décidai à aller à la recherche de mes batteries, abandonnant M. de Tessières qui tenait à ne pas quitter son poste pour le cas où l'ennemi ferait de nouvelles tentatives. Je lui promis, sur sa demande, de lui envoyer des munitions, les siennes étant à peu près épuisées. Après deux heures de vaines recherches, je retournai à Mouzon, pour en ramener M. de Tessières; il était environ minuit, toutes les troupes avaient évacué la ville depuis longtemps et M. de Tessières les avaient suivies. Je me dirigeai alors sur Sedan, où toute l'armée avait ordre de se rendre; je n'y arrivai que vers 9 heures du matin et ce n'est qu'au milieu du jour que je retrouvai mes batteries; elles étaient campées ainsi que toute la réserve dans les ouvrages de campagne qui dominent la ville. M. de Tessières ne tarda pas à nous rejoindre avec sa pièce qu'il avait pu ramener au moyen de chevaux d'emprunt.

Historique de la 11ᵉ batterie du 14ᵉ d'artillerie.

Le 30 août, jour du combat de Beaumont, la batterie avait ses conducteurs au fourrage, au moment où le feu a commencé, vers midi. Les deux premières pièces attelées ont seules pu prendre part à la défense du camp, mais en battant en retraite l'une d'elles a dû être abandonnée faute de chevaux; deux autres pièces ont été également laissées au camp, les chevaux ayant été tués au moment d'atteler.

La batterie réduite à trois pièces a pris position contre un bois qui traverse la route de Mouzon; mais écrasée par le feu supérieur de 15 pièces prussiennes, elle a dû chercher à se retirer pour ne pas être enlevée par les Bavarois qui s'avançaient; deux de ces pièces ont été abandonnées, les attelages ayant été tués.

Enfin à Mouzon, cette pièce seule restante a encore été mise en batterie quelques instants.

Rapport du capitaine Nicolas, commandant la 5ᵉ batterie du 20ᵉ régiment d'artillerie à cheval, sur le rôle de cette batterie au combat de Beaumont.

3 septembre.

À Beaumont, lorsque vers onze heures du matin, le 30 août, le camp surpris par l'ennemi fut inondé de projectiles, aucun artilleur de la batterie n'a oublié un instant ses devoirs; les chevaux furent garnis, les pièces attelées, conduites en batterie et servies avec sang-froid et résolution. Dans le mouvement de retraite les circonstances ont amené la batterie à rester la dernière sur le champ de bataille pour attendre que toute l'infanterie fut retirée dans les bois. Plusieurs chevaux furent tués ou blessés et un homme atteint gravement à la tête par un éclat d'obus.

Historique des 5ᵉ *et* 6ᵉ *batteries du* 20ᵉ *d'artillerie.*

Le 5ᵉ corps se reposait dans la sécurité la plus profonde, attendant le moment de se préparer à partir; les hommes mangeaient la soupe, les chevaux de la réserve étaient à la corde, quand tout à coup, vers onze heures, éclate une violente canonnade partant de la lisière du bois, à 1,200 mètres; les obus passant sur le campement de la réserve vont éclater dans le parc du 5ᵉ corps, placé en arrière près de Beaumont.

Les hommes, avec le plus grand sang-froid et sans désordre, sellent, brident, garnissent, attellent et les 5ᵉ et 6ᵉ batteries viennent en moins d'un quart d'heure se mettre en batterie à hauteur et à droite de leur campement. L'infanterie défendait vigoureusement la crête et appuyée par l'artillerie, elle put tenir une heure en avant de Beaumont, jusqu'au moment où le général Liédot (pour l'artillerie de réserve) donna l'ordre de se retirer en arrière du bourg. Le 5ᵉ corps forma alors sa ligne de bataille dans une bonne position : la division de L'Abadie et l'artillerie de réserve à l'aile gauche, la 1ʳᵉ division (Goze) et la 3ᵉ division (de Lespart), à l'aile droite, sur les crêtes étagées en arrière de Beaumont. On avait été surpris par l'armée du prince de Saxe (IVᵉ corps, XIIᵉ corps et garde prussienne).

Le 7ᵉ corps français (Douay) était à quelques kilomètres à notre droite venant de Stonne, poursuivi par les deux corps bavarois de l'armée du prince royal de Prusse, et son arrière-garde était alors (une heure) fortement engagée.

Le 5ᵉ corps lutta jusqu'à trois heures dans cette position, mais se voyant écrasé et tourné à sa droite par des forces considérables, et n'étant pas soutenu, le général de Failly donna l'ordre de la retraite sur Mouzon. L'aile gauche et l'artillerie de réserve se retirèrent par la route et un chemin sous bois qui part de la ferme de la Sartelle, débouche à Villemontry et suit les bords de la Meuse. Les batteries du 20ᵉ passèrent le pont de Mouzon entre cinq et six heures et se mirent en batterie sur la rive droite de la Meuse, en avant de Mouzon, pour protéger la retraite des troupes qui étaient encore dans la plaine et arrêter l'ennemi qui cherchait à passer la Meuse.

Le combat dura ainsi jusqu'à neuf heures du soir, l'ennemi n'ayant pu forcer le passage de la rivière.

7ᵉ CORPS.

a) Journaux de marche.

1ʳᵉ DIVISION.

Notes sur les opérations de la 1ʳᵉ division d'infanterie du 7ᵉ corps d'armée.

Le 30 août, les 1ᵉʳ et 12ᵉ corps doivent gagner Mouzon sur la Meuse, le 5ᵉ, Beaumont, également situé sur ce fleuve. Le 7ᵉ doit prendre la route d'Osches à Raucourt et par là atteindre le fleuve près de Mouzon.

La 1ʳᵉ division du 7ᵉ corps se trouve toujours chargée de l'escorte et de la défense des convois des 5ᵉ et 7ᵉ corps.

Un premier ordre de marche donné par l'état-major général lui prescrit de suivre la route d'Osches à Stonne; puis celle de Stonne à Beaumont, et de s'arrêter le soir à Warniforêt, à moitié distance à peu près entre Stonne et Beaumont.

La division quitte Osches, le 30, de bon matin. La 2ᵉ brigade (47ᵉ et 99ᵉ de ligne) forme l'avant-garde sous les ordres du général Chagrin de Saint-Hilaire, le 99ᵉ marche en tête; le 47ᵉ est réparti le long du convoi. La 1ʳᵉ brigade (17ᵉ bataillon de chasseurs, 3ᵉ et 21ᵉ de ligne), commandée par le général de Bretteville, est en arrière-garde; avec elle se trouvent l'artillerie de la division et deux escadrons du 4ᵉ hussards.

Au moment du départ, de nombreux éclaireurs ennemis se montrent sur la crête des hauteurs qui entourent et dominent Osches. Le général Douay craignant une attaque, fait prendre à la 1ʳᵉ brigade de la division une position défensive sur un plateau situé à l'ouest du village; il prescrit en même temps au général Conseil Dumesnil, de prendre le commandement de la 2ᵉ brigade, de hâter le plus possible la marche des convois, et de se garder à gauche en prenant, au besoin, des positions défensives dans les endroits avantageux. Cette dernière prescription ne se comprend que par l'ignorance où l'on est de la marche de l'ennemi, car la route suivie étant presque parallèle au cours de la Meuse et les autres corps d'armée se trouvant entre elle et le fleuve, il n'y avait aucun danger à craindre de ce côté. C'est le flanc droit du convoi qui, au contraire, peut être menacé et qu'il faut surveiller et protéger; c'est ce que prouveront les événements ultérieurs de la journée.

Le convoi arrive dans cet ordre jusqu'à Stonne. La 1ʳᵉ brigade qui forme l'arrière-garde, voyant que les Prussiens n'ont nullement l'intention de l'attaquer sérieusement et qu'ils n'ont d'autre but que de faire des démonstrations et de nous inquiéter pour ralentir notre marche et mettre du désordre dans le convoi, quitte Osches à son tour pour suivre le mouvement de la 2e brigade.

On fait halte à Stonne. Ce village est bâti sur les dernières pentes d'un contrefort de l'Argonne formant la ceinture orientale du bassin de la petite rivière, le Bar, affluent de la Meuse.

Ce contrefort boisé qui longe la route de Stonne à Beaumont s'épanouit vers le nord par des pentes insensibles jusque dans la vallée de la Meuse. Du côté de Stonne, il tombe par une pente très raide et le pays qui s'étend entre Stonne, Raucourt et Yoncq, composé d'une série de petits plateaux, semble au contraire, complètement plat. En sortant du village de Stonne, la route descend par rampes successives ; elle a été percée ainsi pour éviter une pente trop forte. Arrivée dans la plaine, au bas de Stonne, elle tourne brusquement à droite, pour se diriger de l'ouest à l'est et elle continue ainsi presque en ligne droite jusqu'à Beaumont. La route est large et bonne, présente une série de montées et de descentes peu considérables.

La principale de ces montées commence à l'embranchement du chemin de Yoncq et finit près du groupe de maisons de fermes appelé Thibaudière ou la Thibaudine. Au point où la route atteint la vallée, près de Stonne, il s'en détache un chemin de grande communication qui conduit à Raucourt et à Mouzon.

Plus loin, avant d'arriver à la montée dont nous venons de parler se trouve un autre chemin menant à Yoncq et à Mouzon.

Ce dernier chemin est complètement dominé à droite par des hauteurs boisées et assez escarpées qui, dans certains endroits, forment un véritable défilé ; à gauche il est longé par un ruisseau qui se jette dans la Meuse, en aval de Mouzon.

Pendant la halte à Stonne, le général Conseil Dumesnil fait prendre aux 99e et 47e de ligne des positions défensives autour du village. Un bataillon est posté, à la sortie du village, sur un mamelon isolé, élevé et escarpé d'où il peut observer au loin le pays d'alentour.

Le maréchal de Mac-Mahon arrive à Stonne. Il donne l'ordre au général Conseil Dumesnil de repartir le plus tôt possible, de faire serrer les voitures du convoi les unes sur les autres, d'accélérer la marche et d'arriver à la Meuse, coûte que coûte, avant le soir. D'après les ordres du maréchal, la division doit ne plus bivouaquer Warniforêt, mais à quitter la route de Beaumont près de la Thibaudière, prendre le chemin de Yoncq à Mouzon, laisser ensuite Mouzon à sa droite, gagner Autrecourt, puis Villers et passer la Meuse en cet endroit sur un pont de chevalets qu'y construit le génie.

La 1re division et les convois des 5e et 7e corps se remettent en route vers onze heures, le 99e est toujours en tête, le 47e sur le flanc droit des voitures. Derrière viennent les généraux Conseil Dumesnil et Morand avec le 21e. Le général de Bretteville reste momentanément à Stonne avec le 3e de ligne; il a l'ordre de rejoindre le reste de la division quand celle-ci sera engagée par sa tête de colonne sur le chemin de Yoncq. Le général Douay garde avec lui l'artillerie de la division et le 17e bataillon de chasseurs; avec ces troupes et les divisions Liébert et Dumont, il a l'intention de suivre la route de Stonne à Raucourt. (C'est comme par fatalité que pendant cette campagne d'un mois la division a toujours été séparée de son artillerie). La division de cavalerie Ameil du corps d'armée (cette division ne comprend qu'une brigade), stationnée en ce moment dans la plaine, à l'angle des routes de Beaumont et de Raucourt, doit former l'extrême arrière-garde du corps d'armée et couvrir principalement la marche de la 1re division. En arrivant au bas de la descente de Stonne, on commence à entendre le canon lointain dans la direction de Beaumont.

On n'y prête pas, tout d'abord, une grande attention; on suppose que c'est la répétition et la suite des combats d'avant-garde que le 5e corps a, dit-on, eu à livrer le 29 et avec succès. Un peu plus loin, un officier d'ordonnance du général Ameil vient prévenir le général Conseil Dumesnil, que des gens du pays lui ont dit qu'une brigade d'infanterie prussienne se trouve embusquée dans les bois qui s'étendent tout le long et à droite de la route de Beaumont. Pour éviter une surprise le général Conseil Dumesnil prescrit au général Morand de faire quitter la route au 21e de ligne, de le porter sur le flanc droit de la colonne, de le faire marcher par échelons de demi-bataillons dans les terres qui se trouvent entre la route et les bois et de laisser des flanqueurs et des éclaireurs dans la forêt.

La division continue ainsi sa marche sans être inquiétée. La tête de colonne du convoi, au lieu de prendre la route de Yoncq continue par erreur à suivre celle de Beaumont. Il faut ramener le 99e et les voitures engagées dans cette fausse direction. Cette perte de temps sera fatale à la division.

En ce moment, il est environ midi; le bruit de la canonnade qu'on entend du côté de Beaumont se rapproche sans cependant qu'il soit possible de rien distinguer ni d'apprendre ce qui se passe. Pour parer à toute éventualité et pour couvrir la marche du convoi, le général Chagrin de Saint-Hilaire place une partie du 99e et du 47e sur le plateau qui commence près de l'embranchement de la route de Beaumont avec le chemin de Yoncq.

Ce plateau qui fait partie du mouvement de terrain séparant la Meuse du ruisseau dont il a été question plus haut, s'étend jusque vers Beaumont. Il est découvert sur son sommet tandis que ses pentes, du côté du ruisseau et du chemin de Yoncq sont boisées. La route de Beaumont traverse ce plateau; près de là se trouve le groupe de maisons appelé la Thibaudière ou encore la Thibaudine. Le 99ᵉ se place sur la route et un peu à droite; à sa gauche, dans les bois, se tient le 47ᵉ. En même temps, le général de Saint-Hilaire envoie demander du renfort et surtout de l'artillerie. Le général Conseil Dumesnil arrive sur la position. Il approuve les dispositions prises par le général de Saint-Hilaire et envoie un officier de son état-major prévenir le général Douay de ce qui se passe et le prier d'envoyer, en toute hâte, l'artillerie de la division.

Le convoi a le temps de s'engager tout entier sur la route de Yoncq. Le général Conseil Dumesnil, pour exécuter les ordres du maréchal de Mac-Mahon qui veut que les convois atteignent la Meuse avant la nuit, fait évacuer la position de la Thibaudière par le 99ᵉ et une partie du 47ᵉ. Ces troupes reprennent l'escorte du convoi et sont remplacées par le 21ᵉ que doit bientôt rejoindre le 3ᵉ de ligne qui a reçu ordre de quitter Stonne. La 1ʳᵉ brigade réunie doit suivre le convoi aussitôt qu'elle verra celui-ci bien engagé sur la route de Yoncq; car rien ne peut faire supposer qu'elle sera attaquée, l'ennemi n'étant pas en vue. Mais lorsque le général Conseil Dumesnil, le général de Saint-Hilaire sont déjà assez avancés dans le défilé de la route de Yoncq avec les convois et la deuxième brigade, les Prussiens débouchent du côté de Beaumont, sur le plateau de la Thibaudière, et attaquent en force le 21ᵉ et le 47ᵉ qui occupent en ce moment cette position. Ces Prussiens appartiennent aux corps d'armée qui ont attaqué et dispersé le 5ᵉ corps français près de Beaumont et qui, dans la poursuite, viennent se heurter à une partie de la 1ʳᵉ division du 7ᵉ corps. Les deux bataillons du 21ᵉ et les quelques compagnies du 47ᵉ restées dans les bois, appuyés par aucune artillerie, ne peuvent opposer qu'une faible résistance.

Malgré les efforts de leurs officiers, malgré la brillante bravoure du général Morand, qui est mortellement blessé, nos soldats, décimés par le feu de mousqueterie et d'artillerie de l'ennemi, reculent. Le général de Bretteville arrive à leur secours avec le 3ᵉ de ligne. Lui aussi marche vaillamment à la tête de ses soldats auxquels il donne le meilleur exemple; mais il est bientôt blessé et le 3ᵉ de ligne cède à son tour. En ce moment arrive la batterie Léon, la seule que le général Douay se décide à envoyer à la division. Le capitaine Léon, sans avoir égard à la supériorité de l'artillerie allemande, se met immédiatement en batterie et ouvre le feu. Il se comporte avec une valeur qu'il communique à ses hommes et tient bon quelque temps. Par son exemple, il rallie même pendant quelque temps autour de lui des portions des 3º et 21º de ligne. Mais, pour ne pas être complètement enveloppé par l'ennemi, il est obligé de se retirer en abandonnant forcément sur le terrain deux pièces dont les servants et les chevaux ont été tués.

La 1ʳᵉ brigade, privée de ses chefs, se trouve en pleine retraite; elle gagne à travers champs la direction de Raucourt et rejoint là le gros du 7º corps.

Pendant ce temps, le général Conseil Dumesnil, qui se trouve à la tête du convoi, près de Yoncq, ignore complètement ce qui se passe à l'arrière-garde; ce n'est que le soir qu'il apprend la déroute de la 1ʳᵉ brigade de sa division et les blessures des généraux de Bretteville et Morand.

Vers 3 heures, les convois des 5º et 7º corps atteignent Mouzon. Ils sont obligés de faire une halte assez longue, les routes sont encombrées par les voitures des convois des autres corps d'armée ainsi que par les troupes du 12º corps, qui sortent de Mouzon pour passer sur la rive gauche de la Meuse afin de recueillir les débris du 5º corps arrivant de Beaumont et d'arrêter, au besoin, la poursuite de l'ennemi.

A 4 heures, les convois des 5º et 7º corps reprennent leur marche, passent à Autrecourt et arrivent à Villers. Là, un nouveau temps d'arrêt. Le pont de chevalets construit par le génie n'est pas achevé; en attendant l'achèvement de la construction, les voitures sont parquées.

A 5 heures environ, le pont permet le passage. Le 99º et une moitié des voitures franchissent la Meuse; mais alors, le pont, qui n'est pas assez solide, s'écroule sous le poids des voitures.

De l'autre côté du fleuve, un chemin conduit par la vallée à Mouzon; un autre gravit les hauteurs de la rive droite et vient rejoindre la grande route de Mouzon à Douzy et Sedan. C'est ce dernier que prennent le général Conseil Dumesnil et la portion de la division qui a pu passer la Meuse sur le pont de Villers. En débouchant sur ce chemin, le général rencontre le général de Wimpffen qui arrive d'Afrique pour prendre le commandement du 5º corps à la place du général de Failly. Le général de Wimpffen indique au général Conseil Dumesnil une position en avant du village d'Amblimont, sur les hauteurs de la rive droite, au pied desquelles passe la route de Mouzon à Douzy; cette position est élevée de plus de 500 mètres au-dessus de la vallée.

Le général Conseil Dumesnil y établit le 99º de ligne. En ce moment, la plaine offre un spectacle navrant. Elle est couverte d'hommes isolés et débandés, les uns fuyards des champs de bataille de Beaumont et de la Thibaudière, les autres conducteurs et soldats d'escorte qui ont abandonné les convois des divers corps d'armée.

Nous avons vu que, par suite de la rupture du pont de Villers, un certain nombre seulement de voitures des convois des 5ᵉ et 7ᵉ corps a pu passer sur la rive droite de la Meuse.

Ces voitures s'engagent, les unes sur la route de Mouzon à Douzy, les autres sur celle de Mouzon à Carignan. Quant aux voitures restées sur la rive gauche, les unes sont abandonnées, les autres cherchent à atteindre à la hâte Remilly en longeant le fleuve. Le canon qui retentit de nouveau augmente le désordre qui règne dans la plaine.

Les troupes du 1ᵉʳ corps, qui sont sorties de Mouzon pour recueillir les débris du 5ᵉ corps, s'établissent sur un mamelon complètement isolé, qui se trouve entre la Meuse et le faubourg de Mouzon d'une part, et le ruisseau qui passe à Yoncq et dont il a déjà été question plusieurs fois. Ce mamelon découvert, et d'une altitude d'environ 200 mètres au-dessus de la vallée, est traversé par une ancienne voie romaine qui allait, en ligne droite, de Stonne à Carignan et dont les vestiges subsistent par-ci par-là. A son pied se rencontrent la route de Beaumont à Mouzon, celle de Mouzon à Autrecourt, les chemins de Yoncq à Mouzon, de Mouzon à Pouron et de Mouzon à Villemontry. Autour de ce mamelon s'étendent des hauteurs boisées et de 200 à 500 mètres plus élevées que lui. L'ennemi a canonné une partie de ces hauteurs et établi des batteries qui dominent le mamelon en question, ainsi que la ville de Mouzon et la vallée de la Meuse.

L'artillerie française ouvre le feu. Le combat reste un combat d'artillerie qui dure jusqu'à la tombée du jour. Les débris de la 1ʳᵉ division du 7ᵉ corps, placés, avec les généraux Conseil Dumesnil et Chagrin de Saint-Hilaire, sur la croupe qui longe la route de Mouzon à Douzy, ne peuvent être d'aucun secours, n'ayant pas d'artillerie et se trouvant trop éloignés du terrain d'action. Vers le soir, les Prussiens, qui ont établi une batterie vis-à-vis la position occupée par la division, atteignent de leur feu non seulement les soldats débandés répandus dans la plaine, mais encore les lignes du 99ᵉ. Pour ne pas faire tuer du monde inutilement, le général Conseil Dumesnil fait porter ce régiment plus en arrière, dans un chemin creux qui le met hors de portée des obus ennemis. Enfin, la nuit arrivant, ce régiment gagne le village d'Amblimont pour y attendre des ordres. On ne sait si la retraite doit s'effectuer sur Carignan ou sur Sedan. Dans la nuit arrive l'ordre de se remettre immédiatement en route pour cette dernière ville. La marche est si fréquemment ralentie et arrêtée par l'encombrement de la route, que le général Conseil Dumesnil n'arrive à Balan qu'à 2 heures du matin, le 31. Le 99ᵉ de ligne s'établit sur les glacis de la place de Sedan, entre la ville et le faubourg de Balan.

Quant aux régiments de la division qui ont combattu à la Thibaudière, leurs débris, après la lutte, se sont jetés sur Raucourt et Remilly, et là ont franchi la Meuse dans la nuit du 30 au 31, soit sur le pont du chemin de fer, soit sur un pont de chevalets construit par le génie en amont du premier. Ces fractions de régiments arrivent à Balan et à Sedan dans la matinée du 31.

L'artillerie de la division qui, depuis Osches, marche avec les divisions Liébert et Dumont, passe avec ces divisions à Raucourt, et, dans la nuit du 30 au 31, franchit la Meuse à Remilly pour se trouver à Bazeilles, le 31, vers 10 heures du matin.

La batterie Léon, la seule qui, le 30, a été envoyée par le général Douay au secours de la division, et a assisté au combat de la Thibaudière, a rejoint le reste de l'artillerie à Stonne, après la débâcle. Quant aux bagages de la division, ils sont ou dispersés ou pris par l'ennemi.

Historique du 17ᵉ bataillon de chasseurs à pied.

Dès le point du jour, pendant que le convoi se met en marche, devant, comme tout le corps, se diriger sur Mouzon, des uhlans apparaissent à proximité du camp, attestant ainsi la présence de l'ennemi aux environs. Tout fait présager l'approche d'une lutte.

Le bataillon, le 30 août, compte 218 hommes présents à l'effectif....

Après la sortie du convoi du camp de Osches, l'artillerie divisionnaire, chaque batterie suivie de son escorte, passe à gauche du village, à travers champs, pour rejoindre la route et se placer au centre du convoi. Après la descente du village de Stonne dans la plaine, pendant que l'arrière-garde repoussait des uhlans qui cherchaient à harceler le convoi, on s'arrête. La 1ʳᵉ division du 7ᵉ corps, moins le 17ᵉ bataillon de chasseurs à pied, restant, conformément à un ordre général, avec l'artillerie, se dirige sur la route qui, par Warniforêt, conduit à Beaumont pour protéger le convoi qui doit se rendre par la Besace à Raucourt. Peu de temps après, la 1ʳᵉ division est attaquée vers Warniforêt par la gauche des Prussiens qui combattaient à Beaumont contre le général de Failly. La 5ᵉ batterie reçoit immédiatement l'ordre de se porter au secours de la 1ʳᵉ brigade. Elle part au galop pour se rendre sur le théâtre de l'action, suivie de la division du capitaine Chrétien qui, grâce à une course rapide, arrive encore assez à temps pour la protéger. Les chasseurs couronnent de suite la crête où la batterie est en position, répondent bravement à une très vive fusillade des tirailleurs prussiens. Ils sont soutenus, pendant quelques secondes, par 150 hommes environ appartenant au 3ᵉ et au 21ᵉ de ligne ; ces soldats qui fuyaient dans le plus grand désordre avaient été ramenés sur le lieu du combat par deux officiers du bataillon : MM. Law de Lauriston et Gleizes-Raffin, qui firent preuve en cette circonstance d'une grande énergie. L'explosion d'un caisson fut le signal de la déroute des 150 hommes de ligne et d'un bataillon voisin. Les chasseurs, conservant beaucoup de calme et de sang-froid, restèrent à leur poste; mais la batterie, forcée d'abandonner une pièce démontée, menacée de trop près, se retire au milieu d'une colonne de fuyards. Le mouvement de retraite s'était prononcé de tous les côtés. On se dirigea, par la Besace, sur Raucourt. Une masse de soldats de divers régiments, se précipitant sur la route, séparèrent de la batterie M. Chrétien, qui la flanquait à droite, et M. Lemarchand qui, la flanquait à gauche; M. Gleizes réussit à se maintenir derrière la batterie. Les chasseurs se trouvaient donc divisés en trois groupes. MM. Chrétien, Gleizes, accompagnés de leurs hommes, rejoignirent à Remilly les deux autres divisions du bataillon qui avaient suivi leurs batteries. M. Lemarchand, avec sa fraction, ayant trouvé le pont de Remilly-sur-Meuse détruit, descendit la rive gauche de la Meuse, la traversa sur un pont en face de Sedan, rejoignit le 31 au matin le bataillon.

Après une halte d'une heure dans la plaine de Stonne, les deux divisions du bataillon attachées aux 6e et 11e batteries du 7e régiment, se mirent en marche en se dirigeant sur Raucourt, par Villers-devant-Raucourt, précédées d'une brigade de cavalerie.

Raucourt et Haraucourt sont traversés avec beaucoup de peine par l'artillerie, à cause de la grande quantité de troupes et de soldats à la débandade qui encombrent la route. On arrive à la chute du jour à Remilly où l'on doit passer la Meuse. Le génie y a construit un pont de bateaux pour le convoi et l'artillerie et une passerelle pour une partie de l'infanterie; l'autre partie doit franchir le fleuve à gué à 200 mètres en amont. L'artillerie divisionnaire, pour protéger le passage, prend position à droite de la route, sur la crête de la colline, à hauteur du gué; elle est couverte par les chasseurs qui se déploient en tirailleurs en avant, s'embusquent derrière un pli de terrain et le long de la lisière d'un petit bois. On tire, dans la direction de Mairy, trois coups de canon auxquels on ne répond pas. Vers 10 heures du soir, les tirailleurs regagnent leurs soutiens, l'artillerie attelle ses pièces et l'on attend, pour traverser la Meuse, le passage du convoi et de toute l'infanterie.

Historique du 3e de ligne.

Comme le jour précédent, la 1re division escorte le convoi; elle marche, la gauche en tête, les régiments séparés par de grands intervalles. Avant de se mettre en mouvement, le 3e de ligne prend position à Osches, jusqu'à la rentrée d'une reconnaissance.

Le régiment part à 9 heures du matin; il s'avance à travers champs, en colonne par division, à distance entière sur la gauche du convoi, et arrive à Stonne à 11 heures 30 du matin. Le 3ᵉ de ligne occupe le village militairement. Les 2ᵉ et 3ᵉ divisions du 7ᵉ corps sont restées à Osches.

Vers midi 30, le canon se fait entendre dans les directions opposées d'Osches et de Beaumont. Le régiment se met en marche aussitôt. Descendu de Stonne, il s'engage sur la route de Beaumont où l'ont déjà précédé les autres régiments de la 1ʳᵉ division; il marche en colonne par section, son flanc droit couvert par une ligne de tirailleurs qui longent les bois.

Le général de Bretteville marche en tête du régiment. Deux escadrons de lanciers suivent à quelque distance en arrière.

A peu près à mi-distance, entre Warniforêt et la Thibaudine, la route de Beaumont s'avance entre deux bois, s'enfonce dans le fond d'un petit vallon qu'elle traverse perpendiculairement, puis remonte en longeant une clairière; dans cette clairière, à droite de la route, est établie une ligne d'infanterie allemande couchée à plat ventre, à environ 200 mètres du vallon. Quelques pièces d'artillerie allemande en position, à 100 mètres plus en arrière, enfilent cette route et en battent le débouché dans la clairière. C'est sur ce terrain qu'est engagé un combat entre les Allemands et l'infanterie de la division Conseil Dumesnil. La cavalerie de la division a déjà tourné bride à peu près à hauteur du hameau de Warniforêt; l'artillerie est au convoi, sur la route de Stonne à Raucourt, et le général Conseil Dumesnil est lui-même resté fort loin en arrière.

Le 3ᵉ de ligne, toujours en colonne par section, la droite en tête, s'avance vers le lieu du combat; c'est dans cet ordre qu'il se présente à l'ennemi. Vers 2 heures après-midi, au moment où la tête de colonne, sortant du bois, débouchait dans la clairière, à 200 mètres de la ligne d'infanterie allemande, le 99ᵉ de ligne avait disparu du champ de bataille, et un bataillon de 47ᵉ tournait le dos et fuyait à toutes jambes. Les rangs du 3ᵉ de ligne sont rompus par cette irruption subite du 47ᵉ; nos soldats se jettent dans les bois. En même temps, le 21ᵉ de ligne abandonne le champ de bataille en courant; son chef, le colonel Morand, vient d'être grièvement blessé au genou. Le général de Bretteville est déjà blessé et hors de combat. Il ne reste plus alors en face des Allemands qu'un bataillon du 47ᵉ couché à plat ventre à 100 mètres de l'ennemi, et ceux des soldats du 3ᵉ de ligne qui n'ont pas été entraînés par les fuyards. Mais nos rangs sont complètement rompus; les officiers ne peuvent parvenir à reformer les compagnies sous la mitraille et les balles ennemies; ils ne peuvent maintenir leurs hommes dans la clairière. En vain le lieutenant-colonel Gillet et les officiers du régiment réunissent leurs efforts pour rallier nos soldats et les déployer en avant, on ne peut les faire sortir des bois où ils se tiennent à l'abri ; les officiers seuls restent exposés aux coups de l'ennemi.

En ce moment critique, le sous-lieutenant Varinot, n'écoutant que son courage, déploie son drapeau et, avec sa garde, se porte résolument en avant. Entraînés par cet exemple, quelques-uns de nos soldats débouchent de nouveau dans la clairière. Mais le sous-lieutenant Varinot tombe victime de son dévouement ; grièvement blessé, il quitte le champ de bataille. Le sous-lieutenant Sondorf saisit le drapeau ; aussitôt il est frappé par un obus qui lui fracasse le bras gauche et lui ouvre le flanc. Le drapeau gît sur le sol, sa hampe mutilée par un éclat d'obus ; il est relevé et reste déployé entre les mains des sergents Perrin et Garnier. Nos soldats ne peuvent se maintenir ; à chaque instant ils perdent du terrain. Le bataillon du 47e, jusqu'alors resté couché en face des Allemands, se lève précipitamment et s'enfuit dans les bois. Le petit nombre des hommes du 3e de ligne encore groupés autour du drapeau, estimant dès lors la lutte impossible, battent en retraite et rallient les débris des 21e et 47e de ligne. N'ayant plus personne devant eux, les Allemands poursuivent les débris de la division Conseil Dumesnil et occupent le bois que nous abandonnons.

Une batterie d'artillerie arrive à notre secours. Les officiers font tous leurs efforts pour rallier les soldats autour de la batterie qui commence le feu. Les Allemands nous ont prévenus ; ils débouchent des bois, et de nouveau la retraite est devenue nécessaire ; artillerie et infanterie sont obligées de se retirer devant un ennemi victorieux.

A 3 h. 30 du soir, les débris des 3e, 21e et 47e de ligne se retirent dans le plus grand désordre, à travers champs, dans la direction de Raucourt....

A 5 heures du soir, les débris du 3e de ligne arrivent à Raucourt et se joignent au convoi du 7e corps, escortés par les 2e et 3e divisions. Tout le 7e corps se dirige sur Remilly, pour y passer la Meuse.

En sortant de Raucourt, après une très longue halte, le 3e de ligne, auquel se sont joints des soldats de tous les régiments du 7e corps, prend un chemin à gauche de la route de Raucourt à Remilly, afin d'éviter l'encombrement et la confusion qui règnent sur cette voie. Au lieu de nous faire gagner du temps, ce chemin retardera notre marche, et le 3e de ligne ne pourra rejoindre les autres corps de la 1re division qui passeront la Meuse vers 9 heures du soir.

Comme le 3e de ligne sort de Raucourt, le convoi du 7e corps est canonné par les Allemands. Le capitaine Parès reçoit derrière la nuque un éclat d'obus qui l'étend sans connaissance.

La nuit arrive. Vers 9 heures, le régiment rejoint la route de Raucourt à Remilly. Pendant les ténèbres, la confusion et l'encombrement deviennent extrêmes et, au moment de passer la Meuse, les débris du 3ᵉ de ligne sont presque complètement dispersés. Enfin le 31, à 2 heures du matin, environ 250 officiers, sous-officiers et soldats qui se sont à grand'peine maintenus groupés autour du drapeau, passent la Meuse sur un pont de bateaux qui avait été rompu accidentellement environ deux heures auparavant, et ils bivouaquent dans la prairie, sur la rive droite de la rivière. Aucun des 15 officiers qui se sont écartés ne rejoindront plus.

Historique du 21ᵉ de ligne.

A 6 heures du matin, départ de Osches. Vers 8 heures, des uhlans viennent nous reconnaître et restent éloignés. La division continue à protéger le convoi. Vers 2 heures, en débouchant d'un bois, le régiment rencontre l'ennemi dont on entendait le feu depuis midi. Le 47ᵉ était en bataille à droite de la route. Nous nous plaçons à sa gauche. En moins de vingt minutes, les officiers supérieurs et beaucoup d'officiers sont hors de combat.

A 3 heures, la division est en retraite sur Sedan.

Pertes de la bataille de Beaumont.

Officiers...	Tués........	4	
	Blessés.....	7	
	Disparus....	»	
Troupes...	Tués........	»	Ces chiffres ne pourraient encore
	Blessés.....	»	être donnés que d'une manière
	Disparus....	»	imparfaite.

Journal du 47ᵉ de ligne.

La 2ᵉ brigade de la division, composée des 47ᵉ et 99ᵉ, part à 4 heures du matin après avoir laissé passer devant elle les régiments de la 1ʳᵉ brigade. Elle est chargée d'escorter un immense convoi qui se dirige sur Stonne ; l'armée du maréchal doit, dit-on, passer le jour même la Meuse à Stenay pour donner la main au maréchal Bazaine.

Les deux régiments d'escorte marchent dans les champs sur le flanc gauche du convoi en colonne à distance entière par division, les bataillons espacés de 600 mètres.

A 11 heures, le régiment arrive à Stonne, se forme en bataille sur les hauteurs et deux compagnies sont envoyées en tirailleurs sur son flanc. Les hommes font le café. Le maréchal de Mac-Mahon vient inspecter les lignes.

M. le lieutenant-colonel Merchier du 48° de ligne, ex-chef du 17° bataillon de chasseurs, vient prendre provisoirement le commandement du régiment.

A 2 heures de l'après-midi, l'ordre est donné de se remettre en marche vers Beaumont, situé à 10 kilomètres Est du village de Stonne. Le canon se fait entendre de ce côté; c'est le corps du général de Failly qui est aux prises avec l'ennemi; l'avant-garde de l'armée du prince royal va faire sa jonction avec l'armée de la Meuse commandée par le prince royal de Saxe. Le roi Guillaume et le général de Moltke président à ces manœuvres.

En descendant les hauteurs escarpées de Stonne, M. le général de Saint-Hilaire, commandant la 2ᵉ brigade de la division, est prévenu que les masses ennemies se meuvent en arrière du plateau de la Besace, et pénètrent dans les bois situés à droite de la grande route.

Les troupes de la division reçoivent l'ordre d'accélérer leur marche, le convoi est arrêté.

A 3 heures, la 1ʳᵉ brigade commandée par M. le général de Bretteville se déploie à la hauteur de la Besace dans une clairière, la 2ᵉ brigade est placée en colonne par bataillon à demi-distance, en deuxième ligne.

Une vive fusillade est bientôt engagée de part et d'autre; la seule batterie de la division est au convoi; des ordres sont donnés pour qu'elle accoure sur le champ de bataille.

La 1ʳᵉ brigade ayant reçu l'ordre de se porter en deuxième ligne, le général de Bretteville étant blessé, la 2ᵉ marche aussitôt en avant; les jeunes soldats du régiment, malgré leur inexpérience, tiennent assez bien, grâce à l'exemple donné par leurs anciens.

Les trois bataillons sont commandés : le Iᵉʳ par le capitaine Ziégler, le IIᵉ par le commandant de Liahé et le IIIᵉ par le commandant Spickert.

Après une lutte opiniâtre, et lorsque le 47ᵉ non soutenu est complètement tourné sur sa droite par d'énormes masses ennemies qui occupent les bois, l'ordre est donné de battre en retraite.

A ce moment seulement la batterie Léon arrive au galop et prend position; elle réussit à arrêter les progrès du mouvement tournant; les débris du régiment se groupent autour de la batterie pour la soutenir.

A 6 heures, les renforts n'arrivant point, la retraite continue sur Raucourt, Haraucourt et Remilly où le régiment arrive à 11 heures du soir.

Pendant le combat les 2ᵉ et 3ᵉ divisions du 7ᵉ corps défilaient à 4 kilomètres du champ de bataille, se dirigeant sur Mouzon.

Historique du 99ᵉ de ligne.

Le convoi quitte le campement avant le jour sous l'escorte de la brigade, marchant sur son flanc gauche.

Arrivé à Stonne, le régiment resta seul à la garde des voitures et fut dispersé le long de leur colonne par compagnie à 200 mètres les unes des autres.

Le convoi fut dirigé sur Mouzon. Pendant cette marche, le 5ᵉ corps d'armée, était attaqué et battu à Baumont; les effets de ce combat se firent sentir jusque sur la route suivie par le 99ᵉ.

Les trois premières compagnies du Iᵉʳ bataillon ayant passé la Meuse et étant entrées à Mouzon de bonne heure avec la tête du convoi, se trouvèrent séparées du gros du régiment. Par l'ordre du grand prévôt elles furent employées d'abord à la garde du convoi parqué, et lorsque l'approche de l'ennemi fit enfuir les voitures, ces compagnies furent laissées sans ordres à Mouzon et ne rejoignirent le 99ᵉ que dans la nuit, à Douzy.

La gauche du Iᵉʳ bataillon fut attaquée par de la cavalerie prussienne. La 6ᵉ compagnie de ce bataillon eut ses deux officiers blessés.

La partie du convoi escortée par les IIᵉ et IIIᵉ bataillons changea de direction, se dirigeant par Yoncq et Pourron sur Villers, où il traversa la Meuse sur un pont de chevalets. Alors le régiment, moins 4 compagnies du Iᵉʳ bataillon, se trouva réuni en bataille sous les ordres du colonel Gouzil et du général de Saint-Hilaire sur la rive droite de la Meuse, sur les hauteurs d'Amblimont, d'où il partit, par ordre du général de Wimpffen, vers 11 heures pour Douzy et Sedan. Il arriva vers 4 heures sur les glacis de cette ville.

Rapport du lieutenant-colonel Guillemin, commandant l'artillerie de la 1ʳᵉ division, sur le rôle de cette artillerie pendant la journée du 30 août.

Le 30 août, de 3 à 5 heures du soir, la 5ᵉ batterie du 7ᵉ régiment d'artillerie a pris part à un combat pour la défense du convoi à Stonne, dans lequel elle a tiré environ 20 coups par pièce. M. le commandant Geynet y a eu un cheval tué sous lui. La 5ᵉ batterie, capitaine Léon, recevait ce jour-là le baptême du feu; sa position a été assez périlleuse par la molle défense de notre infanterie; tous les canonniers ont montré du dévouement et de la bravoure.

7ᵉ CORPS

2ᵉ DIVISION

a) Journaux de marche.

Itinéraire de la 2ᵉ brigade de la 2ᵉ division du 7ᵉ corps.

La 2ᵉ brigade reçoit l'ordre de partir à 5 heures du matin, puis un contre-ordre lui prescrit de ne se mettre en route que lorsque le dernier bataillon de la 1ʳᵉ brigade arrivera à hauteur de son campement.

Le 7ᵉ corps doit aller passer la Meuse à Remilly.

Itinéraire : 17 kil. 500. Osches, La Berlière (laissée à gauche), Stonne (laissé à droite), Huttes de Raucourt, Malmaison, Raucourt, Forge de Raucourt, La Cense (ferme et château), Haraucourt, Le Chesne (ferme), Angécourt, Remilly.

Ordre de marche : 1ʳᵉ division avec les bagages et le convoi du 7ᵉ corps ; 2ᵉ division : 1ʳᵉ brigade, 2ᵉ brigade (53ᵉ, 89ᵉ de ligne) ; 3ᵉ division protégeant la retraite.

Cet ordre est suivi jusqu'à Stonne, point où la 1ʳᵉ division quitte la colonne.

Vers 9 heures, la 1ʳᵉ brigade de la 2ᵉ division prend position contre un ennemi annoncé du côté de Sommauthe.

Quand elle se retire, marchant sur le village de La Berlière, la 2ᵉ brigade prend position jusqu'après son passage, puis se retire à sa suite, marchant directement sur Stonne.

Vers 10 heures du matin, la 3ᵉ division engage le feu avec l'artillerie prussienne. A Stonne, la 1ʳᵉ division avec le convoi se dirige par Yoncq sur Villers pour y passer la Meuse.

A Stonne, la 2ᵉ division se dirige droit sur Raucourt, suivie par la 3ᵉ division. A partir de ce moment le 89ᵉ marche avant le 53ᵉ. Arrivée à la forge de Raucourt, la 1ʳᵉ brigade continue à suivre la route de Remilly, tandis que la 2ᵉ brigade prend un chemin longeant la gauche du ruisseau, et arrive à Remilly vers 5 heures du soir, où elle bivouaque au Sud et contre le village, entre le ruisseau et la route. Dans la soirée, l'artillerie divisionnaire passe la Meuse ainsi que la 3ᵉ division.

c) Opérations et mouvements.

Rapport du général Liébert sur les opérations de la 2ᵉ division.

Neuwied, 6 octobre.

Le 30, à peine avions-nous quitté Osches, que l'ennemi attaquait la 1ʳᵉ division, en même temps qu'il livrait un combat sérieux au 5ᵉ corps à Beaumont et à Mouzon. Le défilé qui conduit à Remilly fut passé, mais non sans difficulté. Il en fut de même de la rivière de la Meuse.

La 2ᵉ division, chargée, dans cette journée du 30, d'assurer l'évacuation du convoi, de l'artillerie de réserve et de la réserve du génie, ainsi que de protéger le passage de la Meuse par le 7ᵉ corps, ne quitta Remilly que le 31, à 3 h. 30 du matin, pour suivre la route de Sedan.

3ᵉ DIVISION.

a) Journaux de marche.

Journal de marche du général Bordas, commandant la 1ʳᵉ brigade.

Le 30 août, le convoi commence son mouvement vers 6 heures du matin; on nous dit que nous allons passer la Meuse et marcher sur Sedan.

La division est la dernière à se mettre en marche, le convoi passe lentement. Vers 10 heures, une troupe de cavalerie se montre, le 72ᵉ fait l'arrière-garde; il reçoit quelques coups de canon de cette cavalerie. Nous passons près d'un village; nous descendons dans la plaine; toute la brigade s'y réunit, la cavalerie ennemie ne se montre plus.

Nous marchons sur Raucourt pour de là passer la Meuse à Remilly, où il y a des ponts.

La 1ʳᵉ brigade passe vers 11 heures du soir, le 72ᵉ en tête, la nuit est très obscure; je passe le dernier avec le 52ᵉ; nous sommes dans d'immenses prairies, sans qu'il soit possible de s'orienter; nous passons la nuit dans ces prairies, les ponts ont été rompus.

Historique de la brigade Bittard des Portes (2ᵉ de la 3ᵉ division).

A 4 heures du matin, le 30 août, mise en marche de la tête de colonne du corps d'armée dans la direction de Stonne. Le convoi, comprenant un grand nombre de voitures de réquisition, marchant à vide, prend place entre la 1ʳᵉ et la 2ᵉ brigade de la 1ʳᵉ division (général Conseil Dumesnil). L'écoulement des différentes fractions du corps d'armée alourdi par ces innombrables *impedimenta* est extrêmement long. La brigade Bittard des Portes, qui doit former l'arrière-garde du corps d'armée, ne peut s'ébranler qu'à 10 heures du matin. Le général de division a mis à la disposition du général Bittard des Portes l'artillerie divisionnaire (3 batteries) commandée par le lieutenant-colonel Bonnin.

Dès que la brigade est en marche, des partis de cavaliers ennemis se montrent sur les hauteurs. Le général de brigade forme ses deux régiments en colonnes par pelotons, le 82ᵉ en tête, les deux premiers bataillons du 83ᵉ, l'artillerie, le IIIᵉ bataillon du 83ᵉ. Le général se tient de sa personne avec le groupe d'artillerie.

Les cavaliers ennemis sont encore peu nombreux; on ne distingue que deux escadrons de uhlans, mais ils sont bientôt renforcés par des troupes de cavalerie plus considérables avec de l'artillerie. Une partie de la cavalerie ennemie prend les devants et commence son déploiement à la sortie d'Osches, pendant que l'artillerie allemande prend position sur la colline au Nord de Saint-Pierremont et ouvre le feu sur l'arrière-garde; il était environ 11 heures 30.

Le général Bittard des Portes n'arrête pas la marche du 82ᵉ et des deux premiers bataillons du 83ᵉ; mais se portant à la hauteur des derniers pelotons d'arrière-garde auxquels il fait faire halte, avec le groupe d'artillerie il fait riposter par les 8ᵉ et 9ᵉ batteries du 6ᵉ régiment d'artillerie. Il y avait à peu près 1,500 mètres entre les deux groupes d'artillerie. L'ennemi cesse le feu presque immédiatement, son artillerie disparaît, sa cavalerie s'éloigne. Le feu des Allemands nous a mis 8 hommes hors de combat.

Les 3 batteries du lieutenant-colonel Bonnin reprennent leur place dans la colonne dont la marche vient d'être arrêtée, sur l'ordre du général Dumont au bruit du canon. Les deux premières divisions du corps d'armée étaient sorties de Stonne. La brigade Bordas occupait encore le village. Sur l'ordre du général Douay, elle reprend la marche suivie à peu de distance par le 82ᵉ. Ce régiment s'engage à son tour dans Stonne, lorsqu'on entend à peu de distance de nouvelles détonations; c'est le tir de la batterie de mitrailleuses d'arrière-garde.

Deux régiments de cavalerie ennemie (que l'on sut plus tard être le 4ᵉ de cavalerie würtembergeoise et le 4ᵉ de dragons prussiens) avaient en effet brusquement pris le contact, s'étaient rapprochés au trot et se disposaient sans doute pour une charge en fourrageurs lorsqu'à bonne portée ils essuyèrent le feu de la batterie de mitrailleuses (capitaine Collet-Meygret) que le général Bittard des Portes avait amenée lui-même en même temps qu'il faisait déployer en tirailleurs trois compagnies du 83ᵉ. La brigade de cavalerie ennemie se replia en désordre, il fut manifeste qu'elle avait éprouvé des pertes sérieuses.

La batterie de mitrailleuses et les compagnies du 83ᵉ reprennent leur place à la queue de la brigade dont la marche continue à travers le bois de Raucourt pendant 2 kilomètres. De la lisière de ces bois au bourg même de Raucourt, il y a encore près de 5 kilomètres.

La cavalerie ennemie apparaît de nouveau sur le flanc droit de la colonne, mais elle se réduit à un rideau d'éclaireurs sur lequel deux compagnies du 82ᵉ déployées en tirailleurs ouvrent le feu. Les cavaliers s'éloignent.

La brigade traverse Raucourt, mais une batterie ennemie défilée derrière un pli de terrain envoie des obus dans le village. Le général Bittard des Portes arrête ses deux régiments à l'entrée de Raucourt et leur fait prendre position : le 83ᵉ au Sud, le 82ᵉ à l'Ouest du village, abrités par des talus et des taillis. Le tir de l'artillerie allemande, qui avait été du reste inoffensif, semble cesser.

La marche reprend, la brigade traverse Raucourt. A un kilomètre du village, la canonnade reprend, l'ennemi envoie contre la colonne quelques obus sans effet. Un bataillon et demi du 82ᵉ, sous le commandement du chef de bataillon Dubosq, prend position sur les hauteurs boisées qui dominent Raucourt au Nord-Ouest.

Un ordre du général de division prescrit de reprendre la marche et de la presser; il est 5 heures. On vient d'apprendre l'erreur commise par la première brigade de la division Conseil Dumesnil qui lui a fait éprouver un échec.

L'ennemi ne se rapproche pas et le commandant Dubosq peut, avec sa troupe, se retirer à travers les taillis et rejoindre la brigade alors engagée dans l'étroit défilé qui conduit à Haraucourt. Quelques coups de canon inoffensifs indiquent la fin de la poursuite.

Sur les hauteurs d'Angécourt, le gros du corps d'armée attend la division Dumont et, dans une marche pressée, hâtive, on se dirige sur la Meuse qui doit être franchie à Remilly. Des détériorations survenues au pont et surtout l'encombrement produit par les troupes du 1er corps obligent le 7e à bivouaquer une partie de la nuit.

Historique du 82e de ligne.

Le convoi part dans la nuit et le mouvement commence pour le 7e corps dès la pointe du jour ; la brigade Bittard des Portes est d'arrière-garde, elle ne s'ébranle que vers 10 heures. La 6e compagnie, qui est de grand'garde, a déjà échangé quelques coups de feu avec des éclaireurs ennemis qui viennent observer les positions.

Les 82e et 83e traversent Osches et gravissent en colonne serrée les hauteurs qui dominent le village au nord-ouest. Ils sont arrêtés à 1 kilomètre au delà du village, sans doute pour laisser au convoi le temps de prendre l'avance et de ne pas être une cause de gêne en cas d'attaque.

En se retournant du côté de l'emplacement de nuit du régiment, on aperçoit distinctement de nombreux cavaliers ennemis couronnant les hauteurs et poussant même jusqu'à Osches.

Après une demi-heure de pose, la brigade Bittard des Portes reprend sa marche dans la direction de Stonne et dans l'ordre suivant : le 82e en colonne par peloton, la droite en tête ; à sa suite, le 83e dans le même ordre, ayant entre son IIe et son IIIe bataillon une batterie d'artillerie ; sur le flanc gauche de chaque régiment une compagnie en tirailleurs. Tout à coup la batterie se met en position, le IIIe bataillon du 83e se place à droite dans un repli de terrain pour ne pas la masquer. Elle ouvre aussitôt le feu sur des pièces établies sur les hauteurs boisées où étaient placées les compagnies de grand'garde du 82e, à 3,000 mètres environ. Ces pièces ripostent et les obus ennemis ne tardent pas à venir tomber dans les rangs des 82e et 83e et à blesser 7 ou 8 hommes.

Le désordre qui en résulte est aussitôt réprimé et le feu de la batterie de 4 de la brigade ne tardant pas à éteindre celui de l'ennemi, la marche n'est plus inquiétée jusqu'au plateau de Stonne, où la colonne s'arrête face à l'ennemi.

Les deux dernières divisions du 7e corps sont massées sur ce plateau ; la 1re division est partie au secours du 5e corps vers

Beaumont; on aperçoit distinctement la fumée du combat qui se livre près de ce village.

La batterie de canons à balles de la 3ᵉ division est en position, face à la route du Chesne. Elle ouvre le feu sur un corps de cavalerie assez nombreux qu'on aperçoit à environ 2,000 mètres et, dès les premières salves, elle le met dans un désordre complet. Pendant ce temps, la colonne s'est remise en marche; la brigade Bittard continuant à être d'arrière-garde, le 83ᵉ reste sur le plateau avec la batterie de 4 qui a remplacé les mitrailleuses, tandis que le 82ᵉ s'engage sur le chemin de Raucourt.

Ce dernier régiment traverse Stonne, descend le versant septentrional du plateau, s'engage dans les taillis fort épais qui forment la pointe Est du bois du Mont-Dieu en laissant la route libre pour les ambulances et les voitures d'artillerie et arrive au débouché de la vallée où est situé Raucourt. Après une halte de dix minutes, on s'engage dans cette vallée avec une compagnie en tirailleurs sur le flanc droit. Le 83ᵉ qui marche à hauteur et à gauche du 82ᵉ ne tarde pas à le dépasser et la brigade arrive vers 5 heures à l'entrée de Raucourt.

Là, le régiment s'arrête forcément, les rues de ce village étant encombrées par des voitures du convoi et les ambulances occupées à déposer leurs blessés. Il parvient cependant à traverser le village et est placé à sa sortie en colonne par division, face en arrière. Il est d'extrême arrière-garde; les autres régiments auxquels se rallient de nombreux fuyards accourus de toutes les directions, continuent sous sa protection à descendre la vallée.

La position du régiment est mauvaise; la vallée qu'il occupe est très étroite, dominée par des collines élevées et déjà des obus ennemis viennent tomber dans Raucourt. Le colonel Guys comprenant que la position n'est plus tenable, met son régiment en retraite par le fond de la vallée et le fait couvrir à l'Est par la 1ʳᵉ compagnie du IIIᵉ bataillon, déployée en tirailleurs sur le flanc droit et à l'Ouest par tout le IIᵉ bataillon, sur la colline de gauche.

M. Dubosq, chef du IIᵉ bataillon, s'empresse, aussitôt arrivé sur la crête, de déployer 2 compagnies (les 5ᵉ et 6ᵉ) face au Sud, pour couvrir par une ligne de tirailleurs le front du bataillon établi le long de la lisière du bois qui couronne cette crête. Les tirailleurs ne tardent pas à ouvrir le feu et au bout de quelques minutes se replient sur le bataillon. L'infanterie prussienne continuant à avancer est reçue par le feu de tout le bataillon dont les hommes sont couchés à plat ventre. Ce feu violent dure dix minutes; mais il fait déjà nuit et on ne peut juger qu'imparfaitement du mal causé à l'ennemi.

Malgré l'avantage de la position, le commandant Dubosq juge qu'il est urgent de se retirer; en effet, Raucourt est occupé par l'ennemi, le II⁰ bataillon est isolé, loin du régiment, et peut être enlevé. La retraite est commandée ; les compagnies se retirent à travers les taillis, accompagnées par les balles ennemies et ne s'arrêtent pour se rallier qu'à une clairière où elles sont à l'abri du feu. En un clin d'œil, les hommes se réunissent autour de leurs officiers et s'acheminent en silence vers le Nord, direction supposée du corps d'armée. Le bataillon, par suite de la position avantageuse qu'il occupait, n'a eu que 3 ou 4 hommes blessés.

Après 3 heures d'une marche pénible et après avoir traversé le village d'Angécourt, d'où on aperçoit les feux de bivouac du 7⁰ corps, le II⁰ bataillon arrive à Remilly vers 11 heures du soir.

De leur côté, le I⁰ʳ bataillon et deux compagnies du III⁰ bataillon du 82⁰ ont, après Raucourt, continué leur marche, sans être inquiétées, dans la direction de la Meuse.

A 9 heures, les positions des diverses parties du régiment sont les suivantes : l'état-major, une compagnie du I⁰ʳ bataillon et 4 compagnies du III⁰ auxquelles se rallie le II⁰ bataillon à son arrivée, bivouaquent auprès et au Sud de Remilly. Les 4 autres compagnies du I⁰ʳ bataillon et deux du III⁰ sont à 5 kilomètres de ce village dans la direction de l'Ouest. Tout le 7⁰ corps est autour de Remilly, mais dans un désordre complet.

Historique du 83⁰ de ligne.

Vers 4 heures du matin, le 7⁰ corps commença à passer le défilé de Stonne. Les bagages mirent plus de 12 heures à passer ; le 83⁰, qui formait l'extrême arrière-garde du corps, avait reçu l'ordre de se tenir prêt à partir vers 3 heures du matin et ne put se mettre en route qu'à 9 heures 30. Pendant la matinée, des paysans étaient venus avertir que l'ennemi occupait, depuis la veille, le village de Saint-Pierremont; en effet, aussitôt que l'arrière-garde eut quitté ses positions pour prendre la route de Stonne, des uhlans se montrèrent sur la colline qui se trouve entre Osches et Saint-Pierremont. Le 83⁰ partit d'Osches vers dix heures. Obligé d'arrêter l'arrière-garde à quelques centaines de mètres d'Osches, afin de donner aux bagages le temps de passer le défilé, le général Bittard des Portes fit déployer en tirailleurs, à droite et à gauche du village, quelques compagnies du

83ᵉ qui signalèrent des escadrons de uhlans derrière tous les bouquets de bois qu'on apercevait au loin.

Vers midi, le 83ᵉ se remit en route en colonne serrée. A peine était-il arrivé à mi-côte du plateau de Stonne que la cavalerie prussienne, accompagnée par quelques pièces d'artillerie, lança des obus sur notre colonne.

Le capitaine Puyau et quelques hommes furent blessés par cette canonnade. Arrivé au sommet du plateau de Stonne, le général Dumont fit arrêter de nouveau le régiment pour donner aux bagages le temps d'achever de passer le défilé, et, plaçant le régiment en colonne à droite et à gauche de la route du Chesne-Populeux à Stonne, il fit porter en avant une batterie de mitrailleuses à laquelle il fit exécuter quelques décharges sur la cavalerie prussienne. Au 3ᵉ feu, les cavaliers, décimés par les mitrailleuses, s'enfuirent de l'autre côté de la colline.

Du sommet du plateau de Stonne, le 83ᵉ put voir le combat que la 1ʳᵉ division de notre corps d'armée livrait sur sa droite, dans les environs de Warniforêt.

Lorsque les bagages eurent achevé de passer le défilé, l'arrière-garde se mit en marche dans la direction de Raucourt et de Remilly. Au delà de Stonne, dans les bois que traverse le chemin de Raucourt, elle recueillit les fuyards de la 1ʳᵉ division qui, battus à Warniforêt, vinrent jeter le désordre et la peur dans le rang de nos soldats.

La brigade d'arrière-garde arriva à Raucourt vers 5 heures 30 sans avoir de nouveau rencontré les Prussiens.

Le village de Raucourt, situé dans un défilé très étroit, sur le chemin de Stonne à Remilly, arrêta de nouveau les bagages du 7ᵉ corps, et l'arrière-garde resta près d'une heure en avant du village sans pouvoir s'y engager.

A cette heure, le village de Raucourt était encombré par des bagages de toute sorte, artillerie, ambulance, voitures du train et par des soldats de tous les régiments qui s'étaient arrêtés pêle-mêle dans le village, le tout dans un désordre épouvantable.

Vers 6 heures, le 82ᵉ, qui précédait le 83ᵉ, s'était enfin engagé dans le village, et le 83ᵉ était encore arrêté en avant de Raucourt lorsque les Prussiens parurent à l'extrémité d'un petit ravin situé à l'Est de Raucourt, et perpendiculaire à la route que nous avions suivie.

Ils s'avançaient sur Raucourt formant une ligne de tirailleurs de 3 ou 4 bataillons qui occupaient le sommet des hauteurs et le ravin qu'ils suivaient.

Le plus grand nombre des compagnies du 83ᵉ furent placées

en tirailleurs en avant du village sur le flanc de deux collines qui forment le défilé, les autres furent placées en bataille en réserve. Lorsque les Prussiens furent arrivés à 600 mètres de la ligne de tirailleurs, ceux-ci ouvrirent le feu, et alors s'engagea un combat de tirailleurs qui dura plus d'une demi-heure. Aucune pièce d'artillerie n'avait été envoyée soutenir nos tirailleurs; les Prussiens, au contraire, avaient quelques pièces de canon avec lesquelles ils tirèrent sur nos compagnies et sur Raucourt. Des obus lancés sur le convoi qui encombrait le village, firent sauter quelques voitures et augmentèrent ainsi le désordre de la marche.

Pendant que les tirailleurs soutenaient ce combat, les Prussiens, beaucoup plus nombreux, occupèrent les hauteurs dominantes et menacèrent d'envelopper nos compagnies. Lorsque les bagages eurent achevé de traverser Raucourt, le 83ᵉ se retira à travers les bois qui couvrent les collines situées à droite et à gauche et resta exposé aux obus prussiens jusqu'au delà du village. La nuit arrêta heureusement la marche des Prussiens, et notre division put continuer sa route jusqu'à Remilly. La colonne était dans un désordre complet; les soldats de tous les régiments étaient mélangés et la route était encombrée par les bagages et par l'artillerie.

La nuit et le mauvais état des chemins augmentaient encore les difficultés de la marche. Arrivé à Remilly vers 10 heures, le 83ᵉ passa la Meuse vers minuit sur une passerelle de 2 ou 3 mètres de large, et alla se reformer en partie sur la rive gauche de la Meuse, en avant de Douzy.

Vers 4 heures, le régiment fut arrêté dans les rues de Douzy, et, à 6 heures, il se mit en route pour Sedan.

c) Opérations et mouvements.

Note du capitaine Collet-Meygret commandant la 10ᵉ batterie (canons à balles) du 6ᵉ régiment d'artillerie sur les opérations de la batterie dans la journée du 30 août.

En quittant le bivouac d'Osches (Ardennes), dans la matinée du 30 août, les batteries de la 3ᵉ division d'infanterie du 7ᵉ corps d'armée furent mises en position sur les hauteurs pour protéger la marche en avant de la 2ᵉ brigade qui formait ce jour-là l'arrière-garde. Vers 9 heures, nous reçûmes l'ordre de suivre le mouvement du reste de la colonne; à peine fûmes-nous en marche qu'une masse considérable de cavalerie se montra distinctement en arrière des positions que nous venions d'abandonner. Presque en même temps, une batterie à cheval qui accompagnait cette cavalerie, ouvrit son feu sur nous; le général commandant la division donna l'ordre à ses deux batteries de 4 de répondre au canon de l'ennemi. Après quelques salves, notre artillerie sembla avoir gain de cause et les batteries purent reprendre leur rang dans la colonne.

Cependant la cavalerie ennemie que nous pouvions suivre très distinctement à l'aide de nos lorgnettes, et qui nous parut présenter l'effectif d'une division, continuait de nous suivre de loin, précédée de nombreux éclaireurs. En arrivant au village de Stonne, notre deuxième brigade prit position pendant que le reste de la division, dont le mouvement était retardé par l'encombrement des voitures sur une pente très rapide, continuait de se porter en avant.

La cavalerie ennemie s'étant alors notablement rapprochée de la gauche de la colonne, le général commandant la 2ᵉ brigade nous donna l'ordre de nous mettre en batterie pour tâcher de mettre fin à cette poursuite qui menaçait de se prolonger indéfiniment. Notre première salve, tirée à 1,500 mètres, produisit, par un bonheur inespéré, *un effet complet* : le désordre qui se produisit dans la colonne ennemie et qui fut vu de tous, montra que nos balles avaient bien porté. Malheureusement l'ennemi disparut si vite derrière un pli de terrain que nous ne pûmes tirer que 3 salves. Un groupe nombreux (probablement un état-major et un peloton d'escorte) se porta alors en avant; après 6 salves nouvelles de notre part, ce groupe disparut et rejoignit à l'abri la masse principale restée en arrière.

Avant de quitter Stonne, nous aperçûmes encore une fois la cavalerie ennemie qui semblait exécuter un mouvement de flanc vers notre droite, en profitant le mieux possible des nombreux accidents de terrain au milieu desquels elle manœuvrait; nous nous remîmes en batterie de nouveau pour tâcher de débarrasser une bonne fois la colonne de cette ennuyeuse poursuite. Mais à peine nos avant-trains étaient-ils ôtés que l'ennemi disparaissait sans que nous eussions le temps de faire feu; nous ne revîmes plus cette cavalerie de la journée.

DIVISION DE CAVALERIE.

c) Opérations et mouvements.

Rapport du général Ameil sur les opérations de la cavalerie du 7ᵉ corps.

Chargé de l'escorte du convoi du corps d'armée, le général Ameil, commandant de la cavalerie, partit de son bivouac d'Osches à 4 heures du matin; reçut à Stonne l'ordre de laisser filer le convoi, accompagné par la 1ʳᵉ division d'infanterie sous les ordres du général Conseil Dumesnil, tourna les bois où se trouvait engagée l'infanterie et se dirigea par la vallée sur le pont de Mouzon qu'il avait ordre de traverser en rejoignant le convoi. Encombré déjà de troupes de toutes armes, exécutant leur passage sous le feu des batteries prussiennes et en partie protégées par celles françaises du 12ᵉ corps, il dut rester sur la rive gauche, occupée par le convoi qu'il réussit à faire passer sans perte de voitures, au pont sur pilotis construit au gué de Villers-devant-Mouzon en aval de Mouzon. Prêta appui à l'infanterie pour le passage du pont et à son arrivée sur la rive droite suivit la marche du convoi sur Douzy et Bazeilles. Fut se former sur les hauteurs d'Amblimont, à la droite de la route de Mouzon sur Douzy et reçut par le général de Wimpffen, qu'il trouva établi sur le même point, l'ordre émanant de Carignan du maréchal de Mac-Mahon de se diriger et d'entrer à Sedan avec toutes les troupes réunies sur ce même point. Arriva avec la cavalerie seule à 1 heure du matin à Sedan, le général de Wimpffen se chargeant d'amener les quelques bataillons d'infanterie qu'il avait avec lui; traversa la ville à 3 heures du matin, pour aller s'établir à la porte de Givonne, hors ville.

Fut s'établir par ordre, le 31 août au matin en avant de la ferme de l'Algérie, dans une dépression de terrain située en arrière de Floing, faisant face à Sedan, sa droite vers la Meuse. Changea de bivouac dans l'après-midi pour avancer sur Sedan, le dos tourné à la ferme indiquée et sa droite appuyée au cimetière de la ville.

RÉSERVE D'ARTILLERIE.

a) **Journaux de marche.**

Journal de route du lieutenant-colonel Claret, chef d'état-major de l'artillerie du 7ᵉ corps.

Wiesbaden, 20 octobre 1870.

L'ordre de mouvement pour le 30 prescrivait le réveil à 3 heures, sans aucune espèce de sonneries, la cavalerie partant à 4 heures du matin dans la direction de Stonne, le convoi partant à la même heure sous la protection de la 1ʳᵉ brigade de la 1ʳᵉ division (Conseil Dumesnil), marchant sur le flanc gauche dans les champs, en colonne par pelotons, les bataillons échelonnés à 2,000 mètres environ de distance entre eux. Les batteries divisionnaires suivaient le convoi et la 2ᵉ brigade partant à 5 heures devait se maintenir à hauteur de l'artillerie. La 2ᵉ division suivait, puis la réserve d'artillerie et la 3ᵉ division dans l'ordre de marche fixé pour la 1ʳᵉ brigade; la brigade d'arrière-garde Bittard des Portes ne devant quitter sa position qu'après la sortie du village de tous les bagages; les détails de l'ordre réglaient la position respective de toutes les fractions du corps.

Mais il fallut voir défiler une immense colonne de voitures plus ou moins chargées et ce fut après 4 ou 5 heures de retard que le mouvement prévu par l'ordre put commencer. Pour hâter la marche et gagner Stonne, les six batteries de réserve prirent à travers champs; on y était à peine que l'attaque des Prussiens se dessinait sur la brigade formant la queue de notre colonne et restée en position de combat. Quelques coups de canon sont échangés entre nos batteries et les pièces prussiennes de la reconnaissance de cavalerie qui suivait nos traces. La halte est ordonnée et, comme la veille, le corps d'armée et les batteries de réserve se disposent pour le combat. Les Prussiens disparurent alors. Leur but était rempli, car ils avaient encore retardé notre marche et nous apercevions vers Beaumont un violent combat engagé. C'était le 5ᵉ corps aux prises avec l'ennemi et nous ne pouvions plus arriver à temps pour le soutenir.

De plus, notre brigade (de Saint-Hilaire) tête de colonne est attaquée en même temps à 6 kilomètres de Stonne par des embuscades prussiennes dans les bois d'Yoncq. Surpris de cette attaque imprévue, beaucoup de soldats des 21ᵉ et 47ᵉ, nouveaux et inexpérimentés, lâchaient pied sans résistance. Cependant la batterie Léon envoyée immédiatement put arriver et protégea la retraite de ces régiments, mais au prix de deux canons enlevés par l'ennemi.

Le corps avait repris sa marche, en appuyant à gauche au bas de la côte de Stonne, pour atteindre Mouzon, destination primitive en passant par Raucourt, où nous recevons les débris de notre 1ʳᵉ brigade qui venaient retarder notre marche dans ce défilé dangereux que nous étions actuellement forcés de suivre à cause de la proximité des colonnes prussiennes poursuivant nos soldats; elles nous atteignaient à l'entrée de la nuit et lançaient quelques obus dans notre queue de colonne. Nous nous arrêtâmes enfin près de Remilly après avoir passé 18 heures à cheval; notre halte ne devait pas s'y prolonger.

Le général en chef fit commencer vers 10 heures le passage de la Meuse sur le pont peu solide établi pour le 1ᵉʳ corps; mais les dégradations progressives en rendirent bientôt l'usage dangereux. On le détruisit après le défilé de la 1ʳᵉ division, de la 1ʳᵉ brigade, de la 2ᵉ et des batteries de Callac qui s'arrêtèrent près de la Chiers. Le reste de l'infanterie — 2ᵉ brigade de la 2ᵉ, avec la batterie de canons à balles (Capitaine Navlet), puis la 3ᵉ division — durent prendre la route de Sedan.

Les batteries de la réserve avaient été laissées en arrière. Vers minuit seulement le général d'artillerie fut mandé au quartier général et reçut l'ordre de les faire partir et il fallait se hâter, car il n'y avait plus d'infanterie pour les accompagner. Par la nuit noire, qui favorisait d'ailleurs ce départ précipité, il n'était pas facile de retrouver la sortie du parc et l'entrée du village dans lequel nos voitures s'engageaient, mais rencontraient l'encombrement formé par les voitures du convoi. La file de l'artillerie se forma à grand'peine et chaque voiture se dégageait mais lentement pour prendre la route et rejoindre les précédentes en accélérant sa marche. Le degré de vitesse pour chacune allait nécessairement en croissant et les dernières étaient au moins au grand trot sur la route. Nous avions fait de notre mieux pour empêcher de couper la colonne d'artillerie; nous trottions vivement et nous suivions difficilement. Près du passage à niveau du chemin de fer nous reprenions le pas, étonnés qu'un pareil départ ait pu être effectué, sans être inquiété, à moins d'un kilomètre de l'ennemi. Arrivés devant Sedan au point du jour, nous trouvons les portes ouvertes et nous entrons à 4 h. 30 du matin.

Supplément au Journal de route du lieutenant-colonel Claret, chef d'état-major de l'artillerie du 7ᵉ corps d'armée.

Wiesbaden, 15 février 1871.

L'affaire de Yoncq et Warniforêt a été importante et grave pour la batterie dirigée de ce côté et doit être relatée avec plus de détails qu'il n'en a été donné dans le rapport succinct transmis à M. le Général de division, commandant en chef l'artillerie de l'armée.

Toute la 1ʳᵉ division escortait le convoi dirigé sur Mouzon. Elle n'avait point amené avec elle son artillerie laissée avec le gros du 7ᵉ corps, sans doute par ordre supérieur. Non seulement la 1ʳᵉ brigade de Saint-Hilaire en tête du convoi était attaquée à Yoncq, mais la 2ᵉ brigade de Bretteville l'était également à hauteur de Warniforêt, pendant que le 5ᵉ corps se battait à Beaumont.

Sur la demande du général de Saint-Hilaire, une batterie, la 5ᵉ du 7ᵉ régiment, capitaine Léon, est envoyée en toute hâte à 1 heure 30 ; elle franchit aux allures vives les 5 à 6 kilomètres de Stonne à Warniforêt, laissant la suivre à distance son escorte composée d'un détachement de chasseurs à pied. Le commandant supérieur Geynet, accompagné du capitaine en second Duplessis de Grenedan, la précède pour aller prendre les ordres de l'officier général ou supérieur commandant les troupes engagées et pour employer ses pièces utilement selon les circonstances. Il aperçoit bientôt éparpillés dans la plaine trois régiments se retirant en désordre vers Stonne et la Besace ; le 99ᵉ seul avait passé devant l'ennemi avec le convoi.

Ne rencontrant aucun officier commandant supérieur, le commandant Geynet dut aviser sous sa propre responsabilité. La batterie arrive à 2 heures ; elle est mise en batterie rapidement en arrière d'une crête située à gauche de la route entre la forêt et un petit bois tous deux occupés encore par nos tirailleurs se repliant partout devant ceux de l'ennemi. Elle ouvre le feu sur une batterie prussienne à 1,500 mètres, sur les troupes poursuivant notre division en retraite et sur celles à la suite de notre convoi. Le commandant et le capitaine aperçoivent le porte-drapeau du 3ᵉ de ligne, l'arrêtent, le placent dans la batterie et par leurs appels, leurs exhortations et leurs menaces parviennent à rallier autour d'eux environ trois compagnies de ce régiment.

Peu après le commencement de l'action la fusillade atteignait la batterie et au bout de dix minutes le commandant Geynet avait son cheval tué sous lui d'une balle dans le flanc.

Les pièces avaient pris entre elles de grands intervalles et étaient bien défilées par la crête du terrain; aussi le feu de la batterie ennemie ne lui fit aucun mal et cessa pour permettre à l'infanterie s'avançant au pas de course avec quelques cavaliers d'aborder la batterie qui lui envoie d'abord quelques obus à balles, puis les accueille à 500 mètres avec ses boîtes à mitraille, dont l'effet produisit un temps d'arrêt dans cette marche agressive. Mais les tirailleurs la serraient de près et la masse d'infanterie s'avançait malgré le feu des canons et celui des trois compagnies ralliées qui montrèrent d'abord une certaine solidité, cessèrent peu à peu de faire bonne contenance, puis tournèrent le dos.

La batterie se trouvait alors dans une position des plus critiques; elle ne pouvait rester sans soutien. Le commandant fait alors tirer plusieurs décharges à mitraille et ordonne la retraite.

Les avant-trains sont amenés et quatre pièces s'éloignent; mais, sous les balles ennemies, trois chevaux de l'une des deux pièces les plus avancées tombent; le sous-verge de derrière de l'autre est tué, brise le timon dans sa chute et la pièce est renversée. Dans l'impossibilité de se procurer de nouveaux attelages, il fallait nécessairement sacrifier ces deux pièces et le commandant Geynet, blessé dans la chute de son cheval, eût été pris avec elles, si le maréchal des logis Prost, chef de la pièce, ne lui eût généreusement donné son cheval.

Le détachement d'escorte laissé en arrière venait d'arriver; son action contribua à assurer la retraite. La batterie l'exécuta au pas et avec calme et recueillit sur ses caissons les blessés qui pouvaient supporter le mouvement des voitures et parmi eux le général de brigade de Bretteville.

L'affaire avait duré une heure environ et à 4 heures 30 la batterie put prendre à Stonne la queue de la colonne du 7º corps.

Le commandant n'a eu qu'à se louer des officiers dans cette affaire grave; il cite le capitaine-commandant Léon et le capitaine en second Duplessis de Grenedan. Le capitaine signale en particulier le lieutenant en 1er Rouvillois et tous deux expriment leur satisfaction au sujet des sous-officiers et canonniers et désignent spécialement :

1º L'adjudant Deglin qui, après avoir essuyé le feu d'un fantassin, l'a vigoureusement ramené de force sur le lieu de l'action et est resté le dernier pour tâcher de sauver sa 3º pièce;

2º Le maréchal-des-logis Prost, chef de cette pièce, qui avec dévouement a donné son cheval au commandant et rejoint la batterie à pied au milieu d'une grêle de balles;

3° Le 2ᵉ canonnier-servant Segont, homme de sang-froid, pointeur intelligent, blessé d'une balle à la jambe;

4° L'artificier Chaillot et le 1ᵉʳ canonnier-conducteur Pestre, qui ont parfaitement fait leur devoir.

Les pertes ont été : Perrin, 2ᵉ canonnier servant, tué d'une balle en pleine poitrine;

Segont, canonnier servant, blessé à la jambe.

Guillot, canonnier servant, blessé au genou.

Le commandant a profité de cette occasion pour rendre compte de la satisfaction qu'il a éprouvée dans le commandement de ses deux batteries dont la tenue, la discipline, le zèle, la bravoure et le calme lui font dire hautement que l'artillerie avait formé et fourni de bonnes troupes. Elles ont d'ailleurs montré leurs excellentes qualités dans l'exécution d'un service compliqué rendu plus difficile encore par l'imprévu des situations diverses résultant des premiers revers de cette malheureuse campagne.

12ᵉ CORPS.

c) Opérations et mouvements.

Rapport du général Lebrun (commandant le 12ᵉ corps) au général de Wimpffen sur le combat de Beaumont (1).

Mon général,

Je ne pourrai vous adresser aujourd'hui, comme j'aurais voulu le faire, un rapport circonstancié et complet sur les affaires dans lesquelles le 12ᵉ corps s'est trouvé engagé, le 30 août à Mouzon, le 31 du même mois et le 1ᵉʳ septembre sous les murs de Sedan, à partir du moment où mes têtes de colonne quittant, au village de Bazeilles, la grande route de Mouzon à Sedan par Douzy, prenaient position sur les hauteurs de la Moncelle.

Les rapports particuliers que j'ai demandés aux officiers géné-

---

(1) Sans indication de lieu et de date. Le texte indique que le rapport a été écrit à Sedan dans les premiers jours de septembre 1870.

raux sous mes ordres, ceux qu'eux-mêmes ils ont réclamés aux chefs de corps, n'ont pas encore été tous établis, et je crains qu'ils ne puissent l'être jamais, en raison des préoccupations qui nous dominent en ce moment, et qui sont la suite inévitable du désastre affreux que nos armes ont subi dans la journée du 1er septembre.

Quoi qu'il en soit, mon général, je ne veux pas quitter Sedan pour aller partager avec nos malheureux soldats le sort rigoureux que les lois de la guerre nous imposent, sans vous donner au moins un exposé succinct des opérations auxquelles le 12e corps a participé ces jours derniers.

Le 27 août, le 12e corps, parti de Tourteron le matin, s'établissait au Chesne. Dans la journée, je recevais de M. le Maréchal commandant en chef l'ordre de le porter le 28 à Vendresse dans la direction de Mézières. Mon mouvement était commencé, ma cavalerie s'était mise en marche à 2 heures du matin, quand un contre-ordre me parvenant une heure après, m'obligea à changer de direction. Le Maréchal me prescrivait de marcher sur Stenay par Grandes Armoises et Stonne; je devais aller prendre position à la Besace et observer Beaumont à 9 kilomètres en avant de moi. Le temps était affreux, la marche fut des plus pénibles; la 3e division (de Vassoigne) arrivait au bivouac à midi, la division Lacretelle y débouchait vers 1 heure; quant à la division Grandchamp, elle dut s'arrêter à Stonne vers 5 heures, ne pouvant pousser plus en avant. Mes réserves d'artillerie des 6e et 12e corps arrivèrent à la Besace à 7 h. 30; je poussai les divisions de cavalerie sous mes ordres (de Fénelon et Lichtlin) jusqu'à Beaumont avec ordre de m'éclairer sur Stenay et vers la droite et la gauche du côté de Belval et Mouzon.

Ce même soir, 28 août, à 4 h. 30, le Maréchal m'appelait à Stonne où était son quartier général pour me donner l'ordre de ne pas prolonger mon mouvement sur Stenay, mais de marcher le lendemain 29 sur Mouzon. Ma mission était d'aller m'emparer du passage de la Meuse sur ce point, et d'occuper la ville coûte que coûte, si, comme on le supposait, l'ennemi s'y était déjà établi.

J'ai pu arriver à Mouzon sans rencontrer aucun corps prussien, et j'ai pris position sur la droite de la rivière, en avant de la ville. Vers 11 heures les troupes s'installaient sur les hauteurs, sur la route de Carignan.

Le général Margueritte qui, pendant la route, avait éclairé mon flanc gauche, avait passé la Meuse à gué à Villers, et s'était porté sur la route de Stenay en avant de Moulins et de Vaux, poussant des éclaireurs en avant de moi et à ma droite. Il se reliait à la division Lacretelle au moyen du 4ᵉ chasseurs d'Afrique que j'avais mis à cet effet à la disposition de ce dernier officier général.

Les renseignements qui me furent donnés par les gens du pays me signalèrent l'ennemi comme ayant un parti au village de Martincourt sur la route de Stenay. Le 30 au matin, j'envoyai un escadron en reconnaissance dans la direction de ce village, et j'appris qu'un régiment de cavalerie prussienne y était effectivement venu. J'allais pousser dans cette direction et en avant du centre de ma ligne, des reconnaissances plus fortes, lorsque vers midi j'entendis distinctement le canon dans la direction de Beaumont.

Il était dès lors évident pour moi qu'il y avait de ce côté un engagement sérieux entre les troupes prussiennes et le 5ᵉ corps (général de Failly) que je savais en marche pour venir se réunir à Mouzon au 12ᵉ corps. Je crus devoir, dans cette circonstance, prendre des mesures pour faire repasser la Meuse à une partie de mes forces et l'envoyer au devant du général de Failly, afin de faciliter son mouvement.

Le général Grandchamp marcha, d'après mes ordres, avec sa 2ᵉ brigade (général de Villeneuve) et trois batteries de l'artillerie de réserve. Ses instructions portaient que, suivant les circonstances, il s'avancerait pour aller donner la main au général de Failly, ou bien, si le général de Failly était déjà trop rapproché de Mouzon, il prendrait position à cheval sur la route de Beaumont, en profitant pour cela des premières hauteurs qui se trouvent à 2 kilomètres de la Meuse. Le général Grandchamp crut devoir prendre ce dernier parti.

Au moment où sa tête de colonne traversait Mouzon, il me sembla que le 5ᵉ corps ralentissait sa marche et que la canonnade devenait plus vive. La position du général de Failly pouvait, d'un instant à l'autre, être très difficile. J'ordonnai alors à la brigade Cambriels (division Grandchamp) de suivre le mouvement de la 2ᵉ brigade de Villeneuve, et je prescrivis à toute la cavalerie du corps d'armée (général de Fénelon) d'aller sur-le-champ passer la Meuse à gué en aval de Mouzon, afin de protéger le mouvement de l'infanterie.

C'est à ce moment que le Maréchal arriva à Mouzon et que, sur son ordre, la brigade Cambriels reprit sa position sur les hauteurs. Un peu plus tard, vers 3 heures, la brigade de Villeneuve, au moment où les troupes du général de Failly arrivaient à sa hauteur, engagea le feu avec l'ennemi. Ce feu devint rapidement assez vif pour que le Maréchal jugeât nécessaire de reporter sur la rive gauche de la Meuse, non seulement la brigade Cambriels, mais encore une brigade de la division de Vassoigne.

Ce combat dura jusqu'à la nuit tombante et permit au convoi et aux troupes du 5ᵉ corps de passer la Meuse à Mouzon et de gagner, vers ma gauche, le point que ce corps devait occuper sur les hauteurs.

Pendant l'action, la division Lacretelle avait vu arriver, sur sa droite, des troupes dont son artillerie avait suffi pour arrêter la marche.

A 8 heures, le feu de l'ennemi avait complètement cessé, et la division Grandchamp, ainsi que la cavalerie, passait de nouveau la Meuse pour reprendre leur première position. Ce fut alors que le Maréchal donna l'ordre au 12ᵉ corps de diriger ses réserves d'artillerie sur Carignan, et de quitter les hauteurs de Mouzon pour gagner, pendant la nuit, le village d'Amblimont, afin de rejoindre par Mairy et Douzy la route conduisant à Sedan. Je mis mes troupes successivement en mouvement : la 3ᵉ division à 9 heures du soir, la 1ʳᵉ à 10 h. 30, la 2ᵉ à minuit.

Copie d'une note envoyée le 26 janvier 1874 par le général Lebrun au colonel Clémeur, au sujet de son travail sur Beaumont-Mouzon.

Vers 11 heures 30 (plutôt que midi) le général commandant le 12ᵉ corps entendant le bruit de la forte canonnade qui lui arrivait de la direction de Beaumont et comprenant que le général de Failly était fortement aux prises avec l'ennemi, fit appeler le général Grandchamp, qui commandait la 1ʳᵉ division du 12ᵉ corps, et lui prescrivit de se mettre immédiatement en mouvement avec sa division, son artillerie, plus une brigade de la 3ᵉ division du même corps (infanterie de marine), lui annonçant qu'il mettait aussi sous son commandement et à sa disposition toute la cavalerie du 12ᵉ corps (3 brigades), moins le 4ᵉ régiment de chasseurs d'Afrique qui jusqu'à ce jour avait été annexé à la division de cavalerie du 12ᵉ corps.

Vers 11 heures 45 ou midi peut-être, un officier d'ordonnance de l'Empereur vint dire au général Lebrun que S. M. lui faisait demander s'il ne croirait pas utile d'envoyer une partie du 12ᵉ corps vers le général de Failly pour lui prêter appui. Le général Lebrun chargea l'officier de faire connaître à l'Empereur les dispositions qu'il avait prises déjà et qui étaient en voie d'exécution. « Dites à l'Empereur, fit le général Lebrun, que j'envoie au général de Failly la moitié et plus de toutes les troupes du 12ᵉ corps; je ne crois pas pouvoir lui envoyer plus de 3 brigades d'infanterie, parce qu'il me paraîtrait imprudent de n'en pas conserver 3 avec moi sur les hauteurs de Mouzon, mes reconnaissances m'ayant appris que l'ennemi paraît devant moi sur la rive droite de la Meuse entre Stenay et Mouzon. » Un instant après, le même officier d'ordonnance de S. M. venait dire au général Lebrun : « L'Empereur trouve bien ce que vous avez fait; mais il pense que vous ne devez pas vous dégarnir davantage sur la position de Mouzon ». (L'Empereur était lui-même sur cette position, installé dans une petite ferme située à l'extrémité Nord de la position. Il était là à 2 kilomètres environ du point central de la position où se tenait le général Lebrun.)

Les instructions données au général Grandchamp étaient de se porter aussi rapidement que possible au devant du général de Failly, en suivant la route de Mouzon à Beaumont par Yoncq, de prendre sur cette route et aussi loin de Mouzon que possible une bonne position défensive qui permît aux troupes du 5ᵉ corps de venir s'y appuyer. Le général Grandchamp avait toute liberté pour choisir cette position. Dans le cas où il lui paraîtrait impossible de se porter bien loin avec les troupes qu'il emmenait avec lui, le général Lebrun lui avait indiqué du doigt et sur la carte une position très peu éloignée de Mouzon, formant presque au débouché de cette localité une ligne de hauteurs perpendiculaires à la fois à la route de Yoncq et au cours de la Meuse et faisant face au défilé qui borne à l'est la partie de la plaine de Mouzon située sur la rive gauche.

Le général Grandchamp était sur cette rive avec la tête de sa colonne (2ᵉ brigade de sa division, général de Villeneuve), et sa 1ʳᵉ brigade allait traverser la Meuse par Mouzon (brigade Cambriels) quand le maréchal de Mac-Mahon arrivant tout à coup sur les lieux, sans appeler le général Lebrun, sans lui faire rien dire, arrêta le mouvement commencé, prescrivant à la brigade Cambriels de rétrograder pour reprendre la position qu'elle venait de quitter sur les hauteurs de la rive gauche, prescrivant à la cavalerie (général de Fénelon) de faire suivre le général Grandchamp par une seule de ses 3 brigades (la brigade de cuirassiers : 5ᵉ et 6ᵉ régiments); prescrivant à la division d'infanterie de marine (général de Vassoigne), 3ᵉ division du 12ᵉ corps, de rester tout entière en place là où elle était bivouaquée. Ces ordres donnés directement par le maréchal, inspirés par des motifs demeurés inconnus au général Lebrun, mais probablement sérieux, n'en eurent pas moins des conséquences regrettables pour le 5ᵉ corps dont la situation réclamait, non pas l'appui insuffisant d'une brigade d'infanterie et d'une brigade de cavalerie, mais celui de forces bien plus considérables.

Le général Graudchamp essaya de faire bonne contenance avec les 2 régiments de la brigade de Villeneuve; après leur avoir fait occuper les positions qui lui avaient été indiquées, pour dégager son flanc droit qui était fortement attaqué et menacé d'être tourné par l'ennemi, il fit charger l'un des 2 régiments de cuirassiers (le 5ᵉ) dont le colonel, le lieutenant-colonel et un chef d'escadrons se firent tuer brillamment avec bon nombre de cuirassiers, tandis que le 2ᵉ chef d'escadrons était blessé grièvement. Mais, impuissant par le petit nombre de ses baïonnettes, tourné bientôt tout à fait sur son flanc droit, ayant les intervalles de la ligne formée par ses troupes traversés par la masse des fuyards qui se précipitaient sur Mouzon et y jetant par cela même du désordre, il vit bientôt aussi les rangs de ses 2 régiments se dégarnir et les régiments eux-mêmes entraînés dans le mouvement général.

Pendant l'action qui se passa ainsi dans la plaine de Mouzon, le maréchal de Mac-Mahon, qui avait fait remonter la brigade Cambriels sur les hauteurs, la fit demander, lui faisant donner l'ordre de se porter sur les ponts de Mouzon et de les franchir pour passer sur la rive opposée. Cet ordre lui fut porté directement au moment où le général Lebrun venait de faire reprendre à la brigade l'emplacement qu'il jugeait le plus convenable. La brigade descendit de nouveau sur Mouzon et avant qu'elle y fût arrivée, le maréchal lui fit donner contre-ordre et lui fit prescrire de regagner une deuxième fois sa première position.

Pendant que le général Grandchamp se portait sur la rive gauche, son artillerie divisionnaire éprouvant quelque difficulté à le suivre aussi rapidement qu'il eût été désirable, quelques batteries de la réserve du 12ᵉ corps parquées près du débouché des ponts marchèrent et se joignirent à la brigade en tête de laquelle marchait le général Grandchamp. Ces batteries prirent une part active à l'action et souffrirent beaucoup. L'encombrement des ponts, quand elles durent rétrograder pour les passer et gagner la rive droite, fut tel qu'elles y laissèrent une partie de leurs pièces et un certain nombre d'hommes tués ou blessés de ceux qui voulaient sauver ces pièces.

Dès le premier moment, le général Lebrun avait disposé sur les hauteurs qu'il occupait, 3 batteries dont le feu protégea avec une certaine efficacité le flanc gauche de la position défendue par le général Grandchamp, en couvrant de projectiles la partie de la plaine comprise sur la rive gauche entre ce flanc et la Meuse.

Nous eussions été moins malheureux à Mouzon, le 5ᵉ corps eût pu s'y rallier et s'y réorganiser, on peut le supposer, si le 7ᵉ corps qui, le 30 août, devait venir passer la Meuse à Mouzon n'eût pas dévié de sa route pour aller passer la rivière beaucoup plus bas et si, d'autre part, la moitié des forces du 12ᵉ corps se fût portée résolument au devant du 5ᵉ corps, comme il avait été décidé que cela se ferait.

Un appui considérable pouvait lui être très utile; un appui insignifiant devait lui être plus nuisible qu'utile, en rendant peut-être ses derniers mouvements plus difficiles, en obstruant sa marche, en l'empêchant de gagner rapidement les ponts de Mouzon. Cette opinion pourra être contestée sans nul doute; dans tous les cas, on peut dire que le secours prêté au 5ᵉ corps devant Mouzon n'a point contribué à rendre moins complète la désorganisation de ce corps d'armée et, d'autre part, si le 12ᵉ corps ne lui avait point prêté ce secours, qui était par trop insignifiant, il aurait conservé intacte une brigade d'infanterie qui fut très éprouvée à Mouzon et perdue pour lui, ou à peu près perdue pour les journées du 31 août et du 1ᵉʳ septembre; de plus la tête du 5ᵉ cuirassiers, dans ceux qui commandaient ce brave régiment, et bon nombre de ses officiers et cavaliers auraient été conservés à l'armée.

Le général Lebrun au général de Fénelon.

Mouzon, 30 août.

Le régiment de chasseurs d'Afrique campé à Moulins doit rejoindre le général Margueritte; il y a lieu de le remplacer. Je vous invite en conséquence à donner l'ordre à un des régiments de chasseurs sous votre commandement de se porter à Moulins où il se mettra à la disposition du général Lacretelle.

Ce régiment devra être rendu à Moulins à 10 heures du matin.

Le général Lebrun au général Lacretelle.

Mouzon, 30 août.

Le 5ᵉ corps devant aujourd'hui même marcher sur Mouzon en suivant les positions que vous voulez occuper, le mouvement que vous désirez faire devient inutile, et je vous invite à conserver la brigade de marche à l'endroit où elle se trouve actuellement.

Apprêtez-vous seulement à avoir à protéger la retraite du

5ᵉ corps, des hauteurs où vous êtes avec votre artillerie et du bord de la rivière avec des tirailleurs.

Le général commandant l'artillerie enverra probablement une batterie de 12.

1ʳᵉ DIVISION.

a) Journaux de marche.

Historique du 22ᵉ de ligne.

Le 22ᵉ a conservé ses positions de la veille. Vers midi, le canon se fait entendre dans la direction de Beaumont occupé par le 5ᵉ corps. Il redouble d'intensité et le combat semble se rapprocher de Mouzon. A 2 heures environ, le 12ᵉ corps reçoit l'ordre de se porter sur cette ville; arrivé aux portes, le maréchal de Mac-Mahon envoie le 22ᵉ reprendre ses positions sur le plateau. Vers 5 heures des aides de camp, à bride abattue, viennent donner l'ordre de prendre les armes et de se porter au plus vite au secours du général de Failly, qui bat en retraite.

Arrivé à Mouzon, il trouve le 5ᵉ corps en pleine déroute; le pont est encombré par des soldats de toutes armes, quelques compagnies du 22ᵉ parviennent cependant à traverser la Meuse, gagnent le Faubourg, s'établissent dans les maisons, jardins, vergers; le reste du régiment attend, pour se porter en avant, que les colonnes de cavalerie, artillerie et infanterie qui encombrent le pont soient écoulées, puis il s'établit le long de la rive droite de la Meuse.

Les compagnies qui occupaient le Faubourg, après des pertes très graves, craignant d'être enveloppées par les forces supérieures de l'ennemi, repassent le pont, ramenant avec elles une pièce de canon du 5ᵉ corps, dont tous les servants avaient été tués ou blessés, et, la tournant vers l'ennemi, un combat des plus furieux s'engage alors entre le 22ᵉ qui a reçu du général Grandchamp l'ordre de tenir coûte que coûte, et les têtes des colonnes prussiennes qui veulent forcer le seul passage qui se présente à elles pour déboucher sur la rive droite.

Une ferme tout en flammes, située à l'entrée du pont et à droite, éclaire les positions de ce régiment, et leur permet de tirer sur elles presque à coup sûr, mais ne pouvant parvenir à les leur faire abandonner, l'ennemi de lui-même finit par cesser le feu, s'arrête, renonçant à tout mouvement en avant.

Pendant que ce combat avait lieu, tout le 5ᵉ corps et le 12ᵉ battaient en retraite et se dirigeaient sur Sedan.

A 10 heures du soir, le 22ᵉ seul occupait donc Mouzon, et l'ordre de battre en retraite à son tour dans le plus grand silence et successivement lui fut donné. Il en résulta que la portion du régiment, celle qui partit la première, remonta sur le plateau où était son ancien campement, mais lorsqu'elle y arriva, elle trouva le 12ᵉ corps en marche et se mit à sa gauche. La deuxième partie ayant pris la route à gauche au sortir de Mouzon, conformément à l'ordre qu'elle avait reçu, gagna aussi les crêtes et attendit. Vers minuit ou une heure du matin, le maréchal de Mac-Mahon, qui se dirigeait sur Sedan, rencontrant cette portion du 22ᵉ, lui donna l'ordre de se joindre au 3ᵉ zouaves qui l'accompagnait. On marcha toute la nuit.

Historique du 34ᵉ de ligne.

Au matin, les troupes restent dans leur campement et reçoivent des vivres de toute nature.

Vers 11 heures, une forte canonnade éclate du côté de Beaumont, et le corps de Failly, aux prises avec l'armée du prince de Saxe, commence sa retraite sur Mouzon. La division Grandchamp reçoit à 2 heures l'ordre de se porter au secours du 5ᵉ corps; la 2ᵉ brigade traverse la Meuse et prend part à l'action à 3 kilomètres du village.

La 1ʳᵉ brigade suit la 2ᵉ, mais pendant qu'elle descend du plateau, un contre-ordre difficile à expliquer nous fait retourner à notre campement. Un nouvel ordre nous porte en avant à 4 h. 30; malheureusement, le village de Mouzon se trouvant encombré par l'artillerie et les débris du 5ᵉ corps, et aucun pont n'ayant été jeté sur la Meuse, il n'y a que la tête de la colonne, environ 200 hommes du 22ᵉ, qui passe sur la rive gauche. La nuit arrivant et les Prussiens n'ayant point essayé de s'emparer de Mouzon, le 34ᵉ remonte sur le plateau où il bivouaque déployé face à Carignan. L'ordre de départ arrive à 11 heures du soir.

Historique du 58ᵉ de ligne.

Le 30 devait être un jour de repos; à midi, une vive canonnade éclate dans la direction de Beaumont; le 5ᵉ corps, surpris dans son camp, était aux prises avec l'armée du Prince royal.

Le 12ᵉ corps prend les armes et attend dans la position qu'il occupe pendant que la canonnade continue vive et acharnée, et bientôt se rapproche vers 1 h. 30. Notre brigade (58e et 79e) reçoit l'ordre d'aller soutenir la retraite du 5e corps qui est en pleine déroute; le régiment se met en marche, en colonne par peloton, la gauche en tête. Nous traversons de nouveau la Meuse et nous allons prendre position à peu de distance au Sud-Ouest de Mouzon.

Le bruit de la canonnade se rapprochait toujours.

Le 58e en tête, massé en colonne serrée, arrive, après de longues évolutions dans la plaine, au pied d'une colline boisée à 3 ou 4 kilomètres de Mouzon.

Nous la gravissons avec entrain; la pente est très raide, la plupart des soldats déposent leurs sacs pour arriver plus vite.

Efforts inutiles; les Prussiens nous ont devancés. Ils occupent toutes les hauteurs; silencieux, invisibles et embusqués dans les bois, nous sommes même débordés par notre droite sans le savoir.

Les 3 compagnies de gauche du IIIe bataillon sont déployées en tirailleurs; notre tête de colonne touche à la crête; à ce moment, un aide de camp du Maréchal vient nous apporter l'ordre de ne pas nous engager.

Il est trop tard, l'ennemi nous fusille à une très petite distance. On essaie de déployer les masses, mais le terrain s'y prête mal et une grêle de projectiles vient s'abattre sur nos rangs serrés. Nos soldats, quoique surpris, ripostent vigoureusement et maintiennent leurs positions jusqu'à ce que la retraite soit ordonnée. Alors commence le désordre, les efforts des officiers sont impuissants pour reformer les rangs, bientôt une batterie ennemie s'établit sur notre route et nous accable d'obus et de mitraille avant que nous puissions sortir de ce bois fatal où nous nous trouvions si malheureusement engagés.

Le régiment se reforme pourtant à 1,500 mètres en arrière et continue sa retraite en assez bon ordre vers la Meuse.

L'ennemi nous serre de près, quelques charges de notre cavalerie ne servent qu'à faire ressortir davantage l'impuissance de cette arme contre des pelotons d'infanterie munis d'armes à tir rapide.

Nous avions 4 officiers tués, 6 blessés, une vingtaine d'hommes par compagnie hors de combat. La Meuse est passée à gué ou sur des ponts de bateaux qui servent de points de mire aux batteries ennemies; l'infanterie de marine, établie sur la rive droite, protège notre retraite avec quelques mitrailleuses placées en arrière de Mouzon, sur le flanc des collines que nous occupions le matin.

Historique de la 3ᵉ batterie du 15ᵉ d'artillerie.

Le 30 août, à 11 heures du matin, la 3ᵉ batterie montait à cheval pour se mettre en marche à midi, lorsque les premiers coups de canon se firent entendre à Beaumont.

Vers les 3 heures, M. le chef d'escadron Charon reçut l'ordre d'appuyer avec la 3ᵉ batterie, la 2ᵉ brigade de la division du 12ᵉ corps, qui se portait au secours du 5ᵉ corps en pleine retraite vers Mouzon. Mais n'ayant pu sortir de Mouzon par suite de l'encombrement du pont du Faubourg, nous allâmes prendre position sur les pentes qui bordent la rive droite de la Meuse, à l'Est de Mouzon, dirigeant notre feu sur un petit plateau qui, situé entre Mouzon et le petit village de Yoncq, était fortement occupé par l'ennemi. Jusqu'à la nuit nous ne cessâmes de tirer dans cette direction.

Dans la nuit, nous fûmes dirigés sur la ferme d'Amblimont, puis sur le village de Douzy, où nous arrivâmes au jour.

c) Opérations et mouvements.

Rapport sommaire du général Grandchamp au général Lebrun sur la journée du 30 août.

Camp du champ de manœuvres, 2 septembre.

Le 30 août, au camp de Mouzon, vous êtes venu vers midi me donner l'ordre de faire prendre les armes à ma seconde brigade (général de Villeneuve, 58ᵉ et 79ᵉ de ligne), et de la faire conduire sur la rive gauche de la Meuse par un officier de mon état-major qui irait ensuite au galop auprès du général de Failly, dont le corps était vivement engagé, pour lui offrir l'appui de cette brigade, et de 3 batteries de la réserve qui devaient la rallier à l'entrée de Mouzon. J'avais chargé de cette mission mon chef d'état-major le colonel Mircher, mais, peu d'instants après, M. le Maréchal me faisait connaître lui-même qu'il était rassuré sur la situation du 5ᵉ corps, et me prescrivait de couvrir avec la brigade de Villeneuve la rentrée d'un grand convoi destiné aux 5ᵉ et 7ᵉ corps, et que protégeait la division Conseil Dumesnil du 7ᵉ corps.

Je me portai alors moi-même à la tête de cette brigade avec le lieutenant-colonel Broye que le Maréchal avait laissé avec moi, et à la sortie de la ville, je fis prendre position aux deux régiments et aux batteries sur les plateaux qui dominent la plaine de Mouzon et la route par laquelle arrivait le convoi, et qu'occupaient d'ailleurs déjà les régiments du général de Fénelon.

Nous apprîmes bientôt que la totalité du convoi avait dépassé le village d'Yoncq, mais en même temps il nous était facile de voir que l'ennemi se prolongeait au delà de la droite du 5e corps. Le colonel Broye et le chef d'escadron Haillot, que m'avait envoyés le général de Failly, me demandèrent de déployer ma tête de colonne vers le village d'Yoncq et les bois au-dessus, dans la pensée que cette démonstration arrêterait les progrès des Prussiens.

Malheureusement, les forces dont je disposais étaient insuffisantes pour rétablir les affaires, et les troupes que j'avais engagées furent entraînées dans le mouvement de retraite de la droite du 5e corps; plus malheureusement encore ce mouvement se propagea rapidement dans d'autres bataillons qui plièrent sous le feu de l'artillerie et des nombreux tirailleurs qui s'étaient prolongés le long des bois, et menacèrent bientôt notre droite elle-même.

Les bataillons s'étaient cependant ralliés; le 79e tenait la droite de ma ligne et le 58e la gauche, mais bientôt les progrès de l'ennemi furent tels qu'il fallut se résoudre à la retraite que le passage de la Meuse rendait difficile et périlleuse même, pour ceux qui ne savaient pas nager. Les deux régiments se rallièrent sur les hauteurs en arrière, d'où, en exécution d'un ordre du Maréchal, le chef d'état-major les conduisit par la ligne des crêtes sur Douzy, où ils bivouaquèrent de 11 heures à 1 heure du matin.

M. le Maréchal avait appelé au combat la 1re brigade de la division (général Cambriels, 22e et 34e de ligne) et les trois batteries du lieutenant-colonel de Rollepot, mais les deux premiers bataillons du 22e purent seuls arriver à Mouzon. Ils furent employés avec l'artillerie à la défense du pont et de ses abords, mais ne purent tenir longtemps; les batteries cependant prirent en arrière de bonnes positions d'où les mitrailleuses firent grand mal à l'ennemi.

Un bataillon du 22e et le 34e se rallièrent au camp de Mouzon, les deux autres bataillons du 22e restèrent dans le bas des positions. Je fus informé au camp des instructions données par M. le Maréchal pour le mouvement sur Sedan.

Rapport du chef de bataillon Bourgeois sur les opérations de la 5ᵉ compagnie du 3ᵉ régiment du génie, attachée à la 1ʳᵉ division du 12ᵉ corps.

Sedan, 1ᵉʳ septembre.

A 6 h. 30, on plaçait le corps-mort sur chaque rive; à 7 heures, on jetait le premier chevalet; la pose des chevalets, sans présenter de difficultés, demandait cependant certaines précautions; le fond de la rivière est formé par un terrain de gravier assez dur, le courant a creusé au milieu un lit d'une profondeur moyenne de 1 m. 30 à 1 m. 40; seulement la rivière, présentant un coude à cet endroit, ce lit n'est pas parfaitement régulier; il a fallu pour les chevalets, raccourcir les pieds à la demande de ces trous et bosses que présente le fond de la rivière. De là, une certaine lenteur dans cette pose; aussi lorsque M. le général Cadart vint, à 7 heures, voir où en était le travail, le commandant du génie ne put lui promettre de l'avoir terminé avant 2 ou 3 heures de l'après-midi.

A 8 heures, arriva la 11ᵉ compagnie de sapeurs attachée à l'état-major général, envoyée pour accélérer le travail, et spécialement pour préparer la jonction des routes avec les abords du pont. Le commandant prit deux brigades de cette compagnie, qu'il mit au travail du pont rive droite, pendant que la 5ᵉ compagnie était occupée sur la rive gauche.

A 1 heure après midi, M. le maréchal de Mac-Mahon vint lui-même voir où en était le travail; le commandant lui répondit qu'à 4 heures les colonnes pourraient passer.

En effet, à 4 heures 10, le dernier madrier fut mis en place, et un officier d'ordonnance du Maréchal allait prévenir un long convoi de bagages de se diriger sur le pont.

Le passage ne commença qu'à 4 h. 30; les voitures s'engagèrent en bon ordre; le défilé continua ainsi jusqu'à 5 heures, lorsqu'à ce moment, quelques hommes qui s'étaient glissés dans la colonne des bagages, en revenant du combat livré en avant de Mouzon, répandirent, par leurs récits exagérés, un commencement d'alarme dans le petit camp des sapeurs. Les officiers de la compagnie cherchèrent de suite à combattre ce fâcheux effet, en montrant une confiance absolue, et même en désignant à la moquerie des soldats qui se trouvaient calmes, ceux qui, ayant hâte de partir, bouclaient déjà leurs sacs et se portaient aux faisceaux. Un seul fait prouvera les efforts tentés par les officiers pour ramener le sang-froid chez les hommes.

Le commandant avait reçu, à 2 h. 30, un ordre de service du

général commandant le génie du 12º corps, lui prescrivant de partir avec la compagnie, dès le travail du pont achevé, en laissant son perfectionnement à exécuter par la 11ᵉ compagnie, et de se porter pour rejoindre la 1ʳᵉ division du 12ᵉ corps sur Linay, en passant par la route de Carignan. En conséquence, dès que la colonne de bagages fut engagée sur le pont, le commandant ordonna les préparatifs de départ. Le capitaine en second de la 5ᵉ compagnie, M. Perboyre, se mit en mesure de faire charger les voitures de section, et, avant, de rassembler dans les caisses les outils qu'on en avait tirés pour le travail du pont. Les hommes, en voyant cette opération, se précipitèrent sur leurs sacs et leurs fusils; le capitaine Perboyre fit alors cesser le chargement, se porta au milieu des hommes, les fit remettre en place, et prit pour la corvée les hommes qu'il vit les plus déconcertés. Dans cette circonstance, le commandant comprit que le départ ordonné ne devait plus se faire qu'avec lenteur, et au dernier moment; avec les officiers, il fut voir le défilé des bagages, et fit même exécuter quelques perfectionnements aux abords, à mesure que le besoin en était indiqué.

Lorsqu'à 5 h. 15 environ, l'artillerie prussienne se rapprochant de la place, arriva couronner les hauteurs sur la rive gauche de la Meuse, à 7 ou 800 mètres environ du pont qui fut immédiatement l'objectif de son artillerie, les premiers obus tombèrent en avant du pont, au milieu d'un rassemblement considérable de troupes et de voitures qui s'était formé en avant du pont, devenu insuffisant pour écouler de suite toute la foule. A ce moment, un désordre épouvantable se produisit; la colonne ne fut plus qu'un assemblage confus de gens fuyant chacun pour son compte; des hommes se jetèrent à la nage, des cavaliers traversèrent la Meuse, sans prendre le temps de suivre les indications que les officiers de la compagnie cherchaient à leur donner pour passer le gué tortueux en avant de Villers et en aval du pont.

Les Prussiens, voyant leur tir trop court l'allongèrent, et leurs obus tombèrent alors en assez grand nombre sur notre camp et à côté du pont. La colonne de bagages commençant à déblayer la rive gauche de la Meuse, le commandant fit prendre les sacs et rompre les faisceaux, pendant qu'on chargeait les voitures de section non encore attelées.

Malheureusement, en ce moment, trois ou quatre obus tombèrent en avant des hommes; n'écoutant que le sentiment de crainte, la compagnie partit sans attendre d'ordres, se débandant dans la campagne et dans la direction que suivait la colonne de retraite. Les officiers restés en arrière, voyant ce désordre, ont aussitôt poussé des cris : « La 5ᵉ compagnie, halte ! la 5ᵉ compagnie, ralliez-vous ! » Mais un obus étant à ce moment tombé sur le pont et ayant brisé une partie du tablier, le tumulte, le désordre se mirent dans les troupes et les voitures de bagages restées en arrière du pont, le bruit couvrit la voix des officiers, leurs chevaux, non encore bridés, brisèrent leur longe, coururent de tous côtés, on eut beaucoup de peine à les rattraper ; deux d'entre eux, celui du capitaine Perboyre et celui du lieutenant Durand, ne purent être rattrapés. Les voitures de section n'étaient pas encore attelées, ni même complètement chargées ; tout fut chargé, rien n'a été oublié, même le fourrage pris le jour au village de Villers.

Ce fut pendant ce tumulte indescriptible que les hommes débandés jetèrent leurs sacs. Comment ce fâcheux, ce triste fait se passa-t-il ? Les officiers ne peuvent le dire ; courant de tous côtés pour ramener cette troupe affolée, ils ne purent arriver qu'à un seul résultat : rassembler tous les hommes sur la route de Douzy et les arrêter dans un pli de terrain. Pendant ce temps, le capitaine Perboyre avec le brigadier des conducteurs emmenaient les deux voitures jusqu'à la route et les faisaient entrer dans le convoi.

Le commandant du génie, avec les 5ᵉ et 11ᵉ compagnies, se dirigea alors sur la route de Carignan, où il avait l'ordre de se rendre.

A environ 10 ou 12 kilomètres, il fut averti par la gendarmerie que la direction générale de l'armée devait se faire sur Sedan ; ce fut alors que les deux compagnies rebroussèrent leur route et se dirigèrent sur Sedan où elles arrivèrent à minuit environ. Les voitures n'avaient pu suivre à cause de l'encombrement, elles n'arrivèrent à Sedan que le lendemain matin, à 6 heures, après être allées sur Carignan.

Le commandant du génie constate que tous les officiers ont fait leur devoir, et cite particulièrement le capitaine Perboyre, comme n'ayant pas quitté un seul instant les voitures ; le brigadier des conducteurs Citonet et le sergent-major Cuvilliers, qui, tout en gardant son sac sur le dos, s'est multiplié pour arrêter les hommes. Du reste, une partie des sacs manquants ont été volés au bivouac de Sedan, pendant le sommeil des hommes exténués de fatigue. Il y avait près de 48 heures que ces hommes n'avaient pas dormi.

2ᵉ DIVISION.

a) Journaux de marche.

Journal des marches de la 2ᵉ brigade.

Le 30, au point du jour, le général commandant la 2ᵉ brigade fit avec le bataillon du 62ᵉ une reconnaissance en remontant le long du bois la rive droite de la Meuse jusqu'à la ferme dite d'Alma. Des soldats du génie y étaient déjà occupés à rétablir un gué. Deux compagnies furent laissées à la ferme pour les soutenir au besoin et leur fournir des travailleurs. Deux autres compagnies furent réparties en grand'gardes se reliant entre elles par des petits postes disséminés depuis la ferme jusqu'au campement.

A midi environ, le canon se fit entendre dans la direction de Beaumont. Les détonations se succédaient de plus en plus vives, et se rapprochaient de notre côté : c'était le 5ᵉ corps qui commençait à opérer sa retraite, se dirigeant vers Mouzon.

Vers 3 heures, un grand nombre de blessés et de soldats isolés descendant des hauteurs de la rive opposée se présentèrent pour traverser la Meuse au point guéable dont il est parlé plus haut; ils précédaient leur corps d'armée.

A ce moment, le général reçut l'ordre d'occuper fortement la rive de la Meuse afin d'empêcher le passage de l'ennemi sur la rive droite. Les dispositions furent prises en conséquence.

Le bataillon du 40ᵉ de ligne, celui du 94ᵉ ainsi que les compagnies disponibles du 62ᵉ de ligne furent déployés en tirailleurs dans le bois, sous les ordres du lieutenant-colonel Bernier et échelonnés dans les fourrés. Le général s'y porta également de sa personne.

Ces bataillons étaient à peine en position que l'ennemi, qui couronnait les bois et les hauteurs de la rive gauche, ouvrit un feu très vif de mousqueterie auquel vint se joindre bientôt celui de plusieurs pièces de canon. Il y fut immédiatement répondu. Le lieutenant-colonel d'artillerie Colcomb vint presque aussitôt s'établir en avant du front de la brigade avec une batterie de mitrailleuses. Le feu fut très nourri de part et d'autre. Nos tirailleurs bien embusqués firent beaucoup de mal à l'ennemi qui était à découvert. Vers 7 heures, la situation était nettement dessinée; l'ennemi ne paraissait pas vouloir tenter sérieusement le passage, qui, du reste, aurait été impraticable. Ordre fut donné de cesser le feu, afin d'éviter une consommation inutile de munitions. L'ennemi cessa aussi son feu dès qu'il eut reconnu que l'on ne répondait plus au sien.

Les bataillons de la 2ᵉ brigade qui furent engagés au combat de Mouzon eurent environ 40 soldats tués ou blessés. Le lieutenant-colonel Bernier eut son cheval blessé sous lui et fut obligé de l'abandonner. C'était la première fois que les jeunes soldats en si grand nombre dans les rangs voyaient le feu ; au premier moment on pouvait redouter quelque hésitation de leur part. Leur attitude fut calme et résolue grâce à l'énergie et au sang-froid déployés par leurs chefs et notamment par le colonel Bernier. Dès ce jour, on pouvait compter entièrement sur eux.

Les bataillons restèrent dans leur position jusqu'à 9 heures du soir ; à ce moment ils furent rappelés au camp.

Historique du IVᵉ *bataillon du* 64ᵉ *de ligne.*

L'emploi de la journée avait été réglé en prévision d'un séjour et notre bataillon s'occupait à compléter son instruction militaire par l'exercice pratique du service en campagne que le manque de temps n'avait pas permis de faire avant le départ, lorsque, vers midi, nous vîmes en avant de nous, dans la direction de Beaumont, quelques nuages de fumée que nous reconnûmes bientôt comme provenant de coups de canon, dont le bruit ne tarda pas à nous parvenir même assez distinctement.

Le bruit se rapprocha avec une rapidité effrayante, et moins d'une heure après il arrivait dans notre camp des soldats blessés qui avaient fui sous bois et étaient venus franchir la Meuse à un gué, situé à la ferme de l'Alma, en amont de notre position, de l'existence duquel personne, avant cet événement, ne se doutait.

Ces blessés furent bientôt suivis de bon nombre de fuyards. Notre colonel envoya alors le IIᵉ bataillon de notre régiment (IVᵉ bataillon du 62ᵉ de ligne, commandant Falconetti) dans le bois avec ordre de se prolonger à la gauche du bataillon de grand'garde, en étendant les tirailleurs sous bois jusqu'au gué. Le commandant ramena son bataillon au camp une heure après, en rendant compte qu'aucun ennemi n'était en vue.

Cependant la canonnade approchait, et des tirailleurs ennemis commençaient à se montrer sur la lisière du bois situé sur l'autre rive. Vers 4 heures, une batterie de mitrailleuses descendit de son campement, vint prendre position en avant de nous sur le bord de la rivière et ouvrit son feu sur ces tirailleurs. En même temps le colonel Bernier, prenant avec lui les deux premiers bataillons du régiment, entrait dans le bois quitté une heure avant par le commandant Falconetti et engageait d'une rive à l'autre un feu de tirailleurs assez nourri avec l'ennemi placé dans le bois de la rive opposée.

L'artillerie allemande n'avait pas tardé à répondre au feu de nos mitrailleuses à l'aide d'une 1re, puis d'une 2e batterie d'obusiers. Une batterie de campagne vint prendre position sur la route au-dessus de nous et riposta; mais de part et d'autre, ce combat d'artillerie ne produisit aucun résultat. Tous les projectiles ennemis tombaient en avant du bataillon autour de la batterie de mitrailleuses sans atteindre personne. Le feu de celle-ci ne fut pas beaucoup plus fructueux; cependant il eut le résultat de forcer les tirailleurs ennemis à rentrer dans le bois et à se replier en arrière d'un mouvement de terrain, situé en avant de nous.

Ce résultat obtenu, les mitrailleuses se retirèrent et furent remplacées par une batterie d'obusiers qui n'obtint pas plus de résultats que celle qui était placée sur la route. Ce combat d'artillerie s'arrêta donc bientôt.

Dans le bois, le feu de tirailleurs continuait avec une certaine intensité, et le colonel Bernier, qui y eut un cheval tué sous lui, sentant le besoin d'être renforcé, fit demander au général le IIIe bataillon de son régiment qui était le nôtre.

Les faisceaux furent rompus et le bataillon (moins les 2 dernières compagnies que le général garda avec lui) entra au pas gymnastique dans les bois. Il était environ 7 h. 30. Après une course plutôt qu'une marche d'environ une demi-heure, le bataillon arrivait à la ferme de l'Alma et sur l'ordre du colonel était massé en entier dans la cour de la ferme.

Après avoir reconnu les bâtiments le colonel et le commandant allèrent à la reconnaissance du gué situé à environ 200 mètres plus haut.

Ils revinrent à la ferme, quand ils eurent constaté que la Meuse en ce point pouvait avoir environ 50 centimètres de profondeur.

La nuit avançait, et il s'agissait de prendre des dispositions, puisque aucun ordre n'arrivait du commandement. Il fut un instant question de laisser ces 4 compagnies dans la ferme jusqu'au lendemain matin; mais, après avoir réfléchi au risque que l'on courait de voir enlever sans coup férir une poignée d'hommes, isolée de l'armée de plusieurs kilomètres, séparée seulement par une rivière guéable de forces très considérables et victorieuses, et cela sans avoir le temps de mettre la ferme en état de défense et sans pouvoir se garder; l'ignorance dans laquelle on était du pays, et l'obscurité de la nuit ne permettant pas de reconnaître le terrain pour placer des grand'gardes; après avoir, disons-nous, réfléchi à tous ces dangers, le colonel donna l'ordre de regagner le campement, où le bataillon rentra vers 10 heures.

Les tentes furent dressées et notre position se trouvant très mauvaise, les sentinelles furent doublées.

Historique des 10e et 11e batteries du 8e d'artillerie.

Le 30, devait avoir lieu le départ pour Carignan du 12e corps qui devait être remplacé par le 5e corps, à Mouzon. Mais, dans la matinée, le 5e corps est surpris et battu près de Beaumont et forcé de se retirer rapidement sur Mouzon. Le 12e corps prend les armes pour s'opposer à la marche de l'armée du prince de Saxe et permettre au 5e corps de se rallier en arrière de Mouzon. Vers midi 30, la 11e batterie (capitaine Mourin) va prendre position sur un mamelon avancé protégé par le 14e de ligne; elle ouvre le feu sur une portion de l'armée bavaroise qui se trouve sur la rive droite et qui menace de marcher sur Mouzon. Son feu arrête le mouvement, et la batterie, se trouvant prise à revers par une puissante batterie ennemie, établie sur les hauteurs de la rive gauche, se retire après avoir atteint le but qu'elle se proposait, c'est-à-dire arrêter la marche de l'ennemi sur la rive droite. Le commandant Chaumette était avec cette batterie.

La 10e batterie (capitaine Bornèque), est conduite par le lieutenant-colonel Colcomb sur les bords de la Meuse, rive droite, pour s'opposer au passage de cette rivière et arrêter la marche de l'ennemi sur la rive gauche. Cette batterie tire dans cette position 56 coups par pièce; mais fortement contrebattue par des feux très supérieurs, elle doit se retirer et est remplacée par une batterie de 12.

Malgré le feu très vif que ces 2 batteries ont eu à supporter ce jour-là, il n'y a aucune perte à déplorer.

A 9 heures du soir, le feu a cessé sur toute la ligne, et à minuit l'ordre est donné de lever le camp et de se mettre en marche sur Sedan. Cette marche de nuit fut fort pénible et fort difficile et l'on mit dix heures pour aller de Mouzon à Douzy, distant de 12 kilomètres. Pendant cette marche les 10e et 11e batteries étaient à l'arrière-garde.

c) **Opérations et mouvements.**

Rapport du lieutenant-colonel Colcomb, sur l'artillerie de la 2ᵉ division du 6ᵉ corps.

Camp sous Sedan, 3 septembre.

J'ai l'honneur de vous rendre compte de la part que les 10ᵉ et 11ᵉ batteries du 8ᵉ régiment d'artillerie ont prise à l'affaire qui a eu lieu à Mouzon, le 30 août.

Les 10ᵉ et 11ᵉ avaient campé, le 29, sur le plateau Sud en face Stenay, ayant à leur droite la Meuse. Des combats qui avaient été engagés la veille entre le 5ᵉ corps et l'ennemi donnaient à penser que cette position pouvait être en butte aux attaques, aussi avait-elle été fortement occupée par les trois régiments de notre brigade. En effet, le lendemain 30, différents avis annoncèrent l'approche des Prussiens. Pour parer aux éventualités la 11ᵉ batterie (capitaine Mourin), reçut ordre d'occuper une position avancée pour arrêter l'approche de l'ennemi, qui, bientôt signalé, détermina l'ouverture du feu. Cette batterie eut immédiatement à lutter contre le tir de plusieurs batteries prussiennes placées sur la rive opposée de la Meuse. Quelques coups, habilement dirigés par nous, suffirent pour faire cesser le feu de ce côté. Les attaques de l'ennemi s'étant étendues sur la rive droite, j'envoyai le capitaine Bornèque avec la 10ᵉ de mitrailleuses pour arrêter ses progrès. Son feu dirigé d'abord contre des tirailleurs descendant d'un coteau et d'autres placés sous bois, eut pour résultat immédiat de refouler l'ennemi, et cette batterie ayant été promptement contrebattue par des feux très supérieurs dut être retirée et remplacée par une batterie de 12 non placée sous mon commandement.

Rapport du chef de bataillon Vieille sur les opérations exécutées par la 7ᵉ compagnie du 1ᵉʳ régiment du génie.

Sedan, 1ᵉʳ septembre.

Un détachement de 22 hommes s'est rendu, sous le commandement du lieutenant Andlauer, à 4 heures du matin, à l'Alma pour l'établissement d'un gué et pour faire une reconnaissance des routes avoisinantes. Ce travail commencé immédiatement n'a été terminé qu'à 4 heures du soir.

Un autre détachement fort de 40 hommes, sous la conduite du lieutenant Lhuillier, a commencé, vers 9 heures du matin, à organiser deux gués pour traverser la Meuse sous Mouzon; pour en activer l'exécution, 60 hommes de la compagnie Dardaine lui ont été adjoints. Ce travail, dirigé par le commandant du génie de la 2e division, était achevé vers 3 heures de l'après-midi, au moment même où les colonnes de cavalerie se sont présentées pour se porter en avant. Le passage s'est effectué sans aucune difficulté.

Vers 5 h. 30, la ville se trouvant menacée de près par l'ennemi, le commandant du génie a reçu de M. le général Dejean l'ordre de porter sa compagnie à l'entrée du grand pont de la Meuse et sur la rive droite de cette rivière. La gauche s'est établie dans les maisons situées en tête du pont; les hommes se sont postés derrière les persiennes et ont tiré quelques coups de feu, tant qu'il n'y a pas eu de troupes en avant; le lieutenant Andlauer dirigeait ce détachement avec énergie.

Le gros de la compagnie, sous le commandement des capitaines Bienaymé et Dubois et du lieutenant Lhuillier, prit position derrière des murs, des haies et dans les oseraies bordant la rivière sur la droite du pont précité; le cheval du capitaine Bienaymé fut, peu de temps après, tué par un obus. Ne pouvant utiliser ses fusils à cause de la présence d'une ligne de tirailleurs établie en avant, cet officier s'est retiré avec ses hommes dans le moulin à droite de la ville.

En opérant ce mouvement, le cheval du lieutenant Lhuillier, blessé à la jambe d'un coup de feu, est resté sur place; un sapeur a été grièvement blessé (les deux fesses traversées). Les hommes ont tiré quelques coups de feu de la position avantageuse qu'ils occupaient; ils découvraient bien le terrain en avant. Le détachement du capitaine Bienaymé est resté ainsi jusqu'à la nuit, moitié dans le moulin, moitié sur les pentes en arrière, à hauteur d'une batterie d'artillerie isolée.

Le détachement de gauche (lieutenant Andlauer) s'est rendu, lors du mouvement général de retraite, auprès de la mairie et a suivi M. le général Cadart sur la route de Carignan. Le commandant du génie a suivi de sa personne la même direction.

Le détachement de M. Bienaymé est rentré, à 8 h. 30 du soir, après avoir repris les sacs et des vivres au point où était établi le parc de la compagnie, puis il s'est dirigé, voyant les chevaux partis ainsi qu'une voiture, sur les hauteurs de Mouzon à la droite de l'infanterie; il est arrivé à Douzy à 3 h. 30 du matin...

Le capitaine Dubois avait reçu de M. le général Dejean l'ordre d'abandonner les voitures et les chevaux sous les quinconces où était établi le parc; il y laissa un sapeur conducteur de garde et emmena les autres à la suite de la compagnie; puis, cet officier rallia ses hommes au moment de la retraite et se dirigea à l'emplacement du parc d'où il conduisit successivement, en les attelant de 8 chevaux, chacune des voitures de section sur les hauteurs où était campée la 2ᵉ division du 12ᵉ corps. Ce mouvement était opéré vers 10 heures.

La division ayant reçu l'ordre de se mettre en marche sur Sedan en suivant les crêtes, le général prescrivit d'abandonner les 2 voitures de section à cause de la difficulté des chemins. Après de vives instances, le capitaine Dubois obtint cependant d'en emmener une en dédoublant les attelages; malheureusement, au bout d'une demi-heure de marche par une nuit noire à travers les terres labourées, celle-ci versa dans une ornière et se brisa, malgré les soins apportés à préparer la voie. Le général Lacretelle donna alors l'ordre d'abandonner cette 2ᵉ voiture et de mettre les attelages à la disposition de l'artillerie.

Le capitaine Dubois a rejoint sa compagnie à Sedan, le 31 au matin.

3ᵉ DIVISION.

a) Journaux de marche.

Journal de marche de la 3ᵉ division (1).

La division doit rester sur le plateau de Vaux; on doit faire séjour. Mais, à 1 heure de l'après-midi, le canon se fait entendre sur l'extrême gauche de nos lignes; ce sont les corps de Failly et Douay qui n'ont pas encore exécuté le mouvement que nous avons fait la veille et qui, restés sur la rive gauche de la Meuse, sont aux prises, vers Beaumont, avec l'avant-garde de la grande armée prussienne.

---

(1) *Certificat du colonel de Trentinian, chef d'état-major.*

Toulon, 25 juillet 1872.

Je soussigné de Trentinian, colonel d'infanterie de la Marine, chef d'état-major de la 3ᵉ division du 12ᵉ corps de l'Armée du Rhin, déclare avoir perdu le 30 août 1870, à Mouzon, en même temps que tous mes bagages, les registres, dépêches, rapports et pièces de toute nature relatifs à la campagne de 1870-1871, concernant la 3ᵉ division du 12ᵉ corps.

Le corps de Failly vivement poussé par les troupes qui l'attaquaient va être rejeté en désordre sur Mouzon.

Le général Douay, arrivant à Remilly, sera forcé de traverser le passage étroit de la Meuse. Le désordre est aussi dans ses troupes.

Le corps du général Ducrot atteindra Carignan après une marche longue et pénible.

L'intention du Maréchal qui voulait gagner Stenay et de là Montmédy ne pourra donc pas être exécutée.

L'armée prussienne a fait des marches forcées, tandis que nous avons mis 6 jours à parcourir 25 lieues.

A 6 heures du soir seulement, le général de Vassoigne reçut l'ordre de détacher sa 1re brigade, général Reboul, avec une batterie d'artillerie (lieutenant-colonel Noury), pour protéger la retraite du corps de Failly. Il se mit immédiatement en marche, mais arrivé à hauteur du pont, la colonne est coupée non seulement par les fuyards qui débouchent de ce pont, mais encore par la plus grande partie de la division Grandchamp et une batterie d'artillerie qui avait reçu l'ordre, dans le même but, de se porter sur la rive gauche de la Meuse et qui battaient déjà en retraite.

Cinq compagnies seulement du 1er régiment avec le colonel Brière de l'Isle peuvent arriver au lieu indiqué ; le général Reboul les dispose le long de la rive droite du canal qui nous sépare de l'ennemi. Elles gardent solidement cette position ; par des feux de tirailleurs et des feux à commandement, elles contiennent les Allemands et les empêchent de s'avancer jusqu'au canal.

Pendant ce temps, le général de Vassoigne fait établir à peu de distance, sur la rive gauche, la batterie d'artillerie et lui fait diriger son feu sur les pièces ennemies.

Malgré l'exactitude de notre tir, notre batterie est tellement foudroyée que le lieutenant-colonel Noury se voit dans la nécessité de prévenir le Général qu'il lui sera bien difficile de garder la position qu'il occupe ; en effet des chevaux viennent d'être éventrés par des obus, le capitaine Buisson a reçu une blessure grave au genou, plusieurs artilleurs ont été tués ou mis hors de combat. Ces observations déterminèrent le général de Vassoigne à faire appuyer à gauche cette batterie qui, abritée alors par un rideau d'arbres, continua son feu avec une grande précision.

Cependant le nombre des batteries ennemies qui combattent contre notre artillerie augmentant toujours, le général de division envoya près du Maréchal commandant en chef, son chef d'état-major le colonel de Trentinian pour lui demander une batterie de renfort. Cette demande fut refusée par le général Faure, chef d'état-major général, dans des termes qu'il est inutile de répéter ici, mais qui prouvaient d'une manière péremptoire que ce général n'avait aucune confiance dans le présent ni dans l'avenir.

Néanmoins le feu de la batterie d'artillerie et ceux des cinq compagnies d'infanterie, parfaitement dirigés, suffisent pour contenir l'ennemi, l'empêcher de s'avancer à plus de 400 mètres et l'obliger de se retirer dans ses positions.

La nuit étant arrivée et les derniers hommes du 5ᵉ corps étant rentrés au camp de Mouzon, par conséquent le but qu'on se proposait étant atteint, le général de Vassoigne fit sonner la retraite ; les troupes d'infanterie se retirèrent en bon ordre et se formèrent en bataille sur les hauteurs. La batterie d'artillerie rentra au camp.

Cette affaire fait le plus grand honneur au général Reboul ; cet officier général signale comme s'étant distingués entre tous dans ce combat, par leur fermeté et leur influence sur leurs subordonnés, les 3 officiers dont les noms suivent :

MM. Maurial, capitaine au 1ᵉʳ régiment ; Malézieux, lieutenant ; Chevalier, sous-lieutenant.

A la même heure, la 2ᵉ brigade (général des Pallières), recevait l'ordre de se porter sur les hauteurs de Vaux pour concourir, s'il y avait lieu, à la défense, avec la division du général Lacretelle ; l'ennemi pouvant tenter de nous déborder par notre gauche, quelques coups furent échangés de ce côté.

La 2ᵉ brigade resta campée sur ces hauteurs.

Dans cette journée nous avons éprouvé quelques pertes : le capitaine Pressard, du 1ᵉʳ régiment, a été tué ; une vingtaine d'hommes des 5 compagnies engagées ont été tués ou blessés.

La 2ᵉ brigade a perdu deux hommes.

Dans la nuit, nous recevons l'ordre de quitter nos positions et de nous mettre en marche sur Sedan, en passant par Amblimont, Mairy et Douzy. C'est le Maréchal qui vient lui-même ordonner ce mouvement de retraite commencé déjà par le 5ᵉ et le 12ᵉ corps.

Le 1ᵉʳ corps s'est porté dans la même direction par Carignan.

Le maréchal de Mac-Mahon, pour la 3ᵉ fois, a donc été contraint de renoncer à secourir Bazaine ; les événements de la journée lui ont démontré l'impossibilité d'atteindre Montmédy.

Historique des 7e, 8e *et* 9e *batteries du* 10e *d'artillerie.*

Vers 4 heures du soir, la 8e batterie est envoyée avec une brigade de la 3e division, à l'extrême gauche de la position de Mouzon, sur la rive droite de la Meuse. Elle prend position sur les hauteurs qui dominent Warmonterne, tire quelques coups de canon et rejoint la division vers 10 heures du soir.

A la suite de la surprise de Beaumont, le maréchal de Mac-Mahon avait donné l'ordre de se tenir prêt à marcher; toutefois, le feu ayant cessé dans cette direction, on reforme le camp; les chevaux sont envoyés à l'abreuvoir, à la Meuse, tout garnis. Vers 4 h. 30, le général de Vassoigne reçoit l'ordre de passer sur l'autre rive de la Meuse, avec les 7e et 9e batteries, pour soutenir un mouvement de la 1re division; l'ordre ne peut être immédiatement exécuté par suite de l'absence des chevaux, et comme la 1re division n'a pu tenir, la brigade se déploie sur la rive de la Meuse où elle se trouve, et son artillerie prend position pour protéger le passage à gué.

La 7e batterie, avec le lieutenant-colonel, se place près du canal, une section détachée à droite près de la maison de l'éclusier, et ouvre le feu sur des pièces prussiennes placées sur flanc droit et au pied du mamelon de la rive gauche perdu par la 1re division.

La 9e batterie, avec le chef d'escadron, remonte à mi-côte et se met en position, à gauche du gué, un peu au-dessus et à droite de la ferme de Bel-Air, dans un verger dont les haies et les arbres la protègent. Elle ouvre le feu sur une batterie prussienne qui s'était avancée vers le gué. Le feu de la batterie ennemie est rapidement éteint et on continue à tirer sur la grande batterie qui couronne le mamelon de la rive gauche.

Le feu cesse à la nuit.

La 7e batterie a beaucoup souffert et perdu son capitaine en 1er.

La 9e batterie, couverte par des haies et des arbres, n'eut personne de tué ni de blessé.

Les troupes s'étant ralliées sur la rive droite de la Meuse, la retraite sur Sedan commence dans l'ordre suivant : la 9e batterie marchant derrière le 1er bataillon avec le lieutenant colonel; la 7e batterie et les réserves derrière la 1re brigade; la 8e batterie avec le chef d'escadron, en avant du dernier bataillon de la division.

On atteint dans cet ordre Douzy vers 6 heures du matin.
Pertes connues. — Combat de Mouzon.

7ᵉ *batterie*.	8ᵉ *batterie*.	9ᵉ *batterie*.
M. Buisson, capitaine en 1ᵉʳ, blessé mortellement. 4 hommes tués 3 hommes blessés.	Néant.	Néant.

c) Opérations et mouvements.

Rapport du général de Vassoigne au Ministre de la Marine et des Colonies (1).

Dresde, 27 octobre 1870.

Le 29 août, l'infanterie de la marine quitte le camp de la Besace pour aller occuper les hauteurs de Vaux sur la route de Carignan à Mouzon où elle passe la nuit.

Dans la matinée du 30, le canon se fait entendre sur l'extrême gauche de nos lignes : c'est le 5ᵉ corps (général de Failly) qui est aux prises avec l'ennemi à Beaumont. A 6 heures du soir, je reçois l'ordre de détacher ma 1ʳᵉ brigade (général Reboul) avec une batterie d'artillerie (lieutenant-colonel Noury) pour protéger la retraite de ce corps d'armée; je me mis aussitôt en marche; mais arrivée à la hauteur du pont de Mouzon, la colonne fut coupée non seulement par les fuyards qui débouchent de ce pont, mais encore par la plus grande partie de la division Grandchamp et une batterie d'artillerie qui avaient reçu dans le même but l'ordre de se porter sur la rive gauche de la Meuse et qui battaient déjà en retraite.

Cinq compagnies seulement du 1ᵉʳ régiment avec le colonel peuvent arriver au lieu indiqué; le général Reboul les dispose le long de la rive droite du canal qui nous sépare de l'ennemi. Elles gardent solidement cette position; par des feux de tirailleurs et des feux à commandement elles contiennent les Allemands et les empêchent de s'avancer jusqu'au canal.

Pendant ce temps, je fais établir à peu de distance sur la gauche la batterie d'artillerie et lui fais diriger son feu sur les pièces ennemies. Malgré l'exactitude de notre tir, notre batterie est telle-

---

(1) *Archives de la Marine*, carton 60-B.

ment foudroyée que le lieutenant-colonel Noury se voit dans la nécessité de me prévenir qu'il lui sera bien difficile de garder la position qu'il occupe; en effet, des chevaux viennent d'être éventrés par des obus, le capitaine Buisson a reçu une blessure grave au genou, plusieurs artilleurs ont été tués et mis hors de combat. Ces observations me déterminent à faire appuyer à gauche cette batterie qui, abritée par un rideau d'arbres, continue son feu avec une grande précision. Cependant le nombre des batteries ennemies qui combattent notre artillerie augmentant toujours j'envoyai près du Maréchal commandant en chef, mon chef d'état-major, le colonel de Trentinian, pour lui demander une batterie de renfort; il m'informa à son retour qu'on ne peut me l'accorder. Néanmoins, le feu de la batterie d'artillerie et celui des cinq compagnies d'infanterie parfaitement dirigés suffisent pour contenir l'ennemi, l'empêcher de s'avancer à plus de 400 mètres et l'obliger à se retirer dans ses positions.

La nuit étant arrivée et les derniers hommes du 5ᵉ corps étant rentrés au camp de Mouzon, le but qu'on se proposait étant par conséquent atteint, je fis sonner la retraite; les troupes d'infanterie se retirèrent en bon ordre et se réunirent en bataille sur les hauteurs; la batterie d'artillerie rentra au camp.

Cette affaire s'étant passée sous mes yeux je n'hésite pas à déclarer à Votre Excellence qu'elle fait le plus grand honneur à M. le général Reboul; cet officier général signale comme s'étant distingués entre tous dans ce combat, par leur influence sur leurs subordonnés et leur fermeté, les trois officiers dont les noms suivent : MM. Maurial, capitaine, Malézieux, lieutenant, Chevalier, sous-lieutenant au 1ᵉʳ régiment.

Nous avons éprouvé quelques pertes dans cette affaire. Le capitaine Pressard a été tué. Une vingtaine d'hommes des 5 compagnies engagées ont été tués ou blessés.

A la même heure la 2ᵉ brigade (général des Pallières) recevait l'ordre de se porter sur les hauteurs de Vaux pour concourir, s'il y avait lieu, à la défense avec la division du général Lacretelle, l'ennemi pouvant tenter de nous déborder par notre gauche; quelques coups de canon furent échangés de ce côté. Nous avons eu 2 hommes tués. La 2ᵉ brigade resta campée sur ces hauteurs.

Rapport du général de division Reboul, sur les opérations de la 1re brigade de la 3e division du 12e corps, le 30 août.

Paris, 2 août 1872.

Le 30 août (1), à 1 heure de l'après-midi, on entend le canon, la brigade prend les armes, mais les remet en faisceaux sur l'ordre du Maréchal.

A 4 heures, on apercevait des fuyards du 5e corps et la brigade reçoit l'ordre de se porter en avant pour les protéger, mais avant de passer le pont, je n'avais plus avec moi que 5 compagnies du 1er régiment, le reste de la brigade avait dû gagner les hauteurs de Mouzon par ordre supérieur.

Je disposai ces compagnies sur la rive droite du canal et je fis commencer le feu aussitôt que les soldats du 5e corps eurent démasqué l'infanterie ennemie qui s'était avancée à 600 mètres du canal derrière un rideau d'arbres ; des feux d'ensemble, dont les derniers surtout furent meurtriers, la continrent à cette distance.

Mais la nuit se faisait et l'artillerie de la division ayant déjà battu en retraite, je fis remonter sur la hauteur trois des 4 compagnies qui m'étaient restées ; la 5e, sur l'ordre du général de division, avait été envoyée peu après l'engagement pour occuper une maison en tête du pont.

Je restai quelques instants seul avec une compagnie du 1er régiment, dont le capitaine, vaillant soldat, avait pris un grand ascendant sur ses hommes ; avant de rejoindre les autres compagnies, ce capitaine fit exécuter quelques feux à commandement qui furent efficaces et firent rétrograder les Prussiens entraînés par la vue des autres qui battaient en retraite.

Dans cet engagement des 5 compagnies du 1er régiment, le capitaine Pressard fut tué et 20 hommes tués ou blessés.

A peine arrivé sur la hauteur, à 10 heures du soir, je reçus directement du Maréchal l'ordre de me mettre en route sur Sedan en passant par Douzy.

---

(1) Le 29 au soir, la brigade campait sur les hauteurs de Vaux, à cheval sur la route de Carignan.

Rapport du chef d'escadron de Coatpont, commandant par intérim l'artillerie de la 3ᵉ division du 12ᵉ corps, sur le rôle joué par cette artillerie dans la journée du 30 août.

Sedan, 3 septembre.

Le 30 août, les 7ᵉ, 8ᵉ et 9ᵉ batteries du 10ᵉ régiment étaient sous les armes dès 11 heures du matin. A 3 heures, la 8ᵉ batterie fut détachée avec une brigade d'infanterie de marine, pour prendre position sur une hauteur à la limite du camp, rive droite de la Meuse. Cette batterie resta en position jusqu'à la nuit sans tirer.

A 4 heures 30, les 7ᵉ et 9ᵉ partirent avec l'autre brigade pour prendre position sur la rive gauche, la bataille de Mouzon étant engagée. Sur un contre-ordre de M. le maréchal de Mac-Mahon, on ne franchit pas le canal, la 7ᵉ fut mise en batterie sur ses bords et ne cessa le feu qu'à la nuit, ayant changé deux fois de position pour tromper le feu supérieur de l'ennemi. Elle était dirigée par le lieutenant-colonel Noury. La 9ᵉ, dirigée par moi, prit position sur une hauteur en arrière, contrebattant avec énergie le feu ennemi, et cessa le feu à la nuit en même temps que les pièces prussiennes.

Les batteries réunies dans la nuit à leur division l'ont suivie dans sa marche sur Sedan; la 9ᵉ en tête, la 7ᵉ au centre, la 8ᵉ à la gauche de la colonne. Les nombreux convois qui encombraient la route rompaient à chaque instant les colonnes.

Rapport du commandant Roulet sur les opérations du génie de la 3ᵉ division, le 30 août.

Sedan, 2 septembre.

Depuis Châlons jusqu'à Mouzon, le génie de la division n'a été chargé d'aucun service important; dans cette ville les hommes ont été employés à des rampes et à des chemins; dans la soirée la compagnie a été chargée, sous la conduite du commandant de Foucault, de la défense du pont sur lequel des troupes passaient, poursuivies par l'ennemi. La compagnie s'est rangée à la droite des autres troupes déjà placées en face du débouché du pont et a commencé à fortifier la position en ébauchant un retranchement, mais l'artillerie devant prendre position en arrière pour balayer le débouché, la compagnie a dû prendre une autre position, agissant à la droite des autres troupes du génie et appuyée en arrière par la marine.

L'artillerie s'est placée et a ouvert le feu non pas sur le pont, mais sur l'autre rive, personne ne débouchant sur celle-ci.

Lorsque le feu a cessé, comme il n'y avait plus de motif de rester si loin du débouché, les commandants de Foucault et Roulet sont revenus au pont, suivis, le second par quelques hommes de sa compagnie, les autres n'ayant pas reçu d'ordre. Arrivé devant ce débouché, on a fait prendre une position défensive à ces hommes et le commandant Roulet a prié un officier d'aller dire aux autres de se réunir au reste de la troupe. Lui-même étant à cheval a pénétré seul dans le village pour le reconnaître ainsi que les rives; il a traversé les peupliers, la place du marché et est arrivé au parc où il n'a pu obtenir aucun renseignement positif, sinon que l'on n'avait pas vu l'ennemi dans le village. Après avoir rendu compte de cette reconnaissance au commandant de Foucault et avoir pris ses ordres, il a été convenu que la manière la plus avantageuse d'utiliser la troupe était de camper près de l'artillerie pour opérer avec elle le lendemain à la pointe du jour, pour défendre le débouché du pont.

Bientôt après, on a reçu l'ordre de se diriger sur Carignan et Sedan; la compagnie de la 3ᵉ division s'est mise en marche et a retrouvé la troupe de la marine de sa propre division dont elle a suivi le mouvement jusqu'à 6 heures environ du matin.

DIVISION DE CAVALERIE.

a) Journaux de marche.

Journal de marche de la division de cavalerie du 12ᵉ corps.

La division reçoit ordre de faire partir à 10 heures du matin deux reconnaissances; l'une, composée du 8ᵉ chasseurs, passe par Moulins, Inor et va jusqu'à Martincourt; l'autre, composée d'un escadron du 7ᵉ chasseurs partant du camp, passe par Vaux, Malandry jusqu'à Olizy.

Ces deux reconnaissances rencontrent des coureurs prussiens qui se replient devant elles, mais pas de forces sérieuses. Elles rentrent au camp vers midi.

Le général de Fénelon est désigné pour prendre le commandement supérieur des deux divisions de cavalerie (la sienne et celle du 12ᵉ corps); à partir du 30 au matin, le général Litchlin ne se trouve plus qu'en sous-ordre.

Le 7ᵉ chasseurs reçoit l'ordre de se rendre tout entier à

Moulins, où il trouvera la division Lacretelle et sera employé suivant les besoins; il quitte le camp avant midi pour se rendre à ce point. Vers 1 heure, la division reçoit l'ordre de monter de suite à cheval et de se porter sur Mouzon. Elle rencontra aux premières maisons le général de Fénelon qui se met à la tête des 3 régiments (8ᵉ chasseurs, 5ᵉ et 6ᵉ cuirassiers); on traverse Mouzon et, sans passer la Meuse sur le pont de pierre, on remonte sur la rive droite de la rivière et, à 150 mètres en aval du pont, on trouve un gué que le génie vient de rendre praticable à la cavalerie au moyen de rampes et de fascines. La division traverse la Meuse et se porte en avant de Mouzon, et se place sur les hauteurs faisant face au bois Givodeau.

On entend un engagement très vif dans la direction de Beaumont et un autre dans les environs de Raucourt.

Au bout de quelque temps paraissent des fuyards du 5ᵉ corps d'armée se repliant de Beaumont et du 7ᵉ venant de Raucourt. L'ennemi paraît et avec une artillerie puissante couvre le terrain de ses projectiles; la division fait alors un changement de front et fait face à Raucourt.

Pendant deux heures, elle reste en place.

Les troupes d'infanterie ne pouvant tenir se replient sur Mouzon dans le plus grand désordre.

Le général de Fénelon prescrit pour arrêter l'ennemi de faire charger. Il lance le 5ᵉ cuirassiers sur des tirailleurs qui sont à la lisière des bois. Après un effort honorable, ce régiment est ramené après avoir fait de grandes pertes.

Il en est de même du 8ᵉ chasseurs engagé sur un autre point. La division alors se retire au pas sur le gué, où elle a traversé la Meuse. Elle passe avec beaucoup de peine, car il a été abîmé par le passage des voitures et il est obstrué par une mitrailleuse et un caisson embourbés.

La division se reporte sur les hauteurs de la rive droite de la Meuse et se forme face à Mouzon. L'infanterie de marine descend de ces hauteurs pour défendre le passage de la Meuse aux Prussiens.

Les pertes s'élèvent dans cette affaire :

8ᵉ chasseurs : 1 tué, 7 disparus, dont le colonel du corps, Jamin du Fresnay, 4 hommes blessés.

5ᵉ cuirassiers : le colonel de Contenson, le lieutenant-colonel Assant, le commandant Brincourt, tués; le commandant de Méautis et 1 lieutenant, blessés; une cinquantaine d'hommes tués ou disparus; 25 blessés. Le capitaine Honoré prend le commandement du régiment.

6ᵉ cuirassiers : 1 officier contusionné, le sous-lieutenant d'Olonde et 3 blessés.

La nuit venue, la division reçoit l'ordre de se porter par une marche de nuit sur Sedan.

Elle se met en marche vers 9 heures et se dirige sur Carignan, où elle retrouve la grande route de Sedan à Montmédy, passe par Douzy et à la pointe du jour arrive au faubourg de Balan.

Historique du 8ᵉ régiment de chasseurs à cheval.

Le lendemain 30, le 2ᵉ escadron (capitaine Duron) est envoyé en reconnaissance vers Carignan; il rentre à 8 h. 30 du matin sans avoir rien rencontré. A la même heure le 4ᵉ escadron (capitaine Mayer) est dirigé sur Olizy avec ordre de s'assurer si la ligne ferrée de Montmédy n'est pas occupée par l'ennemi. Il apprend que la voie est libre et que les Prussiens sont concentrés en avant de Stenay. Cet escadron ne peut rejoindre le corps que vers la fin de la journée. Le 5ᵉ escadron (capitaine Baradou), qui a conduit un convoi de vivres de Rethel à Mouzon, rejoint également, après avoir accompli heureusement sa mission et assez à temps pour prendre part à l'action de la journée.

Depuis quelques instants le bruit du canon se faisait entendre du côté de Beaumont, lorsqu'à midi on sonne : A cheval!.. Le camp est rapidement levé et le 8ᵉ chasseurs, suivi des 5ᵉ et 6ᵉ cuirassiers, passe la Meuse à gué en aval de Mouzon, pour se porter au secours du 5ᵉ corps (général de Failly) surpris à Beaumont et vivement poursuivi dans sa retraite. Après avoir traversé la route de Raucourt à Mouzon, le régiment se forme en bataille sur les pentes d'un mamelon situé entre cette route et celle qui débouche de Beaumont. Le 1ᵉʳ escadron (capitaine de Lesguern) est détaché vers la droite pour surveiller les hauteurs boisées du village de Pourron. Le 2ᵉ escadron (capitaine Duron) est dispersé en fourrageurs sur la route de Beaumont pour arrêter des fantassins débandés. Bientôt le 8ᵉ chasseurs est envoyé en soutien derrière l'artillerie, où il reste environ pendant deux heures.

A 6 heures, le colonel Jamin a l'ordre de se porter, avec les escadrons dont il dispose, au devant des troupes ennemies embusquées dans les bois, d'où elles manifestent l'intention de sortir. Accueilli par un feu nourri, le colonel Jamin tombe mortellement atteint et les 3 escadrons sont obligés de se retirer devant la fusillade, qui part du milieu de ces bois...

Le lieutenant-colonel Gontier prend le commandement du

régiment, qui repasse la Meuse en aussi bon ordre que le comporte l'état du gué et se réunit, par ordre du général commandant en chef la cavalerie, à la position des troupes qui couronnent déjà les hauteurs de Mouzon (camp Lafayette).

Vers 10 heures du soir, le 8ᵉ chasseurs se met en mouvement sur la route de grande communication de Mouzon à Carignan suivi par le reste de la division. De Carignan il se dirige sur Sedan par Douzy et de là par des sentiers sur les hauteurs de Balan.

Historique du 5ᵉ cuirassiers.

Le 30 août, le 12ᵉ corps tout entier était réuni sur la rive droite et occupait les hauteurs de Mouzon... La brigade de Béville reçut l'ordre de repasser la rivière pour soutenir la retraite du 5ᵉ corps... elle monta à cheval à midi, passa rapidement la Meuse à gué et vint au trot se former en bataille; elle s'établit sur deux lignes, à 1000 mètres au devant de la rivière environ et sur le revers d'un petit mamelon que couronnaient quelques pièces d'artillerie. C'était une batterie de mitrailleuses du 5ᵉ corps qui prenait position pour ralentir la marche de l'ennemi.

En même temps, la division Grandchamp passait aussi sur la rive gauche et se déployait dans la plaine en avant du pont de Mouzon. Les troupes du 5ᵉ corps gagnaient la Meuse avec rapidité, poussées par le canon de von der Tann.

Vers 4 heures du soir, les têtes de colonne du IVᵉ corps (Saxons) arrivaient à portée de nos mitrailleuses. La batterie ouvrit aussitôt le feu, mais presque au même moment une grêle d'obus s'abattit sur nos artilleurs et le terrain en arrière; en un instant les mitrailleuses étaient démontées et réduites au silence; les Allemands tiraient avec une rapidité fiévreuse, envoyant maintenant leurs obus sur les derniers bataillons du 5ᵉ corps, et leur infanterie se remettant en marche, ouvrit un feu roulant sur nos escadrons. A ce moment le 6ᵉ cuirassiers se retirait sur un ordre apporté au galop par un aide de camp. Le 5ᵉ cuirassiers restait seul, immobile sous une grêle de balles...; hommes et chevaux mutilés s'affaissaient dans les rangs; l'ennemi s'approchait de plus en plus; ses batteries meurtrières allaient balayer la Meuse, le pont, les gués; il fallait à tout prix retarder ses efforts, détourner sa mitraille; sur un mot du général de Fénelon, le colonel le sabre à la main, s'élançant en avant, enleva vigoureusement la charge. Les cuirassiers, franchissant un terrain mou, montant, coupé d'un chemin creux, se précipitèrent en ligne au devant d'une pluie de fer et de plomb... Le colonel de Contenson tomba foudroyé en abordant l'ennemi...

Au moment où le régiment s'élançait à la charge, M. de Beaurepaire, officier d'ordonnance du général de Béville, apportait au galop l'ordre de se retirer. Les débris du régiment regagnèrent la Meuse sous le feu de l'ennemi. Les ponts, les gués, tous les passages étaient encore encombrés. L'artillerie, les chariots, les bagages du 5ᵉ corps s'y entassaient sous une grêle d'obus ; les cuirassiers purent passer à la nage et beaucoup périrent avec leurs chevaux.

Le ralliement eut lieu sur les collines derrière Mouzon, où se trouvait déjà le 6ᵉ cuirassiers. Toute l'armée se repliait sur Sedan.

Vers 9 heures du soir, la brigade de Béville, éclairée par les lueurs rougeâtres de l'incendie de Mouzon, se mit en marche et suivit le mouvement de retraite en passant par Carignan... La brigade marcha toute la nuit.

RÉSERVE D'ARTILLERIE

a) Journaux de marche

Historique des 5ᵉ, 6ᵉ, 10ᵉ *et* 12ᵉ *batteries du* 10ᵉ *d'artillerie.*

Le 5ᵉ corps est attaqué et mis en déroute par les Bavarois à Beaumont. Pour soutenir la retraite, le général Lebrun envoie une division d'infanterie sur la rive droite de la Meuse, sous les ordres du général Grandchamp (1ʳᵉ division du 12ᵉ corps). Au lieu de faire suivre cette division par son artillerie divisionnaire, ordre est donné, pour gagner du temps, aux 5ᵉ, 6ᵉ, 10ᵉ batteries qui étaient plus à proximité, de suivre cette division et de passer la Meuse.

Ces trois batteries étaient commandées par M. le lieutenant-colonel Chappe et M. le chef d'escadron de Mussy.

A 1,500 mètres environ de Mouzon, la colonne s'engage, les pièces en tête, dans un chemin le long d'une colline boisée, au sommet de laquelle on entendait quelques coups de fusil et derrière laquelle on supposait être l'ennemi.

L'ordre de marche est le suivant : 5ᵉ, 6ᵉ, 10ᵉ batteries.

La 5ᵉ batterie arrive sur un mamelon qui domine la plaine en avant de Mouzon, commence vers 4 h. 30 le feu sur les colonnes d'infanterie ennemie, à la distance d'environ 700 mètres. Plusieurs batteries prussiennes sont alors démasquées ; au premier obus, les 58ᵉ et 72ᵉ de ligne, chargés de garder les ailes, lâchent pied et abandonnent la batterie.

Le feu continue pendant une demi-heure environ, jusqu'au moment où les Prussiens entrant par la droite et la gauche de la batterie, les pièces ne peuvent être remises sur avant-trains, sont prises, et le reste de la batterie se retire avec les avant-trains et les caissons.

La 6ᵉ batterie vient à peine de s'engager dans le chemin, lorsque l'infanterie lâche pied; croyant à un ordre de retraite, elle fait un à droite par voiture afin de laisser le chemin libre à cette foule en désordre; elle est imitée par la 10ᵉ batterie.

En ce moment les batteries prussiennes placées sur la hauteur commencent leur feu.

Pour pouvoir leur répondre et protéger la retraite de l'infanterie, les 6ᵉ et 10ᵉ batteries, opérant isolément, se portent, la 1ʳᵉ à 400 mètres, la 2ᵉ à 600 mètres environ du pied de la colline et commencent le feu. Dans ce mouvement, les batteries se trouvent séparées de la 5ᵉ et du lieutenant-colonel, à la recherche desquels les capitaines-commandants envoient vainement des brigadiers.

Pendant ce temps, la colonne d'infanterie opère sa retraite, entraînant son général, sans s'arrêter et sans songer à prêter son appui à l'artillerie.

La 6ᵉ batterie, dans cette première position, continue son feu pendant une demi-heure environ. Isolée au milieu de la plaine, en danger d'être tournée, elle se rapproche de la 10ᵉ batterie qui occupait à 200 mètres en arrière un léger mamelon.

Dans cette seconde position, elle continue son feu, jusqu'à ce qu'elle n'entendit plus un seul coup de canon, du côté des batteries françaises. La 5ᵉ batterie avait été prise et la 10ᵉ batterie ayant perdu son capitaine-commandant, sur le point d'être tournée, battait en retraite.

La 6ᵉ batterie se retire alors avec 5 pièces, en laissant une en arrière dont les deux roues étaient brisées. Chemin faisant, elle rallie deux pièces de la 10ᵉ batterie, traverse la Meuse à gué et prend la route de Sedan, qui lui est indiquée comme point de ralliement.

Dans son mouvement de retraite, les différents éléments de la 10ᵉ batterie se dispersent. Deux pièces, sous les ordres du lieutenant Tardy, seul officier restant, se joignent à la 6ᵉ batterie; les 4 autres, sous les ordres du maréchal-des-logis-chef, sont rencontrées par M. le lieutenant-colonel Chappe, qui en prend le commandement.

Une de ces pièces s'égare dans l'encombrement qui règne sur

la route de Mouzon à Sedan et rejoint, le lendemain 31 août, le lieutenant Tardy. Les trois autres, sous les ordres du maréchal-des-logis Cathala et sous le commandement supérieur du lieutenant-colonel Chappe, font feu pendant la journée du 31, à côté de la 8e batterie du même régiment (3e division du 12e corps), prennent part au combat de Bazeilles, le 1er septembre, et ne rentrent que le soir à Sedan.

Pendant que les 5e, 6e et 10e batteries font partie momentanément de la division Granchamp, la 12e, mise à la disposition du général d'Ouvrier, commandant l'artillerie du 12e corps, prend position avec les autres batteries sous les ordres de ce général, sur un mamelon à gauche de Mouzon, en deçà de la Meuse, et tire de l'autre côté de la rivière, sur les troupes prussiennes, qui s'avancent dans la plaine. Elle tire, dans cette position, environ 30 ou 40 coups de canon.

Le soir, à 8 heures, elle reçoit l'ordre de suivre le mouvement de retraite sur Sedan.

Historique de la 8e batterie du 14e d'artillerie.

Le 30 août, la batterie se met en position sur les hauteurs qui dominent la Meuse pour soutenir la retraite du 5e corps sur Mouzon, mais elle ne tire pas.

Historique de la 1re batterie du 19e d'artillerie.

Le 30, vers midi, le camp est levé par alerte, la brigade de carabiniers général de Béville) passe la Meuse à gué et se porte au trot, à 3 kilomètres de Mouzon, pour surveiller le débouché des routes de Beaumont et de la Besace et protéger la retraite précipitée du 5e corps qui avait été surpris et battu à Beaumont. La 1re batterie passe le pont de la Meuse et se porte en avant de la cavalerie sur un mamelon qui le défile assez bien; d'autres batteries se placent à sa gauche, une seule (capitaine Boyer), à sa droite. Après le défilé des débris du 5e corps, l'ennemi débouche des bois et ouvre le feu de son artillerie. Il est 2 heures; l'artillerie française lui répond activement, mais avec des chances diverses, car pendant que les batteries voisines, écrasées ou abandonnées par les troupes de soutien, sont forcées à la retraite, la 1re batterie, protégée par le choix de sa position, peut continuer son feu sans trop de désavantage. Mais bientôt, menacée par la cavalerie ennemie et déjà en butte au tir de l'infanterie, elle prend position près et en aval de Mouzon, juste à temps pour appuyer une charge vigoureuse, mais désespérée, des cuirassiers de Béville, qui arrête quelque temps la poursuite et permet de sauver l'artillerie. Le gué est encombré de voitures abandonnées, et trois files de voitures se pressent à l'entrée du pont trop étroit pour laisser passer deux voitures de front. La batterie de combat parvient enfin sur la rive droite, part au galop et se met en batterie en aval de Mouzon, sur la route de Sedan; elle reprend son feu, mais elle ne parvient pas à arrêter la marche des troupes ennemies. Le tir dirigé contre elle devient si meurtrier, qu'elle est obligée de marcher en contre-bas et à droite de la route, pour remonter la vallée sous une grêle de balles dont quelques-unes sont explosibles. Lorsqu'elle arrive sur la crête l'ennemi est déjà au bord de la Meuse; la nuit tombe et le Faubourg de Mouzon est en feu.

La consommation de munitions pour la journée a été de 68 coups par pièce, dont 10 environ à obus à balles.

La batterie avait gagné sa première position de combat en laissant ses caissons en arrière avec sa réserve. Trois caissons lui sont amenés pendant le combat; les autres passent le gué avec la réserve; mais un caisson, un arrière-train, et toutes les voitures accessoires, chariots, forge, etc., restent dans le lit de la Meuse.

Arrivée sur les hauteurs, la batterie rallie ce qui reste de sa brigade de cuirassiers et les débris de sa propre réserve, elle marche ensuite toute la nuit, d'abord vers Carignan, puis vers Sedan.

Pertes : 1 artificier tué, 1 sous-officier et 2 hommes blessés, 5 disparus; 6 chevaux tués, 10 blessés.

c) **Opérations et mouvements**.

Rapport du général Bertrand, commandant la réserve et le parc du 6ᵉ corps, sur l'affaire du 30 août.

Sedan, 2 septembre.

En quittant Mouzon dans l'après-midi du 30 août, la réserve du 6ᵉ corps déjà réduite par le détachement des batteries à cheval auprès des divisions de cavalerie (de Fénelon et Lichtlin, et Margueritte), s'est vu prendre trois autres batteries pour être employées provisoirement comme artillerie divisionnaire, à la 1ʳᵉ division du 12ᵉ corps. Elle était donc composée seulement de la 12ᵉ du 10ᵉ et des deux batteries de 12 lorsqu'elle est arrivée en vue du village de Vaux.

A ce moment elle avait été rejointe par la réserve d'artillerie du 12ᵉ corps, lorsque l'ordre est arrivé d'envoyer, pour appuyer l'infanterie dans le combat vivement engagé de l'autre côté de Mouzon, les batteries de 12 (8ᵉ et 9ᵉ du 14ᵉ, Brandon et Gabé). En même temps, on demandait les batteries de la réserve du 12ᵉ corps pour aller se placer à la droite du plateau faisant face à la rivière, et M. le général Bertrand, dont le commandement se trouvait réduit à une seule batterie de sa réserve, reçut l'ordre de prendre le commandement de toutes ces batteries.

Placées dans une excellente position, quoique à une distance un peu grande, elles ont ouvert un feu très actif, après lequel on ne tarda pas à voir se dégarnir de troupes prussiennes la croupe du plateau situé de l'autre côté de la Meuse. Le feu dura jusqu'à la tombée de la nuit où, vers huit heures, les batteries reçurent l'ordre de se retirer.

Le général ne peut rendre compte que de l'action de ces batteries à laquelle il a lui-même assisté; cependant il ne peut manquer de signaler d'après les rapports qui lui ont été faits le rôle joué par les 5ᵉ, 6ᵉ et 10ᵉ batteries du 10ᵉ régiment envoyées à la 1ʳᵉ division d'infanterie du 12ᵉ corps.

La batterie Pellissier (5ᵉ du 10ᵉ) a eu de rudes efforts à supporter. Envoyée à la droite de la division, elle se mit en batterie bien en avant de l'infanterie qui était un peu hésitante; quelques coups heureux sur les bataillons prussiens déployés en avant avaient déjà permis à l'infanterie de prendre position, lorsqu'une batterie prussienne venant la prendre d'enfilade eut bientôt tué un grand nombre de chevaux en brisant plusieurs voitures. L'ennemi profitant de ce désordre et le capitaine Pellissier non soutenu par l'infanterie se vit bientôt envahi par les Prussiens et malgré de vifs efforts, obligé de se retirer en laissant toutes ses pièces. — Les autres batteries eurent aussi beaucoup à souffrir du peu de soutien de l'infanterie et perdirent chacune une pièce. En outre de ces dommages matériels, le personnel eut beaucoup à souffrir : le capitaine Boyer (10ᵉ batterie) a été laissé pour mort, le lieutenant de Loizy a eu la cuisse fracassée, le lieutenant Mannessier de la 6ᵉ a été frappé d'un éclat d'obus dans l poitrine; un grand nombre de sous-officiers et de canonniers ont été atteints.

Quant aux batteries du 14ᵉ, elles ont produit aussi un excellent effet, et, par suite de leur position un peu éloignée, n'ont pas eu à souffrir.

Rapport du lieutenant-colonel Chappe au général Grandchamp sur la journée du 30 août.

Le 30, à 12 h. 30, les 5e, 6e et 10e batteries du 10e régiment d'artillerie se portèrent sous le commandement du lieutenant-colonel en 1re ligne avec la 1re brigade de la 1re division du 12e corps. La route qui conduit au col de Beaumont peut au plus donner passage à 2 voitures; elle est située entre des terrains qui montent rapidement vers les bois, des prairies et des terres labourées qui descendent en pente rapide vers la Meuse. Les batteries étaient engagées sur cette route lorsque l'ordre fut donné d'aller prendre en arrière position pour soutenir la retraite de l'infanterie. Le seul mouvement possible pour les voitures consistait dans un demi-tour à droite pour revenir en arrière; malheureusement les 6e et 10e batteries, au lieu d'exécuter un demi-tour à droite, n'exécutèrent qu'un à droite et, entraînées par la panique qui s'était emparée de l'infanterie, elles se portèrent en désordre du côté de la Meuse et à droite du mamelon qui domine la route et le col. La 5e batterie, ralliée par le lieutenant-colonel qui en prit le commandement, vint se placer en batterie sur le versant gauche du mamelon permettant ainsi à l'infanterie de se retourner pour la défense de la route. La position assurée, la 5e batterie reçut l'ordre de se placer sur le sommet du mamelon en arrière de la crête. Elle ne fut pas soutenue à sa droite malgré ses demandes réitérées. L'ennemi qui s'avançait en colonne serrée du côté du col et à gauche perpendiculairement à la route fut reçu par des obus à balles; nonobstant un feu nourri et meurtrier, les divisions ennemies se reformèrent et, malgré les derniers coups tirés à 30 mètres, l'infanterie ayant fait une retraite à l'improviste, les avant-trains et les caissons furent entraînés dans le mouvement et il fut alors impossible de sauver les pièces.

Rapport du capitaine Decreuse, commandant la 1re batterie du 19e régiment d'artillerie à cheval.

Sedan, 3 septembre.

Le 28 août, la batterie campait à Beaumont et le 29, elle passait la Meuse à Mouzon avec le 12e corps. Le 30 août, vers une heure, elle repassait la Meuse avec la division de cavalerie du 12e corps, pour se porter au secours du 5e corps engagé sur la route de Beaumont. Vers 4 heures, après avoir laissé ses caissons à l'abri d'un pli de terrain, elle se porta sur les crêtes, guidée par le chef d'escadron de Saint-Aulaire et ouvrit le feu sur les premières lignes de tirailleurs prussiens, pour le continuer sur les batteries venues au secours de ceux-ci.

Après deux mises en batterie, toute l'infanterie du 5ᵉ corps ayant abordé la Meuse et les différents passages, et la division de cavalerie ayant opéré elle-même sa retraite, la batterie quitta la rive gauche pour aller prendre sur les hauteurs de la rive droite de la Meuse, en aval de Mouzon, différentes positions qu'elle occupa jusqu'à la nuit.

Elle avait tiré en moyenne 68 coups par pièce; un sous-officier avait été blessé grièvement; un artificier, un canonnier et 4 chevaux avaient été tués. Dix chevaux avaient été blessés...

Pendant la nuit du 30 au 31, la batterie suivit le 12ᵉ corps à Sedan où elle arriva le matin à 5 heures; elle compléta aussitôt ses munitions et eut à faire feu pendant la plus grande partie de la journée contre une attaque dirigée vers le pont du chemin de fer. Chaque pièce tira 40 coups; un homme et trois chevaux furent blessés légèrement. On compléta les coffres le soir.

RÉSERVE DU GÉNIE.

c) Opérations et mouvements.

Rapport sur la participation du service du génie du 6ᵉ corps.

On prend position à Mouzon. L'état-major du génie du 6ᵉ corps reconnaît les hauteurs de la rive droite et arrête les dispositions à prendre en vue d'une rencontre avec l'armée du Prince royal de Saxe, que l'on sait à Stenay; toutefois, aucun travail n'est exécuté. Vers midi, on entend une forte canonnade du côté de Beaumont, et quelques heures plus tard Mouzon est envahi par les fuyards du 5ᵉ corps, que suivent de près les Allemands du Prince royal de Prusse.

S. Ex. le maréchal de Mac-Mahon arrive alors de Carignan, où il était avec le 1ᵉʳ corps, et tente d'arrêter l'ennemi en lançant une partie des troupes du 12ᵉ corps sur la rive gauche de la Meuse; mais ces troupes sont bientôt écrasées sous les feux de l'artillerie prussienne et rentrent en désordre à Mouzon. Le génie du 12ᵉ corps organise, ou plutôt essaie d'organiser, la défense du seul pont existant sur la Meuse entre le Faubourg de la rive gauche et la ville proprement dite, pendant que des officiers du génie du 6ᵉ, les capitaines Morellet et Varaigne, jettent de faux tabliers à droite et à gauche de ce petit pont, pour diminuer l'encombrement qui y augmente de minute en minute, se réservant de rompre le tout au dernier moment. Mais les poudres manquent alors; d'abord, la municipalité a fait noyer celles qu'on avait envoyées sur les lieux en prévision du cas où la rupture du pont serait devenue nécessaire; et puis, le tonneau de poudre que le génie du 6ᵉ corps avait fait placer sur une de ses prolonges, au départ du camp de Châlons, ne se retrouve plus dans le parc, ou plutôt on dut croire celui-ci déjà hors de la ville, tandis qu'au contraire les voitures y étaient encore, ainsi qu'il va être dit un peu plus loin. Bref, le pont ne fut pas coupé, ce qui n'eut pas de conséquences graves, d'ailleurs, les Allemands, toujours prudents, n'ayant pas essayé d'entrer à Mouzon le soir même; la Meuse, au surplus, était guéable un peu en aval. Quoi qu'il en soit, tous les Français finissent par repasser sur la rive droite; on va reprendre position sur les hauteurs qui dominent la ville, et de là toute l'artillerie tire, un peu au hasard, car la nuit était venue, sur la rive gauche, pendant que le général en chef donne l'ordre à l'armée d'aller se rallier sous les murs de Sedan.

Ici se place un trait qui fait du bien à raconter au milieu de toutes ces tristesses. Lors de l'évacuation, très précipitée, de Mouzon, le général commandant le génie de l'armée, jugeant impossible de faire arriver le matériel de l'arme hors de la porte de la ville, long boyau fort étroit, avait donné l'ordre de dételer les voitures des parcs et de n'emmener que les chevaux ; cet ordre fut exécuté sans protestation, quoi qu'il en coûtât, tant était encore ferme à ce moment le sens de la discipline. Mais un peu plus tard, pendant la dernière canonnade dont il vient d'être parlé, un sous-officier, le maréchal des logis de sapeurs-conducteurs au 2ᵉ régiment du génie, Duchemin (1), chef du détachement d'attelage du parc du 12ᵉ corps d'armée, vint trouver le chef d'état-major du génie du 6ᵉ corps, celui même qui écrit ces lignes (2), et, persuadé, disait-il, que les Allemands n'avaient pas encore franchi la Meuse, lui demanda la permission d'aller reprendre son parc dans Mouzon. Cette permission aussitôt donnée, non sans instantes recommandations à Duchemin d'être prudent, ce brave homme rentre dans la ville, où il n'y avait en effet pas un Allemand, revient chercher conducteurs et chevaux,

---

(1) M. Duchemin est aujourd'hui sous-lieutenant au 2ᵉ régiment du train des équipages.
(2) Colonel Duval.

les ramène aux voitures qu'on rattelle, et les deux parcs du génie du 6ᵉ et 12ᵉ corps d'armée prennent enfin le chemin de Sedan. Toutes les voitures n'y arrivèrent pas cependant; quelques-unes restèrent en route, prises cette fois de vive force par l'ennemi, et parmi elles, celle qui portait les archives du génie du 6ᵉ corps d'armée, ainsi qu'il est rappelé au commencement du présent rapport.

Quant aux états-majors du génie, ils se dirigèrent, eux aussi, sur Sedan, mais fractionnés par petits groupes; les capitaines appartenant à celui du 6ᵉ corps, y compris l'aide de camp du général commandant, avaient été requis, les uns pour pratiquer, les autres pour détruire des passages; le général et son chef d'état-major, ayant pris par Carignan, passèrent la nuit en selle et arrivèrent le matin du 31 à la porte de Sedan. Cette porte leur fut bientôt ouverte, et ils se rendirent aussitôt à la citadelle, où un grand nombre des officiers du génie de l'armée ne tardèrent pas à être réunis.

RÉSERVE DE CAVALERIE

1ʳᵉ DIVISION.

a) Journal de marche.

Historique de la 2ᵉ batterie du 19ᵉ d'artillerie à cheval.

Marche de Vaux à Sailly près de Carignan.

c) Opérations et mouvements.

Le général Margueritte au maréchal de Mac-Mahon (1).

Sailly, 30 août, 8 heures soir.

Je vous envoie le rapport du colonel de Galiffet qui a placé mes éclaireurs dans les bois de Blanchampagne, la reconnaissance ennemie composée de plusieurs régiments de cavalerie et deux

---

(1) Papiers du Maréchal de Mac-Mahon.

batteries, peut-être plus (*sic*). Ce mouvement en prépare sans doute un plus complet. Dans cette prévision et me trouvant couvrir Carignan où se trouve l'Empereur, j'ai cru ne pas devoir obtempérer à l'ordre que vient de m'envoyer le général Lebrun d'aller charger la cavalerie ennemie dans les bois d'Autreville. Cette opération, qui serait difficile en plein jour, ne me paraît avoir aucune chance de succès par une nuit sombre.

Selon vos ordres je m'éclaire vers Stenay et Montmédy. Indépendamment des deux escadrons et demi que j'ai dans les bois de Blanchampagne, j'en ai un à Margut et un à Villy poussant des vedettes sur les hauteurs en avant d'eux.

Je sollicite vos ordres pour l'emploi que vous voulez faire de moi.

Dévouement respectueux.

Le rapport qui suit, sur même papier, semble être la copie du rapport du colonel de Galiffet.

8 heures (1).

Le colonel commandant le 3ᵉ chasseurs d'Afrique, chargé d'établir les grandes gardes des 3ᵉ et 4ᵉ chasseurs d'Afrique en avant du bois de Blanchampagne surveillant la route de Stenay et la direction d'Inor, me rend compte qu'au moment où il allait s'engager dans la partie de bois qui est en avant de la ferme de *Sart*, il a été prévenu qu'une colonne de cavalerie était vue dans la plaine de Moulins venant soit de Stenay, soit du pont de Pouilly.

Cette cavalerie était composée de deux régiments; le 1ᵉʳ en colonne serrée, le 2ᵉ déployé. Il y avait en outre une batterie d'artillerie qui s'est établie un instant sur le petit mamelon qui est en avant de Moulins en regardant Stenay de nos positions. Cette batterie battue par une du 12ᵉ corps s'est immédiatement retirée en arrière.

Cette troupe a été quelques instants après (6 h. 15) renforcée par une autre batterie d'artillerie et de la cavalerie (un ou deux régiments).

Le tout s'est dirigé sur les bois de Blanchampagne qui sont à droite et à hauteur de Moulins (en venant de Stenay).

---

(1) *Copie littérale d'un rapport non signé, non daté, avec en-tête seulement : 8 heures.*
(Papiers du maréchal de Mac-Mahon.)

Cette position très importante, puisqu'elle domine celles occupées par le 12e corps, est pour le moment à la discrétion de l'armée prussienne, qui ne manquera d'établir pendant la nuit des épaulements derrière lesquels elle prendra, entre ses feux et ceux de la rive gauche de la Meuse les positions occupées par le 12e corps français.

RENSEIGNEMENTS

Le Ministre de la Guerre au maréchal de Mac-Mahon, Quartier Général (D. T. Ch.).

> Paris, 30 août, 11 h. 8 matin. Transmise au quartier impérial à 11 h. 27 matin (n° 28,380).

L'armée du Prince Royal continue à défiler par Vitry et Châlons vers l'Argonne; la cavalerie paraît devant Vouziers, Rethel, Monthois. L'infanterie et la cavalerie, qui étaient avant-hier à Suippes et Souain avec les Princes, a pris la direction du nord suivant les uns et de Sainte-Menehould suivant les autres. Aujourd'hui nous aurons des indications certaines.

Un corps de 50,000 hommes, probablement l'arrière-garde du Prince, vient de traverser Saint-Dizier et Vassy; toutes ces troupes marchent en toute hâte, mais très fatiguées.

Le mouvement de Vinoy s'exécute et sera terminé avant 3 jours.

L'Ingénieur principal au Directeur constructions Paris (Service du chemin de fer) (D. T.).

> Charleville, 30 août. Expédiée à 3 h. 20 soir. (n° 38,681).

Hier soir, la voie et le télégraphe ont été coupés par l'ennemi au kilomètre 105 entre les stations d'Amagne et Saulces. Ligne 2 août (*sic*) est maintenant rétablie. Une occupation militaire sérieuse est indispensable, si on veut maintenir les communications.

Le Préfet aux Ministres de la Guerre et de l'Intérieur (D. T.).

Mézières, 30 août, 5 h. 30 du soir. Expédiée 6 h. 20 soir. (n° 38,775).

Le chemin de fer vient d'être coupé à Poix à 4 lieues de Mézières et à 4 lieues du point où il a été coupé hier.

Le Préfet au quartier général impérial (D. T.).

Mézières, 30 août, 6 h. 41 soir. Transmise au quartier impérial à 9 h. 10 soir (n° 38,811).

M. de Benoist, capitaine de mobiles, parti de Verdun avec une lettre du maréchal Bazaine, vient d'arriver à Mézières. Je le fais partir immédiatement pour Sedan par un train spécial. Prière de lui envoyer une dépêche au bureau télégraphique de Sedan lui indiquant où est l'Empereur; s'il ne trouve pas cette dépêche, il cherchera immédiatement à rejoindre en voiture.

Le Sous-Préfet aux Ministres de la Guerre et de l'Intérieur (D. T.).

Rethel, 30 août, 9 h. 45 soir. Expédiée 11 h. 55 soir. (n° 38,890).

J'ai envoyé aujourd'hui reconnaître la position de l'ennemi, par 2 hommes sûrs. Les Prussiens campent à Attigny, Alland'huy et Charbogne au nombre de 3 ou 4,000; ils ont, dit-on, de l'infanterie, de l'artillerie, mais, la plus grande partie de leurs forces est en cavalerie. Ils seraient déjà à Rethel sans le bataillon qui l'occupe. Je suis sans communication télégraphique et même postale avec Mézières et Vouziers. Le courrier de Paris n'est pas arrivé aujourd'hui.

Le Sous-Préfet au Ministre de l'Intérieur, Paris (D. T.).

Reims, 30 août, 11 h. 30 soir. Expédiée le 31 août, à 1 h. 45 matin. (n° 38,910).

L'armée prussienne dont je vous ai signalé le passage à Suippes et à Sainte-Menehould paraît occuper aujourd'hui Vouziers et les localités environnantes : Aure, Bouconville, Séchault, Ripont et Cernay-en-Dormois. On ne signale plus la présence d'éclaireurs ennemis dans mon arrondissement.

Au Ministre de la Guerre.

?, 30 août.

L'armée du prince Charles se replie vers le nord du département de la Meuse. Le IVᵉ corps a marché avec beaucoup d'ordre, mais ses bagages, munitions de guerre et de bouche ont défilé derrière avec beaucoup de lenteur et de désordre; les vivres étaient mêlés avec l'artillerie, ce qui est contraire aux bons principes à la guerre.

Il m'a paru qu'avec un bataillon de chasseurs à pied ou un régiment de cavalerie, lancé en arrière de chaque corps d'armée, il serait facile de s'emparer, presque sans coup férir, de tout le matériel en assez mauvais état et ressemblant à des camps volants et ainsi de les priver de tout secours en vivres et en munitions. Les corps d'auxiliaires, composés de Bavarois, Badois, Würtembergeois et du duché de Hesse-Cassel, ont passé à leur tour prenant aussi la direction de Clermont; mais l'ordre est moins bien observé que dans l'armée prussienne; leurs bagages sont bien peu gardés et sans soutiens. Rien de plus facile que de s'en emparer.

Les réquisitions se font très irrégulièrement et le pillage s'exerce dans toutes les communes de la Meuse et dans la partie orientale de la Champagne d'une manière désastreuse.

Un détachement d'officiers de tous grades, dont un général, a couché ici cette nuit venant de Prusse, en passant par le chemin de fer de l'Est, de Vendenheim jusqu'à Nancy par la voie ferrée, et de là en voiture à Vaucouleurs, de là à Ligny et de Ligny ici pour se rendre aujourd'hui à Sainte-Menehould (Marne).

Ce détachement rejoint le corps du prince Frédéric, qui aurait opéré sa jonction dans les vallées de l'Argonne avec le prince Charles.

Tels sont, Général, les renseignements qu'un ancien officier de l'armée a cru devoir s'efforcer de vous faire parvenir pour servir au besoin à la victoire de nos armes, par de prochains et brillants succès.

Signature illisible.

Pertes françaises le 30 août 1870.

1° — 5ᵉ Corps.

	OFFICIERS		TROUPE			TOTAL
	tués	blessés	tués	blessés	disparus	
4ᵉ chasseurs à pied.	1	4	50	112	79	244
11ᵉ de ligne........	7	18	»	»	»	400
46ᵉ —	9	5	»	»	»	700 (?)
61ᵉ —	10	16	»	»	»	656
86ᵉ —	6	7	»	»	»	364
14ᵉ chasseurs à pied.	»	3	4	6	4	14
49ᵉ de ligne	2	14	»	»	»	180
88ᵉ —	6	10	60	200	200	460
19ᵉ chasseurs à pied.	»	2	8	42	75	125
27ᵉ de ligne........	»	7	»	»	»	70
30ᵉ —	2	2	»	»	»	380
17ᵉ —	1	7	»	»	»	207
68ᵉ —	9	18	»	»	»	750
$\frac{AD_1}{3}$ ... $\frac{5.6.7.}{6}$	1	1	»	»	»	50
$\frac{AD_2}{3}$ ... $\frac{5.8}{2}$	»	1	2	1	»	3
$\frac{AD_3}{3}$ ... $\frac{9.11.12}{2}$	»	»	»	»	»	10
$\frac{R.A}{3}$ ... $\frac{6.10}{2}$	»	1	»	»	»	10
$\frac{11.}{10}$	2	»	5	2	9	16
$\frac{11.}{14}$	1	»	»	»	»	30
$\frac{3.6}{20}$	»	»	»	»	»	25
	57	116				4,691
		173				

2° — 12ᵉ Corps.

	OFFICIERS		TROUPE			TOTAL
	tués	blessés	tués	blessés	disparus	
58ᵉ de ligne.......	4	6	»	»	»	360
79ᵉ —	2	4	»	»	»	70
5ᵉ cuirassiers.....	4	15	»	»	»	75
6ᵉ —	»	1	»	»	»	4
8ᵉ chasseurs......	1	1	1	4	7	12
Artillerie $\frac{2}{8}$	»	»	1	»	»	1
$\frac{10.11}{8}$	»	»	»	»	»	»
$\frac{5,6.10}{10}$	1	2	»	»	»	30
$\frac{7.8.9}{10}$	1	»	»	»	»	8
$\frac{10.12}{14}$	»	»	»	»	»	6
$\frac{1}{19}$	»	»	2	2	»	4
Total........	13	29				570
	42					

3°. — 7ᵉ Corps.

	OFFICIERS		TROUPE			TOTAL
	tués	blessés	tués	blessés	disparus	
17ᵉ chasseurs à pied.	»	»	»	»	»	»
3ᵉ de ligne........	2	9	»	»	»	1,000
21ᵉ —	5	6	»	»	»	94
47ᵉ —	4	3 pris.	»	»	»	800
99ᵉ —	»	2	»	»	»	100
$\frac{AD_1}{7}...\frac{5}{7}$	»	»	1	4	»	5
	11	20				2,000
	31					

	OFFICIERS	TROUPE
5ᵉ corps...............	173	4,691
12ᵉ corps.............	42	570
7ᵉ corps...............	31	2,000
Total général.......	246	7,261

Journée du 31 août.

ÉTAT-MAJOR GÉNÉRAL

a) **Journaux de marche.**

Dans la nuit, l'ennemi s'établit sur la rive gauche de la Meuse, occupant Villers-devant-Mouzon. Le 7e corps, qui passait la Meuse à Remilly, ne put continuer ce mouvement parce que le génie dut rompre le pont vers 2 heures du matin. Les troupes qui n'avaient pu passer prirent la route qui va à Sedan par la rive gauche de la Meuse.

Vers 6 heures du matin, la tête de l'armée arrive à Sedan. Le 7e corps prend position entre Floing et Illy. Le 5e en avant et près de Sedan, au Nord de Balan. Le 12e corps est arrêté à la sortie de Douzy par l'artillerie ennemie qui a pris position sur la rive gauche de la Meuse à Remilly, d'où elle tire sur la colonne et sur le convoi engagé sur la route entre Douzy et Sedan. Le général Lebrun fait prendre position à son artillerie pour contre-battre celle de l'ennemi. La partie du convoi échelonnée entre Douzy et Sedan continue son mouvement et se masse dans les rues de Balan, pour s'abriter, en attendant qu'il puisse entrer dans Sedan; l'autre fraction est arrêtée à Douzy.

L'ennemi continue à se prolonger vers sa gauche, et vient prendre position en face de Bazeilles; l'artillerie du 12e corps suit ce mouvement et la canonnade dure, entre les deux rives de la Meuse, jusqu'au soir. Ce combat d'artillerie n'est entretenu par l'ennemi que pour retarder notre marche et donner à sa cavalerie le temps d'atteindre par le pont de Donchery notre ligne de retraite. Une attaque de vive force dirigée contre le pont de Bazeilles (pont du chemin de fer sur la Meuse) est victorieusement repoussée par un régiment d'infanterie de marine et le 34ᵉ de ligne qui chargent l'ennemi à la baïonnette ; ils restent maîtres du pont. (Le 34ᵉ de ligne avait sollicité l'honneur de marcher dans cette opération.) Le feu cesse des deux côtés à la nuit tombante et le 12ᵉ corps vient s'établir au bivouac entre Bazeilles, Petite Moncelle et Daigny, en arrière du cours de la Givonne.

Le 1ᵉʳ corps, en arrivant à Douzy, où il trouve le 12ᵉ engagé et conservant l'avantage contre l'ennemi, quitte la route à droite et arrive en suivant les hauteurs sur les positions qui lui ont été assignées entre Illy, Givonne et Daigny ; il occupe le village de La Chapelle avec les volontaires de Paris.

Souvenirs inédits du maréchal de Mac-Mahon.

Je voulus attendre le jour pour reconnaître les positions où je devais établir l'armée qui pourrait être attaquée dans la journée.

A la pointe du jour, je visitai les hauteurs de la rive droite du ruisseau de Givonne, puis donnai à mon chef d'état-major les instructions sur les emplacements que devaient occuper les différents corps depuis Bazeilles jusqu'à Illy. Le 12ᵉ corps devait occuper Bazeilles, et les hauteurs en face de La Moncelle et Daigny. Le 1ᵉʳ corps devait s'établir à sa gauche en face de Givonne. Le 7ᵉ corps à la gauche du 1ᵉʳ, occupant Illy.

Le 5ᵉ corps devait former la réserve à peu près à la hauteur du centre, au Nord de l'ancien camp retranché de Sedan. La cavalerie, un peu en arrière à gauche de ce corps, à l'Ouest du bois de la Garenne.

Plus tard, l'officier que j'avais envoyé au général Douay pour lui porter ces ordres, me rejoignit et m'informa que ce général n'avait pu passer, la veille, la Meuse à Remilly dont le pont avait été enlevé dans la soirée par une crue de la rivière, provenant de la construction d'un barrage pour remplir les fossés de Sedan ; que par suite, il s'était replié sur cette dernière ville, y avait traversé la Meuse et, dans la matinée, avait établi son corps d'armée en avant de cette place, sur les hauteurs qui dominent un petit ruisseau, passant à Illy et à Floing. Le général m'informait que ses troupes étaient très fatiguées et me priait de les laisser sur la position qu'elles occupaient. Je crus devoir céder à cette demande.

Dans la nuit où nous avions opéré cette retraite, le maréchal de Moltke donna, vers 11 h. 30 du soir, ordre à toute l'armée de reprendre le lendemain matin la marche en avant. Partout où l'on trouverait l'adversaire, on devait l'attaquer vigoureusement, en s'attachant à l'acculer le plus étroitement possible entre la Meuse et la frontière belge. L'armée du prince de Saxe était plus spécialement chargée de nous empêcher de nous dérober dans la direction de l'Est. Il devait jeter deux corps d'armée sur la rive droite de la Meuse et nous aborder en flanc et à revers si nous venions prendre position vis-à-vis de Mouzon. La IIIe armée devait opérer de même sur notre front et notre droite. L'artillerie devait choisir, sur la rive gauche de la Meuse, des positions d'où elle pût inquiéter nos colonnes en marche sur Sedan.

Par suite de ces instructions, le prince royal de Prusse donna ordre au XIe corps de marcher sur Donchery, au Ve corps de le suivre. Les deux corps bavarois durent se diriger sur Remilly.

Ces 4 corps étaient précédés de la 4e division de cavalerie.

Le prince de Saxe donna les ordres suivants :

La division de cavalerie de la Garde devait se porter sur Pouilly, à 8 heures du matin, et de là par Autreville et Sailly sur Carignan.

L'infanterie de la Garde devait commencer à traverser la Meuse, à 9 heures, et suivre sa cavalerie.

La division de cavalerie du XIIe corps devait passer la Meuse à Létanne, à 8 heures, gagner Moulins et descendre la vallée en se maintenant à hauteur de la cavalerie de la Garde.

Le XIIe corps devait passer la Meuse, à 10 heures, et suivre la cavalerie sur Douzy.

Le IVe corps devait se porter, à 11 heures, à l'Ouest de Mouzon et y attendre les ordres.

Au moment où l'arrière-garde du général Lebrun quittait Douzy, elle fut canonnée par plusieurs batteries bavaroises établies sur les hauteurs de la rive gauche de la Meuse. Il fit aussitôt prendre position à son artillerie pour contre-battre l'artillerie ennemie. A mesure que les troupes du général Lebrun avançaient sur Bazeilles, l'artillerie bavaroise faisait le même mouvement de l'autre côté de la Meuse. Notre artillerie faisait de même et le combat dura ainsi jusqu'à la nuit.

L'infanterie bavaroise arrivée à hauteur du pont du chemin de fer en face de Bazeilles voulut s'emparer de ce pont, mais elle fut repoussée par une charge vigoureuse d'un régiment d'infanterie de marine et du 34e de ligne.

A la nuit, le feu cessa; les deux régiments vinrent rejoindre leur corps près de Bazeilles.

Pendant cette marche, l'arrière-garde du corps Ducrot qui avait suivi la route de Francheval n'avait eu affaire qu'à quelques escadrons de cavalerie.

Deux heures avant la nuit, il arriva sur les positions qui lui avaient été indiquées. Le général Ducrot fit occuper en avant de sa ligne le village de La Chapelle, par un bataillon de volontaires de Paris, arrivé la veille à Sedan.

Dans la matinée, après avoir reconnu les positions que devait occuper l'armée et donné mes instructions, je me dirigeai sur Sedan où j'arrivai à 9 h. 30. Je me rendis d'abord à la citadelle. J'y trouvai le commandant de la place qui me rendit compte qu'il n'avait pas de munitions à mettre à ma disposition, que les gargousses des pièces de la place n'avaient pas encore été confectionnées. Je lui prescrivis de le faire immédiatement. Le sous-intendant que je fis venir, m'informa qu'il n'avait dans ses magasins que 200,000 rations et qu'il y en avait en gare un convoi de 800,000 destinées, dans le principe, à ravitailler Metz. Je le prévins que j'allais faire compléter l'approvisionnement des troupes à 4 jours de vivres et qu'il eût par suite à faire décharger ce convoi. Mais, au moment où l'ordre en arrivait à cette gare située de l'autre côté de la Meuse, le convoi reçut plusieurs coups de canon et le chef de train, sans ordres, donna le signal du départ et partit pour Mézières. Je ne pus faire distribuer que 2 jours de vivres.

Je demandai au commandant du génie si les mines des ponts de Douzy, du chemin de fer de Bazeilles et de Donchery étaient chargées. Il me répondit que celles de Douzy et de Donchery ne l'étaient pas, mais que celles de Bazeilles étaient prêtes. Je lui prescrivis d'envoyer immédiatement au pont de Bazeilles un sous-officier et quelques sapeurs qui mettraient le feu aux poudres, dès qu'ils en recevraient l'ordre soit du général Ducrot, soit du général Lebrun. Une compagnie du génie devait partir de suite pour exécuter les travaux nécessaires à la destruction du pont de Donchery et envoyer les poudres nécessaires au chargement des fourneaux de mine de Douzy.

Au reste, je n'attachais pas une grande importance à ces travaux sur la Chiers que je savais pouvoir être passée presque partout à gué. Je prévins le général Lebrun que la mine du pont de Bazeilles était chargée et que le feu y serait mis sur son ordre. Je lui faisais observer que ce pont de chemin de fer pouvait nous être très utile si nous nous reportions sur Montmédy et que, par conséquent, il n'eût à le faire sauter que s'il voyait l'ennemi prêt à s'en emparer. Dans la journée, je vis le général Lebrun. Je lui prescrivis de nouveau d'envoyer à son chef d'état-major, le colonel Gresley, l'ordre de visiter la mine du pont et de s'assurer que tout était en place. Malgré mes ordres précis, au moment où l'ordre fut envoyé de mettre le feu, on reconnut que la poudre était hors d'état de produire aucun effet. On en envoya chercher à Sedan, mais elle arriva trop tard.

La compagnie du génie, envoyée pour faire sauter le pont de Donchery, s'embarqua dans les derniers wagons du train pour Mézières. Elle avait avec elle la poudre et les outils nécessaires ; le chef de train arrêta à Donchery. La compagnie descendit des wagons, mais le chef de train probablement ému par quelques coups de canon crut que tout était débarqué et partit sans attendre le signal que devait lui donner le capitaine et qui ne put parvenir à se faire entendre ni à arrêter le train qui emportait la poudre et les outils.

Il rentra à Sedan et me rendit compte de ce qui s'était passé. J'envoyai une autre compagnie avec les engins nécessaires ; mais elle trouva, en arrivant, le pont de Donchery occupé et ne put remplir sa mission.

La non-destruction de ces ponts qui fut considérée par beaucoup comme très fâcheuse, le fut en réalité moins qu'on ne le pense, car les pontonniers allemands jetaient sur la Meuse un pont de bateaux en moins de deux heures.

En rentrant de la citadelle, je rencontrai le capitaine de Sesmaisons, aide de camp du général Vinoy, qui me rendit compte de l'arrivée de son général à Mézières avec une partie de son monde. Il me faisait demander des instructions. Je pensais continuer le lendemain matin ma retraite sur Mézières. Je lui fis donc dire que je le rejoindrais le lendemain matin et qu'il se tînt prêt à venir à notre aide, s'il y avait lieu. Cet officier gagna Mézières par le dernier train dirigé sur cette ville.

A 5 heures du soir, le général Douay vint me trouver. Il considérait comme très forte la position qu'il occupait sur la rive gauche du ruisseau qui coule d'Illy à Floing, en faisant toutefois observer qu'il existait en avant du bois de la Garenne un intervalle considérable qui devait être occupé en cas d'attaque. Pendant cette conversation le général de Wimpffen entra, me rendit compte qu'il venait de passer la revue des troupes du 5e corps, qu'il les avait trouvées dans un bien meilleur état moral qu'il ne l'avait supposé et qu'elles présentaient une masse de 25,000 hommes en état de combattre. Je lui prescrivis de reconnaître l'intervalle dépourvu de troupes signalé par le général Douay, et d'y placer de son corps d'armée l'effectif qu'il jugerait nécessaire pour le défendre, conservant toutefois en réserve une division pour soutenir soit le 12e, soit le 1er corps.

Avant de donner les ordres de marche, je cherchai à me rendre compte des mouvements et des forces de l'ennemi. Je n'avais en réalité aucun renseignement précis. La veille, à Mouzon, les corps qui avaient attaqué le général de Failly étaient restés sur les hauteurs qui dominent la plaine de Mouzon, et il m'avait été impossible d'en connaître l'importance. Dans la journée, du côté de l'Est, sur la rive droite de la Meuse, mes troupes en retraite n'avaient eu devant elles que de la cavalerie. Sur la rive gauche, le général Lebrun n'avait reconnu que des batteries et quelques troupes les appuyant, marchant dans la direction de l'Ouest. Toutefois un observatoire que j'avais établi dans la citadelle, m'informa qu'il avait souvent aperçu beaucoup de poussière, indiquant la marche de troupes nombreuses sur Donchery, ce qui me fit penser que ces troupes pourvues d'équipages de ponts paraissaient dans l'intention de passer la Meuse pour intercepter notre marche sur Mézières. J'en conclus que, si réellement la plus grande partie des forces que j'avais devant moi étaient établies sur ces positions sur la rive droite de la Meuse, il me serait plus avantageux d'abandonner cette ligne de retraite pour prendre celle de l'Est du côté de Carignan. Dans cet ordre d'idées, pour avoir des renseignements plus précis, je prescrivis au général Margueritte d'envoyer dans l'Est de nombreuses reconnaissances, qui ne devraient s'arrêter que lorsqu'elles auraient reconnu l'ennemi, et de m'envoyer immédiatement les renseignements qu'elles lui auraient donnés. Du côté de l'Ouest, j'envoyais deux officiers, en avant du corps du général Douay, qui devaient pousser le plus loin possible et me rapporter avant e jour les renseignements qu'ils auraient recueillis.

b) **Organisation et administration.**

Le maréchal de Mac-Mahon à l'Intendant général.

31 août.

M. le général Lebrun, commandant le 12ᵉ corps, n'a pas de viande pour ses troupes; il réclame avec instance qu'il lui en soit envoyé, soit en nature, soit sur pied.

Je vous prie de vouloir bien faire votre possible pour donner satisfaction à cette demande.

Le sous-intendant Richard au Ministre de la guerre (D. T.).

Mézières, 31 août, 12 h. 5 soir. Expédiée à 12 h. 35 (n° 28,690).

Les communications sont de nouveau coupées avec Montmédy.

On se bat devant Sedan. La ligne d'Hirson étant complètement prise par les troupes du corps du général Vinoy, il est impossible de faire filer le matériel sur le Nord, je le replie sur Givet.

Le général Forgeot, commandant l'artillerie de l'armée, au maréchal de Mac-Mahon.

Carignan, mercredi, 31 août.

J'ai l'honneur de vous faire savoir que, d'après les ordres que j'ai donnés, il existe actuellement à Sedan : 1° le parc d'artillerie du 6ᵉ corps (colonel Chatillon); 2° celui du 7ᵉ corps (colonel Hennet). Ces deux parcs sont *attelés* et pourront rejoindre leurs corps si vous le prescrivez. Il y a encore à Sedan, sur *roues et attelées*, environ 34 bouches à feu primitivement destinées au 1ᵉʳ corps et qui pourraient utilement combler les vides faits dans l'artillerie, par la journée d'hier.

Il existe en outre, sur trucs, *à la gare de Sedan*, et pouvant être facilement distribués à l'armée, environ 1,200,000 cartouches d'infanterie et 4,000 coups de canon.

J'ai prescrit de diriger sur Mézières d'abord, ensuite sur Givet, le reste des voitures et des approvisionnements.

Il est 6 h. 30. Je vais partir pour Sedan où j'attendrai les ordres de Votre Excellence.

Ordre.

Au quartier général, à Sedan, 31 août.

Demain, 1ᵉʳ septembre, dans chaque corps on évacuera sur Mézières, par le chemin de fer, tous les éclopés et malades incapables de marcher, les chevaux qui ne pourraient suivre et les voitures inutiles.

On mettra également à profit la journée de demain pour se compléter en cartouches. Les corps qui sont éloignés, enverront en ville leurs caissons de réserve pour y prendre les munitions qui leur manquent.

Enfin des distributions de vivres seront faites, dès le matin, à la gare du chemin de fer.

c) Opérations et mouvements.

Au Ministre de la guerre (D. T. Ch.).

Sedan, 31 août, 1 h. 15 matin. Expédiée à 1 h. 50 matin (n° 38,916).

Mac-Mahon fait savoir au Ministre qu'il est forcé de porter ses troupes sur Sedan.

L'Impératrice à l'Empereur, quartier impérial (D. T. Ch.).

Paris, 31 août, 7 h. 5 matin. Transmise au quartier impérial à 7 h. 41 matin (n° 28,616).

J'ai reçu votre dépêche de cette nuit relative à votre retraite vers Sedan. Les nouvelles que je reçois de divers côtés me montrent, d'une manière absolue, qu'un vigoureux effort vers Metz pourrait nous donner le succès. Ici, les soldats et les ressources abondent; tous les anciens soldats ont été rappelés à l'activité et je vous embrasse tendrement.

Le Ministre de la guerre au maréchal de Mac-Mahon, Sedan (D. T. Ch.).

Paris, 31 août, 9 h. 40 matin. Transmise au quartier impérial à 10 h. 6 matin (n° 28,633).

Je suis surpris du peu de renseignements que M. le maréchal de Mac-Mahon donne au Ministre de la guerre. Il est cependant de la plus haute importance que je sache ce qui se passe à l'armée, afin de pouvoir coordonner certains mouvements de troupes avec ce que peuvent faire MM. les Commandants de corps d'armée. Votre dépêche de ce matin ne m'explique pas la cause de votre marche en arrière qui va causer la plus vive émotion.

Vous avez donc éprouvé un revers?

L'Empereur au général Vinoy, à Mézières (D. T.).

Sedan, 31 août, 10 h. 5 matin. Expédiée à 10 h. 35 matin (n° 28,637).

J'ai vu votre aide de camp. Les Prussiens s'avancent en force. Concentrez toutes vos troupes dans Mézières.

En marge: Prévenir d'Exéa et lui demander s'il a connaissance d'un corps nombreux sur Mézières. Savoir où en est le mouvement du corps de Vinoy et s'il peut se continuer sans inconvénient.

Le Ministre de la guerre au général d'Exéa, à Reims (D. T.).

Paris, 31 août, 1 h. 16 soir (n° 28,707).

Les troupes du général Vinoy se concentrent dans Mézières. Avez-vous connaissance de la marche d'un corps nombreux sur Mézières?

Le général commandant la 1re division d'infanterie au Ministre de la guerre (D. T.).

Reims, 31 août, 2 h. 30 soir. Expédiée à 3 h. 15 soir (n° 39,060).

Je n'ai pas connaissance qu'un corps prussien marche sur Mézières, au contraire, les troupes prussiennes reviennent du côté de Châlons, fort démoralisées. J'envoie à l'instant 800 hommes et 2 mitrailleuses à Mourmelon, où l'on m'assure que se trouvent 800 à 1,000 Prussiens.

1er CORPS

a) Journaux de marche.

Souvenirs personnels du capitaine Peloux.

31 août.

La 2e division (général Pellé) prit dès le matin position sur la hauteur qui se trouve au Nord-Est de Carignan; la 4e division (général de Lartigue) à l'Ouest de celle-ci. L'on resta en position jusqu'à 8 heures du matin. A cette heure, l'ennemi n'ayant pas paru, les deux divisions se retirent par Pouru-aux-Bois, Francheval, Villers-Cernay dans la direction d'Illy où le général Ducrot avait l'intention de bivouaquer. La marche fut gênée par les convois appartenant au 7e corps qui, canonné par les batteries prussiennes sur la route de Carignan à Sedan, gagnait la hauteur de Villers-Cernay et de Francheval pour se diriger de là sur Sedan. Les deux divisions firent halte à Villers-Cernay pour les laisser passer et ne se remirent en marche que fort tard.

Par ailleurs le général Ducrot laissa, à Pouru-aux-Bois, le commandant Warnet de l'état-major de la 4ᵉ division, avec un bataillon pour y tendre une embuscade et chercher à surprendre quelques éclaireurs ennemis.

Cette opération réussit; on cerna des uhlans qui s'étaient engagés dans le village, on les fit prisonniers et le commandant Warnet se retira le soir après avoir fait demander à M. le général Michel un escadron de cavalerie pour faciliter sa retraite.

Dans la dernière partie de la route, il n'y eut que des escarmouches à l'arrière-garde avec quelques éclaireurs ennemis qui devaient appartenir au XIIᵉ corps saxon et à la gauche.

Un moment même, à hauteur de Francheval, le général Ducrot craignant d'être attaqué fait occuper les hauteurs par l'artillerie et un bataillon de chasseurs. Sur l'ordre formel du Maréchal, le général Ducrot se dirigea sur Givonne et les hauteurs comprises entre ce village et Sedan, où il précéda son corps d'armée et fit établir ses divisions.

Il donna dans la soirée du 31 août, quelque temps avant de quitter Villers-Cernay pour se rendre à Givonne, à M. Desroches l'ordre de se rendre auprès de M. le général Pellé, commandant la 2ᵉ division et qui formait l'arrière-garde de la colonne et de lui prescrire de laisser un bataillon en grand'garde à Villers-Cernay.

Cet officier omit de communiquer cet ordre, ne se souvint de son oubli que dans la nuit du 31, lorsque déjà les troupes se trouvaient au bivouac et en prévint le général Ducrot. Les intentions du général Ducrot se trouvèrent néanmoins remplies par suite du désir manifesté par le corps franc du général Pellé (un bataillon) d'être placé aux avant-postes.

Les débris de ce bataillon qui était resté à Villers-Cernay rejoignirent le 1ᵉʳ, dans la matinée, en passant par la gauche de la 1ʳᵉ division.

La 4ᵉ division envoya de Givonne un bataillon de Tirailleurs algériens, en grand'garde, sur le coteau qui se trouve entre Givonne et Villers-Cernay. Ce bataillon rejoignit le 1ᵉʳ septembre à 6 h. 30 et fut envoyé de suite en avant de Daigny.

2ᵉ DIVISION.

Historique de la 2ᵉ division.

A minuit, l'avis nous est donné que nous abandonnons la route de Montmédy pour nous porter vers Sedan, où l'armée doit se concentrer.

La 2ᵉ division, qui doit former l'arrière-garde, prend position, dès 4 heures du matin, sur les hauteurs qui dominent Carignan, laissant son artillerie sur la route, en batterie.

A 9 heures du matin, et quand toutes les autres divisions du 1ᵉʳ corps sont passées, elle se met en marche par la route des crêtes passant par Pouru-aux-Bois, où elle apprend que l'ennemi, nous suivant, arrive à Carignan.

Le 16ᵉ bataillon de chasseurs forme l'arrière-garde de la division.

En arrivant à Francheval, l'ennemi est signalé sur notre gauche; alors la 1ʳᵉ division se porte sur Douzy pour couvrir notre marche; la 2ᵉ se porte sur Villers-Cernay, où elle s'établit à son tour dans les positions que vient de quitter la 3ᵉ, position qu'elle ne quitte qu'à l'arrivée de la 1ʳᵉ division qui n'a pas été engagée.

Arrivés à Givonne vers 9 h. 30 du soir, nous nous établissons dans la nuit sur le plateau qui sépare ce village de Sedan, ayant comme front de bandière le ravin de Givonne.

Historique du 16ᵉ bataillon de chasseurs.

Bagages dirigés sur Sedan pendant la nuit. A 4 heures du matin, le bataillon traverse la route et se place près des crêtes à gauche, couvert par des tirailleurs.

A 8 heures, départ du bataillon, en retraite, formant l'extrême arrière-garde. De 3 à 6 heures, halte dans le vallon au delà de Francheval; on aperçoit l'incendie de Bazeilles.

Les 4ᵉ, 5ᵉ et 6ᵉ compagnies sont envoyées successivement en tirailleurs sur les hauteurs. On signale des troupes ennemies. A 6 heures, départ en laissant une section de la 6ᵉ compagnie en extrême arrière-garde. A 9 heures du soir, on traverse très péniblement le village de Givonne, encombré des isolés de tous les corps. Arrivée sur le plateau, entre Givonne et Daigny, à 11 heures du soir.

3ᵉ DIVISION.

Journal de marche de la 2ᵉ brigade de la 3ᵉ division.

Arrivée à Douzy à 3 heures du matin.

Par suite de malentendus et de l'encombrement existant sur les routes et dans les villages, les deux brigades se trouvent séparées.

La 1ʳᵉ brigade marche sur Carignan et s'arrête à environ 3 kilomètres de Douzy et y bivouaque. La 2ᵉ brigade marchait sur Sedan, mais elle s'arrête entre cette ville et Douzy. Au petit jour, la 2ᵉ brigade prend les armes et rallie la 1ʳᵉ brigade et le général de division.

La division a été traversée, pendant sa marche, par les troupes qui ont essuyé la défaite de Mouzon. Ce spectacle produit une fâcheuse impression sur les hommes. Cependant bientôt le canon tonne, on semble reprendre un peu d'espoir pour la journée du lendemain. La division parvient à se dégager d'un immense enchevêtrement de troupes, de chevaux, d'artillerie, de voitures de toute sorte et se jette à droite sur la route. Elle se porte sur les hauteurs de Givonne, en suivant un chemin détourné, en passant par Rubécourt, Daigny, Fond de Givonne.

Nous prenons position, à 4 heures du soir, sur les hauteurs de Givonne et nous nous gardons militairement.

Le bataillon de francs-tireurs de la Seine, qui avait été réuni à la brigade, est envoyé sur les derrières, vers la frontière de Belgique, au village de La Chapelle, pour fouiller les bois, garder ce village et recueillir des renseignements sur la marche de l'ennemi.

Le 1ᵉʳ corps ne prit point part aux engagements de cette journée.

Historique de l'artillerie de la 3ᵉ division par le colonel Sûter.

24 juillet 1871.

.... Je marchai donc immédiatement sur Sedan où j'arrivai vers 6 heures du matin, ayant été obligé de traverser, pendant près de deux heures, de longues files de voitures qui étaient presque constamment sur 4 et 5 de front.

En arrivant à Sedan, je trouvai les portes fermées; je fis mettre les batteries en colonne par demi-batterie et à intervalles serrés, afin d'avoir tout mon monde sous la main et éviter tout mélange avec l'immense désordre qui régnait à ce moment-là. Vers 7 heures, le Maréchal arrivait; il me demanda ce que je faisais là; je lui rappelai l'ordre qu'il m'avait donné à Douzy et le priai de me faire ouvrir les portes, ne pouvant faire faire un mouvement quelconque à mes batteries vu l'encombrement. Je priai M. le colonel Stoffel de rappeler ma demande à M. le Maréchal. A 7 h. 30, M. le chef d'escadron de Bastard me faisait ouvrir les portes par ordre du Maréchal, et, après m'avoir fait traverser la ville, me quittait en me disant qu'il ne pouvait me renseigner sur la position du 1er corps d'armée.

Je campai au-dessous du village de Floing pour faire manger et les hommes et les chevaux qui étaient accablés de fatigue. J'envoyai à la recherche du 1er corps; on ne put savoir où il était. Dans la même journée le lieutenant Moreau envoyait inutilement à ma recherche. Vers midi ou 1 heure, je vis M. le général Forgeot et lui racontai comment j'étais là. A 1 heure, j'envoyai le commandant de Noüe et le capitaine Julien, à Sedan, prendre des ordres à l'état-major général. Depuis le matin, il y avait canonnade dans la plaine, mais cela paraissait peu sérieux, puisque les batteries du 12e corps (je crois) campées auprès de moi ne bougeaient point.

Vers 2 h. 30, le commandant de Noüe vint me dire que le sous-chef d'état-major général ne pouvait me dire où était le 1er corps, mais que je devais aller à Saint-Menges où le général Ducrot devait établir dans la soirée son quartier général. J'allai donc à Saint-Menges, laissant le village entre mes troupes et la Meuse.

Dès mon arrivée, j'envoyai des gens du pays et des sous-officiers à la recherche ou attendre l'arrivée du 1er corps d'armée. A 11 heures du soir, ces braves gens revenaient me prévenir qu'ils n'avaient rien vu. Un seul avait rencontré au village d'Illy une division de cavalerie, mais le général ne savait où était le 1er corps.

4e DIVISION.

Journal privé du colonel d'Andigné, chef d'état-major.

A 4 heures du matin, je rejoins le bivouac.

Hélas! la fortune qui semblait nous ouvrir la route de Metz ne nous a pas souri longtemps. La surprise impardonnable et la destruction partielle du 5e corps à Beaumont, et l'échec de la division Grandchamp du 12ᵉ corps, ont contraint le Maréchal à modifier ses projets.

La crainte de voir le 7ᵉ corps, qui n'a pu passer la Meuse, coupé de nous, a fait décider dans la soirée que nous nous reporterions en arrière.

Nos bagages ont reçu, dès minuit, l'ordre de rétrograder sur Sedan et Mézières, et les 1ʳᵉ et 3ᵉ divisions, qui ont passé la Chiers à Douzy, ont été arrêtées dans leur marche.

Le général Ducrot nous dispose sur les hauteurs qui dominent Carignan.

Cette disposition de combat nous fit faire une triste découverte : c'est qu'un grand nombre des hommes de notre régiment de marche ne savaient même pas charger leurs armes. Il fallut que les officiers et les sous-officiers s'acquittassent de ce soin.

Le général Fraboulet de Kerléadec, désigné pour former l'arrière-garde, fait occuper la gare et détruire les immenses approvisionnements qui sont réunis sur la voie ferrée, après avoir fait piller les caisses de biscuit par les petites corvées envoyées en hâte par les corps.

La 4ᵉ division part à la suite de la 2ᵉ, à 8 heures du matin, et se dirige par Osnes, Messincourt, Escombres, Pouru-aux-Bois, Francheval et Villers-Cernay.

Une section d'artillerie, protégée par un demi-bataillon du 2ᵉ de marche, fut laissée en position à Escombres, sous le commandement de M. le chef d'escadron Warnet, avec ordre d'y attendre la brigade d'arrière-garde.

A Francheval, nous trouvons la division de cavalerie Margueritte, et sommes forcés, comme elle, de nous arrêter, parce que la route est encombrée par les bagages en désordre des 5ᵉ, 7ᵉ et 12ᵉ corps, qui, effrayés par quelques obus, se sont jetés sur la montagne par la route de Douzy à Francheval.

Le général Ducrot craignant d'y être attaqué nous fait prendre position sur les hauteurs, entre Francheval et Villers-Cernay, la 2ᵉ division à gauche, et la 4ᵉ division à droite, entre Francheval et Rubécourt. Un escadron du 3ᵉ chasseurs d'Afrique, détaché à la 4ᵉ division, flanque notre droite.

Les tirailleurs échangent quelques coups de fusil avec les cavaliers allemands qui inquiètent nos bagages dans la plaine.

Un violent combat d'artillerie se voit dans la direction de Bazeilles.

Le général Fraboulet nous rallie là, et je fais rejoindre le troupeau de bœufs de la division.

Nous nous remettons en marche vers 5 heures, non plus pour

Illy et Saint-Menges, comme il avait été prescrit le matin, mais pour les environs de Sedan où sont déjà établies les 1er et 3e divisions du 1er corps et où le Maréchal concentre toute l'armée.

L'arrêt de trois heures près de Villers-Cernay est cause que nous n'arrivons qu'à la nuit noire sur les hauteurs qui dominent Givonne.

Un bataillon du 3e Tirailleurs (commandant Mathieu) est laissé sur la rive gauche.

La 4e division est réunie aux autres divisions, sur la rive droite, entre Daigny et Fond de Givonne. Le 3e de zouaves nous y rallie.

On ne peut retrouver les bœufs et nos troupes ne reçoivent rien encore; heureusement nous sommes campés dans des champs où les choux abondent, ce qui fournit des légumes à défaut de viande.

Le feu a cessé partout, mais on aperçoit la lueur de l'incendie du malheureux village de Bazeilles.

Après avoir soupé avec des choux et un morceau de lard rance, nous dormons sur de menus branchages de sapin, en attendant le point du jour.

DIVISION DE CAVALERIE.

Journal de marche de la division de cavalerie (1).

La division est à cheval à 5 heures et va se former à 1 kilom. au delà de la sortie de Carignan, sur le côté droit de la route où elle reçoit l'ordre de marcher à travers champs, entre la route qui longe la Chiers et que suivent les bagages et les hauteurs où passe l'infanterie. Recommandation de s'éclairer à gauche, de s'arrêter et de se former sur le plateau de Francheval où de nouveaux ordres seront donnés.

Le trajet est pénible à travers un terrain coupé de bois et en terres cultivées; la cavalerie du général Margueritte chemine à proximité et dans les mêmes conditions.

Du plateau de Francheval, deux escadrons du 10e dragons sont envoyés en fourrageurs dans la plaine du côté de Douzy, où un parti de cavalerie prussienne tente de passer la Chiers avec l'intention évidente de couper le convoi qui chemine sur la route longée par la rivière. L'arrivée de ces deux escadrons fait replier

---

(1) Papiers du général Robert.

l'ennemi sur la rive gauche; le ralliement trop prompt de ces escadrons a pour conséquence la perte de la queue du convoi où se trouvaient précisément les bagages de la division Michel.

Vers 4 heures, la division prend une nouvelle position sur la hauteur au-dessus du village de Villers-Cernay, d'où elle est dirigée par le général Ducrot, commandant en chef, par Givonne sur Bazeilles et Balan pour y bivouaquer.

A Givonne, le passage de nombreuses colonnes d'infanterie et d'artillerie produit une certaine confusion et oblige à arrêter la division qui ne peut qu'à la nuit close continuer à marcher sur Bazeilles.

Après avoir dépassé Daigny, près de La Moncelle, il est reconnu impossible d'aller bivouaquer entre Bazeilles et Balan; ces deux villages sont en flammes et occupés par les avant-postes français et prussiens. La colonne rebrousse chemin jusqu'à Daigny et par une pente très abrupte monte sur le plateau, où elle installe son bivouac entre les 1er et 12e corps.

RÉSERVE D'ARTILLERIE.

Historique des 1re 2e, 3e et 4e batteries du 20e régiment d'artillerie à cheval.

Le 31 août, à 3 heures du matin, on quittait subitement le camp avec ordre de se diriger sur Sedan en prenant par des traverses, pour éviter l'encombrement produit sur la route de Douzy par les voitures provenant de la déroute du 5e corps. Mais l'itinéraire indiqué par l'ordre pour les batteries les ramena à Sachy, sur la route de Douzy, et l'on n'avança plus dès lors qu'avec une extrême difficulté. A Douzy, la tête de colonne dut s'arrêter pour laisser défiler le 12e corps en entier qui traversait la Chiers et se dirigeait vers Sedan par la même route.

Vers 9 heures du matin, les premiers coups de canon prussien venant de la rive gauche de la Meuse arrivèrent sur la route de Sedan au milieu de la colonne et y causèrent un assez grand désordre. Aucun ordre n'avait été donné en cas d'attaque. Les batteries se trouvaient séparées du corps d'armée, il n'y avait pas à espérer recevoir des ordres au milieu de l'encombrement général. Le colonel Grouvel fit dégager ses batteries et prendre le trot. Un peu au delà de Douzy on gravit un petit mamelon à droite de la route et les pièces furent mises en batterie.

Mais on entendait la canonnade sans voir les batteries prussiennes. On repartit donc bientôt, passant près de Rubécourt et longeant le bois Chevalier pour atteindre le plateau de Petite Moncelle. Quelques obus arrivèrent en ce moment dans la colonne et tuèrent 3 chevaux de la 2e batterie. Les batteries prirent position et restèrent assez longtemps en batterie sans tirer. Les batteries prussiennes se trouvant hors de la bonne portée du 4, et l'ennemi ne se montrant nulle part ailleurs que sur les hauteurs de la rive gauche de la Meuse, les batteries remontèrent le plateau, traversèrent à Givonne le ravin de Givonne et restèrent jusqu'au soir sur les hauteurs qui le dominent, sans prendre part au combat. Les batteries se retrouvèrent dans cette position avec une partie du 1er corps d'armée. Vers 8 heures du soir, le général Ducrot, qui venait d'arriver avec le reste du corps d'armée, les fit descendre dans un pli de terrain plus éloigné du bord du plateau, pour les masquer à l'ennemi qui occupait déjà, d'après lui, les bois qui se trouvaient derrière nous de l'autre côté de la vallée de Givonne. On passa la nuit dans cette position.

c) Opérations et mouvements.

Le maréchal de Mac-Mahon au général Ducrot.

Sans date.

Je vous avais fait donner hier ordre de vous rendre de Carignan à Sedan et nullement à Mézières où je n'avais pas l'intention d'aller. Ayant vu ce matin le général Wolff, je vous croyais à Sedan.

A la réception de la présente, je vous prie de prendre vos dispositions pour vous rabattre sur Sedan, dans la partie Est, dans la soirée (1).

Vous viendrez vous placer à la gauche du 12e corps, près de Bazeilles, entre Balan et Bazeilles.

Envoyez-moi d'avance votre chef d'état-major pour reconnaître cette position.

Recevez, mon cher général, l'expression de mes sentiments affectueux.

---

(1) Ces trois mots « dans la soirée » ont été ajoutés après la radiation du membre de phrase ci-après : « où vous devrez dans tous les cas vous trouver demain matin ».

Rapport du chef d'escadron d'état-major Warnet au général Hartung, directeur du personnel.

Paris, 6 septembre.

Le 31 août, la 4ᵉ division du 1ᵉʳ corps était campée à Carignan ; elle en partit vers 8 heures du matin, pour se porter en arrière sur Mézières, en passant par Osnes, Messincourt, Escombres, Pouru-aux-Bois, Francheval, Villers-Cernay. Dans ce dernier village, l'ordre fut donné de se diriger sur Sedan par Givonne, et l'on vint s'établir sur les hauteurs qui dominent Sedan à l'Est. Le campement ne fut formé que vers 9 heures du soir.

La division, à ce moment, ne comprenait que le 56ᵉ de ligne, le 2ᵉ régiment de marche et le 1ᵉʳ bataillon de chasseurs à pied ; le 3ᵉ zouaves était séparé de la division depuis trois jours ; le 3ᵉ Tirailleurs avait été arrêté fort en arrière, au-dessus de Givonne, avec l'artillerie.

Rapport du chef de bataillon Hervé, commandant la portion du 3ᵉ régiment de zouaves, à l'armée.

Sedan, 2 septembre.

Le 31 au matin, vers 9 heures, des batteries prussiennes établies sur les escarpements de la rive gauche de la Meuse et vis-à-vis du pont du chemin de fer à Bazeilles, commencèrent le feu en tirant sur la ligne des voitures accumulées sur la route de Bazeilles à Sedan.

La canonnade se fit entendre au même moment du côté de Douzy. Quelques batteries françaises répondirent au feu des Prussiens et l'action se borna jusqu'à 3 heures de l'après-midi à une simple échange de coups de canon.

Pendant tout ce combat, le régiment resta comme soutien au milieu des batteries.

Vers midi, on aperçut distinctement de la position que nous occupions une colonne d'infanterie prussienne qui, traversant les coteaux de l'autre côté de la Meuse, marchait dans la direction de Mézières. Ce mouvement indiquait clairement le plan des Prussiens.

En même temps que l'armée française descendait la Meuse par la rive droite, l'armée prussienne exécutait le même mouvement par sa rive gauche, en nous débordant et en nous tenant resserrés entre le fleuve et la frontière belge.

La marche de cette colonne prouvait de plus que nous étions

coupés de Mézières. On devait malheureusement s'en convaincre le lendemain.

Dans l'après-midi, l'infanterie de marine ainsi que les autres divisions du 12ᵉ corps vinrent s'établir sur les pentes que nous occupions. Le régiment quitta alors les environs de Bazeilles où il était devenu inutile, et se dirigea sur les hauteurs qui séparent Givonne de la place de Sedan et où devait se rallier le 1ᵉʳ corps. Ces hauteurs étaient d'ailleurs menacées par les colonnes prussiennes qu'on vint signaler dans la soirée.

Vers la fin de la journée, l'infanterie de marine dut repousser les Bavarois, qui, après avoir passé le pont du chemin de fer resté sans défense, étaient venus se loger dans le village de Bazeilles.

Le soir, à 8 heures, le 1ᵉʳ corps d'armée était réuni sur les hauteurs de Givonne, et le régiment avait rejoint la division.

Le feu avait cessé sur toute la ligne; on apercevait seulement la lueur de l'incendie du village de Bazeilles.

La division de cavalerie du 1ᵉʳ corps à la bataille de Sedan (1).

Le 2ᵉ lanciers, le 6ᵉ lanciers, le 10ᵉ dragons et le 8ᵉ cuirassiers, réunis sous les ordres du général Michel, avaient passé la nuit du 30 au 31 au bivouac, entre Blagny et Carignan. La brigade de Septeuil, ainsi que la batterie d'artillerie, avaient été laissées, le 30, au général L'Hériller chargé de protéger le passage de la Meuse.

Le 31, en exécution des prescriptions du général Ducrot, les 4 régiments furent réunis en avant de Carignan; ils devaient attendre, près de la hauteur du Mont Tilleul, l'entier écoulement du corps d'armée qui se rendait à Sedan par la ligne des crêtes de la rive gauche de la Chiers. Ils avaient ensuite pour mission de protéger le flanc gauche de la colonne d'infanterie, en la suivant à mi-côte et en restant constamment en communication avec les troupes des autres armes.

Le mouvement commença pour la cavalerie à 8 heures, et, bien qu'une vive canonnade se fît entendre dans la vallée, la première partie de la marche ne fut pas troublée. Le 12ᵉ et le 5ᵉ corps occupaient les Allemands. Ceux-ci du reste ne se souciaient pas de perdre leur temps dans des engagements sans importance.

---

(1) Manuscrit inédit du général Michel, dont la copie a été versée aux *Archives de la Guerre* par le lieutenant-colonel Sabattier, le 28 avril 1903.

Près du village de Francheval, des escadrons ennemis s'étant montrés sur les derrières de la colonne, la division reçut l'ordre de les arrêter. Un demi-régiment de dragons envoyé au-devant des uhlans suffit pour leur en imposer et ils se retirèrent sans s'engager. Le but de la démonstration des cavaliers allemands n'était pas difficile à découvrir ; ils avaient cherché à attirer les nôtres vers une embuscade dressée dans un village assez rapproché. La poursuite fut arrêtée à temps et les fantassins prussiens que l'on vit sortir des maisons, après le coup manqué, durent rejoindre leurs régiments.

La division ne put reprendre sa marche qu'après que toutes nos troupes engagées dans le village de Francheval l'eurent traversé ; dès ce moment, elle forma l'extrême arrière-garde du corps d'armée.

Le général Ducrot s'était arrêté avec son état-major près du village de Villers-Cernay. Il retint la cavalerie, lui fit fouiller le bois Chevalier et ordonna quelques reconnaissances en arrière. On put constater que les Allemands ne nous suivaient pas de bien près.

Le commandant du 1er corps d'armée entretint longuement le général Michel de la situation de notre armée ; il était persuadé que la retraite sur Mézières était décidée et qu'elle était nécessaire. Cette retraite ne lui paraissait pas possible par la route de Donchery qu'il croyait au pouvoir des Allemands, mais il pensait que les chemins qui longent la frontière belge en traversant la forêt de l'Ardenne offriraient un passage libre, ou du moins difficile à nous disputer. Il espérait même que la route dite de Metz qui passe par Vrigne-aux-Bois, pourrait être suivie.

Le général Michel, qui, à Tourteron, avait déjà reçu l'ordre de diriger ses bagages sur Mézières, pouvait-il avoir une autre opinion que celle que le chef, *dans lequel il avait le plus de confiance*, venait d'exprimer si nettement avec tant de raison ?

Après une halte d'environ trois quarts d'heure, le général Ducrot rejoignit son infanterie. En quittant le commandant de sa cavalerie, il lui recommanda de laisser passer devant lui toutes les autres troupes et de ne pas encombrer la route.

Il annonça qu'à Givonne on recevrait des ordres pour une installation au bivouac et que la cavalerie serait placée entre Bazeilles et Balan.

Les régiments étaient encore à Givonne à 10 heures du soir et l'immense colonne qu'il fallait laisser s'écouler avançait à peine de quelques pas, de quart d'heure en quart d'heure. La route suivie par tout ce monde était si encombrée, qu'on ne pouvait plus compter sur les ordres promis.

Les hommes et les chevaux étaient exténués de fatigue et de faim; on allait se décider à bivouaquer sur place, quand un paysan assura qu'on pouvait arriver entre Bazeilles et Balan par le pont de Daigny en prenant un chemin qui n'était suivi par personne. Guidés par ce brave homme, les régiments arrivèrent près de Bazeilles, alors en flammes, et le général Michel envoya un officier pour reconnaître un emplacement convenable. Tout le terrain environnant était occupé par le 12° corps et il était impossible d'y établir une division de cavalerie. Le général Ducrot seul pouvait donner des ordres; il fut cherché partout sans succès; on dut bon gré mal gré se résoudre à occuper le premier emplacement libre qu'on rencontra.

Certes une position inconnue du chef du corps d'armée et choisie au hasard n'était pas ce qu'il y avait de mieux et on attendait des instructions avec anxiété. La brigade de Septeuil et la batterie d'artillerie n'avaient pas rejoint; on ignorait la place qui leur avait été assignée et les ordres qu'elles avaient reçus.

Rapport du général de Septeuil sur les mouvements de la 1re brigade de la division de cavalerie du 1er corps.

Paris, 3 octobre 1871.

A 1 heure du matin, le général Wolff vient prévenir le général que sa position étant mauvaise, il va prendre en arrière une position défensive sur la route de Sedan.

A la pointe du jour, la brigade, qui n'avait pas dessellé, monte à cheval et se retire sur Sedan où elle s'établit au bivouac, sur le plateau au Nord de la ville, en avant du bois de la Garenne.

Plusieurs officiers envoyés à la recherche du général de division n'ont pu le trouver, et la brigade passe la nuit sur le plateau.

Notes du lieutenant-colonel de Brives (1).

Le 1er corps dut se retirer par suite d'un changement d'itinéraire, le 31 août, sur Sedan.

La 1re division de la réserve d'artillerie quitte Carignan à 3 heures du matin, laissant 6 pièces de 12 sous le commandement du capitaine Dupuy. Ces pièces, placées sur le piton qui domine la vallée de la Chiers, étaient destinées à appuyer les troupes qui soutenaient la retraite. La réserve d'artillerie n'arriva

---

(1) Papiers du général Robert.

à Douzy que vers 11 heures du matin par suite de l'encombrement de voitures de toute sorte qu'elle avait rencontrées sur toute la route. L'ennemi était déjà sur la rive gauche de la Meuse où il avait établi des batteries qui tiraient sur les troupes françaises placées sur la rive droite. Le colonel Grouvel fit immédiatement porter la réserve en avant de Douzy, de manière à aller couronner une partie des hauteurs situées entre Douzy et Sedan.

Quelque temps après, sur la demande du général Lebrun (commandant le 12e corps), les trois batteries de la 1re division de la réserve d'artillerie furent mises à sa disposition pour prêter leur concours au 12e corps. Les deux batteries de 4 furent tenues en réserve avec quelques autres batteries de ce même corps sur les hauteurs qui dominent le pont de Bazeilles ayant le ravin de La Moncelle à leur gauche et restèrent dans cette position jusqu'à la nuit. La batterie de 12 ou plutôt les 3 pièces de 12 de la batterie placées de l'autre côté de ce ravin échangèrent quelques coups de canon avec les batteries ennemies.

A la nuit, les trois batteries de la 1re division de la réserve d'artillerie, reçurent l'ordre de rallier le 1er corps, ainsi que la 2e division de la réserve d'artillerie ; elles furent rejointes par les 6 pièces de 12 qui avaient été laissées le matin à Carignan et toute la réserve campa près de la route de Givonne, en arrière du plateau qui domine le ravin de Givonne.

d) Situation.

Situation d'effectif du 1er corps au 31 août (1).

			Officiers.	Troupe.	Total.
1re division d'infanterie	1re brigade.	13e b^{on} de chasseurs..	3	172	175
		18e de ligne.........	59	1,450	1,509
		96e —	54	?	54
	2e brigade.	45e —	53	1,350	1,403
		1er de zouaves.......	65	1,935	2,000
	Artillerie.	6e batt. du 9e........	4	49	53
		7e — 9e........	4	131	135
		8e — 9e........	4	126	130
	Génie.	3e c^{ie} de sapeurs du 1er.	4	117	121
			250	5,330	5,580

(1) Ces chiffres proviennent des renseignements adressés par les corps en exécution de la lettre ministérielle du 14 avril 1883.

LA GUERRE DE 1870-1871.   295

			Officiers.	Troupe.	Total.
2e division d'infanterie.	1re brigade.	16e bon de chasseurs..	19	600	619
		50e de ligne.........	52	1,936	1,988
		74e —	22	700	722
	2e brigade.	78e —	17	1,074	1,091
		1er Tirail. algér......	?	?	?
		IVe bon du : 1er de marche { 1er de ligne..	10	1,196	1,206
		6e — ..	13	1,000	1,013
		7e — ..	19	1,040	1,059
	Artillerie.	9e batt. du 9e.........	3	138	141
		10e — 9e.........	6	128	134
		12e — 9e.........	4	134	138
	Génie.	8e cie de sapeurs du 1er.	4	97	101
			169	8,043	8,212
3e division d'infanterie.	1re brigade.	8e bon de chasseurs..	7	400	407
		36e de ligne.........	29	1,420	1,449
		2e de zouaves........	25	848	873
	2e brigade.	48e de ligne.........	?	?	?
		2e Tirail. algér......	17	539	556
	Artillerie.	5e batt. du 12e........	4	134	138
		6e — 12e......	4	142	146
		9e — 12e......	3	120	123
	Génie.	9e cie de sapeurs du 1er.	4	?	4
			93	3,603	3,696
4e division d'infanterie.	1re brigade.	1er bon de chasseurs...	12	360	372
		56e de ligne.........	34	1,175	1,209
		3e de zouaves........	?	?	?
	2e brigade.	IVe bon du : 2e de marche { 8e de ligne.	14	532	546
		24e —	14	500	514
		33e —	?	?	?
		3e Tirail. algér.......	?	?	?
	Artillerie.	7e batt. du 12e........	3	140	143
		10e — 12e......	4	132	136
		11e — 12e......	3	100	103
	Génie.	13e cie de sapeurs du 1er.	3	146	149
			87	3,085	3,172

			Officiers.	Troupe.	Total.
D^{on} de cavalerie.	1re brigade.	3e Hussards.........	46	450	496
		11e Chasseurs.........	45	563	608
	2e brigade.	2e Lanciers..........	28	258	286
		6e —	?	?	?
	3e brigade.	10e Dragons.........	35	489	524
		8e Cuirassiers........	23	415	438
	Artillerie.	1re batt. du 20e.......	4	?	4
			181	2,175	2,356
Réserve d'artillerie.		11e batt. du 6^e	2	?	2
		12e — 6^e	?	?	?
		5e — 9^e	2	133	135
		11e — 9^e	2	131	133
		2e — 20^e	4	122	126
		3e — 20^e	3	138	141
		4e — 20^e	?	?	?
			13	524	537
Réserve du génie.		2e c^{ie} de mineurs du 1er.	4	?	4
		1/2 de la 1re Cie de sap. du 1er..............	2	50	52
		Dét. de sap.-cond. du 1er.	»	11	11
			6	61	67

5e CORPS.

a) Journaux de marche.

Journal de marche rédigé par le colonel Clémeur.

Les troupes du 5e corps marchent toute la nuit du 30 au 31 pour se porter de Mouzon sur Carignan d'abord (8 kilomètres), puis de cette dernière localité sur Sedan (20 kilomètres).

Le Maréchal les avait dirigées sur Carignan dans l'espoir qu'elles pourraient y trouver des vivres et y recevoir des distributions, avant de se reporter vers le Nord.

Mais à Carignan, il règne un tel encombrement de troupes et de voitures de toute sorte, qu'il est impossible, au milieu de la nuit, de trouver le personnel administratif qui puisse faire procéder aux distributions.

Le général Besson, chef d'état-major général du 5ᵉ corps, laisse alors un de ses officiers dans cette localité ; il le charge de s'entendre, dès qu'il le pourra, avec des membres de l'Intendance pour former un convoi de vivres qu'il devra conduire à Sedan, à la suite du 5ᵉ corps.

Un autre officier est laissé au carrefour au delà du chemin de fer, dans l'intérieur de la ville, pour diriger sur la route de Sedan toutes les fractions du corps d'armée, qui arrivent successivement de Mouzon.

La route à suivre passe par Sachy, Douzy et Bazeilles; elle est encombrée de bagages de tous les corps. Le général en chef arrive à Sachy vers 9 heures du soir (à 5 kilomètres de Carignan); jugeant à l'encombrement de la route qu'il sera de toute impossibilité à ses troupes, déjà si harassées de fatigue, de gagner Sedan pendant la nuit, il se décide à les faire se reposer, et désigne pour bivouac les environs de Pouru-Saint-Remy et de Sachy.

Un officier de son état-major reste à l'embranchement du chemin de Pouru, sur la grande route, pour faire filer sur Sedan tous les bagages et voitures des autres corps, et indiquer en même temps les bivouacs aux troupes du 5ᵉ corps, qui y arrivent fort tard dans la nuit.

Les généraux et chefs de corps font tous leurs efforts pour rallier leurs hommes, dont un grand nombre, égarés dans l'obscurité, ont beaucoup de peine à rejoindre.

Le chef d'état-major général continue de sa personne son chemin jusqu'à Sedan, pour pouvoir reconnaître à l'avance les emplacements où doit être campé le 5ᵉ corps, devant la place.

Le lendemain, à 6 heures du matin, tout ce qui a pu se réunir à Pouru-Saint-Remy : la brigade de la division de L'Abadie et une partie de la division Goze se remettent en route pour Sedan à 16 kilomètres de là.

Le restant, qui a bivouaqué près de Sachy, doit suivre et rejoindre à Sedan.

La tête de la colonne se trouve plusieurs fois arrêtée par les troupes d'autres corps venant de Mouzon, de Villers ou de Remilly, où elles ont traversé la Meuse; à Douzy et à Bazeilles, il y a de longs temps d'arrêt.

Enfin, entre 9 et 10 heures du matin, le 5ᵉ corps commence à arriver devant Sedan, et doit camper à l'Est de la place, partie sur les glacis, partie au grand camp qui domine la ville.

Sans descendre de cheval, le général en chef va procéder lui-même à l'installation de ses différents campements.

La 3ᵉ division (de Lespart) et l'artillerie de réserve s'établissent dans l'ancien camp retranché ; la division Goze et la brigade de la division de L'Abadie au-dessus de Fond de Givonne, sur les glacis des fortications.

La division de cavalerie, qui n'a pas suivi, pendant la nuit, la grande route de Carignan à Sedan, arrive dans la journée par les hauteurs de Givonne, et va camper près du village de Fleigneux à 5 kilomètres au Nord. (Le lendemain de grand matin, elle continua sa marche sur Mézières.)

Toute la matinée du 31 est employée à procurer quelque repos aux troupes, et à donner des ordres pour les distributions, qui peuvent être touchées en ville. Des officiers de tous les régiments sont envoyés sur la grande route, jusqu'à Bazeilles, pour recueillir tous les détachements et les traînards égarés, et les ramener, autant que possible, à leurs corps.

Des appels sont faits dans tous les camps. Ils constatent un grand nombre d'absents, par suite des pertes subies dans les combats de Bois des Dames et Beaumont (pertes évaluées à 2,500 hommes), et de celles occasionnées par la marche et les fatigues ; ce dernier chiffre est difficile à apprécier, car d'heure en heure des retardataires, des hommes laissés en route rejoignent, exténués de fatigue et de besoin.

Une partie du grand parc d'artillerie venu du Chesne-Populeux avec le convoi qui y avait été laissé le 27, a pu rejoindre le 5ᵉ corps sous Sedan, grâce à l'énergie et à l'intelligence de son chef, le colonel d'artillerie Gobert, qui a su lui faire traverser la Meuse pendant le combat de Beaumont, en se jetant au Nord.

Engagé sur la route de Bazeilles à Sedan dans l'après-midi du 31, il s'est vu tout à coup attaqué par des corps bavarois et de l'artillerie ennemie placée en batterie sur les hauteurs de la rive gauche de la Meuse, à Liry, Noyers et Wadelincourt. Ces hauteurs dominent toute la rive droite. Vers 10 heures, les têtes de colonnes des corps bavarois s'en étaient emparées et y avaient aussitôt établi des batteries. Leurs tirailleurs, après avoir enlevé le pont du chemin de fer de Bazeilles, avaient même attaqué le village.

La colonne du colonel Gobert fut dès lors coupée ; la moitié du parc put rejoindre les camps de Sedan, mais l'autre partie fut en partie détruite ou prise.

Vers 2 heures de l'après-midi, le général de Failly revenant d'installer toutes ses troupes, et rentrant à son bivouac près de la division Goze sur les glacis de la ville, reçoit la visite du général de Wimpffen, qui lui annonce qu'il vient le remplacer dans son commandement du 5º corps. C'est avec la plus douloureuse surprise que le général de Failly apprend ainsi le coup qui le frappe, et dont aucun avis officiel ne lui a pas même été donné jusqu'à ce moment.

Avant l'arrivée de cette pièce officielle, et quelques instants après la communication du général de Wimpffen, il reçoit du maréchal de Mac-Mahon une lettre ainsi conçue :

« Mon cher Général, j'ai le regret de vous annoncer que le « Ministre de la guerre vient de vous donner une autre desti-« nation. Il a nommé le général de Wimpffen au commandement « du 5º corps, et vous invite à vous rendre à Paris dès qu'il vous « sera possible. Je ne sais le motif qui a motivé cette nouvelle « destination, et je vous prie dans tous les cas de bien croire à « ma vieille et sincère amitié. »

Cette lettre est suivie, peu après, de la réception de l'ordre officiel ainsi rédigé :

Au quartier général à Sedan, 31 août 1870.

Ordre.

« Par décret impérial du 24 août courant, M. le général de « Wimpffen a été nommé au commandement du 5º corps de « l'armée composée des troupes réunies autour de Châlons, en « remplacement de M. le général de Failly. »

Le Maréchal commandant l'armée de Châlons.
P. O. Le Général chef de l'état-major général,
Signé : FAURE.

C'est avec les plus profonds regrets que les officiers de l'état-major général du 5º corps se séparent de leur chef, dont ils ont pu apprécier le dévouement et l'abnégation. Ils savent qu'il a fait tout ce qu'il était humainement possible de faire, depuis le commencement de cette funeste campagne, pour remplir son devoir au milieu des malheureuses circonstances indépendantes de sa volonté dans lesquelles il a été si souvent placé. Ils ne peuvent attribuer cette disgrâce, de la part de ceux qui l'ont prononcée, qu'à leur ignorance de la vérité.

Après avoir remis son commandement au général de Wimpffen, le général de Failly alla rejoindre l'Empereur dans Sedan, et ce fut avec la mort dans l'âme qu'il assista le lendemain au désastre qui devait anéantir notre armée.

Le maréchal de Mac-Mahon, dans la journée du 31, a concentré son armée autour de Sedan de la manière suivante :

A droite (à l'O.), le 12⁰ corps (Lebrun) occupe Bazeilles, Balan, La Moncelle, Daigny, et tous les plateaux qui s'étendent entre La Moncelle et Fond de Givonne ;

A sa gauche, le 1ᵉʳ corps (Ducrot) occupe le terrain entre Daigny et Givonne, des deux côtés du ravin de Givonne ;

Au N.-O. de la position, tournant le dos à ces deux corps, le 7ᵉ (Douay) est établi entre Illy et Floing.

Ces trois corps bordent ainsi la position qui doit servir de champ de bataille le lendemain. Au Nord, se trouvent le plateau d'Illy qui la domine et le bois de la Garenne, au sommet du triangle formant la position ; la base de ce triangle s'appuie à la place et à la Meuse.

Le 5ᵉ corps est placé, comme on l'a vu, en réserve dans le camp retranché, et sur les glacis mêmes de la ville, au-dessus de Fond de Givonne.

Dans la soirée, le général Douay, commandant le 7ᵉ corps, ne se trouvant pas assez relié avec les autres corps d'armée, la brigade de la division de L'Abadie lui est envoyée, et doit rester à sa disposition.

Elle est établie, pour ce soir-là, à la gauche du 7ᵉ corps, sur les hauteurs qui dominent Cazal, au Nord de la ville.

La nuit du 31 se passe avec calme dans les camps français.

Journal du capitaine de Lanouvelle, de l'état-major du 5ᵉ corps.

Les troupes arrivaient lentement aux emplacements qui leur avaient été désignés autour de la place entre Floing, Illy, Givonne, La Moncelle et Bazeilles ; le mouvement ne fut pas terminé avant 2 heures de l'après-midi pour le 5ᵉ corps qui s'établit sur les glacis. Vers 11 heures, le canon se faisait entendre du côté de Bazeilles ; l'ennemi était aux prises avec notre arrière-garde et menaçait notre convoi. Le 12ᵉ corps fit face de ce côté et réussit après de glorieux efforts à empêcher les Bavarois de déboucher du pont du chemin de fer non encore coupé ; mais Bazeilles et la route de Carignan étant très fortement battus par l'artillerie ennemie, une partie de notre convoi (5ᵉ corps) ne put nous rejoindre.

Le principal but du séjour du 31, à Sedan, était de procurer des vivres à l'armée.

1re DIVISION.

Journal de marche de la 1re division.

Les débris du 5e corps arrivent le 31, au matin, vers 9 heures, à Carignan et à Sedan.

Les débris de la division campent sur les glacis, près de la porte de Balan. Des petits détachements de différents corps arrivent successivement.

Le 11e de ligne est détaché sur les bords de la Meuse pour tenir tête aux tirailleurs bavarois.

Canonnade qui dure toute la journée. Le 11e seul est engagé et a quelques tués et blessés. On campe tant bien que mal sur les glacis et dans les fossés de la place.

Plusieurs alertes pendant la journée et la nuit.

Historique du 11e de ligne.

A 5 heures du matin, après une marche de nuit des plus lentes et des plus pénibles, le 11e arrivait sous les murs de cette place et campait sur les remparts de l'Est. Quelques heures de repos furent accordées aux soldats qui en avaient, après la lutte de la veille, un si impérieux besoin. A midi, le régiment fut envoyé en grand'garde au village de Balan. Il fut déployé en tirailleurs dans les jardins qui entourent ce village; sa mission était d'observer la rive opposée de la Meuse sur laquelle les Prussiens venaient prendre position.

Dans toute cette journée du 31 août, une seule compagnie du 11e de ligne (3e compagnie du IIe bataillon) eut occasion d'utiliser son feu contre une colonne de Bavarois qui cherchait à tourner Bazeilles par des vergers attenant à ce village. Un seul feu de peloton à 600 mètres réprima leur tentative au moins sur ce point.

A la nuit tombante, le Ier bataillon reçut l'ordre de se porter du côté de Bazeilles pour se relier à l'infanterie de marine; le IIe bataillon fut commandé pour rester dans Balan et le IIIe bataillon se reliait par sa droite avec un bataillon du 46e de ligne.

La nuit fut assez calme et aucun événement digne d'être signalé ne se produisit.

Journal de marche de la 2e brigade.

Le 31, la 2e brigade stationne dans les fossés de la place. Les vivres du convoi ayant été détournés de leur destination, une distribution de biscuit et de viande de cheval fut faite dans la matinée.

On s'occupa activement de l'achat de petits sacs en toile et des ustensiles nécessaires à la cuisson des aliments. On compléta l'approvisionnement des cartouches.

A 2 heures, le général de Wimpffen, qui venait d'être placé à la tête du 5ᵉ corps, visite la division, qui, de ses positions, distingue celles occupées par l'ennemi vers Remilly, d'où il canonne les convois engagés sur la route de Carignan à Sedan. C'étaient encore les batteries du Iᵉʳ corps bavarois; bientôt soutenues par de forts détachements, elles se rapprochent de Wadelincourt.

Le 11ᵉ de ligne (brigade Saurin) est envoyé en observation sur les bords de la Meuse où il échange, dans la journée et celle du 1ᵉʳ septembre, des coups de fusil avec les tirailleurs ennemis au delà de la prairie submergée.

2ᵉ DIVISION.

Journal de marche de la 2ᵉ division.

Le 31, au matin, le 5ᵉ corps arrivait à Sedan. La marche de nuit avait été difficile à cause de l'encombrement causé par un convoi nombreux arrêté sur la route.

Les divisions d'infanterie furent établies sur les glacis et dans les fossés à droite de la porte de Balan;

La réserve d'artillerie bivouaqua près du camp retranché à 500 mètres de la ville;

La cavalerie vint à Fleigneux;

Le génie vers la ferme de la Garenne.

Les batteries de la division de L'Abadie furent entraînées par le convoi dans l'intérieur de la ville, et ne purent en sortir que le 1ᵉʳ septembre au matin.

Les documents manquent pour évaluer les pertes du corps d'armée dans la journée du 30 août; elles furent nombreuses. La division de L'Abadie, qui comptait moins d'une brigade d'infanterie et n'avait que deux batteries, eut : 7 officiers tués ou morts de leurs blessures, 17 blessés, 32 pris ou disparus, et 1,070 sous-officiers, caporaux et soldats tués, blessés, prisonniers ou disparus.

On perdit 14 pièces de canon et 8 mitrailleuses.

Dans la matinée du 31, une note de l'état-major général du corps d'armée annonça l'arrivée du général de Wimpffen, nommé au commandement du 5ᵉ corps.

Cet officier général alla inspecter les troupes dans leurs bivouacs.

Des distributions furent faites à la caserne de Torcy.

Dans la soirée, le 14ᵉ bataillon de chasseurs à pied, le 49ᵉ et le 88ᵉ allèrent camper sur les hauteurs de Cazal, à la gauche du 7ᵉ corps, pour remplir un intervalle qui était resté inoccupé.

Le 5ᵉ corps ne prit aucune part au combat qui eut lieu, le 31, aux environs de Bazeilles.

Souvenirs du général Faulte de Vanteaux (49ᵉ de ligne).

Le matin du 31 août, vers 4 heures, j'entendis le capitaine Le Conte qui cherchait bruyamment le lieutenant-colonel pour lever le camp; il me dit : « Voici le jour, nous sommes en l'air; l'artillerie de réserve est passée rapidement sur la route depuis deux heures. » « Le lieutenant-colonel est dans Carignan », lui répondis-je ; enfin je consentis à l'aller chercher guidé par le sapeur. Je le trouvai dans une espèce d'hôtel... A la lumière, j'entrevis un corridor sur lequel donnait une série de chambres et à la porte de chacune des paires de bottes de dormeurs (de quelle qualité?), qui agissaient tout comme en temps de paix. Je dis au lieutenant-colonel qu'il fallait lever le camp. « C'est trop tôt, s'écria-t-il, j'ai dit à 5 heures. » « Alors je m'en vais », lui dis-je. « Attendez-moi! » s'écria-t-il. Je descendis l'attendre...

Arrivés au camp, le lieutenant-colonel et moi, nous n'y trouvâmes que le fonctionnaire adjudant-major, le lieutenant Gilles, qui attendait pour rendre compte que tout le monde était parti, et pour cause, vers Sedan. Le lieutenant-colonel était furieux.

Nous trouvâmes sur la route une sorte de jardinière où nous montâmes..... Le nombre de voitures sur la route s'augmentant peu à peu, l'allure de la voiture se ralentissait, le lieutenant-colonel en descendit bientôt pour aller plus vite, puis M. Gilles, et enfin j'en descendis à mon tour quand la file des voitures devint compacte, ne pouvant aller qu'au pas.

J'allai tout d'une traite à Sedan. A Douzy, je rencontrai des troupes d'infanterie de marine et des troupes du 1ᵉʳ corps, arrêtées près de la route par bataillons en masse, qui n'avaient pas l'air du tout de se préoccuper de prendre des positions de combat.

La route devenait encombrée de voitures de toute sorte, de débandés, de cavaliers, de chevaux isolés, le tout se poussant sur Sedan.

Je rencontrai le 14ᵉ bataillon et fus accosté par mon camarade Edon, par le commandant Parlier.....

Je passai à Bazeilles ; on s'arrêtait à Balan, les portes de la ville étaient fermées. Tout était confondu ; le 49ᵉ avait rompu ses rangs. Je vis le commandant Partarrieu ; nous fîmes entrer dans la grande cour d'un chantier tous les hommes au bonnet desquels nous lûmes le nº 49 (le colonel avait eu une bonne inspiration de le faire ainsi broder à Chaumont), et le régiment fut ainsi presque en entier réuni.

Un peu plus loin je revis les 5ᵉ et 6ᵉ compagnies du IIIᵉ bataillon qu'on croyait prises ; elles avaient pu gagner Sedan le 30, et ainsi ne purent assister à la bataille de Beaumont.

La brigade reçut l'ordre de s'installer sur les glacis extérieurs du front Est de la place. On chercha des vivres de tous côtés, dans les voitures de tous les corps qui encombraient tous les accès de la place. Les troupes étaient bien fatiguées.....

Vers midi, on entendit le canon du côté de la Marfée ; on voyait à la lorgnette l'inondation tendue à l'Ouest de la place et on aperçut quelques mouvements de troupes de cavalerie au loin. Vers 3 heures, nous eûmes un ordre du jour plein de reproches du général de Wimpffen venant prendre le commandement du 5ᵉ corps à la place du général de Failly.....

Le soir, vers 7 heures, c'est-à-dire à la nuit, le 49ᵉ quitta les glacis et, après une marche d'environ une heure à travers des chemins encaissés autour de la place, nous allâmes camper sur un petit plateau qui domine Sedan au Nord, près Cazal. Je conduisis la 4ᵉ du Iᵉʳ, laissant la 5ᵉ du IIIᵉ à mon lieutenant.....

Nous installâmes des feux de bivouacs, je restai avec mes sous-officiers autour de l'un d'eux ; la nuit était un peu froide.

DIVISION DE CAVALERIE.

Rapport du général Brahaut sur les marches et opérations de la division de cavalerie du 5ᵉ corps.

Mayence, 27 septembre.

Au réveil, M. le capitaine Pendezec n'était pas encore de retour. Il devenait urgent cependant de quitter Lombut où il n'y avait absolument rien ni pour les hommes, ni pour les chevaux. J'appris alors que des approvisionnements se trouvaient à la station de Pouru-Saint-Remy, dans la direction de Sedan ; j'y portai mes troupes et je fis faire les distributions.

La grande route de Sedan passe non loin de cette station, mais elle était tellement encombrée de charrois de toute sorte qu'il n'y eut pas moyen d'y engager ma colonne, et que je dus la diriger par d'autres chemins. J'arrivai ainsi, toujours sans ordres et souvent trompé par de fausses indications, à La Chapelle et à Illy où l'on m'avait dit que les chasseurs d'Afrique et l'artillerie de réserve étaient déjà passés se rendant à Mézières. Je poussai enfin jusqu'à Fleigneux où j'établis mes troupes au bivouac.

Mes reconnaissances m'apprirent bientôt que des escadrons du 5e de hussards étaient en avant de moi à Saint-Menges, ainsi que de l'artillerie.

Pendant ma marche, j'avais entendu le canon du côté de Sedan. Les renseignements que j'avais pu recueillir à ce sujet m'avaient fait croire que l'attaque était uniquement dirigée contre cette place. Cependant, j'avais cru utile de m'en assurer et j'avais envoyé à cet effet deux officiers de la division; mais ils ne me rejoignirent que fort tard, à Fleigneux, lorsque tout était terminé.

M. le capitaine Pendezec revint avec ces officiers me portant de la part du Maréchal l'ordre de rester à Fleigneux et d'y attendre ses instructions.

Journal de marche de la 1re brigade de la division de cavalerie du 5e corps.

A 5 heures du matin, le général de division ne voyant pas revenir l'officier d'état-major qu'il a envoyé à l'état-major du 5e corps se porte sur Brévilly et Pouru-Saint-Rémy, où nous trouvons des wagons remplis d'avoine.

Les vivres destinés aux hommes avaient été enlevés par les troupes qui nous avaient précédés. Après une grand'halte d'une heure, le général Brahaut prend la résolution de se diriger sur Sedan par Francheval, Rubécourt; de Rubécourt, la division va à Villers-Cernay, La Chapelle et de ce point elle gagne Illy et va bivouaquer à Fleigneux.

ARTILLERIE.

Journal de marche de l'artillerie du 5e corps.

Bien qu'un combat fort vif se fût engagé près du pont du chemin de fer dans la matinée du 31, et que ce combat durât plusieurs heures entre le 12e corps et le corps d'armée bavarois, aucun ordre de marche dans cette direction ne fut donné au 5e corps; au surplus, le concours de l'artillerie de ce corps n'eût pas été bien efficace en ce moment, les munitions ayant été généralement presque épuisées pendant les huit heures de feu soutenu la veille à Beaumont-Mouzon.

La journée du 31 se passa, tant pour la réserve de l'artillerie que pour les batteries divisionnaires, à renouveler les munitions et à réorganiser autant que possible le personnel de chaque pièce.

Vers le soir du 31, le général de Wimpffen vint au campement de la réserve d'artillerie; il m'annonça qu'il prenait le commandement du 5e corps et m'emmena pour visiter le campement de ses divisions, afin de se rendre compte de la position de son corps d'armée sur le terrain, puis il revint bivouaquer avec la réserve d'artillerie. Je n'avais même plus une tente à lui offrir, nous avions tout perdu à Beaumont.

b) Organisation et administration.

Le maréchal de Mac-Mahon au général de Failly.

31 août.

J'ai reçu avant-hier du Ministre de la guerre la dépêche suivante : « Le général de Wimpffen, parti ce matin, prendra le commandement du 5e corps ».

M. le général de Wimpffen étant arrivé aujourd'hui à Sedan, je suis dans l'obligation de vous prier de vouloir bien lui remettre le commandement du 5e corps.

c) Opérations et mouvements.

Rapport du chef de bataillon Parlier, commandant le 14e bataillon de chasseurs, sur le rôle de ce bataillon dans la journée du 31 août.

Mayence, 16 octobre.

Le lendemain 31 août, à 4 heures 30, je me dirigeai sur Sedan; mais la route était tellement encombrée par des voitures, que nous n'avancions que très lentement et très péniblement. A 10 kilomètres de Sedan, dans un village dont je ne sais plus le nom, nous fûmes complètement arrêtés par une colonne d'infanterie de marine qui débouchait d'une rue transversale. Sur les indications d'un habitant de ce village, je m'engageai sur un chemin vicinal à droite de la grande route; je gagnai ainsi

4 kilomètres et je pus faire une grand'halte dans un village à 2 kilomètres de Balan. Vers 10 heures du matin, je vous rejoignis dans les fossés de Sedan.

d) **Situation**.

Situation d'effectif du 5e corps au 31 août (1).

			Officiers.	Troupe.	Total.
1re division d'inf.	1re brigade.	4e bon de chasseurs..	?	?	?
		11e de ligne..........	40	700	740
		46e —	?	900	900
	2e brigade.	61e —	36	844	880
		86e —	25	500	525
	Artillerie.	5e batt. du 6e........	3	119	122
		6e — 6e........	5	116	121
		7e — 6e........	3	118	121
	Génie.	6e cie de sap. du 2e..	?	?	?
			112	3,297	3,409
2e division d'inf.	2e brigade.	14e bon de chasseurs..	?	?	?
		49e de ligne..........	53	1,423	1,476
		88e —	34	980	1,014
	Artillerie.	5e batt. du 2e........	?	?	?
		8e — 2e........	?	?	?
	Génie.	8e cie de sap. du 2e...	?	?	?
			87	2,403	2,490
3e division d'inf.	1re brigade.	19e bon de chasseurs..	21	709	730
		27e de ligne..........	55	1,257	1,312
		30e —	59	1,294	1,353
	2e brigade.	17e —	47	1,200	1,247
		68e —	39	704	743
	Artillerie.	9e batt. du 2e........	?	?	?
		11e — 2e........	?	?	?
		12e — 2e........	?	?	?
	Génie.	14e cie de sap. du 2e..	?	?	?
			221	5,164	5,385

(1) Ces chiffres proviennent des renseignements adressés par les corps, en exécution de la lettre ministérielle du 14 avril 1883.

D^{on} de cavalerie.	1re brigade.	5e Hussards.........	30	436	466
		12e Chasseurs........	36	413	449
	2e brigade.	5e Lanciers..........	34	358	392
			100	1,207	1,307
Réserve d'artillerie.		6e batt. du 2e........	?	?	?
		10e — 2e........	?	?	?
		11e batt. du 10e......	4	189	193
		11e — 14e.......	3	120	123
		5e batt. du 20e......	4	110	114
		6e — 20e.......	3	116	119
			14	535	549
Réserve du génie.		5e c^{ie} de sap. du 2e...	3	124	127
		Dét. de sap. cond....	?	?	?
			3	124	127

7e CORPS.

a) Journaux de marche.

1re DIVISION.

Notes sur les opérations de la 1re *division d'infanterie du* 7e *corps.*

Le matin du 31 août, les divers corps de la division qui sont arrivés à Sedan par différents chemins, se trouvent encore séparés les uns des autres, bivouaqués soit sur les glacis de la place, soit en avant du faubourg de Balan. A 11 heures, le général Conseil Dumesnil reçoit l'ordre de se porter avec les troupes qu'il commande sur le plateau de l'Algérie, plateau situé au Nord-Est de la ville et s'étendant depuis le faubourg de Cazal, vis-à-vis du village de Floing, jusque vers Illy. Le général se porte sur cette position avec le 99e de ligne et une partie du 47e et s'établit à droite de la division Liébert, qui appuie sa gauche en arrière de Floing, et derrière la division Dumont. A sa droite, se trouvent le bois de la Garenne et plus loin les 1er et 12e corps d'armée.

Le 31, la 1re division du 7e corps se trouve en 2e ligne; une grande partie de la journée elle est réduite jusqu'à un seul régiment. Vers le soir, elle est rejointe par le 21e, le 47e et une faible portion du 3e. Le gros de ce régiment, en arrivant, le 31, à Sedan, au lieu de chercher à se mettre en communication avec le reste de la division, se dirige sans ordre sur Mézières. Quant au 17e bataillon de chasseurs, il sert toujours, depuis le 30, d'escorte à l'artillerie qui, le 31, reste à Bazeilles et est mise à la disposition de M. le général Lebrun, commandant en chef le 12e corps. Elle prend donc part au combat que ce corps d'armée livre ce jour-là aux Bavarois. Aucune autre fraction de la 1re division du 7e corps n'est engagée dans cette affaire.

2e DIVISION.

Itinéraire de la 2e brigade de la 2e division du 7e corps.

A 2 heures du matin, la 2e brigade reçoit l'ordre de passer la Meuse et d'aller camper à Douzy; un guide lui est donné. En exécution de cet ordre la brigade tourne le village de Remilly par l'Ouest et se dirige vers le pont, quand le général Douay lui donne l'ordre d'aller à Sedan pour passer la Meuse, le pont de Remilly étant rompu. (Le pont consistait en un bac placé en travers de la rivière et immobilisé entre deux culées en fascines.)

De plus, le général Douay prévient que, par suite de la proximité de l'ennemi, il faut être rendu à Sedan avant le jour.

La 2e brigade prend alors la route de la rive gauche de la Meuse. A environ 600 mètres du village, la colonne rencontre la réserve d'artillerie du 7e corps.

Le général commandant la 2e brigade devant alors escorter l'artillerie prend les dispositions suivantes:

Un bataillon du 53e marchant en tête, une batterie de combat, 2 bataillons du 53e, artillerie de réserve, 2 bataillons du 89e, une batterie de combat, un bataillon du 89e d'arrière-garde.

A hauteur du pont de chemin de fer, la colonne a un moment d'arrêt; le général Douay prescrit à l'artillerie de se rendre à Sedan au trot, par la rive gauche; lui-même accompagne cette troupe, après avoir prescrit au chef de la gare de Pont-Maugis d'indiquer à l'infanterie qu'elle doit passer sur le pont du chemin de fer. Le bataillon d'avant-garde, du 53e, est informé de cette disposition par un officier de l'état-major général.

En exécution de ces ordres, la 2e brigade de la 2e division, moins une fraction du 53e (1) passe le pont du chemin de fer de Bazeilles, traverse ce village et vient camper vis-à-vis les premières maison de Balan, à droite de la route.

Lorsque la 2e brigade eut passé la Meuse sur le viaduc du chemin de fer, le général arrêta sa troupe un moment dans le village de Bazeilles, et se rendit à la gare du chemin de fer, afin de savoir si des mesures avaient été prises pour détruire le viaduc dans le cas où cette mesure extrême aurait été jugée nécessaire.

Le chef de gare, interrogé par le général, fit connaitre que les instructions générales qu'il avait reçues, l'autorisaient à faire sauter le viaduc dans le cas où il en recevrait l'injonction par l'autorité militaire et que celle d'un général de brigade avait un caractère suffisant pour couvrir sa responsabilité. Il ajouta que les fourneaux de mine étaient préparés, mais qu'ils n'étaient pas chargés. Le général voulut les faire charger, mais le chef de gare fit observer que ses instructions lui prescrivaient de la manière la plus formelle de ne laisser charger les fourneaux et mettre le feu aux poudres que par des soldats du génie; qu'il était disposé à obtempérer aux ordres du général si cette condition expresse était remplie. « Les raisons, dit-il, de cette mesure étaient que l'opération était très difficile, et que si elle était faite par des mains inhabiles, elle manquerait; que le pont serait disloqué sans être détruit; que les fourneaux de mine seraient obstrués et qu'il ne serait plus possible de recommencer l'opération. »

Devant ces considérations très importantes et dans l'ignorance où était le général que toutes les troupes des divers corps d'armée eussent passé le fleuve, et que le Maréchal n'eût pas l'intention de se ménager ce moyen de passage pour des opérations ultérieures, le général dut s'abstenir d'ordonner une mesure dont l'exécution eût été cependant si opportune, et qui aurait eu des conséquences de la plus grande importance; mais il envoya sur-le-champ une dépêche télégraphique adressée au Maréchal

---

(1) Dans le désordre causé par la marche au trot de l'artillerie, le colonel du 53e avec un bataillon presque entier de son régiment, est coupé du reste de la colonne et ne peut avoir connaissance de la modification apportée à la marche; il va directement à Sedan.

commandant en chef, à Sedan, ou à son défaut au général commandant la place. Dans cette dépêche signée et envoyée vers 6 heures du matin, il était dit que le général croyait que sa brigade était la dernière troupe devant passer la Meuse, qu'elle était sur la rive droite, que l'ennemi était à une faible distance derrière elle, qu'il pouvait se présenter d'un instant à l'autre et qu'il lui semblait qu'il y avait la nécessité la plus urgente à ce que le viaduc de Bazeilles fût détruit.

(Cette dépêche doit exister à Sedan ou tout au moins les chefs de gare de Sedan et de Bazeilles doivent en avoir gardé le souvenir.)

Le village de Bazeilles était occupé par les troupes du 12⁰ corps; la brigade continua sa route vers Sedan où elle arriva avant 7 heures. Le général envoya un officier à la recherche du général de division qui, avec la 1ʳᵉ brigade et le général commandant le 7ᵉ corps, avait suivi la rive gauche de la Meuse pour aller à Sedan.

Vers 10 heures du matin, une canonnade très vive, accompagnée d'une fusillade ardente, se fit entendre vers le village de Bazeilles. Les troupes prirent aussitôt les armes et le général leur fit prendre position sur les hauteurs, en appuyant sa droite aux ouvrages avancés de la place.

La brigade resta dans cette position pendant toute la journée et en mesure de prêter son concours au 12ᵉ corps, s'il lui était demandé. Une batterie de l'artillerie divisionnaire qui se trouvait avec la 2ᵉ brigade prit seule part au combat, en tirant pendant plusieurs heures sur le viaduc de Bazeilles qu'elle pouvait prendre d'écharpe, et sur la rive gauche de la Meuse occupée par l'ennemi.

Comme le combat était très vif, la 2ᵉ brigade resta dans la position qu'elle avait prise, et qui n'était guère éloignée de plus de 2,000 mètres du lieu du combat, malgré que le général eût reçu plusieurs fois l'ordre de rejoindre la 1ʳᵉ brigade du côté de Floing. Toutefois, il ne prit pas cette détermination sans faire connaître au général de division ce qui se passait au village de Bazeilles et sans s'être assuré qu'il n'y avait aucun inconvénient à différer l'exécution des ordres.

Vers 6 heures du soir, lorsque l'attaque de l'ennemi fut repoussée et qu'il repassa sur la rive gauche de la Meuse, la 2ᵉ brigade se mit en marche et se rendit vers le point où l'attendait le général de division avec la 1ʳᵉ brigade, sur le plateau de l'Algérie, près du château Pivot.

Au moment de son arrivée, la 2ᵉ division reçoit l'ordre d'aller

312 LA GUERRE DE 1870-1871.

camper sur le plateau de Floing. La 1re brigade exécute déjà ce mouvement.

La 2e brigade, continuant sa marche, vient alors sur ce plateau, camper en seconde ligne; ce qui a lieu à la nuit tombée.

3e DIVISION.

Journal de marche du général Bordas, commandant la 1re brigade.

Le 31, nous partons au jour pour rejoindre la division, passant par Douzy que nous traversons au milieu du 12e corps. Arrivé près de Bazeilles, je fais halte pour que la troupe puisse manger. Le 83e se trouve près de nous, il part avant le 52e.

Au moment de nous mettre en route, une vive canonnade partant des hauteurs sur notre gauche, met le désordre dans un convoi considérable qui suivait la route; des voitures sont brisées. Deux batteries de marine prennent position pour riposter à cette artillerie; aucune troupe ne les soutient. Je place le 52e le long de la route pour garder ces batteries; le feu est assez vif; il me semble que, tant sur les hauteurs qu'à mi-côte, il y a une vingtaine de pièces tirant sur Bazeilles et sur nous.

Vers midi, les batteries de marine se retirent; j'en demande la raison aux officiers; on me répond qu'il n'y a plus de munitions, on ne sait pas où est le grand parc.

Voyant que des troupes d'infanterie de marine et de l'artillerie occupaient les hauteurs en arrière et jugeant ma présence inutile, je me replie sur ces troupes.

Personne ne peut me dire où est le 7e corps; je ne connais pas du tout Sedan ni ses environs.

Vers 2 heures, je me mets en route pour me rapprocher de la ville, espérant avoir des renseignements; je me trouve avec le 12e corps, je parviens enfin à l'entrée de Balan.

J'envoie M. de la Soudière, mon officier d'ordonnance, aux renseignements; il revient à la nuit tombante. Je me décide à rester jusqu'à la pointe du jour.

Le 52e a perdu une quinzaine d'hommes et 3 officiers blessés.

Historique du 52e de ligne.

Après avoir passé la Meuse, le 52e fait une halte d'une heure et demie pour remettre un peu d'ordre dans ses rangs et attendre le reste de la division qui ne parut pas. Vers 3 heures du matin, il campe par ordre du général Bordas, dans une prairie basse et humide sur la rive gauche de la Chiers; une heure après, il lève le camp, traverse la Chiers sur le pont de Douzy encombré par les débris du 5ᵉ corps, l'artillerie et les bagages, et suit quelque temps la route de Sedan. Il prenait, vers 10 heures du matin, une heure de repos sur le côté de la route, quand une vive canonnade annonce la présence de l'ennemi. La colonne de fuyards et de bagages qui encombrait la route se disperse à l'instant, tandis que le 52ᵉ se forme vivement en bataille le long de la route, se couvre par des tirailleurs et se tient prêt à faire face à une attaque que l'on suppose imminente.

La division d'infanterie de marine qui débouche de Douzy vient le renforcer au bout de quelque temps. Les batteries de cette division ripostent vivement jusqu'à l'épuisement de leurs munitions. Des renforts du 1ᵉʳ corps arrivent peu à peu et le 52ᵉ reçoit l'ordre, la position étant maintenant gardée, de se remettre en marche pour retrouver le campement de son corps d'armée. Néanmoins quelques compagnies sont retenues pour servir de garde à des batteries d'artillerie.

Cette canonnade qui avait duré environ trois heures produisit relativement peu d'effet (2 officiers blessés, 2 ou 3 hommes tués ou blessés).

Le 52ᵉ, marchant en bataille en retraite, en très bon ordre, sous la canonnade, se forma en colonne pour gravir les hauteurs entre Bazeilles et Douzy et essuya en ce moment des pertes assez sensibles. Il campa, vers 4 heures du soir, près de Fond de Givonne où l'arrêta le général Bordas qui, voyant les forces de tout le monde épuisées, voulait permettre aux compagnies laissées à la garde de l'artillerie de rejoindre, et d'ailleurs ignorait toujours où se trouvait le campement de la division. Ce n'est qu'après des recherches actives que son officier d'ordonnance put lui annoncer que la division campait au Nord de Sedan, vers Floing.

Dans la nuit du 30 au 31, le 1ᵉʳ et le 12ᵉ corps ainsi que la cavalerie de réserve avaient reçu l'ordre d'évacuer les positions entre la Meuse et la Chiers, où le maréchal de Mac-Mahon avait d'abord eu l'idée de concentrer toute l'armée, et s'étaient repliés vers Sedan : le 12ᵉ corps, sur les hauteurs de Bazeilles, le 1ᵉʳ à La Moncelle, Daigny et Givonne, les débris du 5ᵉ à la gauche du 1ᵉʳ, le 7ᵉ en réserve vers Floing.

Historique de la brigade Bittard des Portes (2ᵉ de la 3ᵉ division).

A 1 heure du matin, la tête de colonne de la brigade franchit la Meuse. Quelques officiers et soldats s'égarent pendant la nuit et ne rejoignent que dans la journée. A 2 heures, la brigade se trouve massée à l'entrée de Bazeilles. Pendant trois heures, sauf les factionnaires, tout le monde s'étend sur les accotements de la route.

A 5 heures, la brigade se reforme, traverse bientôt Bazeilles et forme ses faisceaux sur le côté droit de la route de Sedan.

A 9 heures, un ordre de la division l'envoie au-dessus de Fond de Givonne, où sans pouvoir prendre part au combat de Bazeilles elle en suit toutes les phases.

A 2 heures de l'après-midi, un nouvel ordre envoyé directement par l'état-major du corps d'armée appelait la brigade au Nord de Sedan, à l'Est du village de Floing.

RÉSERVE D'ARTILLERIE.

Journal de route du lieutenant-colonel Claret, chef d'état-major de l'artillerie du 7ᵉ corps.

Le 31, l'état-major d'artillerie et les batteries de réserve étaient réunis sur le plateau de l'Algérie, où était également établi le quartier général du 7ᵉ corps; les divisions étaient campées provisoirement au bas et à gauche de cette position dans les prairies de la Meuse.

Nous avions partout été suivis de près par l'ennemi dont nous voyions les colonnes défiler sur les pentes de la rive gauche en avant de la Marfée dans la direction de Frénois et de Donchery. Des batteries s'établissent vis-à-vis Bazeilles et devant Sedan et tirent sur les corps en mouvement et sur le village, dont quelques édifices prennent feu. Notre canon répond et les batteries de Callac (2ᵉ division) prennent part à cette canonnade engagée d'une rive à l'autre de la Meuse en amont de Sedan.

Nous assistions de loin à cette action, quand, vers 2 heures, une batterie établie en face de nous, nous lance un seul projectile qui tombe en avant de nos camps et montre clairement le danger de l'emplacement choisi pour nous. Il nous parut alors que l'action engagée en amont, cachait un projet de passage de la Meuse en aval, et en effet, vers 3 heures, des habitants vinrent nous dire que les Prussiens passaient à Donchery. Le général fait seller et prévenir le général en chef par son aide de camp. Les batteries de la réserve montent à cheval et nous nous attendons à marcher pour empêcher ce passage de la Meuse. Le Maréchal, prévenu, ne jugea pas devoir s'y opposer; toute la nuit le passage s'opéra et le lendemain nous étions cernés.

Notre général en chef fit cependant changer les campements et prendre pour la bataille dont l'imminence lui était démontrée, des positions sur les crêtes plus avancées dominant Floing et la plaine depuis Saint-Menges jusqu'à Illy. Le bois en avant fut occupé et ses murs d'enceinte furent crénelés par deux bataillons qui s'y trouvaient un peu en l'air; il eût fallu y mettre une brigade entière avec du canon et pousser une forte reconnaissance pour s'assurer des mouvements de l'ennemi. On bivouaqua attendant les événements, mais ces préparatifs permirent au moins de se battre le lendemain.

b) Organisation et administration.

Le maréchal de Mac-Mahon au général de Failly.

31 août.

Le parc d'artillerie du 6ᵉ corps, laissé accidentellement à l'armée de Châlons, devra dès aujourd'hui être mis à la disposition de M. le général Douay, commandant **le 7ᵉ** corps.

c) Opérations et mouvements.

Le maréchal de Mac-Mahon au général Douay.

31 août.

Je vous prie de bien vouloir envoyer *immédiatement* à la gare du chemin de fer, deux bataillons d'infanterie commandés par un lieutenant-colonel pour protéger contre un coup de main possible le chargement de voitures destinées à transporter dans les différents corps 500,000 rations de vivres qui sont actuellement à ladite gare.

Rapport du général de Saint-Hilaire, commandant provisoirement la 1ʳᵉ division.

Sedan, 3 septembre.

La 1ʳᵉ division d'infanterie (Conseil Dumesnil) du 7ᵉ corps, comprenant : la 2ᵉ compagnie du 2ᵉ régiment du génie, le 17ᵉ bataillon de chasseurs, les 3ᵉ, 21ᵉ, 47ᵉ et 99ᵉ régiments de ligne, les 5ᵉ et 6ᵉ batteries (canons de 4) et la 11ᵉ batterie (canons à balles) du 7ᵉ régiment d'artillerie, prend position, le 31 août, sur le plateau d'Algérie au Nord-Est de Sedan. Son effectif n'est environ que de 4,500 hommes (génie, 120 ; artillerie, 400 ; 17ᵉ bataillon de chasseurs, 200 ; 3ᵉ de ligne, 150 ; 21ᵉ, 800 ; 47ᵉ, 1,100 et 99ᵉ, 1,800). Un bataillon du 21ᵉ se trouve à Strasbourg, deux bataillons du 3ᵉ, après l'affaire de Beaumont, ont effectué leur retraite sur Mézières.

Le 31 août, la 1ʳᵉ division est placée en 2ᵉ ligne derrière la 3ᵉ (Dumont) du même corps. A droite se trouve le 1ᵉʳ corps, à gauche la 2ᵉ division du 7ᵉ.

Rapport du lieutenant-colonel Guillemin, commandant l'artillerie de la 1ʳᵉ division, sur le rôle de cette artillerie pendant la journée du 31 août.

Sedan, 3 septembre.

Le 31 août, de midi à 4 heures, les trois batteries de la division (capitaines Léon, de Franchessin et Gailhouste), ont pris les armes et ont marché au canon pour prendre part à l'engagement qu'a eu le 12ᵉ corps. La batterie de canons à balles (capitaine Gailhouste), s'est fait remarquer par la précision d'un tir à 1,400 mètres sur des pelotons assez nombreux occupant le village de Bazeilles, près du pont du chemin de fer.

Les trois batteries ont tiré chacune environ 10 coups par pièce.

Rapport du général Liébert sur les opérations de la 2ᵉ division du 7ᵉ corps.

Neuwied, 6 octobre.

La 2ᵉ division ne put quitter Remilly que le 31, à 3 h. 30 du matin, pour suivre la route de Sedan. Un brouillard épais favorisa son mouvement et elle arriva sans encombre.

Le passage de la Meuse était dès lors achevé, et le 7ᵉ corps se trouvait réuni avec le reste de l'armée autour de Sedan.

L'armée prussienne commença aussitôt à prendre ses dispositions pour nous livrer bataille.

Une partie de ses troupes essaya de forcer le passage de la Meuse au pont du chemin de fer de Bazeilles que l'on avait malheureusement négligé de faire sauter, pendant que ses autres corps prenaient position sur les hauteurs de la rive gauche et se prolongeaient, à la faveur de cette démonstration, jusque vers Donchery, où ils pouvaient passer la rivière sans difficulté.

A midi, le canon se faisait entendre sur toute la gauche de notre armée. La 2º brigade de la division prit position, mais ne donna point. Vers 3 heures, l'ennemi se retira.

L'armée française occupait alors les hauteurs qui s'étendent autour de Sedan entre le village de Bazeilles et celui de Floing. A 4 heures du soir, l'ennemi dont on apercevait facilement les mouvements s'établissait sur les hauteurs de la rive opposée; à ce moment, le général commandant le 7º corps donna l'ordre de porter le bivouac des troupes en avant.

La 2º division prit position sur le plateau qui domine le village de Floing, se reliant par sa droite avec la 3º division et ayant sa gauche en potence au-dessus d'un escarpement qui surplombe les prairies arrosées par la Meuse, ce qui laissait entre son flanc gauche et la rivière un espace non occupé de 1,500 mètres environ, mais qui était vu en partie par les canons de la place.

Sur la demande du général de division, deux bataillons furent portés en avant de la ligne sur un mamelon couronné par un bois, propriété de M. de Brosse, connu sous le nom de bois de la Garenne. L'occupation de cette position qui domine une grande partie du cours de la Meuse et particulièrement le gué situé près du village d'Iges où l'ennemi semblait vouloir effectuer un passage, avait paru au général d'une très grande importance, et le résultat a prouvé surabondamment qu'il ne s'était pas trompé.

Deux bataillons du 37º de ligne allèrent donc s'établir dans ce bois; la compagnie du génie attachée à la division fut chargée de créneler le mur de clôture qui l'entoure, d'élaguer quelques arbres dans les parties qui pouvaient masquer l'approche de l'ennemi, de pratiquer des ouvertures pour assurer la retraite, en un mot, de mettre cette position dans le meilleur état de défense possible.

Rapport du chef d'escadron de Callat sur les opérations des 8º, 9º et 12º batteries du 7º régiment pendant la journée du 31 août.

Sedan, 2 septembre.

Dans la nuit du 30 au 31 vers minuit, la 12º batterie a achevé de passer la Meuse; cette opération s'est faite sans accident et le 31 août elle arrivait à Sedan vers 7 heures du matin. Les 8º et 9º batteries ont fait leur passage un peu plus tard; un caisson de la 9º est tombé dans la rivière et par ordre du général commandant en chef le 7ᵉ corps, il n'a pas été retiré; les deux batteries auxquelles aucun ordre de marche n'avait été donné, ont pris la route de Sedan vers 3 h. 30 du matin, et ont été obligées de stationner plusieurs heures sur la route à environ 4 kilomètres de la ville, par suite du grand encombrement de la route.

Vers 9 heures du matin, l'ennemi se montrant sur la rive gauche de la rivière, le chef d'escadron commandant les deux batteries leur fit prendre position en arrière et au-dessus du faubourg de Sedan pour battre le pont du chemin de fer et repousser les attaques de l'infanterie ennemie qui, pendant toute la journée du 31 août, a fait de sérieuses démonstrations contre le faubourg. Pendant cette journée les deux batteries n'ont pas eu à changer de position souvent; cependant, vers le soir, elles étaient prises d'enfilade par une batterie qui nous a été très nuisible pendant la bataille du lendemain.

Les deux batteries n'ont éprouvé aucune perte pendant la journée du 31 et ont tiré environ 20 coups par pièce; elles ont gardé leur position jusqu'à la nuit.

Pendant la journée du 31, elles avaient près d'elles deux régiments de leur division, le 53ᵉ et le 89ᵉ. Mais ces deux régiments ont été déplacés dans la soirée sans que nous en soyons informés, et la nuit venue nous avons été obligés de camper à l'extrême droite de l'armée, sous la protection de notre compagnie de soutien. La nuit a été calme.

Rapport du général Ameil sur les opérations de la division de cavalerie du 7ᵉ corps.

Versailles, 27 mars 1872.

A 1 heure du matin, le 31, j'atteins la porte de Sedan qui ne m'est ouverte qu'à 3 heures. Je traverse la ville, et je vais m'établir hors la porte de Bouillon, sur la promenade dite des platanes, ancien cimetière abandonné.

A 7 heures du matin, je reçois l'ordre d'aller me placer dans une dépression de terrain assez profonde, ayant accès par la route de Sedan au Calvaire d'Illy; l'infanterie du 7ᵉ corps devant, quelques instants après, venir occuper le plateau de l'Algérie.

A 1 heure de l'après-midi, je me retire derrière le bois de l'Algérie, et je m'établis derrière ce village, dans une forte dépression de terrain, faisant face à la route de Givonne, ma droite appuyée au cimetière de Sedan, et un peu en deçà.

La journée du 31 se termina par le combat et l'incendie de Bazeilles. Le 12ᵉ corps supporta en grande partie tout le poids de la journée, et la gloire dont se couvrit l'infanterie de marine, sous les ordres du général Martin des Pallières, dans la défense de Bazeilles, demeura sans profit pour l'armée, le pont du chemin de fer n'ayant point été détruit sitôt les Bavarois repoussés, comme l'ordre en avait été donné.

Le 31 août au soir, le 7e corps avait rallié successivement ses brigades dispersées, occupait le plateau situé entre les deux villages de Floing et d'Illy, en leur faisant face. Sa cavalerie occupait la position déjà indiquée.

d) Situation.

Situation d'effectif du 7e corps au 31 août (1).

			Officiers.	Troupe.	Total.
1re div. d'infanterie	1re brigade.	17e bon de chasseurs..	17	218	235
		3e de ligne..........	18	225	243
		21e —	27	1,959	1,986
	2e brigade.	47e —	28	1,673	1,701
		99e —	?	?	?
	Artillerie.	5e batt. du 7e........	4	141	145
		6e — 7e........	4	140	144
		11e — 7e........	4	115	119
	Génie.	2e cie de sap. du 2e....	?	?	?
			102	4,471	4,573
2e div. d'infanterie	1re brigade.	6e bon de chasseurs..	21	?	21
		5e de ligne..........	64	2,246	2,310
		37e —	56	1,608	1,664
	2e brigade.	53e —	59	1,420	1,479
		89e —	61	1,937	1,998
	Artillerie.	8e batt. du 7e........	3	150	153
		9e — 7e........	3	144	147
		12e — 7e........	5	146	151
	Génie.	4e cie de sap. du 2e...	?	?	?
			272	7,651	7,923

(1) Ces chiffres proviennent des renseignements adressés par les corps, en exécution de la lettre ministérielle du 14 avril 1883.

320   LA GUERRE DE 1870-1871.

3ᵉ div. d'infanterie.	1ʳᵉ brigade.	52ᵉ de ligne.........	64	2,147	2,211
		72ᵉ —	?	?	?
	2ᵉ brigade.	82ᵉ —	64	2,100	2,164
		83ᵉ —	63	2,000	2,063
	Artillerie.	8ᵉ batt. du 6ᵉ......	4	140	144
		9ᵉ — 6ᵉ......	?	?	?
		10ᵉ — 6ᵉ......	5	130	135
	Génie.	3ᵉ cⁱᵉ de sap. du 2ᵉ...	?	?	?
			200	6,517	6,717
Dᵒⁿ de cavⁱᵉ.	1ʳᵉ brigade.	4ᵉ Hussards.........	46	652	698
		4ᵉ Lanciers	37	443	480
		8ᵉ —	?	?	?
			83	1,095	1,178
Réserve d'artillerie.		8ᵉ batt. du 12ᵉ......	?	?	?
		12ᵉ — 12ᵉ......	?	?	?
		7ᵉ — 7ᵉ......	4	185	189
		10ᵉ — 7ᵉ......	4	191	195
		3ᵉ — 19ᵉ......	5	156	161
		4ᵉ — 19ᵉ......	4	156	160
			17	688	705
Réserve du génie.		12ᵉ cⁱᵉ de sap. du 2ᵉ....	?	?	?
		Dét. de sap. cond. du 1ᵉʳ.	?	?	?

12ᵉ CORPS.

a) Journaux de marche.

1ʳᵉ DIVISION.

Historique du 22ᵉ de ligne.

Vers 11 heures du matin, la 1ʳᵉ partie du régiment arriva sous les murs de la ville, et sur l'ordre d'un général tourna à gauche et alla s'établir le long des terrains inondés par la Meuse. Après un repos de trois heures ne recevant aucun ordre, le lieutenant-colonel conduisit le régiment sur les hauteurs qui dominent Sedan, à la recherche du 12ᵉ corps. Il traversa Fond de Givonne, les bois de la Garenne et, rencontrant le 7ᵉ corps, le général Douay donna l'ordre au régiment de camper dans un enclos longeant le parc de la maison Dumoutier.

La portion du 22e qui a rejoint le 12e corps sur le plateau de Mouzon le 30 au soir, arrive à Douzy à 8 heures du matin; le bourg est encombré de traînards. A 9 heures, on reprend la marche et on suit la route de Douzy à Sedan. Le désordre est extrême, tout le monde chemine pêle-mêle : cavalerie, artillerie, bagages, ambulances; l'infanterie est rejetée dans les fossés et les terres labourées.

C'est dans ces conditions que nous sommes attaqués. Vers 9 h. 45, le canon se fait entendre sur notre gauche; le 22e formait l'arrière-garde. Chaque commandant de compagnie réunit promptement ses hommes; on se forme en bataille au pas de course, puis en colonne lorsque le régiment est hors de portée des projectiles. Le général fait placer deux compagnies pour occuper un bois, le reste de la troupe est formé à 200 mètres d'un chemin creux.

A midi 30, le corps reçoit l'ordre de se porter en arrière dans la direction de Bazeilles; il est arrêté dans un vallon où se trouvent massées de nombreuses troupes. M. le général Cambriels fait demander du secours; trois compagnies seules prévenues se dirigent sur Balan.

Vers 6 heures, le 22e se met de nouveau en marche et va camper à 8 heures, en arrière de Daigny, ayant le 34e à sa gauche.

Historique du 34e de ligne.

Le 34e, conduit par un officier d'ordonnance, se met en route dans la direction de Sedan en suivant le chemin de traverse de Vaux à Amblimont et, après une marche de nuit très pénible, arrive à Douzy à 4 h. 30 du matin. Après une halte d'une demi-heure, le régiment, conduit par le général de brigade et séparé des autres régiments d'infanterie de la division, prend la route de Bazeilles avec l'artillerie divisionnaire. Cette fraction de la 1re division s'arrête à 4 kilomètres de Douzy, vers les 7 heures, pour faire le café et laisser la route libre aux troupes du 1er corps. La marche reprend à 8 h. 30 et le 34e arrive à l'entrée de Bazeilles vers 10 heures. Au même moment, on signale les éclaireurs ennemis sur divers points de la levée du chemin de fer, et l'artillerie bavaroise, en position sur les hauteurs de la rive gauche de la Meuse, commence la canonnade.

L'artillerie divisionnaire prend ses dispositions pour répondre aux batteries ennemies, et le 34e, laissé seul dans Bazeilles, reçoit l'ordre de défendre le pont du chemin de fer qu'on a négligé de faire sauter et qui peut donner accès aux Bavarois. Le colonel du 34e, M. Hervé, dispose son régiment de la manière suivante : le Ier bataillon a deux compagnies déployées en tirailleurs le long du chemin de fer et de la Meuse; deux compagnies également déployées servent de soutien à la 1re ligne, masquées par des haies à 200 mètres en arrière, et enfin, les deux dernières compagnies de ce bataillon sont placées en réserve à la sortie du village. Le IIe bataillon est placé comme réserve du régiment près de l'église et il détache, en arrière du village, deux compagnies chargées de protéger la batterie de mitrailleuses qui bat les abords du pont. Le IIIe bataillon est déployé dans les jardins à la droite et un peu en arrière du Ier. A peine le régiment a-t-il pris ses dispositions défensives que tout le feu de l'artillerie ennemie se concentre sur lui; nos hommes supportent avec beaucoup de calme ce feu meurtrier dont les effets sont atténués par l'emploi efficace des tirailleurs.

A midi, des colonnes d'infanterie ennemie, sous la protection de l'artillerie bavaroise, prennent l'offensive pour s'emparer du pont. Le Ier bataillon commence alors un feu de mousqueterie très vif; il est soutenu par les tirailleurs du IIIe bataillon et la majeure partie du IIe et tout le régiment se trouvent bientôt engagés.

Arrêtées par cette défense énergique, prises en flanc par la batterie de mitrailleuses, les colonnes ennemies cruellement éprouvées suspendent leur mouvement. Malgré son infériorité numérique, le 34e résiste avantageusement, mais bientôt l'ennemi recevant des renforts considérables prend de nouveau l'offensive. Nos soldats résistent toujours, leur feu bien dirigé cause à l'ennemi de grandes pertes. A la fin, le nombre l'emportant, les troupes bavaroises atteignent le pont et, maîtresses de ce point, refoulent nos tirailleurs en débordant nos ailes et en menaçant d'entourer le régiment. Le général Cambriels ordonne alors la retraite qui s'exécute lentement et en ordre.

L'entrée du village est défendue pied à pied, principalement par les quelques compagnies du IIe bataillon restées en réserve près de l'église. L'infanterie de marine arrivant enfin prend position dans Bazeilles, et le régiment épuisé par une lutte de quatre heures contre toute une division ennemie se replie vers les 4 heures de l'après-midi et gagne par la route de La Moncelle le plateau du même nom, où il bivouaque au milieu de toute l'armée. Le général Cambriels adresse, le soir, au colonel de flatteuses félicitations sur les qualités militaires du régiment.

A 10 heures du soir, le colonel est prévenu qu'un officier de l'état-major général du corps d'armée viendra, le lendemain matin, chercher le 34e pour le conduire au campement de la 1re division.

2e DIVISION.

Journal des marches de la 2e brigade.

Vers 11 heures du soir, l'ordre de la retraite sur Sedan parvint à la 2e brigade. Elle devait rejoindre la division sur les hauteurs de Mouzon. La distance à parcourir pour arriver au point fixé était de plus de 4 kilomètres.

Cette marche de nuit fut très lente et excessivement pénible; sur le plateau, la route était encombrée par les équipages du train, par les voitures d'ambulances et de bagages qui n'avançaient pas. Des régiments, coupant le chemin à chaque instant pour se porter dans diverses directions, interceptaient le passage et empêchaient tout mouvement en avant. Aussi au point du jour, lorsque l'encombrement eut cessé, la 2e brigade se trouva isolée et bien éloignée de sa division qui avait dû suivre le corps d'armée. Pas de guide, pas d'indications; l'officier qui avait reçu l'ordre d'attendre la brigade sur la route pour la diriger vers Amblimont n'avait pas paru.

A ce moment, la situation de la 2e brigade pouvait devenir très critique; l'ennemi n'était pas éloigné; il avait déjà occupé Mouzon. Le général donna l'ordre de doubler la marche. Quelques heures après on se trouva en vue d'une ville. Une reconnaissance fut envoyée dans cette direction : c'était Carignan, qui était occupée par des troupes du 1er corps français. La 2e brigade ne s'arrêta pas un seul instant à Carignan; elle fit tête de colonne à gauche pour se porter dans la direction de Sedan. Après deux heures d'une marche fatigante à cause de l'énorme convoi qui encombrait la route, un peu de repos était nécessaire. On fit donc une halte; mais à peine les hommes s'apprêtaient-ils à faire leur soupe que le canon se fit entendre dans la direction de Douzy. La marche fut reprise à l'instant même et peu d'heures après, la brigade marchant au canon rejoignait l'armée dont elle avait été momentanément séparée. Au delà de Douzy, elle pénétra bientôt dans la sphère d'action des deux armées aux prises, sans toutefois y être engagée bien avant.

La brigade se déploya alors et prit son rang de bataille sous les projectiles qui arrivaient jusqu'à elle et même la dépassaient.

Là cependant, se borna son rôle dans cette journée qui tirait à la fin de toute manière. La brigade n'avait pas éprouvé de pertes. Durant la marche de nuit, tout le monde avait suivi; il y avait peu de traînards en arrière.

Les dernières heures du jour furent employées à aller prendre position sur le plateau de Sedan. La 2ᵉ brigade y arriva à la nuit. Les hommes étaient exténués de fatigue. Depuis plus de 24 heures ils étaient sur pied, presque sans se reposer et sans avoir eu le temps de faire la soupe.

Historique du IVᵉ bataillon du 64ᵉ de ligne.

Moins de deux heures après, le général donna l'ordre de réveiller les hommes et de lever le camp. Vers minuit 30, la brigade se dirigeait vers Mouzon, pour y prendre la route de Carignan, ce point lui ayant été indiqué comme objectif général.

A peine avait-elle marché une demi-heure, qu'arrivée sur les hauteurs qui dominent Mouzon, elle était arrêtée par un immense encombrement de voitures de toute sorte et de mulets chargés de blessés. Elle fit halte, en attendant que la route fût dégagée. Après que le convoi de blessés eut fini de défiler, c'est-à-dire vers 4 heures du matin, apparurent d'autres troupes du 12ᵉ corps qui, d'après l'ordre qu'elles avaient reçu, devaient se retirer sur Amblimont et Mairy pour gagner Sedan.

Le défilé de ces troupes et de leurs bagages dura environ deux heures; ce ne fut donc que vers 6 heures du matin que notre brigade put continuer sa route, et elle atteignit Carignan vers 9 heures.

Le général n'avait pas reçu d'ordre précis; on ne lui avait pas indiqué le point où il devait borner sa marche. Aucune troupe ne se montrant ni devant, ni à droite, ni à gauche, si ce n'est quelques débris du 5ᵉ corps échappés au combat de la veille qui se dirigeaient sur Sedan, où ils affirmaient que l'armée devait se rendre, et ayant de plus reçu d'un habitant l'avis que l'ennemi ne tarderait pas à se présenter en force dans Carignan, le général poursuivit sa marche à travers le village et prit lui-même la direction de Sedan, espérant obtenir de ce côté des renseignements précis sur la direction définitive qu'il devait prendre.

Nous étions à peine sortis de Carignan, quand nous aperçûmes sur notre droite dans une vaste plaine trois camps de cavalerie. Le général envoya reconnaître ces camps et y prendre des informations; mais les réponses des divers commandants se résumèrent à ceci : « Nous ne savons rien, nous n'avons pas d'ordres, nous attendons ».

La situation pouvait devenir critique surtout si, comme le général en avait reçu avis, l'ennemi se présentait en force pour occuper Carignan (ce qui eut lieu en effet quelques heures plus tard). Il fallait donc pousser en avant pour rejoindre le plus tôt possible le gros de l'armée qui marchait sur Sedan.

C'est à cette résolution que s'arrêta le général après s'en être entretenu avec le colonel Bernier qui n'avait cessé de pousser de sa personne des reconnaissances en avant pour éclairer les déterminations du général.

La brigade traversa sans difficulté les deux villages de Wé et de Sachy; mais, arrivée au village de Pouru-Saint-Remy, elle commença à rencontrer la queue du convoi.

La marche devint dès lors très difficile, et c'est à grand'peine que la colonne parvint à déboucher du village, au delà duquel elle s'établit dans une prairie à droite pour faire la grand'halte.

A peine les troupes étaient-elles massées dans ce but, que le canon se fit entendre sur la gauche et en avant de nous. Le colonel Bernier se porta aussitôt de sa personne sur une hauteur qui dominait notre emplacement et reconnut qu'une affaire importante était engagée à quelques kilomètres en avant.

Les faisceaux furent aussitôt rompus et la brigade reprit sa marche en avant sur deux colonnes en évitant la route qui était complètement encombrée par le convoi; des tirailleurs pris dans le 4ᵉ régiment de marche couvraient le mouvement.

Au bout d'environ une demi-heure, nous étions en vue de Douzy; mais personne ne pouvait nous dire si le village était occupé par les nôtres ou par l'ennemi. Le colonel se porta en avant pour le reconnaître, et il le trouva rempli par la division de cavalerie du 12ᵉ corps. Le général Lacretelle (qui commandait notre division) venait d'en sortir; la cavalerie entière était sous les ordres d'un colonel, qui, aux questions du colonel Bernier répondit que, n'ayant pas d'ordres, il allait marcher sur Sedan avec son régiment. « Et les autres régiments? » demanda le colonel Bernier. — « Les autres régiments ne me regardent pas », lui fut-il répondu, et effectivement le mouvement commença.

A ce moment, arriva un officier d'ordonnance du général Lacretelle, qui prescrivit à toute la cavalerie de marcher au canon et d'aller s'établir derrière la brigade Louvent (notre

1re brigade depuis le 29 au matin). L'officier ne sut donner au colonel aucune indication sur la direction que devait suivre la nôtre.

Le colonel revint à la hâte faire part au général Marquisan de ce qu'il avait vu et entendu, et celui-ci décida qu'il fallait suivre le mouvement de la cavalerie, afin de l'appuyer au besoin.

La brigade se mit donc en marche ; mais à peine commençait-elle à dépasser les dernières maisons du village, qu'un obus vint mettre le désordre dans la cavalerie, qui prit précipitamment à droite une direction à travers champs qui l'éloignait du canon. Nous pûmes maintenir notre ordre de marche et continuer à suivre la route.

Cependant, la situation commençait à se dessiner ; il était évident qu'une action sérieuse était engagée, mais dans l'ignorance complète où nous étions et de la direction prise par le gros de l'armée, et de celle qu'avait pu suivre l'ennemi, il ne nous était pas facile de nous rendre compte de la situation respective des combattants.

Un homme du pays venant à passer donna quelques indications, desquelles on put déduire que l'ennemi avait suivi l'armée en marchant parallèlement à elle sur la rive gauche de la Meuse, et il la canonnait violemment des hauteurs qui dominent la rivière et la route.

Il fallait donc continuer la marche et appuyer à droite aussitôt arrivé à hauteur du gros de l'armée, ce qui fut fait.

Après une demi-heure, nous commençâmes à rencontrer des traces non équivoques d'un vif engagement, qui avait eu lieu sur la chaussée du chemin de fer entre Douzy et Bazeilles. Les premières troupes qui se présentèrent à nous furent des régiments d'infanterie de marine, et les renseignements qu'ils donnèrent achevèrent de fixer le général sur le point vers lequel il pouvait le plus utilement se diriger.

Nous prîmes à droite à travers champs, chaque bataillon se forma dès qu'il put en ordre de bataille et, sous une pluie d'obus et de projectiles de toute sorte, la brigade alla se former en bataille au pied des hauteurs boisées, face aux batteries ennemies, prête à se porter sur le point où son concours serait réclamé. A peine s'y était-elle établie que, par suite d'ordres dont elle n'avait pas eu connaissance, elle vit défiler devant elle l'infanterie de marine, puis la brigade Louvent. En l'absence de toute espèce d'ordres, le général se décida à suivre cette dernière brigade. Alors commença une marche lente et pénible dans des terres fraîchement labourées présentant parfois des obstacles qui imposaient aux hommes une fatigue énorme.

Enfin, la brigade déboucha sur un plateau, où elle prit position en arrière d'une batterie qui venait d'y être établie.

Après une halte d'environ deux heures, elle se remit de nouveau en marche et une heure après, elle descendait au village de Givonne et traversait le ruisseau homme par homme dans les quelques intervalles laissés libres par le convoi qui encombrait la route.

Vers 7 heures du soir, elle se trouvait à peu près réunie à l'extrémité Sud-Est du plateau d'Illy, où, se disait-on, *on pourrait bien camper*.

Le général nous forma en colonne par division à demi-distance, face aux hauteurs qui dominent Bazeilles, et attendit des ordres pour faire camper. Les hommes formèrent les faisceaux, mirent sac à terre et allumèrent sur leur flanc droit des feux pour faire la soupe qui n'avait pu être faite depuis 36 heures.

La nuit devenait de plus en plus épaisse et l'ordre de camper n'arrivait pas. Les feux de l'ennemi étant à bonne portée de canon en avant de nous, le général craignit d'être inquiété pendant la nuit; il alla donc avec les chefs de corps et les adjudants-majors reconnaître un terrain situé à 500 mètres en arrière, et la troupe y fut conduite pour y camper.

L'opération se fit assez bien malgré l'obscurité de la nuit; il était environ 9 heures.

Historique des 10° et 11° batteries du 8° d'artillerie.

Le 31, l'armée est encore inquiétée par l'ennemi qui, occupant les hauteurs de la rive gauche, cherchait à s'emparer de Bazeilles. Les 10° et 11° batteries prennent position sur les hauteurs qui dominent ce village pour protéger la marche des convois se rendant à Sedan, tirent quelques salves auxquelles on riposte de la rive gauche; mais, à 3 heures, les convois ayant défilé, le feu cesse. Ces batteries gardent ces positions jusqu'à 5 heures et gagnent ensuite leur bivouac sur les plateaux de Sedan où elles arrivent à 9 heures.

D'après la marche de l'ennemi, une bataille était imminente pour le lendemain; aussi les chevaux restèrent-ils garnis et les tentes ne furent point dressées.

3e DIVISION.

Journal de marche de la 3e division.

A son arrivée à Sedan, le Maréchal s'empresse d'informer le Ministre de la guerre de l'impossibilité d'atteindre Montmédy.

Voir p. 280   (D. T. Ch.). (N° 38,916).

A la même date le Ministre de la guerre lui répondait :

Voir p. 280   (D. T. Ch.). (N° 28,633).

La brigade Reboul commence le mouvement à 10 heures du soir; elle arrive à 5 heures du matin à 6 kilomètres de Sedan à l'usine du Rulle où elle reçoit l'ordre de s'arrêter et d'établir son camp jusqu'à nouvel ordre. Deux heures plus tard, le général Reboul est prévenu par le maréchal de Mac-Mahon d'avoir à surveiller les hauteurs de Remilly et d'Aillicourt où des vedettes et quelques troupes allemandes ont été aperçues; il prend aussitôt les dispositions suivantes :

Il se forme sur deux lignes, détache en avant d'elles deux compagnies qui profitent du talus du chemin de fer pour s'abriter, fait occuper l'usine du Rulle et les bois qui l'avoisinent.

Pendant ce temps, la 2e brigade qui a quitté ses positions à minuit et qui vient d'arriver, s'engage dans Bazeilles. La tête de colonne est à peine à l'entrée du village que le canon se fait entendre; c'est celui de l'ennemi qui nous a suivis de près par la rive gauche de la Meuse et dirige ses premiers coups sur la gare et les wagons du chemin de fer.

D'après les ordres qui ont été donnés, la 2e brigade va prendre position en avant du château de Monvillers, parallèlement à la route de Sedan; elle se forme sur trois lignes et est destinée tout d'abord à former la réserve, mais peu après elle reçoit l'ordre d'occuper les hauteurs de La Moncelle où elle s'établit sur deux lignes.

Le général de Vassoigne, après avoir pris à peine les dispositions nécessaires pour se former, reçoit l'ordre de reprendre le village de Bazeilles dont l'ennemi vient de se rendre maître. Il envoie immédiatement le général des Pallières avec trois bataillons du 2e régiment, dont un de soutien pour commencer l'attaque.

Dès le début de l'action, le général des Pallières a la cuisse traversée par une balle; dès que cette nouvelle parvient au général de division, il part avec le bataillon de soutien, car la lutte devient de plus en plus vive.

Pour vaincre la résistance de l'ennemi, il donne l'ordre de ne plus tirer et de marcher à la baïonnette; nos troupes s'élancent alors avec un élan indescriptible et sont bientôt maîtresses du village, grâce à l'énergie qu'elles déploient dans cette circonstance.

De son côté, la 1re brigade, après être restée cinq heures sans pouvoir tirer un coup de canon sur l'ennemi qu'elle ne voit pas et dont cependant elle essuie le feu des batteries qui lui blessent plusieurs hommes, reçoit l'ordre d'aller s'établir en avant du château de Monvillers; peu après, elle quitte cette position pour rejoindre le reste de la 2e brigade établie à La Moncelle, d'où elle part presque immédiatement pour aller fouiller le bois qui se trouve en avant du village de Bazeilles, pour fortifier la possession de ce village et pour en assurer la défense dans le cas d'une nouvelle attaque.

Il était alors 6 heures du soir; le général de Vassoigne donne au commandant Lambert, son sous-chef d'état-major, le commandement supérieur de toutes les troupes qui occupent le village de Bazeilles; il fait garder en outre toutes les positions enlevées sur les troupes bavaroises qui nous étaient opposées et qui défendaient le village, les jardins et les bois environnants, dont la conquête nous avait présenté de sérieuses difficultés et avait coûté assez cher à l'ennemi.

Dans ce combat, la 2e brigade a eu 40 ou 50 hommes tués ou blessés, la 1re brigade quelques hommes seulement. M. le capitaine Roussel est tué au milieu de sa compagnie déployée en tirailleurs.

A la fin de la journée, les mouvements de l'ennemi sur les collines de la rive gauche de la Meuse, annoncent qu'il se dispose à reprendre l'offensive. Le général de Vassoigne envoie aussitôt son chef d'état-major prévenir le commandant en chef; il reçoit l'ordre, après les explications qu'il donne, de faire sauter le pont par lequel les Allemands peuvent déboucher.

Cet ordre n'a pas pu être exécuté par le commandant du génie Roulet; le détachement de sapeurs envoyé pour se conformer à cette prescription, reste jusqu'à 10 h. 30 sur la place de Bazeilles, attendant les poudres nécessaires. A cette heure le sous-chef d'état-major (commandant Lambert), qui s'est porté près du pont avec quelques hommes, est obligé de se retirer, après avoir acquis la certitude que l'ennemi exécute le passage de la Meuse à Remilly, près du confluent de la Chiers, et par suite menace de tourner notre extrême gauche, tandis que le passage de leurs colonnes va continuer également par le pont de Bazeilles.

Historique des 7e, 8e et 9e batteries du 10e d'artillerie.

Pendant que l'armée française suit la route de Mouzon à Sedan, l'ennemi fait sur la rive opposée de la Meuse une marche parallèle.

Deux ou trois kilomètres après Douzy, une batterie prussienne, masquée par une maison et des clôtures, placée à environ 1,800 mètres, ouvre le feu sur un train allant de Douzy sur Bazeilles. La 8e batterie prend immédiatement position, parallèlement à la chaussée du chemin de fer, à une centaine de mètres en arrière et répond à la batterie ennemie. La 7e batterie suit l'exemple de la 8e. Les 3 pièces de la 10e batterie que le lieutenant-colonel Chappe avait rencontrées sur la route, se placent à gauche de la 8e batterie. L'ennemi a beaucoup à souffrir, le feu prend à la maison qui l'abrite.

Pendant ce combat d'artillerie, la brigade à côté de laquelle on a pris position s'éloigne sans prévenir. Le combat paraissant se déplacer vers Bazeilles, le chef d'escadron fait cesser le feu, se replie en traversant la route, sur les hauteurs en arrière près du bois Chevalier, et y retrouve, vers 10 heures du matin, le lieutenant-colonel, avec la 9e batterie qui n'avait tiré que quelques coups de canon.

Les trois batteries réunies prennent position sur ces hauteurs; il y a quelques alertes du côté de Douzy, mais on ne tire pas.

Ne recevant aucun ordre de la division, le lieutenant-colonel se met à sa recherche. On traverse le ravin qui descend à Daigny et on remonte sur les hauteurs qui avoisinent Bazeilles.

Le combat était fini; on retrouve la 3e division sur le plateau de La Moncelle, et on campe derrière elle, face à la Meuse, vers 4 heures du soir.

Dans cette journée, aucune perte connue.

DIVISION DE CAVALERIE.

Journal de marche de la division de cavalerie du 12e corps.

Au faubourg de Balan, la division quitte la route et vient bivouaquer sur les hauteurs à l'Est de Sedan entre les deux routes de Bouillon et Montmédy.

Vers 1 heure, un engagement très vif a lieu dans la direction de Bazeilles; la division monte à cheval et vient se placer face à ce point.

Elle reste en position jusqu'à la nuit où elle rentre dans ses bivouacs du matin.

RÉSERVE D'ARTILLERIE.

Historique de la 8ᵉ batterie du 14ᵉ d'artillerie.

Le 31 août, postée sur le plateau en arrière de la route de Bazeilles à Sedan, elle échange pendant 1 h. 30 une vive canonnade avec les batteries ennemies et se replie sur les hauteurs de Givonne où elle passe la nuit.

Historique de la 9ᵉ batterie du 14ᵉ d'artillerie.

Campée entre Sedan et Bazeilles, la batterie fut avertie de la présence de l'ennemi par des coups de canon tirés sur la rive gauche de la Meuse sur elle et sur les réserves qui encombraient la route de Givonne.

La batterie conduite en bon ordre sur la crête au-dessus de la route de Bazeilles commença à répondre vigoureusement au feu des Prussiens. Les coups de l'ennemi trop courts généralement lui firent peu de mal.

Sur l'ordre du lieutenant-colonel Maldan, la batterie cessa le feu; elle ne fut plus employée de la journée, elle alla bivouaquer près du bois de la Garenne.

Historique de la 1ʳᵉ batterie du 19ᵉ d'artillerie.

La batterie va camper le 31 août, vers 9 heures du matin, à l'Est de Sedan, sur les hauteurs qui dominent Bazeilles et Balan. Le repos n'est pas de longue durée. A 11 heures, on attelle pour aller prendre position au-dessus de Balan, près des glacis, en vue de Bazeilles et des hauteurs de la Marfée sur lesquelles l'ennemi avait établi des batteries de position. Suivant les péripéties du combat, la batterie répond d'abord, mais sans succès, aux batteries fixes de la rive gauche (on reconnaît bientôt qu'elles sont hors de portée); elle tire ensuite sur les Bavarois lorsqu'ils passent le pont du chemin de fer, et sur le débouché du pont; enfin lorsque les chasseurs et l'infanterie de marine repoussent définitivement cette attaque, la batterie joint son feu à celui de plusieurs autres batteries pour hâter la fuite de l'ennemi par une grêle d'obus. Le feu cesse vers 5 heures du soir. Consommation : 40 coups par pièce. Sans ordre et séparée de sa division de cavalerie pendant l'action, la batterie campe contre une vieille redoute, près de sa place de combat.

Historique des 3ᵉ et 4ᵉ batteries du 8ᵉ d'artillerie.

Le 31 août, les 3ᵉ et 4ᵉ batteries prennent une part très active au combat de Bazeilles. Toutes les deux battent, de points différents, le pont de Bazeilles sur lequel passaient les troupes bavaroises qu'elles arrêtent. Elles restent longtemps sous le feu formidable de batteries ennemies établies sur les hauteurs de la rive gauche de la Meuse et ne se retirent que lorsque le combat a cessé. Leurs pertes pour cette journée sont :

3ᵉ batterie : 7 hommes blessés et 26 chevaux tués ou blessés.
4ᵉ batterie : 2   —   blessés et 5   —   blessés.

c) Opérations et mouvements.

Rapport sommaire du général Grandchamp au général Lebrun, sur la journée du 31 août.

Camp du champ de manœuvres, 2 septembre.

Dans la matinée du 31, je dirigeai les mouvements du 22ᵉ pour couvrir la retraite des parcs jusqu'à votre arrivée ; et le 34ᵉ qui avait la tête de la première brigade, mais qui avait été séparé du 22ᵉ, concourut aussi de son côté à cette protection.

Rapport du lieutenant-colonel Colcomb sur l'artillerie de la 2ᵉ division du 6ᵉ corps.

Camp sous Sedan, 3 septembre.

Dans la nuit du 30, l'ordre nous fut donné de lever le camp et de marcher sur Sedan. Un encombrement extraordinaire de voitures et de bagages contraria notre marche et nous mîmes dix heures pour arriver au village de Douzy distant de 12 kilomètres de Mouzon. Les deux batteries, sous le commandement du chef d'escadron Chaumette, reçurent l'ordre du général commandant le 12ᵉ corps de prendre position à hauteur de Bazeilles, un peu en avant de ce village, pour protéger la marche du convoi inquiété par l'ennemi. Le tir de ces batteries produisit le résultat qu'on en attendait; le convoi put passer et tout le corps d'armée campait le soir sur les plateaux à l'Est de Sedan.

Rapport du chef de bataillon Vieille, sur les opérations exécutées par la 7ᵉ compagnie du 1ᵉʳ régiment du génie pendant la journée du 31 août.

Sedan, 1ᵉʳ septembre.

Le détachement de la compagnie composé du lieutenant Andlauer et d'une trentaine d'hommes est parti de Carignan avec le commandant du génie en se dirigeant sur Sedan suivant les instructions du général Cadart, à la suite duquel il avait fait la route de Mouzon à Carignan. Arrivé à Douzy, le bruit d'un engagement à peu de distance en avant de la colonne, a commencé à se faire entendre. L'ennemi pouvant inquiéter sur la gauche notre marche fort lente à cause de la longueur du convoi, une partie de celui-ci prit un chemin sur la droite et à ce moment les troupes du génie se déployèrent en tirailleurs pour le protéger. Une colonne de cavalerie qui terminait la marche défila ainsi en arrière des tirailleurs et ceux-ci se reportèrent à la queue du convoi de droite pour la protéger contre une attaque.

Cette attaque eut lieu malheureusement en trop grande force peu d'instants après; les sapeurs conduits par M. Andlauer, lieutenant, firent bonne contenance, tuèrent plusieurs uhlans et regagnèrent une colonne d'infanterie à travers les bois.

Rapport du général de Vassoigne au Ministre de la marine et des colonies.

Dresde, 27 octobre.

Dans la nuit (30 août) nous recevons l'ordre de quitter nos positions et de nous mettre en marche sur Sedan en passant par Amblimont, Mairy et Douzy.

La brigade Reboul commence le mouvement; elle arrive à 5 heures du matin à 6 kilomètres de Sedan, à l'usine du Rulle, où elle reçoit l'ordre de s'arrêter et d'établir son camp jusqu'à nouvel ordre. Deux heures plus tard, le général Reboul est prévenu par le maréchal Mac-Mahon d'avoir à surveiller les hauteurs de Remilly et d'Aillicourt où des vedettes et quelques troupes allemandes ont été aperçues. Il prend aussitôt les dispositions suivantes : il se forme sur deux lignes, détache en avant d'elles deux compagnies qui profitent du talus de chemin de fer pour s'abriter, fait occuper l'usine du Rulle et les bois qui l'avoisinent.

Pendant ce temps, la 2ᵉ brigade qui vient d'arriver s'engage dans Bazeilles; la tête de la colonne est à peine à l'entrée de ce village que le canon se fait entendre : c'est celui de l'ennemi qui nous a suivis de près par la rive gauche de la Meuse et dirige ses premiers coups sur la gare et les wagons du chemin de fer.

D'après les ordres qui viennent de m'être donnés, la 2ᵉ brigade va prendre position en avant du château de Monvillers, parallèlement à la route de Sedan; elle se forme sur trois lignes et est destinée tout d'abord à former la réserve, mais peu après je reçois l'ordre d'occuper les hauteurs de La Moncelle où je m'établis sur deux lignes.

A peine formé, je reçois l'ordre de reprendre le village de Bazeilles dont l'ennemi vient de se rendre maître. J'envoie immédiatement le général des Pallières avec trois bataillons du 2ᵉ régiment, dont un de soutien pour commencer l'attaque. Dès le commencement de l'action, le général a la cuisse traversée par une balle; à cette nouvelle je pars aussitôt avec le bataillon de soutien, car la lutte devient de plus en plus vive.

Pour vaincre la résistance de l'ennemi, je donne l'ordre de ne plus tirer et de marcher à la baïonnette; nos troupes s'élancent alors avec un élan irrésistible et sont bientôt maîtresses du village grâce à l'énergie qu'elles déploient dans cette circonstance.

De son côté, la 1ʳᵉ brigade après être restée cinq heures sans pouvoir tirer un coup de fusil sur l'ennemi qu'elle ne voit pas et dont cependant elle essuie le feu des batteries qui lui blessent plusieurs hommes, reçoit l'ordre d'aller s'établir en avant du château de Monvillers; peu après elle quitte cette position pour rejoindre le reste de la 2ᵉ brigade établi à La Moncelle d'où elle part presque immédiatement pour aller fouiller le bois qui se trouve en avant du village de Bazeilles, pour fortifier la possession de ce village et pour en assurer la défense dans le cas d'une nouvelle attaque.

Il était alors 6 heures du soir, je donne à M. le chef de bataillon Lambert, mon sous-chef d'état-major, le commandement supérieur de toutes les troupes occupant le village de Bazeilles; je fais garder toutes les positions enlevées sur les troupes bavaroises qui nous étaient opposées et qui défendaient le village, les jardins et les bois environnants dont la conquête nous avait présenté de sérieuses difficultés et avait coûté assez cher à l'ennemi.

Dans ce combat, la 2ᵉ brigade a eu 40 à 50 hommes tués ou blessés, la 1ʳᵉ brigade quelques hommes seulement. M. le capitaine Roussel est tué au milieu de sa compagnie déployée en tirailleurs.

A la fin de la journée, les mouvements de l'**ennemi sur les** collines de la rive gauche de la Meuse annoncent qu'il se dispose à reprendre l'offensive. J'envoie aussitôt mon chef d'état-major prévenir le commandant en chef ; il reçoit l'ordre après les explications qu'il donne de faire sauter le pont par lequel les Allemands peuvent déboucher.

Cet ordre n'a pas pu être exécuté par le commandant du génie Roulet ; le détachement de sapeurs envoyé pour se conformer à cette prescription reste jusqu'à 10 h. 30 sur la place de Bazeilles, attendant les poudres nécessaires ; à cette heure le sous-chef d'état-major (commandant Lambert), qui s'est porté près du pont avec quelques hommes, est obligé de se retirer après avoir acquis la certitude que l'ennemi exécute le passage de la Meuse à Remilly près du confluent de la Chiers et par suite menace de tourner notre extrême-gauche, tandis que le passage de leurs colonnes continue également par le pont de Bazeilles.

Sur les 2 heures du matin, j'expédie le lieutenant Douglas de l'état-major, près du commandant en chef pour l'informer des événements qui se préparent et pour renouveler ma demande de faire sauter le pont.

Rapport du général Reboul sur les opérations de la 1re brigade de la 3e division du 12e corps, le 31 août.

Paris, 2 août 1872.

A 5 heures du matin, à 6 kilomètres de Sedan, un officier de l'état-major général m'invita à m'arrêter à l'usine du Rulle ; à 7 heures, le Maréchal me donna l'ordre de surveiller les hauteurs de Remilly et d'Aillicourt et de ne continuer ma route que lorsque je serais remplacé par une autre brigade.

Je détachai en avant deux compagnies contre les talus du chemin de fer et je fis occuper l'usine et les bois environnants.

A 9 heures du matin, l'ennemi commença le feu sur la brigade couchée dans la plaine et le convoi qui passait sur la route à 20 mètres en arrière ; il était trop loin de nous pour que l'infanterie pût répondre à son feu ; je fis avertir le Maréchal de tous les mouvements de l'ennemi. Le général Lebrun, commandant le 12e corps, que j'avais également fait prévenir par mon officier d'ordonnance, me donna l'ordre d'aller m'établir en avant du château de Monvillers ; mais à peine arrivé à cet endroit je fus envoyé à La Moncelle, d'où presque immédiatement je partis pour aller fouiller le bois situé en avant du village de Bazeilles.

A 11 heures du soir, je fus prévenu que le chef de bataillon occupant la place principale de Bazeilles, craignant d'être entouré par l'ennemi qui passait la Meuse à Remilly et par le pont de Bazeilles qu'on n'avait pas fait sauter, voulait se replier avec le détachement sous ses ordres. Je me rendis sur cette place et je fis comprendre au commandant et à ses hommes qu'il nous importait de garder le plus longtemps possible les positions que nous occupions.

Je prévins le général de division que le pont existait encore malgré les ordres qu'avait donnés le Maréchal.

Rapport du chef d'escadron de Coatpont, commandant par intérim l'artillerie de la 3ᵉ division du 12ᵉ corps, sur le rôle joué par cette artillerie dans la journée du 31 août.

Sedan, 3 septembre.

Les batteries réunies dans la nuit à leur division l'ont suivie dans sa marche sur Sedan, la 9ᵉ en tête, la 7ᵉ au centre, la 8ᵉ à la gauche de la colonne. Les nombreux convois qui encombraient la route rompaient à chaque instant les colonnes. Après Douzy, le feu de plusieurs batteries prussiennes atteignant la route, les 7ᵉ et 8ᵉ batteries qui n'étaient pas trop encombrées firent à gauche en batterie et répondirent au feu prussien qu'on réussit à ralentir beaucoup en incendiant la maison qui abritait la batterie principale que la 8ᵉ battait d'écharpe.

Ce duel d'artillerie ne pouvant amener aucun résultat décisif, je donnai l'ordre pour épargner les munitions de cesser le feu et de rallier le reste des troupes en position sur le côté droit de la route, en se rapprochant de la 9ᵉ batterie sous les ordres directs du lieutenant-colonel Noury.

Sur ces hauteurs on tira encore quelques coups quand le mouvement de retraite de l'armée prussienne se dessina à notre droite, puis les batteries campèrent derrière leur division, à 6 heures du soir, sans nouvel engagement.

Rapport du commandant Roulet sur les opérations du génie de la 3ᵉ division, le 31 août.

Sedan, 2 septembre.

Le général commandant la brigade de la marine (3ᵉ division) a fait faire une pose à la troupe et l'a disposée en bataille face à gauche, afin de recevoir l'ennemi. La compagnie du génie, après avoir pris ses ordres qui étaient de se tenir en arrière et vers le centre de la brigade, a rangé ses prolonges dans la route et s'est placée en bataille devant.

L'ennemi a attaqué environ deux heures après en ouvrant un feu d'artillerie contre les voitures de la route qui ont toutes pris à droite et se sont rangées sur les pentes. Les prolonges ont été placées de même et la compagnie s'est rangée en avant, à la hauteur de bataillons qui appuyaient un bois et où se tenaient l'artillerie et l'état-major du général Grandchamp de son corps d'armée. Sur l'avis du général, la compagnie a retranché un chemin creux et a creusé une tranchée sur la crête, ouvrages dans lesquels les hommes du bataillon ont pris position.

Le combat d'artillerie continuant et la division ayant marché à gauche sur Sedan, la compagnie a suivi ce mouvement faisant passer ses prolonges où l'on pouvait; le commandant du génie demandant des ordres à l'état-major. On est arrivé ainsi jusqu'en arrière du château de Balan, où la compagnie a campé à hauteur de sa division.

Rapport du général Bertrand, commandant la réserve et le parc du 6ᵉ corps, sur la journée du 31 août.

Sedan, 2 septembre.

La dislocation dont la réserve d'artillerie avait été frappée la veille ne permit pas de la réunir complètement pour le lendemain. La majeure partie avait traversé la ville lorsque commença l'affaire qui dura toute la journée. Il n'y eut que les batteries du 14ᵉ qui purent y prendre part, et encore ce ne fut que d'une manière très restreinte et leur action se borna à quelques coups de canon.

Rapport du lieutenant-colonel Chappe au général Grandchamp, sur la journée du 31 août.

Dans la nuit du 30 au 31 août, le lieutenant-colonel, à la tête de trois pièces des 6ᵉ et 10ᵉ batteries qu'il était parvenu à rallier, suivit une portion de la 1ʳᵉ division du 12ᵉ corps; il rejoignit dans la matinée la route de Sedan où se trouvait une confusion inextricable de voitures de toute espèce. L'ennemi ayant commencé l'attaque vers 10 h. 30, les trois pièces furent mises en batterie en arrière de la route derrière des peupliers; le feu fut dirigé sur la gauche d'une batterie ennemie faisant face à la route; un tir bien dirigé de 1,200 à 1,500 mètres, à obus ordinaires et à obus à balles, eut pour résultat de forcer les pièces de gauche de la batterie allemande à changer de place à plusieurs reprises. Vers 2 h. 30, n'ayant plus que très peu de munitions, quelques coups à obus ordinaires et les coups à mitraille furent conservés, et, ayant contraint l'infanterie à garder ses positions en la menaçant de tirer sur elle, la retraite put s'opérer avec ordre et calme. Les pièces prirent de nouveau position à 200 mètres en arrière de la route, tirant de temps à autre quelques coups, puis elles vinrent se placer à la gauche d'une batterie de mitrailleuses; cette batterie ayant épuisé ses munitions se retira; les trois pièces restèrent en batterie, elles servirent à couvrir l'infanterie qui se serait retirée en désordre si elles eussent fait un mouvement en arrière. Dans cette position, une pièce fut pointée à gauche sur la route qui longe les bois, une à droite sur la route qui longe également les bois et enfin la troisième fut braquée sur le terrain en avant.....

Bien que n'ayant aucune troupe de soutien, la retraite put s'opérer en ordre sur Sedan vers les 5 heures du soir, en formant l'arrière-garde pour protéger le parc du commandant Bial qui avait été attaqué dans les bois. Il fut permis de constater au moyen de longues-vues, les pertes considérables en matériel et en hommes éprouvées par l'ennemi. Dans l'impossibilité de pénétrer dans le faubourg de Sedan, le lieutenant-colonel se porta en avant pour tâcher de rallier d'autres pièces des 6e et 10e batteries.

Rapport sur la participation du service du génie du 6e corps.

Lyon, 20 mai 1873.

On passe la journée à reconnaître la place et à assurer le campement des troupes du génie sur les glacis, au fur et à mesure de leur arrivée. Point de communications avec l'état-major général jusqu'au soir; vers 7 heures seulement, ordre est donné d'aller rompre le pont-viaduc du chemin de fer sur la Meuse, près de Donchery. Le capitaine Morellet part aussitôt avec ce qu'il lui faut pour assurer le succès de cette opération; mais il revient bientôt sans avoir pu remplir sa mission, ayant trouvé le pont déjà occupé par des troupes allemandes.

d) Situation.

Situation d'effectif du 12ᵉ corps au 31 août (1).

			Officiers.	Troupe.	Total.
1ʳᵉ div. d'infanterie	1ʳᵉ brigade.	7ᵉˢ cⁱᵉˢ des 1ᵉʳ et 2ᵉ bᵒⁿˢ de chasseurs.......	?	?	?
		22ᵉ de ligne.........	60	2,407	2,467
		34ᵉ —	62	2,371	2,433
	2ᵉ brigade.	58ᵉ —	57	1,100	1,157
		79ᵉ —	?	?	?
	Artillerie.	3ᵉ batt. du 15ᵉ.......	4	145	149
		4ᵉ — 15ᵉ.......	4	148	152
		4ᵉ — 4ᵉ.......	4	?	4
	Génie.	5ᵉ cⁱᵉ de sapeurs du 3ᵉ.	?	?	?
			191	6,171	6,362
2ᵉ division d'infanterie	1ʳᵉ brigade.	14ᵉ de ligne.........	70	2,750	2,820
		20ᵉ —	65	2,298	2,363
		31ᵉ —	?	?	?
		7ᵉ cⁱᵉ du 17ᵉ bᵒⁿ de chass.	3	160	163
		7ᵉ cⁱᵉ du 20ᵉ —	?	?	?
	2ᵉ brigade.	IVᵉ bᵒⁿ du 40ᵉ de ligne..	12	583	595
		— 62ᵉ —	8	350	358
		— 64ᵉ —	?	?	?
		— 65ᵉ —	?	?	?
		— 91ᵉ —	?	?	?
		— 94ᵉ —	12	865	877
	Artillerie.	3ᵉ batt. du 7ᵉ.......	4	143	147
		4ᵉ — 7ᵉ.......	3	138	141
		10ᵉ — 8ᵉ.......	5	141	146
		11ᵉ — 8ᵉ.......	?	?	?
		4ᵉ — 11ᵉ.......	4	145	149
	Génie.	7ᵉ cⁱᵉ de sap. du 1ᵉʳ...	4	?	4
		4ᵉ — du 3ᵉ.....	4	95	99
			194	7,668	7,862

(1) Ces chiffres proviennent des renseignements adressés par les corps, en exécution de la lettre ministérielle du 14 avril 1883.

			Officiers.	Troupe.	Total.
3ᵉ div. d'infanterie.	1ʳᵉ brigade.	1ᵉʳ rég. d'inf. de marine.	?	?	?
		4ᵉ —	?	?	?
	2ᵉ brigade.	2ᵉ —	?	?	?
		3ᵉ —	?	?	?
	Artillerie.	7ᵉ batt. du 10ᵉ........	3	135	138
		8ᵉ — 10ᵉ........	3	140	143
		9ᵉ — 10ᵉ........	4	140	144
	Génie.	11ᵉ cⁱᵉ de sap. du 2ᵉ....	?	?	?
			10	415	425
Div. de Cavalerie.	1ʳᵉ brigade.	7ᵉ Chasseurs.........	38	528	566
		8ᵉ —	46	672	718
	2ᵉ brigade.	1ᵉʳ Lanciers..........	37	495	532
		7ᵉ —	40	512	552
	3ᵉ brigade.	5ᵉ Cuirassiers.......	23	?	23
		6ᵉ —	42	550	592
	Artillerie.	1ʳᵉ batt. du 19ᵉ.......	5	147	152
			231	2,904	3,135
	Réserve d'artillerie.	5ᵉ batt. du 10ᵉ.......	3	136	139
		6ᵉ — 10ᵉ.......	3	137	140
		10ᵉ — 10ᵉ.......	2	134	136
		12ᵉ — 10ᵉ.......	4	139	143
		8ᵉ — 14ᵉ.......	?	?	?
		9ᵉ — 14ᵉ.......	4	150	154
		3ᵉ — 4ᵉ.......	2	144	146
		3ᵉ — 8ᵉ.......	?	?	?
		4ᵉ — 8ᵉ.......	?	?	?
		8ᵉ — 12ᵉ.......	4	148	152
		12ᵉ — 12ᵉ.......	4	170	174
		10ᵉ — 14ᵉ.......	4	150	154
		12ᵉ — 14ᵉ.......	4	150	154
			34	1,458	1,492
	Réserve du Génie.	5ᵉ cⁱᵉ de sapeurs du 3ᵉ.	4	130	134
		14ᵉ —	3	102	105
		11ᵉ —	4	105	109
		Dét. sap-cond. du 3ᵉ Rég.	?	39	39
			11	376	387

RÉSERVE DE CAVALERIE

a) Journaux de marche.

1re DIVISION.

Historique de la 2e batterie du 19e d'artillerie.

Marche sur le flanc droit de l'armée et campement à Illy, en avant de Sedan.

2e DIVISION.

Journal de marche de la 2e division de cavalerie.

La division quitte son bivouac à 6 heures du matin. La route de Sedan étant encombrée, la division se jette dans les terres et, par un très bon chemin, traversant Rubécourt, La Moncelle, Daigny, Givonne, Illy, arrive à Floing à 10 h. 30 du matin. Le chef d'état-major est immédiatement envoyé en ville pour prévenir l'état-major général de la position de la division.

Dans la soirée, deux grand'gardes sont placées au Nord et Nord-Ouest du bivouac, le long de la Meuse.

b) Opérations et mouvements.

Le général Margueritte au maréchal de Mac-Mahon (1).

Illy, 31 août.

Je viens d'arriver avec ma division à Illy en suivant l'itinéraire que m'a indiqué le général Ducrot, c'est-à-dire Carignan, Osnes, Sachy, Escombres, Pouru-aux-Bois, Francheval, Villers-Cernay, Givonne et Illy. Je n'ai rien de particulier à signaler dans cette marche que la canonnade de la rive gauche de la Meuse et qui dure encore.

J'attends vos ordres.

Dévouement respectueux.

---

(1) Papiers du maréchal de Mac-Mahon.

P.-S. — Beaucoup de débandés des combats d'hier rejoignent. Toute la route depuis Carignan en était sillonnée.

La tête de l'infanterie du général Ducrot commence à arriver.

d) Situation.

Situation d'effectif de la Réserve de Cavalerie au 31 août.

			Officiers.	Troupe.	Total.
1re div. de caval.	1re brigade.	6e Chasseurs.........	35	464	529
		1er Hussards.........	48	650	621
	2e brigade.	1er Chass. d'Af......	34	590	522
		3e —	29	400	432
		4e —	43	613	575
	Artillerie.	2e batt. du 19e........	4	156	170
			193	2,873	2,849
2e div. de caval.	1re brigade.	1er Cuirassiers.......	28	371	353
		4e —	26	380	378
	2e brigade.	2e —	28	229	234
		3e —	38	500	467
	Artillerie.	7e batt. du 19e........	4	131	137
			124	1,611	1,569

RENSEIGNEMENTS.

Le sous-préfet au Ministre de l'Intérieur (D. T.).

Rethel, 31 août. 1 h. 20 matin. Expédiée à 7 h. 40 matin (n° 38,926).

La population toute industrielle de Rethel et son conseil municipal m'ont déclaré vouloir se défendre contre les détachements d'éclaireurs, mais non contre une force considérable, parce qu'ils n'ont aucun moyen de résistance. J'ai pressé l'organisation de la garde nationale et son armement. Je viens seulement de recevoir 150 fusils au lieu de 600. J'ai encouragé les habitants à résister à l'ennemi le plus longtemps possible. Pour remonter les esprits intimidés par la présence de l'ennemi j'ai obtenu pour Rethel un détachement de la garnison de Reims. On est maintenant bien plus disposé à se défendre. J'ai en même temps maintenu les démagogues qui voulaient armer la populace. Voilà ce que j'ai fait.

Au maréchal de Mac-Mahon.

31 août, midi.

On annonce Prussiens à Nouart et Beauclair, ayant passé la Meuse à Vilosne et Sassey. On parle d'un engagement à Beaumont.

L'armée du Prince royal a disparu de Châlons et des plaines de Suippes pour se porter vers Attigny et Vouziers; pas de renseignements sur la direction qu'elle a prise au delà.

Le sous-intendant Richard au Ministre de la guerre (D. T.).

Mézières, 31 août. 8 h. 47 soir. Expédiée à 9 h. 20 soir (n° 39,212).

Les Prussiens sont en vue de Mézières. On s'attend demain à une bataille. J'ai fait replier sur Givet tout le matériel, à l'exception de 400,000 rations environ que je laisse à la disposition du 13° corps. Je tâcherai de mettre tous les wagons dans la gare de Givet, et, si je ne le puis, je les masserai sur la voie principale sous le canon de la place.

15 Mai 27

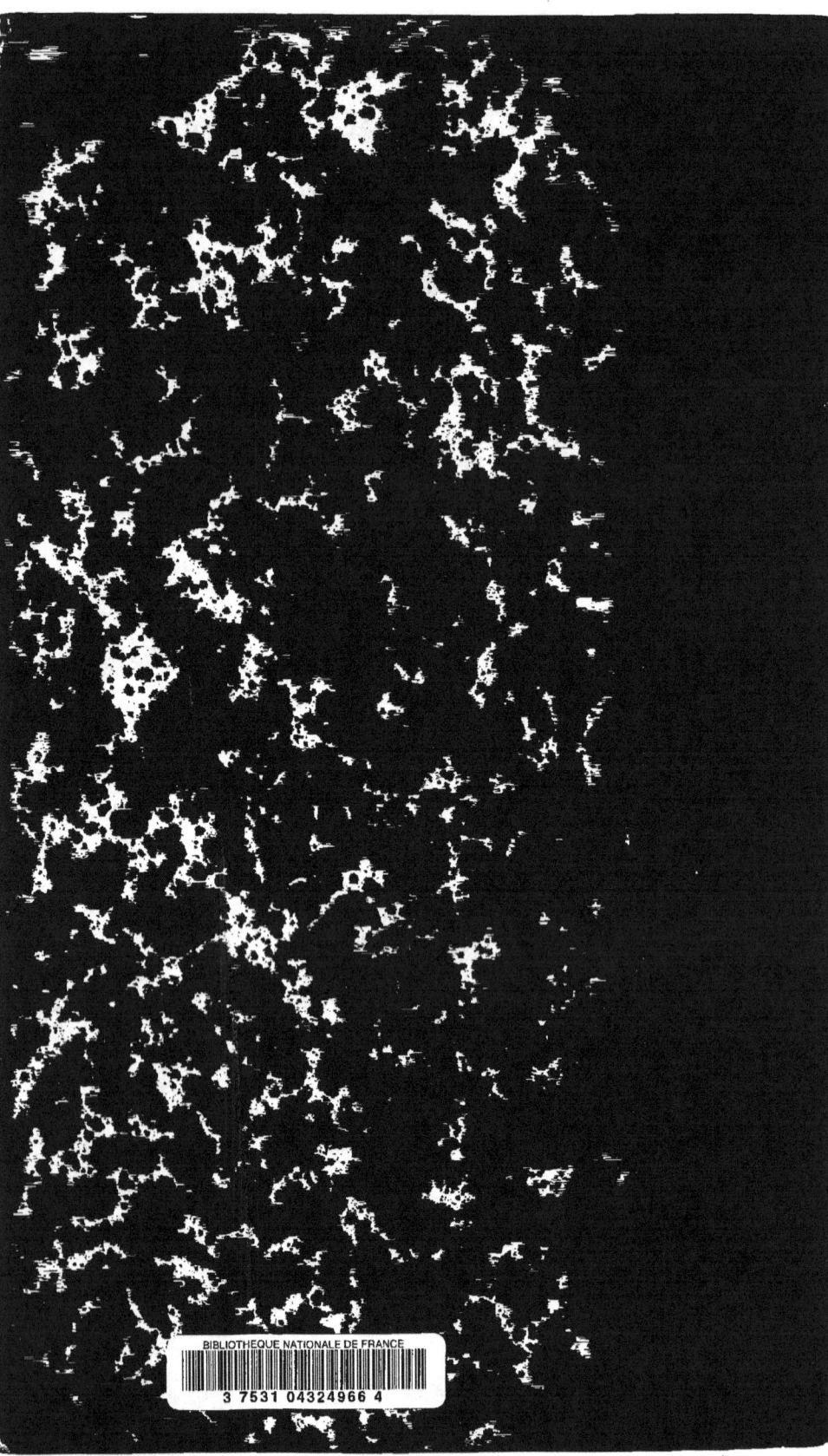

www.ingramcontent.com/pod-product-compliance
Lightning Source LLC
Chambersburg PA
CBHW070850170426
43202CB00012B/2023